# 마한의 성장과 대외관계
### -영산강유역을 중심으로-

# 마한의 성장과 대외관계
-영산강유역을 중심으로-

2020년 09월 15일 초판 1쇄 발행

지은이 최영주

펴낸이 권혁재

편  집 권이지

제  작 성광인쇄

펴낸곳 학연문화사
등  록 1988년 2월 26일 제2-501호
주  소 서울시 금천구 가산디지털1로 168 우림라이온스밸리 B동 712호
전  화 02-2026-0541
팩  스 02-2026-0547
E-mail hak7891@chol.net

ISBN 978-89-5508-419-1 93910

# 마한의 성장과 대외관계
### -영산강유역을 중심으로-

최영주

학연문화사

# 책을 펴내며

영산강유역의 장고분은 왜 만들어진 것인가에 대한 막연한 의문을 시작으로 고고학도의 길을 들어서게 되었다. 벌써 20년이 지났다. 영산강유역 마한의 실체에 대해서 고분을 통해 밝히고자 했던 큰 포부는 한참 멀었다. 아직 시작에 불과하다.

흔히 우리 지역은 백제의 문화라고 알고 있지만, 그 실상은 매우 다른 모습이다. 혹자는 이 다른 모습이 백제의 지역색이라고 치부하기도 한다. 하지만 고고학 전공자라면 그렇게 쉽게 단정할 수 없을 것이다.

영산강유역 마한의 고분은 제형분에서 고총 고분으로, 다시 백제 석실분으로 변화하는 모습이 보인다. 그 가운데 마한 고분의 정체성인 중 하나인 전용 옹관도 중요하지만 국제성과 다양성, 독자성 등이 보이는 고총 고분이 주목된다. 영산강유역의 고분은 5세기대 이후의 왜계고분문화로부터 많은 영향을 받았다. 고분이 고총화되고 매장시설로 새롭게 횡혈식석실이 등장하며 새로운 분형인 장고분이 출현한다. 이외에도 하니와계 분주물 및 스에키 등 다양한 왜계 문물이 확인된다. 이러한 왜계 문물의 수용은 영산강유역 마한 세력이 문화적 정체성에 대한 변화를 모색하기 위한 사회적 전략이라고 생각된다.

이 책은 필자가 평소 관심을 가지고 논문으로 발표한 내용을 모아서 편집한 것이다. 이 책의 내용은 영산강유역 마한이 백제, 왜와의 상호작용(교류·교섭관계) 속에서 성장하고 발전하는 양상을 다루었다. 먼저 영산강유역 마한이 백제와의 관계 속에서 성장하는 모습을 통해 영산강유역 역사가 백제 중심이 아닌 마한 중심으로 이해하고자 하였다. 특히 5세기 중엽 이후 고분의 고총화 과정과 왜계고분문화 등에 대해서 살펴보았고, 사비기 이후 영산강유역의 고분문화를 통해서도 지역성을 파악하였다. 다음으로는 고분에서 출토된 부장품을 통해 본 마한의 대외교류 양상을 검토하였다. 마한과 비슷한 정치적 상황에 있던 가야와의 관계나 일본열도 규슈지역과 긴키지역과의 대외관계를 통해 성장의 동력을 얻고자 했던 부분을 파악하였다.

이 책은 영산강유역 마한 연구의 시작에 불과하다. 앞으로 영산강유역의 지역별 고분의 변천양상, 장고분, 동아시아에서 마한 고분의 위상 등 다양한 주제로 책을 내고자 한다.

고고학 수업과 논문을 지도해 주신 임영진 교수님께서는 연구자로서 가져야 하는 자세와 고고학에 대한 학문적인 열정에 대해서 충고와 정 깊은 가르침으로 필자를 이끌어 주신 것을 평생 감사드린다. 그리고 학부 시절 지도해 주신 여러 선생님께도 감사드린다.

고고학 발굴현장과 보고서 작성 등 고고학도로서 기본적으로 갖추어야 하는 소양을 알려주신 학교 선배님, 논문 작성과 연구에 도움을 준 후배님에게도 지면으로나마 감사드린다.

연구자의 길을 묵묵히 지켜봐 주시고 응원해주신 아버지(최정운), 어머니(이원선), 장모님(민형여), 고인이 되신 장인어른(김용권)께 머리 숙여 감사드린다. 항상 응원해주신 가족(누나·동생, 매형·매제, 처제·동서 등)에게도 지면으로나마 고마운 마음을 전한다. 무등공부방에서 연을 맺고 지금껏 뒷바라지를 해주고 있는 사랑스런 아내 김자현과 아들 최민규에게 이 책으로 고마움을 전하고 싶다.

마지막으로 이 책을 내게 해주신 도서출판 학연문화사 권혁재 사장님과 편집부의 노고에 감사드린다.

2020년 9월
용봉골 연구실 넘어 플라타너스를 보면서
최 영 주

# 목 차

# 제 1 장
# 영산강유역 마한세력의 성장과 변동과정

## - 백제와의 관계를 중심으로 -

# Ⅰ. 머리말

마한은 B.C. 3세기 이전에 세형동검문화를 바탕으로 성립되었다. 마한은 고
조선의 준왕이 B.C. 2세기 초 무렵에 내려와 패권을 잡은 기사를 통해 처음으
로 역사에 등장한다. 이후 A.D. 2~3세기 무렵 마한은 수십여 개의 소국이 구
성되었고 목지국이 소국연합의 맹주로 등장하였다[1]. 우리가 알고 있는 영산강
유역 마한은 대체로 3세기 이후에 해당한다. 백제가 마한의 군소국에서 고대
국가로 성장한 3세기대 이후, 마한과 백제의 관계는 불가분한 관계로 고대사
를 이해하는 데 매우 중요하다.

3세기대 영산강유역 마한은 54개 소국 중 일부가 비정되며, 『진서』 장화전의
신미국新彌國은 『삼국지』 위서 동이전 한조의 마한 소국에 포함되지 않은 국명
이지만, 당시 마한세력이 중국에 견사 할 수 있는 세력은 영산강유역 세력밖에
없다[2]. 이는 옹관묘의 발달 등 고고학적 자료로 보아도 영산강유역은 독자적
인 문화가 유지된 것으로 보인다.

영산강유역 마한과 백제의 관계는 4세기 후반의 근초고왕대에 처음으로 확
인된다. 『일본서기』 신공기 49년조에 나오는 군사 행동의 주체를 근초고왕으
로 보고, 369년 침미다례를 비롯한 영산강유역을 토벌했다는 내용이다. 이 기
사를 통해 영산강유역 마한은 백제에게 완전히 복속된 것으로 이해되어 왔다.
하지만 5세기 이후에도 대형 전용옹관(3형식)이 성행하고, 5세기 후엽 이후에
등장한 왜계 묘제인 횡혈식석실과 장고분(전방후원형 고분)은 영산강유역 마한

---

1    임영진, 2010, 「묘제를 통해 본 마한의 지역성과 변천과정」, 『百濟學報』 3, 26-35쪽.
2    당시 신미국은 백제가 마한세력의 맹주로 부상하자 반발하여 마한에서 이탈한 세력으로 스스
     로 마한의 맹주로 자처하면서 서진에 사신을 파견한 것으로 보인다. 그 결과 3세기 후엽 이후
     마한은 백제국 중심과 신미국 중심의 마한연맹체로 나누어져 존재한 것으로 이해된다(노중국,
     2011, 「문헌 기록을 통해 본 영산강유역-4~5세기를 중심으로」, 『百濟學報』 6, 12-15쪽).

세력이 당시 고대 사회에서 한 부분을 차지하는 중요한 역할을 하고 있었던 것으로 보인다.

학계에서는 여전히 주요 고분에서 확인된 금동관과 금동식리, 장식대도 등이 백제 중앙에서 사여 받은 위세품으로 이해하고 있으며 이를 통해 백제가 영산강유역 마한세력을 간접지배한 것으로 보고 있다. 하지만 6세기 중엽 이후부터 영산강유역에 사비기 석실이 축조되고, 은화관식과 대금구가 확인되어 백제의 관등제와 의관제에 편입된 것으로 보인다. 최근 복암리유적에서 출토된 목간을 통해 복암리일대가 7세기대의 사비기 방군성方郡城 체제 아래 두힐군豆肹郡으로 편성되어 백제 중앙권력이 주민을 개별 인신 단위로 연령 등급에 따라 편성, 장악했으며 노동력을 수취하여 지방 통치의 기반으로 삼은 것으로 보인다[3].

영산강유역 마한과 백제의 관계에서 항상 언급되는 것은 지배 방식에 대한 것이다. 한국 고대 사회에서 국가의 발전단계를 읍락邑落 단계 → 국國 단계 → 국연맹國聯盟 단계 → 부체제部體制 단계 → 중앙집권적中央集權) 국가체제 단계로 이해하였다. 국연맹 단계 이후부터 공납 관계를 통한 간접지배가 시작되며, 부체제 단계는 간접지배와 직접지배가 혼재하여 나타나다가 중앙집권적 국가체제 단계에서 직접지배한 것으로 보고 있다. 이 가운데 국연맹 단계는 맹주국과 연맹체를 구성한 중심국과 주변 소국 사이에 공납을 매개로 하는 정치적인 상하관계가 형성되며 간접지배가 이루어진 것으로 이해된다[4]. 실제로 이 단계부터 영산강유역 마한세력과 백제의 관계에 대한 논의가 집중되고 있다.

---

3   김창석, 2011, 「羅州 伏岩里 木簡을 통해 본 영산강유역의 戶口와 農作」, 『百濟學報』6, 141-167
    쪽 ; 金勤英, 2016, 「羅州 伏岩里 출토 목간으로 본 사비시대 豆肹」, 『百濟學報』18, 63-91쪽.
4   지배 방식은 크게 간접지배와 직접지배 형태가 있다. 간접지배는 중앙이 지방의 지배세력(수
    장층)을 매개로 지배하는 형태이고, 직접지배는 중앙에서 자제 종족이나 관료를 직접 파견하여
    지배하는 형태이다. 간접지배는 맹주국과 연맹체를 구성한 국과 국 사이에 공납을 매개로 하는
    정치적인 상하관계가 형성된 단계부터 확인된다(노중국, 1988, 『백제 정치사 연구』, 일조각).

이상으로 영산강유역 마한과 백제 관련 연구 경향에 대해서 간단히 살펴보았다. 영산강유역 마한과 백제 관계는 마한이 언제 백제에게 복속되었는지, 그 지배 방식은 어떠한지에 대한 논의가 문헌자료와 고고자료를 통해서 전개되고 있다. 문헌자료를 통해 본 영산강유역 마한은 369년 이후로 정복된 이후 직접지배를 받은 것으로 이해하다가 최근의 고고학적 성과를 수용하여 5세기 후반이나 6세기 전엽까지 마한의 독자성을 인정하는 경향을 보인다[5].

본고에서는 한정된 문헌자료 보다는 새롭고 광범위하게 확인되는 고고자료를 중심으로 영산강유역 마한과 백제 관계에 대해서 살펴보고자 한다. 이런 관계를 살펴볼 수 있는 자료는 고분·취락·부장품 등이 있다. 따라서 본 장에서는 영산강유역 마한문화에 대한 단계 설정과 특징을 고분·취락·부장품 등을 통해 살펴보고, 이를 통해 영산강유역 마한세력과 백제와의 관계에 대해서 검토하고자 한다.

---

5    지금까지 학계에서 이루어진 다양한 견해는 다음 논문을 참고하기 바란다(임영진, 2014b, 「전남지역 마한 제국의 사회 성격과 백제」, 『전남지역 마한 제국의 사회 성격과 백제』, 학연문화사, 29-37쪽).

# Ⅱ. 단계 설정 및 특징

## 1. 단계 설정

영산강유역 고분의 변천과정은 큰 틀에서 합의가 이루어지고 있다. 즉, 전용
옹관의 등장, U자형 전용옹관의 발전, 왜계고분과 고총고분의 등장, 횡혈식석
실의 도입과 장고분의 등장, 백제식석실의 유행 등을 주요한 사회문화적 획기
의 지표로 보고 있다[6]. 이러한 획기의 지표로 본 영산강유역 고분은 제형분 단
계(3세기 중엽~5세기 전반) → 고총고분 단계(5세기 후반~6세기 전엽) → 백제석실
분 단계(6세기 중엽~7세기 전반)로 변천 과정을 보인다.

영산강유역의 고분에서 출토된 부장품은 크게 토기류와 금속류로 나누어진
다. 토기류는 일반적인 토기류와 분주토기, 중국자기류 등이 있으며, 금속류는
금동관과 금동식리를 비롯한 장신구류, 무구류, 무기류, 마구류, 농공구류, 단
야구, 관 부속구류 등이 있다. 이외에 목제물과 석제물, 패류 등이 확인된다.
그 가운데 영산강유역 토기의 변천양상은 선행연구를 참고하면 크게 4기로 구
분되는데 Ⅰ기와 Ⅱ기는 제형분 단계, Ⅲ기는 고총고분 단계, Ⅳ기는 백제석실
분 단계에 해당한다. Ⅰ기는 범마한양식이 유행하고, Ⅱ기는 영산강유역양식

---

6  영산강유역 고분의 변천양상은 선행연구를 통해 보면, 방형목관 분구묘 → 제형목과 분구묘
→ (장)방대형옹관 분구묘 → 원형석실 분구묘로 변화하며, 5세기 4/4분기부터는 원형석실 분
구묘와 함께 장고형석실 분구묘가 축조되었으며, 6세기 2/4분기부터는 백제 석실 봉토묘가 파
급된 것으로 이해되어 왔다(임영진, 2002, 「영산강 유역권의 분구묘와 그 전개」, 『호남고고학보』
16, 84-91쪽 ; 임영진, 2012a, 「3~5세기 영산강유역권 마한세력의 성장배경과 한계」, 『백제와 영
산강』, 학연문화사, 91-97쪽). 최근에는 앞의 견해를 세분하여 복합제형분1(제형:목관중심) →
복합제형분2(제형:목관 · 옹관병행) → 옹관분(원대형 · 방대형) → 초기석실분(장고형 · 원형 ·
방대형) → 백제식석실분(원형:반구형) 단계로 변화하는 것으로 보고 있다(김낙중, 2009b, 『영
산강유역 고분 연구』, 학연문화사, 97-103쪽).

**표 1 | 영산강유역의 발전단계 설정**

| 시기 / 특징 | Ⅰ기 (1) | Ⅰ기 (2) | Ⅱ기 (1) | Ⅱ기 (2) | Ⅲ기 (1) | Ⅲ기 (2) | Ⅳ기 (1) | Ⅳ기 (2) |
|---|---|---|---|---|---|---|---|---|
| 특징 | 3세기 중엽 ~ 4세기 전반 | 4세기 후반 ~ 5세기 전반 | 5세기 후반 ~ 5세기 후엽 | 5세기 말 ~ 6세기 전엽 | 6세기 중엽 ~ 6세기 후엽 | | 6세기 말 ~ 7세기 전반 | |
| 고분단계 | 제형분 | | 고총고분 | | | | 백제석실분 | |
| 고분단계 | 제형분1 | 제형분2 | 옹관분 | | 영산강식 석실분 | | 백제식 석실분 | |
| 고분단계 | (말각)방형 마제형 | 단제형 타원형 | 장제형(원형·방형화) | 원(대)형 방(대)형 | 원(대)형 방(대)형 장고형 | | 원형(반구형) | |
| 대표고분 | 고창 만동고분군, 영광 군동'라'유적, 나주 용호고분군, 장성 환교유적, 함평 만가촌고분군 | 함평 만가촌고분군·반암고분군·영암 내동리·만수리고분군 | 나주 반남고분군, 나주 가흥리 신흥고분, 영암 옥야리 방대형고분 | | 나주 복암리고분군, 영동리고분군, 함평 금산리 방대형고분, 고창 봉덕리고분군, 광주 월계동고분군 | | 나주 복암리고분군·정촌고분, 영동리고분군, 반남고분군, 신안지역 고분군, 장성 학성리고분군, 함평 석계고분군 | |
| 매장시설 | 목관단독 | 목관 중심 +옹관 추가 | 목관(곽)·옹관 병행 | 옹관(석실)중심 +목관 | 영산강식 석실 (+옹관) | | 백제계 석실 | |
| 매장시설 | 옹관 1·2형식 | | 옹관 3A형식(U자형), 왜계 수혈식석곽 | 옹관 3B형식 횡구식석실 | 옹관 3B형식 규슈계석실 | | 복합형석실(복암리유형) 사비기 석실 | |
| 분구규모 | 低 | | 中(수평확장) | | 高(수직확장) | | 高→中 | |
| 취락 / 유형 | 마한 취락 | | | | 마한 취락→백제 취락 | | 백제 취락 | |
| 취락 / 구조 | (비)사주식·사주식 점토 부뚜막·구들 | | | | 사주식→벽주식 부뚜막·구들 점토→판석 | | 벽주식·벽주건물 판석 부뚜막·구들 | |
| 취락 / 유물 | 이중구연토기, 양이부호, 발, 호, 시루, 완, 장란형토기(격자문), 거치문토기) | | | | 개배, 유공광구소호, 고배, 호, 발, 시루, 완, 장란형토기(격자→승문) | | 개배, 고배, 기대, 삼족기, 직구호, 발, 장란형토기, 호(승문계)) | |
| 부장품 / 토기류 | 범마한양식 유행 | | 영산강유역 양식의 성립 | | 영산강유역 양식의 성행 | 영산강유역 양식의 절정기 | 백제양식으로 전환 | 백제양식으로 일원화 |
| 부장품 / 토기류 | 〈백제 관련자료〉 | | 평저광구호, 평저직구광견호 | | 개배, 고배, 병 | 기대, 삼족토기, 병형토기, 대부직구소호 | 백제식 개배, 삼족토기, 병형토기, 대부완, 전달린토기, 벼루, 녹유도기 | |
| 부장품 / 금속류 | 소형농공구, 환두도 등 소량의 무기류 | | 장식성 위세품, 마구류, 무기류 증가, 관 부속구류 | | 장식성 위세품, 장식마구류 등장, 부장품 종류 급증 | | 부장량 감소 은화관식, 무구류와 마구류 소멸 | 은화관식, 장식대도, 장식구류(관모장식) |
| 부장품 / 금속류 | | 왜계 무구류와 무기류 | | | | | | |
| 부장품 / 기타 | | | 석제모조품, 모자곡옥 | | 고호우라 조개팔찌 | | 석침 | |

의 성립되며, Ⅲ기는 영산강유역양식의 성행하여 절정기에 해당하며, Ⅳ기는 백제양식으로 전환되고, 일원화된다.

금속류도 크게 4기로 구분된다. Ⅰ기는 소형농공구, 환두도 등 소량의 무기류 등이 Ⅱ기에도 지속된다. Ⅱ기에는 Ⅰ기의 철제품과 함께 왜계 무구류와 무기류가 등장한다. Ⅲ기는 장식성이 높은 위세품, 마구류와 무기류 등 부장품 종류가 급증하는 시기이다. Ⅳ기는 백제의 관등제와 관련된 은화관식이 등장하고 장식구류, 장식대도이 확인되며, 무구류와 마구류가 소멸되면서 부장량은 감소한다.

따라서 본고에서는 영산강유역 발전단계를 고분의 변천양상과 부장품의 출토 양상을 중심으로 4기로 구분하였다[7]. Ⅰ기는 3세기 중엽에서 4세기 전반, Ⅱ기는 4세기 후반에서 5세기 전반, Ⅲ기는 5세기 후반에서 6세기 전엽, Ⅳ기는 6세기 중엽에서 7세기 전반경으로 구분된다[8].


## 2. 단계별 양상

### 1) Ⅰ기(3세기 중엽~4세기 전반)

Ⅰ-1기는 제형분단계로 (말각)방형과 마제형의 분형 형태로 규모는 10-20m로 분구는 낮은 모습을 보인다. 매장시설은 주로 목관 단독으로 확인된다. Ⅰ-2기는 단제형과 타원형의 분형 형태를 보이면서 규모는 20-30m 정도로 분구는

---

7    徐賢珠, 2006, 『榮山江流域 古墳 土器 硏究』, 學硏文化社 ; 서현주, 2008, 「영산강유역권 3~5세기 고분 출토유물의 변천 양상」, 『호남고고학보』 28, 51-80쪽 ; 酒井淸治, 2004, 「5·6세기 토기에서 본 羅州勢力」, 『百濟硏究』 39, 63-83쪽 ; 김낙중, 2009b, 앞의 책 ; 김낙중, 2012a, 「토기를 통해 본 고대 영산강유역 사회와 백제의 관계」, 『호남고고학보』 42, 87-124쪽 ; 임영진, 2012a, 앞의 논문, 91-97쪽 ; 오동선, 2016a, 「榮山江流域圈 蓋杯의 登場과 變遷過程」, 『한국고고학보』 98, 128-167쪽 ; 오동선, 2016b, 「삼국시대 전남 서부지역 왜계고분의 확산 과정과 의미」, 『백제학보의 해양교류와 거점』(제24회 백제학회 정기학술회의), 71-96쪽 ; 이범기, 2016, 『영산강유역 고분 철기 연구』, 학연문화사 ; 최영주, 2017a, 「고분 부장품을 통해 본 영산강유역 마한세력의 대외교류」, 『百濟學報』 20, 133-172쪽.

8    본 장에서 시기 구분의 단위로 반, 엽 등을 활용하고자 한다. 반은 기본적으로 1세기를 2등분하여 전반과 후반으로, 엽은 1세기를 3등분하여 전엽·중엽·후엽으로 구분하고자 한다.

아직 낮은 편이다. 매장시설은 목관이 중심으로 사용되고 주구와 대상부에 옹관이 사용되기 시작한다. 옹관은 1형식과 2형식이 주로 확인된다. 대표적인 고분은 고창 만동고분군, 영광 군동 '라'유적, 함평 순촌고분군, 함평 만가촌고분군, 나주 용호고분군, 장성 환교유적 등이 해당한다.

취락은 마한취락 형태로, 방형계에 사주식과 무주식 형태가 확인된다. 취락은 소규모로 군집간의 위계관계는 보이지 않는다. 주거지 내부의 부뚜막과 구들은 점토를 사용하여 마감하였다. 주거지에서는 양이부호·이중구연호·발·호·시루·장란형토기(격자문) 등이 주로 확인된다.

부장품 중 토기류는 범마한양식이 유행하는 시기로, Ⅰ-1기는 이중구연호·조형토기·원저호·평저광구호 등이 출토된다. Ⅰ-2기는 이중구연호, 평저호·양이부호·원저외반호·평저직구호·심발 등이 출토된다. 금속류는 Ⅰ기는 소형농공구(선형철부·유견철부·장방형철부·소형괭이형철기·괭이·주조괭이·낫·도자·끌·U자형날), 철정, 소량의 무기류(철모·소환두도·철검·철촉·도자) 등이 확인된다.

### 2) Ⅱ기(4세기 후반~5세기 전반)

Ⅱ기는 제형분 단계로 장제형의 분형 형태에 규모는 30-70m 정도이며, 분고는 아직 낮은 편이지만 앞 시기보다 높다. 분형이 장제형으로 길어지는 것은 수평으로 분구가 확장되면서 나타난 특징이다. 한편 영암 옥야리 14호분과 신연리 9호분 등에서 원형과 방형으로 변화하는 양상이 보이기도 한다[9]. 매장시설은 목관(곽)·옹관이 병행하여 확인되며, 옹관은 주로 3A형식(U자형)이 확인된다. 대표적인 고분은 함평 만가촌고분군·반암고분군, 영암 내동리·만수리고분군 등이 확인된다. 또한 5세기 전반경 서남해안 연안지역에 원형의 분구

---

9   최영주, 2015, 「마한 방대형·원대형 분구묘의 등장배경」, 『百濟學報』 14, 94쪽.

에 수혈식석곽을 매장시설로 한 왜계고분이 확인된다.

취락은 마한취락 형태로 앞 시기와 비슷한 형태를 보인다. 하지만 주거지 수가 급증하고 취락 내 군집 간, 취락 간 상·하위 취락으로 위계관계가 보이기 시작한다. 주거지 내부의 부뚜막과 구들은 아직 점토를 사용하여 마감하였다. 주거지에서는 양이부호·이중구연호·발·호·완·시루·장란형토기·거치문토기 등이 확인된다.

부장품 중 토기류는 영산강유역 양식이 성립하는 시기로, Ⅱ-1기는 양이부호·평저광구소호·장경소호 등이 출토된다. Ⅱ-2기는 양이부호·광구소호·평저직구광견호·유공광구소호·직구소호·개배·기대·장경호 등이 출토된다. 금속류는 Ⅱ기는 소형농공구, 소량의 무기류 등 Ⅰ기의 철제품에 단야구(집게·망치)등이 추가되고, 왜계고분에서 왜계 무구류(판갑·투구)와 무기류(철모·철촉)가 등장한다.


### 3) Ⅲ기(5세기 후반~6세기 전엽)

Ⅲ기는 고총고분 단계로 Ⅲ-1기는 분구가 수직으로 확장하면서 방대형과 원대형 분형을 보인다. 매장시설은 옹관이 중심이고 목관이 주변에 확인되며, 옹관은 3B형식이 유행한다. 한편 영암 옥야리 방대형고분과 나주 가흥리 신흥고분 등은 방대형으로 횡구식석실이 매장시설로 확인된다. 대표적인 고분은 나주 반남(덕산리·신촌리·대안리)고분군이 해당한다. Ⅲ-2기는 방대형, 원대형에 장고형의 분형이 추가로 확인된다. 분구는 기본적으로 고대화가 된 시기로 매장시설은 영산강식석실(규슈계석실)이 사용되고, 옹관도 6세기 전엽까지 3B형식이 유행한다. 장고형은 일본식 묘제인 전방후원형의 형태이다. 대표적인 고분은 나주 복암리고분군·영동리고분군, 함평 금산리 방대형고분, 고창 봉덕리고분군, 광주 월계동고분군 등이 해당한다.

취락은 마한 취락에서 백제 취락 형태로 변화하는 과도기적인 모습을 보인다. 취락이 대규모화 되면서 제사, 토기·옥·제철 생산 등 전문적인 담당하는 거점취락과 각 수계에 생산 활동에 종사하는 전문 하위집단으로 구성되어 있다. 거점취락 전체를 통솔하는 최상위 중심취락이 존재한 것으로 보고 있다[10]. 주거지 내부구조는 (비)사주식에서 벽주식으로 변화하고, 점토로 된 부뚜막과 구들은 점차 판석으로 만들어진다. 주거지에서는 개배·유공광구소호·고배·호·발·시루·완·장란형토기(격자문→승문) 등이 출토된다.

부장품 중 토기류는 영산강유역 양식이 성행하고 절정기를 맞은 시기이다. Ⅲ-1기는 광구소호·장경소호·유공광구소호·직구소호·개배·고배·발형기대·분주토기·스에키(계)·중국자기(흑유도기) 등이 확인된다. Ⅲ-2기는 장경소호·유공광구소호·직구소호·대부직구소호·개배·고배·병류·발형기대·장경호·분주토기·배부토기·스에키(계)·하니와(계)·중국자기(연판문완·시유도기) 등이 출토된다.

금속류는 장식성이 높은 위세품(금동관·금동식리, 장식대도), 마구류와 무기류 등 종류가 급증하는 시기이다. Ⅲ-1기는 장신구류(금동관·금동신발, 팔찌·이식), 장식무기류(대도·도자), 마구류(행엽·호등·운주), 무기류(철모·철촉·대도·쌍자구·삼지창·화살통장식), 동경, 관 부속구류(관못·꺾쇠), 농공구류(장방형철부·괭이·낫·도자·톱) 등이 확인되며, Ⅲ-2기는 장신구류(금동관·금동신발·이식), 장식무기류(대도), 무구류(찰갑·투구·판갑), 마구류(재갈·행엽·윤등·호등·운주·방울·안교금구·삼환령), 무기류(철모·철촉·대도), 동경, 관 부속구류(관못·꺾쇠), 농공구류(장방형철부·괭이·낫·도자·철정) 등이 출토된다. 이외에 석제모조품, 모자곡옥, 고호우라 조개팔찌 등 왜계 관련 자료가 확인된다.

---

10   이영철, 2011a, 「영산강 상류지역의 취락 변동과 백제화 과정」, 『百濟學報』 6, 135-138쪽.

### 4) Ⅳ기(6세기 중엽~7세기 중엽)

Ⅳ기는 백제석실분 단계로 분형은 반구형의 원형이며 분구는 점차 낮아진다. 매장시설은 백제식석실로 사비기 석실이 해당하며, 재지의 독자적인 특징이 있는 복암리유형 석실도 확인된다. 대표적인 고분은 나주 복암리고분군·정촌고분·영동리고분군, 반남(대안리·흥덕리)고분군, 신안지역 고분군, 장성학성리고분군, 함평 석계고분군 등이 해당된다.

취락은 백제 취락으로 벽주식과 벽주건물 등이 주류를 이룬다. 내부 구조인 부뚜막과 구들은 판석으로 만들어진다. 주거지에서는 개배·고배·기대·삼족기·직구호·발·장란형토기·호(승문계) 등이 출토된다.

부장품 중 토기류는 백제양식으로 전환되고, 일원화된다. 유물은 직구소호·백제계 개배·고배·삼족배·병류·대부완·전달린토기·벼루 등이 출토된다. 금속류는 백제의 관등제와 관련된 은화관식이 등장하고 장식구류(관모장식), 장식대도(규두대도 등)이 확인되며, 무구류와 마구류가 소멸되면서 부장량은 감소한다. 유물은 장신구류(은화관식·관식틀·대금구), 장식무기류(대도·규두대도·도자), 무기류(철촉·대도), 관 부속구류(관못·꺾쇠·관고리), 농공구류(장방형철부·괭이·도자) 등이 확인된다. 이외에 석침 등이 왜계 관련 자료가 확인된다.

# Ⅲ. 영산강유역 마한세력과 백제 관계

## 1. 마한의 성장과 백제와 관계 시작

### 1) 마한의 성장

이 시기는 제형분 단계로 3세기 중엽에서 5세기 전반에 해당한다. 분형은 (말각)방형과 마제형 등 방형계에서 단제형과 타원형 등 제형(Ⅰ기)으로 변화하다가 분구가 수평으로 확장하면서 장제형(Ⅱ기)이 유행한다. 일부에서는 원형과 방형으로 변화하기도 한다. 매장시설은 목관이 단독으로 사용되다가 주구와 대상부에 옹관(1·2형식)이 추가된다(Ⅰ기). 이후 대상부에 목관(곽)과 옹관(3A형식)이 병행하여 사용된다(Ⅱ기). 5세기 전반경에 서남해안 연안지역에 따라 왜계고분이 등장하는 데 원형분으로 수혈식석곽을 매장시설로 한 것으로 왜계 무구류와 무기류 등이 주로 확인된다. 왜계고분은 이후 5세기 후반에 등장하는 고총고분에 영향을 준 것으로 보인다.

이 단계는 대체로 3세기 전엽 경부터 고막원천 상류지역에서 대형 옹관묘가 발생하여 서북쪽과 동남쪽으로 확산되고, 4세기 후엽부터 대형 옹관을 매장주체로 하는 분구묘가 수평 확장된다. 이후 분구는 수직 확장하여 고대화되기 시작하여 영암 시종지역(3-4세기)을 거쳐 나주 반남지역(5세기)이 중심지로 부상하게 된다[11].

부장품 중 토기류는 범마한양식이 유행하고 영산강유역 양식이 성립하는 시기이며, 금속류는 소형농공구와 소량의 무기류, 철정에 단야구(집게·망치)등

---

11  임영진, 2012a, 앞의 논문, 91-97쪽. 이러한 견해가 일반적이지만 최근 영암 내동리 쌍무덤에서 금동관 등의 위세품과 6세기 전엽경의 석실과 유물 등이 확인되어 시종지역이 반남지역으로 중심지가 이동한 이후에도 어느 정도의 세력을 유지했던 것으로 보인다. 이는 인근에 위치한 영암 옥야리 방대형고분, 자라봉고분과의 관계에서도 당연하게 확인되어야 하는 것이다.

이 목관묘와 옹관묘 등에서 확인된다. 왜계고분에서 왜계 무구류와 무기류 등이 확인된다.

이 중에서 백제적인 요소를 보이는 토기는 평저광구호와 평저직구광견호[12]가 해당한다(그림 1-1·2). 이 시기 영산강유역에서 한성백제양식의 토기가 일부 확인되는 것은 지역 세력의 매개로 한 부분적인 수용이 주를 이루고 있으며[13], 당시 철기류 유통과 관련된 해상세력에 의해 일부 유입되거나 영향을 받은 것[14]으로 판단된다.

이외에 5세기 전반경 왜계고분에서 왜계 무구류와 무기류 등이 확인된다. 고흥 야막고분, 고흥 길두리 안동고분, 신안 배널리 3호분, 해남 외도 1호분 등에서 대금식갑주인 삼각·장방판혁철판갑, 충각부주·차양주, 경갑, 견갑, 볼가리개 등이 확인된다. 규두·유엽형 왜계 철촉은 고흥 야막고분, 신안 배널리 3호분 등에서 화살대를 제거한 후 견갑 하부에 부장되는 양상으로 갑주와 공반되는 사례가 많으며 묶음으로 출토된다[15](그림 1-3~5).

이 시기 취락은 전통적인 마한취락으로, 방형계에 (비)사주식 형태로 부뚜막과 구들은 점토를 사용하여 마감하였다. 주거지에서는 양이부호·이중구연호·발·호·시루·장란형토기(격자문)·완·거치문토기 등이 주로 확인된다. 3-4세기 경 취락은 소규모로 군집간의 위계관계를 보이지 않는다. 4세기 후반 이후 주거지 수가 급증하고 취락의 성격에 따라 군집과 취락 간 상위와 하위 취락으로 위계관계가 보이기 시작한다. 상위취락은 10동 이상이 10개소 이상으로, 군집 밀집도 높으면서 옥과 철기 등 수공업 관련 생산 담당한 것으로 보인다. 하위

---

12    평저광구호는 나주 용호고분군의 목관묘와 옹관묘 등에서 출토되며, 평저직구광견호는 함평 만가촌고분군, 나주 용호고분군과 복암리고분군 토광(목관·목곽)묘와 옹관묘 등에서 출토된다.
13    서현주, 2008, 앞의 논문, 73쪽.
14    김낙중, 2012a, 앞의 논문, 94·95쪽 ; 최영주, 2017a, 앞의 논문, 137쪽.
15    최영주, 2017a, 앞의 논문, 155-157쪽.

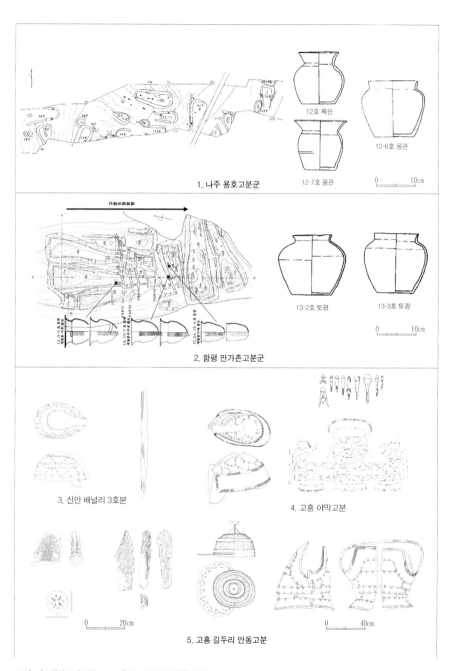

1. 나주 용호고분군

12호 목관

12-6호 옹관

12-7호 옹관

0    10cm

2. 함평 만가촌고분군

13-2호 토광

13-3호 토광

0    10cm

3. 신안 배널리 3호분

4. 고흥 야막고분

5. 고흥 길두리 안동고분

0    20cm

0    40cm

**그림 1** | 제형분 단계(Ⅰ·Ⅱ기)의 고분과 부장품 양상

취락은 주거군 밀집도가 낮으면서 농업 관련 생산 활동을 한 것으로 보인다[16].

### 2) 백제와의 관계

3세기 중엽 이후 백제가 맹주로 대두되면서 기존의 마한연맹체가 해체되고, 영산강유역 마한세력이 새롭게 결집하며 성장한다. 이에 따라 백제와는 어느 정도 긴장관계가 형성되었고. 이러한 정치 사회적 현상이 새로운 유형의 전용 옹관(1·2형식)의 등장에 반영된 것으로 보인다[17]. 또한 사다리꼴의 분구 형태가 발달하는 것은 당시 영산강유역 마한세력의 독자적인 문화가 오히려 증대되고 있다. 하지만 평저광구호와 평저직구광견호 등 한성백제 토기와 철정 등 철기류 유통과 관련하여 백제와의 교류가 확인되고 있다.

영산강유역 마한과 백제의 본격적인 관계는 369년 근초고왕의 남정 이후에 나타난다. 4세기 후반에 대형 전용 옹관(3형식) 등장과 제형분의 대형화(수평확장)를 369년 근초고왕의 남정과 관련하여 백제의 지방지배 확대과정[18]에서 나타난 것으로 이해되며, 또한 취락 간 위계관계가 형성된 것으로 이해하기도 한다. 특히 백제가 4세기 이후 중앙집권적 국가체제로 접어들면서 지역의 문화적 특성은 정치적 독립성으로 보기 어렵기 때문에 영산강유역의 전용옹관은 지역의 문화적 특성으로 보면서 근초고왕 이후 백제의 직접 지배권에 있으며 담로제적인 지배가 행해진 것으로 보기도 하였다[19].

하지만 한성기 위세품을 통한 간접지배를 상정하더라도 일단 이 시기에 위세품은 확인되지 않기 때문에 백제에 간접지배로 보기는 어렵다. 6세기 중엽 이후의 백제에 의한 고분 축조에 대한 규제와 인신 통제 등이 이루어진 것으로

---

16  이영철, 2011a, 앞의 논문, 130·131쪽.
17  김낙중, 2011b,「榮山江流域 政治體의 成長과 變動 過程」,『百濟學報』6, 59쪽.
18  김낙중, 2005,「榮山江流域 甕棺古墳의 發生과 그 背景」,『文化財』37, 국립문화재연구소, 60쪽.
19  노중국, 2011, 앞의 논문, 15-26쪽.

보아 그 이전 고분의 축조 경향에 대해서 단순히 지역적 특성만으로 생각하기는 어렵다[20].

따라서 근초고왕의 남정 기사는 일시적인 정복에 해당하고, 그 이후의 양상은 다양하게 나타날 수도 있다. 백제가 북쪽의 고구려와의 전투를 염두하고 후방인 남쪽지역을 안정화 조치의 일환으로 일시적인 공격을 한 것으로 이해되며, 이후 전략적으로 직접적인 지배하는 방식보다는 영향권에 두는 편이 백제의 입장에서는 유리했을 것으로 보인다. 이렇듯 영산강유역 마한과 백제의 지배 방식은 문헌 기록을 통해 확인이 불가능하기 때문에 현재까지 확인된 고고자료를 통해서 그 지배 방식에 대해서 살펴볼 필요가 있다.

4세기 후반 이후 백제의 영향력 확대과정[21]에서 영산강유역 마한세력과 새로운 관계 설정이 필요하게 된다. 당시 영산강유역 마한이 백제에게 신속臣屬의 예를 표한 공납은 확인되지 않고, 오히려 전용 옹관 등장, 분구의 수평확장 등 독자적인 문화가 보인다. 영산강유역 마한과 백제의 관계는 4세기 후반 이후 서남해안 연안 항로를 따라 새로운 교류·교섭관계가 설정되기 시작한다. 먼저 영산강유역 마한은 백제의 지역세력들과의 연안항로를 통한 철정 등 철기류의 교류가 함께 한성백제 토기류가 확인되며, 이후 개배 등 다양한 기종이 나타나게 된다. 또한 백제와 왜의 교류·교섭관계에서 중간지대인 서남해지역을 안내해주고 그 대가로 경제적인 이익과 정치적인 명분을 취하게 된다[22]. 그 결과 서남해 연안지역에 왜계고분이 등장하게 된다. 역으로 일본열도 초기

---

20 김낙중, 2011b, 앞의 논문, 60쪽.
21 백제 영향력의 확대는 다양한 백제토기가 영산강유역에서 출현하는 것(서현주, 2011, 「영산강유역 토기문화의 변천 양상과 백제화과정」, 『百濟學報』 6, 92-103쪽)과 호형 분주토기의 남하과정(최영주, 2018a, 「韓國 墳周土器 研究-분포 양상과 변천과정, 고분의례과정을 통해-」, 『湖西考古學』 40, 69-82쪽), 마한 취락이 규모가 커지면서 취락별로 전업화되고, 취락 간 위계가 나타나기 시작하는 것을 통해서 확인이 가능하다.
22 최영주, 2017a, 앞의 논문, 162·163쪽.

스에키 가마에 영향을 주었으며[23], 스에무라陶邑의 스에키 도입 시기에 영산강
유역의 개배와 유공광구소호 등이 확인되어 양국 간에 많은 영향 관계가 확인
되고 있다.

따라서 이 시기에 영산강유역 마한은 백제의 직접지배권 안에 포함되지 않
았으며, 오히려 독자적인 문화가 성장하고 있다. 단, 서남해 연안항로를 통해
백제와 왜의 교류·교섭관계 속에서 정치적·경제적 이익을 얻게 되는 과정에
서 백제의 간접적인 영향을 받은 것으로 생각된다.


## 2. 마한의 전성기와 백제의 세력 확대

### 1) 마한의 전성기

이 시기는 5세기 후반에서 6세기 전엽에 해당한다. 고총고분 단계로 방대
형, 원대형의 분구에 옹관(3형식)이 주 매장시설로 확인되다가 5세기 후엽에 영
산강식 석실(규슈계 석실)이 주 매장시설로 조영되면서 장고형(전방후원형), 방대
형, 원대형의 분구가 성행하였다. 일부 분구에서는 즙석이 확인된다. 방대형
고분은 기존의 제형 분구에 새로운 매장시설을 추가하면서 수직 또는 수평으
로 확장하면서 분구가 커지게 되어 한 분구 안에 여러 기의 매장시설이 공존하
는 특징을 보인다. 일부 고분에서는 사비기(IV기) 이후에도 석실이 추가적으로
조영되고 있다(그림 2·3). 한편으로 방대형분이 완성형 형태로 확인된 영암 옥

---

23  스에키 생산이 본격화되기 이전의 가마인 효고현 고베시 데아이(出合) 가마유적은 반지하식
등요로, 구조적으로는 순천 대곡리 36호 가마와 가장 유사하여 백제·마한지역에 그 원류를
찾을 수 있다. 가마에서 출토된 호, 옹, 평저의 천발·심발, 시루, 도제 무문 박자는 백제·마한
지역의 여러 유적에서 확인된 것과 유사하다(최영주, 2017c, 「생산 유적」, 『일본 속의 百濟 I -
긴키지역(유적·유물편)』(해외 백제문화재 자료집2), 충청남도·충청남도역사문화연구원,
89-106쪽).

야리 방대형고분과 나주 가흥리 신흥고분은 5세기 후반의 이른 시기에 조성된 것으로 5세기 전반경 왜계고분의 영향과 백제 토목기술의 영향을 통해 출현한 것으로 보인다[24].

5세기 후반경은 반남고분군(덕산리·신촌리·대안리)을 중심으로 제형은 수직으로 확장하여 고대화되어 방대형, 원대형의 고분이 성행하였다. 주변지역은 제형분이 여전히 수평으로 확장하여 초대형분이 만들어지기도 한다. 5세기 후엽 이후에는 나주 복암리고분군을 중심으로 영산강식석실이 주 매장시설로 사용되다가 주변지역에 6세기부터 장고분이 등장하게 되며, 일부에서는 즙석이 확인된다(그림 2). 앞에서 살펴보았듯이 5세기 전반경의 왜계고분의 출현은 분구의 고대화에 영향을 미쳤으며, 5세기 후엽 이후의 영산강식 석실과 장고분의 등장하는 데 실질적인 계기가 된 것으로 보인다[25].

영산강식 석실은 왜계와 백제계, 복합형으로 구분되며, 가장 먼저 왜계 석실이 등장하고, 백제계, 복합형이 출현한다. 왜계 석실은 북부규슈형(조산식·월계동식·장고봉식)과 히고형(영천리식)으로 구분되며, 이처럼 다양한 석실 구조를 보이는 것은 강력한 규제에 의한 규격화가 이루어지지 않았기 때문이다. 고총고분에 새로운 매장시설인 횡혈식석실이 도입되지만 구조적 다양성과 왜계의 매장방법(「열린 관」)을 수용하면서도 전통적인 매장방법(「가두는 관」, 연도 제사, 다장 풍습)이 지속되고 있다. 이러한 특징을 통해 영산강유역 마한세력들은 어느 정도의 독자성을 보이면서 백제와 왜 왕권에 완전히 종속적이지 않았고 대립적이지도 않았다[26].

부장품 중 토기류는 영산강유역 영식이 성행하고 절정기이면서 백제의 영

24  최영주, 2015, 앞의 논문, 96-102쪽.
25  최영주, 2017a, 앞의 논문, 162-166쪽.
26  최영주, 2017b, 「韓半島 南西部地域 倭系 橫穴式石室의 特徵과 出現背景」, 『湖西考古學』 38, 82-87쪽.

향력이 확대되는 시기이다. 개배·고배와 삼족토기·광구장경호·기대·병형토기·대부직구소호·배부토기 등 백제 관련 토기가 확인된다. 개배는 5세기 중엽 경에 옹관묘에서 등장하여 5세기 후엽에서 6세기 전엽 사이는 재지계적인 요소에 스에키계적인 요소, 나중에 백제계적인 요소가 조합되어 다양한 형태로 나타나게 되어 영산강식 개배가 성행하였다. 6세기 중엽 이후 백제계 석실이 등장하면서 백제식 개배로 변화된 것으로 이해된다[27]. 고배는 가야 고배의 영향을 받은 것으로 추정되며, 점차 왜의 스에키 고배의 영향도 나타나다가 6세기를 전후하여 백제의 유개고배가 나타난다[28]. 삼족토기는 통형기대와 함께 출토되는 경향을 보이는데 백제의 전형적인 토기가 유입된 상황으로 이해된다[29]. 발형기대는 가야, 왜, 백제적인 요소가 복합되어 5세기 후엽 이후에 고창 봉덕, 광주 하남동과 산정동유적 등지에서 의례에 사용되었다[30]. 통형기대는 분구나 주구에서 깨진 상태로 출토되는 양상 등으로 보아 제의적인 성격이

---

27  김낙중은 영산강유역 개배의 변천과정을 나주 복암리 3호분을 통해서 반남형2식·당가형1식→당가형2·3식·반남형3식→백제형으로 변천하는 것으로 이해하고 있으며, 백제계 석실이 축조되기 시작하는 6세기 중엽 이후에는 반남형과 당가형 등의 영산강유역양식은 사라지고, 백제형 개배만이 부장된다(김낙중, 2012a, 앞의 논문, 96-100쪽). 오동선은 개배의 변천을 A1→B1(스에키계)→B2→A2→C1→C2식으로 변화하며, 이 가운데 B1식, B2식, C1식은 토착적인 개배의 속성에 왜의 스에키계적인 속성이 먼저 조합되다가 나중에 백제계적인 속성 등이 조합되면서 다양한 형태 변화를 보이며, 6세기 중엽 이후 백제형(C2식) 개배가 출토된 것으로 이해했다(오동선, 2016a, 앞의 논문, 141-154쪽).

28  백제식 고배는 영광 학정리 대천고분 등이 있으나 나주 당가요지 등의 출토품은 현지에서 생산된 것으로 이해된다. 이외에도 담양 서옥 2호분 2호 석곽 출토품은 스에키계 기형에 백제적인 요소가 혼합되기도 하고, 담양 오산 1호 석실 출토품은 소가야계 기형에 대각이 짧고 무투창인 백제적인 요소가 복합적으로 나타난다(서현주, 2014, 「출토유물로 본 전남지역 마한 제국의 사회 성격」, 『전남지역 마한 제국의 사회 성격과 백제』, 학연문화사, 133쪽).

29  광주 월계동 1호분 주구, 무안 고절리고분 주구 등에서 이른 형식의 삼족토기가 확인된다(徐賢珠, 2006, 앞의 책, 122-127쪽).

30  광주 월계동 1호분에서도 가야계의 영향으로 대각이 긴 형태의 발형기대가 백제계 통형기대 편과 광구장경호가 함께 출토되었다(김낙중, 2012a, 앞의 논문, 87-124쪽).

강한 기종으로 추정되며[31], 시기적으로는 6세기 이후로 백제의 통형기대와 유사하다[32]. 광구장경호[33]와 병형토기[34]는 5세기 후엽에서 6세기 전엽으로 초기 횡혈식석실묘에서 출토된다. 대부직구소호는 원저의 직구소호에 대각이 붙은 형태로 마한·백제지역에서 10여점이 확인되는데[35] 6세기 전엽 이후에 나타난다.

영산강유역에서는 중국자기 가운데 연판문 완, 흑유도기와 시유도기 등이 확인되는데 5세기 후반에서 6세기 전엽으로 편년된다[36]. 일반적으로 백제 중앙에서 지방의 유력자에게 하사한 위세품적 성격으로 이해하기도 하지만, 지역세력자들이 백제 왕실의 중국 견사에 필요한 물품을 제공함과 함께 견사에도 직접 참여하거나 별도의 자유로운 상업적인 활동을 통해 필요한 물품을 선택적으로 구입하였을 가능성[37]이 지적되기도 하였다[38].

---

31  임영진, 2014a, 「영산강유역권 왜계고분의 피장자와 '임나일본부'」, 『지역과 역사』 35, 부경역사연구소, 234-236쪽.

32  통형기대는 무안 고절리고분, 광주 명화동고분, 월계동 1호분, 함평 신덕고분, 해남 용두리고분 등에서 확인된다(이건용, 2013, 「마한·백제권 통형기대 고찰」, 전남대학교 석사학위논문).

33  나주 대안리 3호분, 복암리 3호분 96석실, 영암 만수리 2호분, 무안 인평 8호 석곽묘, 맥포리 3호 토광, 광주 월계동 1호분, 쌍암동고분, 하남동 9호 구, 함평 신덕 1호분 등에서 출토된다(서현주, 2014, 앞의 논문, 137쪽).

34  서현주, 2011, 앞의 논문, 92-95쪽.

35  나주 복암리 1호분, 고창 봉덕 나지구 구3, 광주 연제동 외촌유적 등에서 확인된다.

36  고창 봉덕리고분군 4호 석곽에서 청자반구호, 3호 석실에서 연판문 호편, 남쪽 주구에서 청자 호편 등이 확인되었다. 함평 금산리 방대형고분에서는 분구 사면에서 연판문 완편과 흑유도기편이 확인되었고, 함평 마산리고분과 해남 용두리고분에서는 시유도기인 전문도기편이 확인되었다. 최근에 나주 복암리 정촌고분에서 시유도기편과 청자이부호편, 청자반구호편이 표토에서 수습되었다(최영주, 2017a, 앞의 논문, 151·152쪽).

37  임영진, 2012b, 「中國 六朝磁器의 百濟 導入背景」, 『한국고고학보』 83, 28-42쪽.

38  중국자기는 대부분 위세품으로 인식하고 있는 면이 강하다고 생각된다. 하지만 영산강유역 고분에서 출토된 양상으로 보면, 대부분 파편으로 확인된 경우가 많고, 분구 즙석 사이나 주구, 매장시설 내의 매몰토에서 출토된다. 만약 위세품이라면 공주 수촌리고분 등 백제지역 출토 상황처럼 매장주체시설 안에서 완성체가 출토되어야 한다고 생각된다. 따라서 기종이나 지역에 따라 수용하는 입장이 다르기 때문에 중국자기에 대한 인식도 다를 수도 있다고 생각된다.

금속류는 장식성이 높은 위세품(금동관·금동식리, 장식대도), 마구류와 무기류 등 종류가 급증하는 시기이다. 금동관과 금동식리는 나주 신촌리 9호분과 고흥 길두리 안동고분, 금동식리는 고창 봉덕리고분군 4호 석곽, 나주 복암리 3호분 96석실, 나주 복암리 정촌고분 1호 석실에서 확인된다. 장식대도는 나주 신촌리 9호분 을관에서 은장단봉문환두대도, 금은장단봉문환두대도, 은장삼엽문환두대도가 확인되며, 나주 복암리 3호분 96석실에서 금은장삼엽문환두도 등이 확인된다(그림 2). 이러한 금동관과 금동식리, 장식대도는 일반적으로 백제 중앙에서 제작하여 지방의 유력자에게 준 위세품적인 성격이 강한 것으로 이해된다.

함평 신덕 1호분에서 광대이산식관廣帶二山式冠편은 구마모토현 에다후나야마江田船山고분과 시가현 가모이나리야마鴨稻荷山고분 출토품과 비슷하며[39], 꼰환두대도는 가모이나리야마고분 출토품과 비슷하여 신덕고분 피장자와 야마토왕권과의 관계를 보여주는 좋은 자료라고 생각된다[40](그림 3-2).

무구류는 5세기 후엽 이후에 장성 만무리고분에서 횡장판정결판갑, 함평 신덕고분과 광주 쌍암동고분, 해남 장고봉고분에서는 찰갑이 확인되는데, 그 중 찰갑이 부장된 고분의 왜계의 매장시설과 유물 등에서 왜와의 관련성이 높다. 마구류[41]는 함평 신덕고분과 나주 복암리 3호분, 복암리 정촌 1호분, 해남 월송리 조산고분에서 확인되는데 백제계 또는 신라나 가야계 등이 혼합되어 나타

---

39  문양은 전체적으로 나주 복암리 3호분 96석실 출토품과 유사하지만 함께 출토된 초화형이나 수지형 입식에도 형태와 부착방법이 같은 소옥과 영락이 장식되어 금동관일 가능성도 높다 (김낙중, 2010a, 「부장품으로 살펴본 영산강유역 전방후원형고분의 성격」, 『집중해부 한국의 전방후원분』(창립 2주년기념 학술세미나), 대한문화유산연구센터, 143-145쪽).

40  꼰환두대도는 5세기 말에서 6세기 초에 기내(畿內)지역과 그 북쪽 및 후쿠오카, 군마(群馬)지역에 집중되어 나타나며, 시가현 가모이나리야마고분과 유사하다(김낙중, 2010a, 앞의 논문, 143-145쪽).

41  마구류는 함평 신덕고분의 표비와 대형운주, 나주 복암리 3호분에서 심엽형삼엽문 행엽과 십자문심엽형경판 재갈·운주, 해남 월송리 조산고분에서 f자형 경판부 재갈과 검릉형 행엽이 확인된다(최영주, 2017a, 앞의 논문, 155쪽).

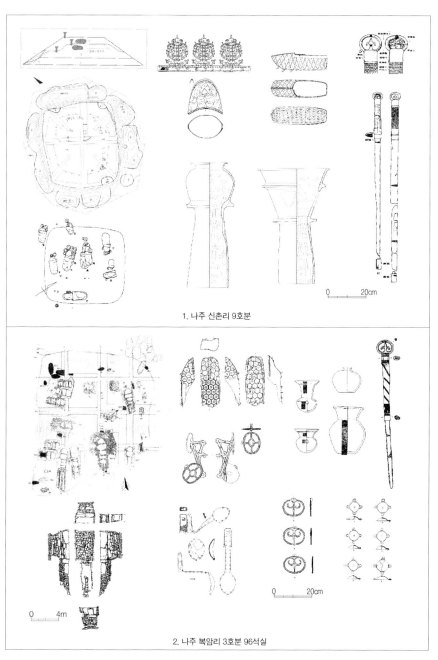

1. 나주 신촌리 9호분

2. 나주 복암리 3호분 96석실

**그림 2 |** 고총 단계(III기)의 고분과 부장품 양상 1

나며, 왜와의 마구 부장 조합이 비슷한 양상이 보인다[42]. 무기류 중 철모는 해남 월송리 조산고분, 함평 신덕고분, 장성 만무리고분, 나주 복암리 정촌 1호분에서 확인되는데, 백제와 왜의 교류에서 유입된 것으로 파악된다[43](그림 3-3 · 5). 그 중 함평 신덕고분의 은장철모는 위세품적인 성격이 강하다[44]. 이외에 석제모조품은 부안 죽막동의 제사유적, 모자곡옥은 주거유적, 고호우라 조개팔찌는 해남 월송리 조산고분 · 만의총 등 고분에서 출토되며 제사와 관련된 것으로 왜와의 교류관계에서 출현한다.

취락은 유형은 마한 취락에서 백제 취락 형태로 변화하는 과도기적인 모습을 보인다. 취락이 대규모화 되면서 광역적 규모의 의례를 관장하거나 경질토기 · 옥제품 등의 생산 · 공급하는 수공업 전담하는 전문적인 거점취락이 형성된다. 거점취락 주변에는 각 수계에 따라 생산 활동에 종사하는 하위취락이 존재한다. 거점취락 가운데 전체를 통솔하는 최상위 중심취락이 존재하며, 하위취락-거점취락-최상위 거점취락으로 위계화된 것으로 보인다[45]. 이러한 경향을 백제의 거점지방도시 건설에 따른 것으로 보기도 한다.

주거지 내부구조는 (비)사주식에서 벽주식으로 변화하는데 대부분 내부에는 기존 사주식에 벽주식이 추가적으로 만들어지는 경향이 높다. 벽주식은 일반적으로 내부 공간 활용에 유리한 구조이지만, 주거지가 대형일 경우 사주식과 벽주식을 혼합하여 사용하기도 하며, 또는 마한취락에서 백제취락으로의

---

42    김낙중, 2010a, 앞의 논문, 145-148쪽 ; 김낙중, 2010b, 「榮山江流域 古墳 出土 馬具 硏究」, 『韓國上古史學報』 69, 103-125쪽.

43    김낙중, 2010a, 앞의 논문, 145-148쪽.

44    은장철모는 무령왕릉, 고령 지산동 45-1호 석실, 합천 옥천 M3호분 등에서 확인된다(김길식, 2004, 「백제의 무기」, 『백제문화의 특성 연구』, 서경).

45    5세기 후반 영산강 상류지역의 취락 경관이 금강유역권의 백제 지방거점도시의 경관과 비슷한 형태로 변화한다. 그 가운데 광주 동림동유적이 최상위 거점취락으로 주변에 거점취락과 하위취락을 통제한 것으로 보았다. 이 최상위 거점취락에는 백제 중앙에서 지방관을 파견하여 직접 지배를 실현한 것으로 이해했다. 이는 동성왕의 무진주에 이르는 기사(498년)를 통해 백제가 영산강 상류지역을 영역화한 것으로 이해하였다(이영철, 2011a, 앞의 논문, 135-138쪽).

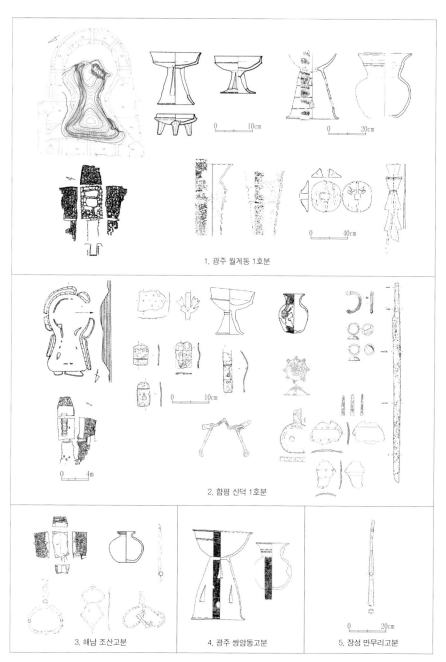

1. 광주 월계동 1호분

2. 함평 신덕 1호분

3. 해남 조산고분

4. 광주 쌍암동고분

5. 장성 만무리고분

**그림 3 |** 고총 단계(Ⅲ기)의 고분과 부장품 양상 2

과도기적인 양상이기도 하다. 부뚜막과 구들도 점토와 판석이 혼합하여 사용한 경우가 많아지기 시작하며, 여전히 점토로 만들어지는 경우가 많은 편이다. 주거지에서는 개배·유공광구소호·고배 등 의례와 관련된 경질토기가 등장하며, 호·발·시루·완·장란형토기 등 자비용기가 많으며 일부에서는 경질화되기도 하며, 승문계 타날이 많은 편이다[46].

## 2) 백제와의 관계

이 시기 영산강유역은 중핵지역을 중심으로 고총고분이 등장하였고, 새로운 매장시설인 횡혈식석실과 새로운 분형인 장고형이 등장한다. 기존의 전용옹관 3형식은 중핵지역(반남일대)을 중심으로 확인되며, 횡혈식석실은 복암리 고분군 일대를 중심으로 확인되다가 주변지역에 장고분과 함께 출현한다. 매장시설인 옹관과 횡혈식석실에서는 많은 부장품이 확인된다. 그 중에서는 위세품인 금동관과 금동식리, 장식대도 등이 확인된다. 이외에도 하니와(형상)·스에키, 중국자기, 무구류, 마구류, 무기류 등을 통해 백제, 왜, 중국, 가야, 신라 등 다양한 세력과의 교류·교섭이 활발하게 이루어지고 있었다.

그 가운데 위세품은 백제의 간접지배를 상징하는 것으로 이해되고 있다. 하지만 백제가 평화 공존과 협력관계 유지를 위한 외교 행위의 일환으로 영산강유역 마한세력에게 제공하거나[47] 백제가 외부 정치체와의 교섭에 중요한 해로상의 요충지 등을 거점적으로 확보하기 위해 제공한 것으로[48] 이해된다. 이를 통해 영산강유역 마한세력이 백제의 간접지배 아래에 있었다고 보기보다는

---

46    김승옥, 2014, 「취락으로 본 전남지역 마한 사회의 구조와 성격」, 『전남지역 마한 제국의 사회 성격과 백제』, 학연문화사, 82-115쪽.

47    임영진, 2006b, 「고흥 길두리 안동고분 출토 금동관의 의의」, 『충청학과 충청문화』 5-2, 충남역 사문화원, 43쪽.

48    5세기 후엽 이후에는 나주 복암리·신촌리, 함평 신덕 등 내륙지역에 확인되는데 이는 면적으로 세력을 확대하기 위해 일정한 범위에서 여러 유력 집단에게 위세품을 분산적으로 사여한 것으로 이해했다(김낙중, 2011b, 앞의 논문, 66쪽).

협력관계나 영향권 내에 포함되어 있었던 것으로 이해된다.

이 시기 백제는 고구려의 남하 정책으로 인해 5세기 후엽 경에 한성지역을 잃고, 웅진으로 천도하게 된다. 웅진기 백제는 이러한 상황을 타개하기 위해 이전 시기(5세기 전반경)부터 맺어온 왜와의 관계(백제→왜:선진문물 사여, 왜→백제:군사적 지원과 교섭활동)를 더욱 진전시킬 필요가 있었다[49]. 이러한 국제적 정세 속에서 영산강유역 마한세력은 독자적인 입지를 구축하고자 했다. 백제가 남쪽으로 영향력을 확대하는 과정에서 나타난 위세품과 백제계 토기류 등을 통해 알 수 있듯이 영산강유역 마한세력은 백제 왕권과 정치적인 거리를 유지할 필요가 있었다[50]. 앞에서 살펴본 고고자료를 통해 영산강유역 마한세력들은 왜·중국·가야·신라 등 다양한 정치체와 교류·교섭관계를 가지면서 독자적인 입지를 유지하고자 했으며, 백제의 새로운 우위적 파트너가 되기 위해 내부적으로 경쟁한 것으로 보인다.

특히 북부규슈지역의 묘제인 횡혈식석실을 수용하는 것은 5세기 전반경 왜계고분의 수용처럼 자연스럽게 영산강유역 제형분이 고대화되는 과정에 도입되어 축조된 것으로 생각된다. 이러한 초기 횡혈식석실은 현지 집단의 내부 경쟁력 확보와 나주 복암리 정촌고분처럼 내륙지역 교역루트(영산강) 상의 주요 거점지역의 표식물이면서 우호의 상징물로서 적극적으로 수용된 것으로 생각된다[51]. 장고분의 축조는 왜에 대해서 대對한반도 교섭의 우선적 파트너임을 표상하는 행위의 일종으로, 기존의 묘역에서 벗어난 지역이나 고분이 존재하지 않던 지역에 축조된 것은 이러한 상징성의 극대화와 관련된 현상일 가능성[52]도 있다. 이렇듯 왜계 묘제인 횡혈식석실과 장고분은 영산강유역 마한세력

49  최영주, 2017a, 앞의 논문, 164쪽.
50  김낙중, 2013, 「5~6세기 남해안지역 倭系古墳의 특성과 의미」, 『호남고고학보』 45, 189-196쪽.
51  최영주, 2017a, 앞의 논문, 164쪽.
52  김낙중, 2013, 앞의 논문, 189-196쪽.

과 왜와의 정치적 유대의 상징물로 활용되거나 백제 왕권과의 정치적 거리 유지의 표상으로 축조되었을 것으로 추정된다.

영산강유역 마한은 백제의 영향권에 포함된 지역이지만 고도로 발달한 정치체로서 대외적으로는 중국, 왜, 가야, 신라 등 다양한 세력들과 교류·교섭 활동을 하였으며, 내부에서도 연맹왕국에 버금가는 수준의 통합을 이룬 것으로 보인다. 하지만 영산강유역 마한은 위세품 사여의 객체[53]로 고대국가로 성장하지 못한 한계에 직면했던 것으로 보인다.

이렇듯 영산강유역 마한세력은 독자성이 어느 정도 인정되고 유지되었던 것으로 보아 백제의 직접지배보다는 현지의 유력 세력을 통해서 영향력을 행사한 것으로 이해되며[54], 여러 정치 세력들과 교류·교섭관계를 맺고 있었기 때문에 단순하게 백제의 간접지배 아래에 있었다고 보기는 어렵다. 이는 백제의 의한 정치적인 영향관계가 사회·문화·경제 등 여러 방면에서 직·간접지배를 의미하지 않는다.

따라서 이 시기 영산강유역 마한은 백제에 대한 관계가 이전보다 예속화되는 면(위세품)이 있지만, 그들 스스로 독자성을 유지, 발전시키기 위한 노력들이 고총고분과 부장품을 통해 나타난 것으로 이해된다.

---

53  이현혜, 2000, 「4~5세기 영산강유역 토착세력의 성격」, 『역사학보』166, 15-24쪽.
54  영산강유역의 유력세력은 나주 복암리고분군 세력을 들 수 있다. 그들은 5세기 후엽부터 내륙수운을 통해 경제적인 이익과 초기 횡혈식석실과 같은 정치적 이용을 통해 영산강유역 내부에서 대수장으로 성장한 것으로 생각된다. 나주 복암리고분군 세력은 백제화가 된 6세기 중엽 이후에도 백제 왕권과의 친밀성(사비식석실·은화관식·사비기 백제토기·목기·기와·제철관련 유물 등)을 유지하고, 왜와의 교류에서 우선적 파트너(왜계 장식대도·석침 등)로서 활동하고 있다(최영주, 2017a, 앞의 논문, 165·166쪽).

## 3. 마한의 쇠퇴와 백제화 과정

### 1) 마한의 쇠퇴

이 시기는 6세기 중엽~7세기 중엽에 해당한다. 백제석실분 단계로 반구형의 원형에 백제계 사비기 석실이 산록에 입지하는 것이 일반적으로 확인된다. 하지만 복암리고분군 일대에서는 한 분구 안에 여러 매장시설을 만드는 전통 속에 기존 분구에 그대로 사용하면서 사비기 석실을 축조되고 있다. 당시 영산강유역 중핵지역인 복암리일대는 복암리고분군을 비롯한 정촌고분, 영동리고분군을 중심으로 확인되는 점이 특징이다. 외연지역에는 대부분 원형(반구형)에 사비기 석실이 매장시설로 확인되며, 반남고분군(대안리·홍덕리), 신안 도서지역 고분군, 장성 학성리고분군, 함평 석계고분군 등이 해당된다.

중핵지역인 복암리일대 고분군에서는 복암리유형(EIX3형식)[55]과 사벽수직식(GIX형식)가 집중되어 확인되며, 외연지역인 신안 도서지역의 다수의 고분군에서 복암리유형 석실이 분포하는 점은 복암리일대와 밀접한 관계가 상정된다. 고막원천유역의 장성과 함평지역 고분군과 탐진강유역의 고분군에서는 사비기 석실이 다양한 구조로 전개되어 나타나는 것은 이 지역들이 백제화되는 과정에 대한 대응 전략에서 등장한 것으로 이해된다[56].

부장품 중 토기류는 사비기 백제토기인 대부완·전달린토기·벼루 등과 함께 개배·삼족토기·병형토기 등이 지속적으로 확인되고 있다. 개배와 삼족토기 배신은 납작해진다. 개배는 복암리일대에 집중되며, 삼족토기는 영산강 상류지역과 서해안지역에 분포한다. 병형토기는 동체가 납작해지거나 동체 저

---

55 김낙중, 2009a, 「백제 사비기 횡혈식석실의 확산 및 지역성의 유지-영산강유역을 중심으로」, 『한국고고학보』71, 133-138쪽 ; 최영주, 2018b, 「전남지역 사비기 석실의 전개양상과 분포의 미」, 『호남고고학보』60, 60-66쪽.
56 최영주, 2018b, 앞의 논문, 68-71쪽.

부가 상대적으로 좁아지는 경향이 보인다. 대부완과 전달린토기는 사비기 대표적인 고급토기로 복암리일대에 집중되어 출토된다[57]. 벼루도 나주 복암리고분군 주변유적에서 확인되고 있다. 녹유도기는 나주 복암리 1호분에서 출토되며 6세기 중엽경으로, 백제 왕권이 지역의 유력자에게 주는 위세품적인 성격이 강한 것으로 생각된다(그림 4-6). 이처럼 대부완·전달린토기·벼루·녹유도기와 목기·기와·제철관련 도가니 등이 함께 출토되는 점은 복암리집단이 사비기에도 영산강유역의 여타 지역보다 백제 중앙과 밀접한 관계를 지속적으로 맺고 있었던 것으로 추정된다[58].

사비기 신분표상품은 은화관식·관모틀[59], 대금구[60]가 해당한다. 이외에 장식대도나 이식, 뒤꽂이 등도 위계를 나타낸다. 특히 은화관식은 백제 중앙집권체제와 함께 관등조직과 의관제가 확립되어 나타난 것으로 이해된다. 당시 중핵지역인 나주 복암리고분군일대를 중심으로 확인0된다. 복암리유형(EIX3형식) 석실인 복암리 3-5호에서 은화관식, 관모틀, 은제대금구, 왜계 장식대도인 규두대도[61]가 확인된다. 이 중 은화관식은 III-b형[62]으로 위계가 두 번째에 해

---

57　대부완은 나주 복암리 3호분 11호 횡구식석곽, 북쪽주구 구덩이, 복암리고분군 주변 유적의 수혈과 구상유구 등에서 확인된다. 전달린토기는 나주 복암리 2호분 주구, 복암리고분군 주변 유적 구상유구 등에서 출토된다(최영주, 2017a, 앞의 논문, 142쪽).

58　김낙중, 2012a, 앞의 논문, 110-116쪽.

59　은화관식은 관모에 꽂아서 사용한 것으로 통상 관모틀과 함께 출토된다. 은화관식은 「率」의 관등으로 6품 이상의 관직에서 사용한 것이며, 은화관식을 꽂지 않는 관모는 「將德」의 관등으로 7품 이하의 관직에서 사용한 것으로 보인다(山本孝文, 2006, 『三國時代律令의 考古學的 研究』, 서경, 150-154쪽 ; 최영주, 2014, 「百濟 橫穴式石室의 埋葬方式과 位階關係」, 『韓國上古史學報』 84, 107-109쪽).

60　山本孝文, 2006, 앞의 책, 141-159쪽 ; 김낙중, 2009b, 앞의 책, 335-340쪽.

61　복암리 3-5호 석실의 규두대도는 일본열도 오사카부 밋카이치(三日市) 10호분의 출토품과 유사하다(김낙중, 2007, 「6세기 영산강유역의 장식대도와 왜」, 『영산강유역 고대문화의 성립과 발전』, 학연문화사, 169-184·191-195쪽).

62　山本孝文, 2006, 앞의 책, 146-154쪽.

당한다[63](그림 4-1). 홍덕리고분에서도 은화관식은 Ⅱ형[64]으로 위계가 네 번째에 해당한다. 복암리 3-6호에서 은제역심엽형과판(그림 4-2), 복암리 3-9호에서 금동제뒤꽂이, 복암리 3-12호에서 금동제이식과 석침, 인근의 복암리 정촌 2호에서는 금동제이식이 출토된다.

사벽수직식(GⅨ형식) 석실인 복암리 3-7호에서는 관모틀, 금판관모장식, 은제대금구, 금은장귀면문삼환두대도[65], 금은장규두대도[66], 금은장도자, 석침 등 위계가 높은 유물이 다양하게 출토되고 있다(그림 4-3). 복암리 3-16호의 은화관식은 Ⅱ형[67]으로 위계가 네 번째에 해당한다(그림 4-4). 이외에 복암리 1-1호에서는 석침, 복암리 정촌 3호에서 석침, 나주 영동리 1호분 4-1호에서 관모틀·금동제대금구, 나주 대안리 4호에서 은장도병이 출토된다.

취락유형은 백제 취락으로 대부분 평지에 위치하여 유적의 빈도수는 적은 편이다. 구조는 벽주식과 벽주건물 등이 주류를 이룬 것으로 보인다. 내부 구조인 부뚜막과 구들은 대체로 판석으로 만들어진 것으로 보인다. 주거지에서는 개배·고배·기대·삼족기·직구호 등 백제 경질토기가 많으며, 발·장란형토기·호 등의 자비용기는 승문계가 타날되어 있다.

### 2) 백제와의 관계

영산강유역의 중핵지역인 나주 복암리일대의 고분군에서 사비기 석실의 영향으로 소형화, 정형화된 석실들이 확인된다. 하지만 복암리일대에서 사벽수직식(GⅨ형식)도 있지만 전형적인 능산리형 석실은 확인되지 않고, 재지적인

---

63  최영주, 2014, 앞의 논문, 108쪽.

64  山本孝文, 2006, 앞의 책, 146-154쪽.

65  복암리 3-7호 석실의 귀면문환두대도는 일본열도 아오모리현 단고타이(丹後平) 15호분의 출토품과 비슷하다(김낙중, 2007, 앞의 논문, 169-184·191-195쪽).

66  복암리 3-7호 석실의 금은장규두대도는 일본열도 사이타마현 오미신칸지(小見真観寺)고분 출토품과 비슷하다(김낙중, 2007, 앞의 논문, 169-184·191-195쪽).

67  山本孝文, 2006, 앞의 책, 146-154쪽.

특성이 남은 복암리유형(EIX3형식)[68]이 주로 확인되며, 신안 도서지역의 고분군에서 복암리유형 석실이 분포하는 점, 고막원천유역의 장성과 함평지역 고분군과 탐진강유역의 고분군에서도 지역화된 다양한 사비기 석실이 등장하는 것은 재지세력들의 기반이 유지되고 있는 양상을 보여주고 있다.

앞의 석실에서는 은화관식과 관모틀, 대금구 등은 신분표상품으로 관등제와 의관제 확립과 관련된 것이 확인되어 사비기 이후 영산강유역 마한세력들은 백제의 완전히 복속된 것으로 이해된다. 은화관식·관모틀, 대금구는 대부분 당시 중핵지역이었던 복암리일대 고분군에서 집중적으로 확인된다. 즉 사비기 이후에도 지역색이 농후한 석실에서 백제의 신분표상품이 확인되는 것은 기존 재지세력들이 그 지위를 유지하면서 백제에 복속된 것으로 이해된다. 그 가운데 복암리 3-5호 석실에서 출토된 은화관식은 위계가 두 번째에 해당한 것[69]으로 백제 중앙의 고분군의 출토품과 비견될 정도로 그 위계가 높은 편이다.

한편 백제의 신분표상품이 출토된 복암리일대 고분군에서는 왜계 장식대도(규두대도·귀면문삼환두대도)와 석침(매장방식)[70]이 확인되어 백제화된 이후에도 왜와의 대외 교섭관계에서 주요한 역할을 한 것으로 보인다. 또한 복암리 출토 목간을 통해 복암리일대가 백제 중앙집권체제에 편입되었지만 여전히 중요한 지역으로 여겨졌던 것을 알 수 있다[71].

이처럼 복암리집단은 백제화가 된 이후에 백제 중앙과의 친밀성(사비식석실·은화관식·사비기 백제토기·목기·기와·제철관련 유물 등)을 유지하고, 왜와의 대

---

68    김낙중, 2009a, 앞의 논문, 133-138쪽 ; 최영주, 2018b, 앞의 논문, 68-70쪽.

69    최영주, 2014, 앞의 논문, 108쪽.

70    나주 복암리 3호분 5호에서 규두대도, 7호에서 금은장귀면문삼환두대도·금은장규두대도·석침, 12호와 6호에서 석침, 복암리 1호분에서 석침, 복암리 정촌 3호에서 석침 등이 출토된다(全南大學校博物館,『伏岩里古墳群』, 1999 ; 국립문화재연구소·全南大學校博物館,『羅州 伏岩里 3號墳』, 2001 ; 국립나주문화재연구소, 2017,『羅州 伏岩里 丁村古墳』).

71    김창석, 2011, 앞의 논문, 141-167쪽 ; 金勤英, 2016, 앞의 논문, 63-91쪽.

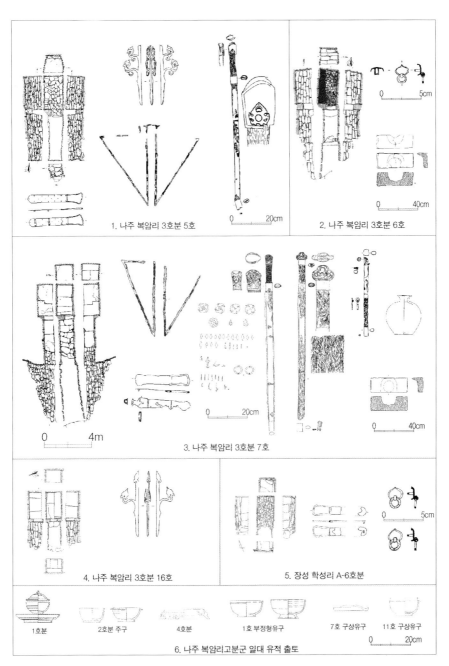

1. 나주 복암리 3호분 5호

2. 나주 복암리 3호분 6호

3. 나주 복암리 3호분 7호

4. 나주 복암리 3호분 16호

5. 장성 학성리 A-6호분

1호분    2호분 주구    4호분    1호 부정형유구    7호 구상유구    11호 구상유구

6. 나주 복암리고분군 일대 유적 출토

**그림 4 |** 백제 석실분 단계(Ⅳ기)의 고분과 부장품 양상

외 교섭관계에서 우선적 파트너(왜계 장식대도·석침 등)로 활동[72]하면서 어느 정도의 지역색을 유지하였고 주변지역에도 영향을 미친 것으로 보인다.

---

72    최영주, 2017a, 앞의 논문, 166쪽.

# IV. 맺음말

본고에서는 고고자료(고분 · 취락 · 부장품)를 중심으로 영산강유역 마한세력의 성장과 변동과정 속에서 백제와의 관계에 대해서 살펴보았다. 3세기 중엽 이후 백제가 맹주로 성장하면서 영산강유역 마한세력은 백제와 긴장관계가 형성된다. 이 긴장관계 속에서 전용옹관(1 · 2형식)의 등장하고, 제형분이 발달하게 된다.

영산강유역 마한과 백제의 관계는 369년 근초고왕의 남정 이후에 나타난다. 근초고왕의 남정은 백제의 지방 지배 확대 관련된 것으로, 담로제적인 지배가 행해진 것으로 이해하기도 했다. 하지만 4세기 후반에 대형 전용옹관(3형식)과 제형분의 대형화(수평확장)는 마한세력이 성장하는 모습이 보인다. 4세기 후반 이후 영산강유역 마한은 백제의 지역세력들과의 연안항로를 통한 교류관계와 백제와 왜의 교류 · 교섭관계에서 중간자 역할을 통한 경제적인 이익과 정치적인 명분을 취하게 된다.

따라서 3세기 중엽~5세기 전반 경 영산강유역 마한은 백제의 직접지배권 안에 포함되지 않고, 백제와 왜의 교류 · 교섭관계 속에서 정치적 · 경제적 이익을 얻게 되는 과정에서 백제의 간접적인 영향을 받은 것으로 생각된다.

5세기 후반 이후 영산강유역은 중핵지역을 중심으로 고총고분이 등장하고, 새로운 매장시설과 분형인 횡혈식석실과 장고분이 등장한다. 매장시설에서는 다양한 계통의 부장품이 확인되는 데 위세품인 금동관과 금동식리, 장식대도, 하니와(형상), 중국자기, 무구류, 마구류, 무기류 등을 통해 백제, 왜, 중국, 가야, 신라 등 다양한 세력과의 교류 · 교섭이 활발하게 이루어지고 있었다. 그 가운데 위세품은 백제가 외교 행위의 일환이나 교섭에 필요한 요충지 등을 거점적으로 확보하기 수단으로 영산강유역 마한세력에게 제공한 것으로 보인다.

5세기 후엽 이후 복잡한 국제적 정세(한성 함락, 웅진 천도 : 백제의 위기)에서 백제가 남쪽으로 영향력을 확대하는 과정(위세품·백제계 자료 등)에서 영산강유역 마한세력들은 왜·중국·가야·신라 등 다양한 정치체와 교류·교섭관계를 가지면서 독자적인 입지를 유지하고자 했으며, 백제의 새로운 우위적 파트너가 되기 위해 내부적으로 경쟁한 것으로 보인다. 그 중 왜계 묘제인 횡혈식석실과 장고분은 영산강유역 마한세력과 왜와의 정치적 유대의 상징물로 활용되거나 백제 왕권과의 정치적 거리 유지의 표상으로 축조되었을 것으로 추정된다.

**표 2 |** 영산강유역 마한세력과 백제와의 관계 변화

| 특징<br>시기 | 영산강유역 마한 특징 | 백제와의 관계 | 종속 관계 |
|---|---|---|---|
| Ⅰ·Ⅱ기<br>(3세기 중엽~<br>5세기 전반) | 전용옹관(1·2형식),<br>제형분 발달 | 백제의 지역 세력들과<br>연안항로 교류관계 | 백제의 직접지배권<br>포함되지 않음<br>백제의 간접적인 영향 |
| | 전용옹관(3형식),<br>제형분 대형화(수평확장)<br>왜계고분 | 백제와 왜의 교류·교섭관계에서<br>중간자 역할 | |
| Ⅲ기<br>(5세기 후반~<br>6세기 전엽) | 중핵지역-고총고분,<br>횡혈식석실·장고분<br>백제·왜·중국·가야·신라 등<br>다양한 세력과 교류·교섭 관계 | 백제 남쪽으로 영향력 확대<br>(위세품·백제계자료)<br>위세품·외교 행위,<br>거점 요충지 확보 수단 | 이전보다 예속화<br>독자성 유지·발전 |
| Ⅳ기<br>(6세기 중엽~<br>7세기 전반) | 중핵지역-소형화·정형화<br>복암리유형(EIX3형식) 등<br>재지적인 특성<br>신분표상품 : 은화관식·<br>관모틀, 대금구 | 복암리일대<br>-높은 지위 유지, 백제에 복속<br>왜계 장식대도·석침<br>-왜와의 대외 교섭관계 | 백제에게 복속됨<br>지역색 유지 |

이렇듯 영산강유역 마한세력은 독자성이 어느 정도 인정되며, 여러 정치 세력들과 교류·교섭관계를 맺고 있었기 때문에 단순하게 백제의 간접지배 아래에 있었다고 보기는 어렵다. 따라서 5세기 후반~6세기 전엽경 영산강유역 마한은 백제와의 관계가 이전보다 예속화(위세품)되기도 하지만 그들 스스로 독자성을 유지, 발전(고총고분·부장품)한 것으로 생각된다.

6세기 중엽 이후 영산강유역의 중핵지역인 나주 복암리일대의 고분군에서 사비기 석실의 영향으로 소형화, 정형화된 석실들이 확인된다. 하지만 재지적인 특성인 복암리유형(EIX3형식)이 주로 확인되며, 신안 도서지역의 고분군에서도 분포하고 있다. 이외에 고막원천유역의 장성과 함평지역 고분군과 탐진

강유역의 고분군에서도 다양한 구조를 가진 사비기 석실이 등장하는 것은 재지세력들의 기반이 유지되고 있는 양상이 보인다.

당시 중핵지역이었던 복암리일대 고분군에서 은화관식·관모틀, 대금구가 집중된다. 이것들은 신분표상품으로 백제 관등제와 의관제 확립과 관련된 이후에 등장한 것인데 이를 통해 영산강유역 마한세력들은 백제의 완전히 복속된 것으로 이해된다. 한편 복암리일대 세력은 사비기 이후에도 백제에 복속된 이후에도 높은 지위를 유지하면서 왜와의 대외 교섭관계(왜계 장식대도·석침)에서 주요한 역할을 한 것으로 보인다.

따라서 6세기 중엽 이후 영산강유역 마한세력(복암리일대 세력 등)은 백제에게 완전히 복속된 이후에도 높은 지위를 유지하면서 재지적인 특성이 강한 석실을 축조하거나 왜와의 교섭 창구역할을 하는 등 어느 정도의 지역색을 유지한 것으로 이해된다.

(「고고자료로 본 영산강유역 마한세력의 성장과 변동과정」, 『동아시아고대학』 52, 2018)

# 제 2 장

# 마한방대형 · 원대형 분구묘의 등장배경

---

# Ⅰ. 머리말

분구묘는 '매장주체부가 지상의 분구에 위치하고 추가장이 이루어지면서 분구가 수평적, 수직적으로 확장되기도 하는 무덤'으로 규정된다[1]. 이러한 마한의 토착적인 분구묘는 백제 왕권(웅진기 이후 봉토분 축조)과 정치·문화적 차별성 및 통합과정, 신라·가야와는 구별되는 정체성, 왜와는 정치·문화적 친연관계 및 활발한 교섭과 교류 등을 설명하는 하나의 키워드[2]라고 생각된다.

영산강유역 분구묘의 평면형태는 기본적으로 방형 → 제형 → 방(대)형·장고형 → 원형으로 변화해 나가는 한편, 매장주체시설은 목관(목곽) → 옹관 → 석실(곽)으로 변화하는 양상을 보인다. 분구묘의 평면형태와 매장주체시설의 관계 변화는 대체로 방형목관 → 제형목곽 → 방대형옹관 → 원형석실로 변화하는 것으로 이해되지만, 서로 명확하게 구분되는 조합을 이루지는 않는다[3]. 그래서 복합제형분1(제형:목관중심) → 복합제형분2(제형:목관·옹관병행) → 옹관분(원대형·방대형) → 초기석실분(전방후원형·원형·방대형) → 백제식석실분(원형:반구형) 단계로 이해하는 의견도 있다[4]. 따라서 영산강유역 고분의 변천양상은 제형분 단계 → 고총고분 단계 → 백제석실분 단계로 이해된다.

---

1  임영진, 2014c, 「마한 분구묘의 조사·연구 성과와 과제」, 『한국고고학의 신지평』(제38회 한국고고학대회), 180쪽. 이러한 분구묘 용어는 일정한 시기에 한반도 중서부지역과 호남 서부지역을 중심으로 유행한 특징적인 무덤을 포괄하여 지칭할 수 있고, 이를 사용한 세력인 마한을 일괄적으로 표현 할 수 있으며, 유사한 묘제를 사용한 가야의 일부지역 세력이나 왜와의 긴밀한 관계를 파악하는데 중요한 지표가 될 수 있다. 따라서 일본처럼 묘제의 발전단계를 지칭하는 형식으로서가 아니라 축조방법, 매장의례 등과 관련된 특정지역의 '전통'으로 이해하는 견해도 있다(김낙중, 2014, 「방형·원형 고분의 축조기술」, 『영산강유역 고분 토목기술의 여정과 시간을 찾아서』(2014 하반기 국제학술대회), 대한문화재연구원, 35쪽).
2  김낙중, 2014, 앞의 논문, 35쪽.
3  임영진, 2002, 「榮山江流域圈의 墳丘墓와 그 展開」, 『호남고고학보』16, 92쪽.
4  김낙중, 2009b, 『영산강유역 고분 연구』, 학연문화사, 97-103쪽.

본 논고에서는 영산강유역 분구묘의 발전과정 중 고총고분 단계에 방대형과 원대형의 분구묘가 출현하게 되는 배경에 대해서 논의를 진행하고자 한다. 방대형·원대형 분구묘의 등장배경은 분구묘의 축조과정, 매장시설과 분구의 관계, 고분의 구획성토기술과 구축묘광, 분구의 수평적·수직적 확장 등을 통해서 알아보고자 한다.

# II. 방대형·원대형 분구묘의 축조방법

## 1. 자료 검토

방대형·원대형 분구묘는 반남고분군을 제외하고는 1~2기 징도 분포하는 경우가 많다. 반남고분군은 대형분(30m 이상)인 신촌리 9호분과 대안리 9호분의 경우 각각 소형 방대형 분구가 딸려 있다. 소형 방대형 분구는 수장을 보좌하는 직능을 가진 사람들의 무덤으로 추정하기도 한다. 원대형분구도 대형분(30m 이상)인 경우 반남을 제외한 지역에서는 나주, 영암 등을 중심으로 산발적으로 분포하고 있다[5](그림 5).

입지는 하천에 가까운 저평한 구릉이나 평지에 자리하는 경우가 많다. 방대형·원대형 분구묘가 성행했던 5~6세기는 영산강 내해가 매우 발달하여 그 당시 해안선과 포구 인근에 주로 입지하고 있는 것을 알 수 있다[6](그림 6).

분구와 매장주체시설의 관계를 보면, 방대형 분구묘에서 목관과 옹관이 혼재하는 양상은 영암 신연리 9호분, 옹관과 석실이 혼재하는 것은 나주 횡산고분 등이 있다. 그 나머지는 옹관과 석실(석곽) 등이 주로 확인된다. 옹관이 매장주체시설인 경우는 나주 신촌리 1호분·9호분, 나주 대안리 3호분·9호분, 나주 대안리 방두고분, 무안 덕암 2호분 등이 있다. 석실이나 석곽이 매장주체시설인 경우는 영암 옥야리 방대형고분, 나주 가흥리 신흥고분, 함평 금산리(미출) 방대형고분, 나주 복암리 3호분, 나주 정촌고분, 고창 봉덕리 1호분, 무안 사창리 저두 1호분(추정) 등이 확인된다.

---

5    김낙중, 2014, 앞의 논문, 34쪽.
6    문안식, 2014, 「백제의 해상활동과 신의도 상서고분군의 축조 배경」, 『전남 서남해지역의 해상교류와 고대문화』(전남문화재연구소 연구총서1), 혜안, 143-145쪽.

**표 3 |** 방대형 · 원대형 분구묘의 현황

| 번호 | 고분명 | 분형 | 규모(m)<br>(길이×너비×높이) | 매장<br>시설 | 편년 | 출전 |
|---|---|---|---|---|---|---|
| 1 | 고창 봉덕리 1호분 | 방대형 | 52×27×7 | 석곽<br>(실) | 5C 후엽<br>~6C 전엽 | 원광대학교 마한 · 백제문화연구소, 2012,<br>『高敞의 鳳德里 1號墳-석실 · 옹관-』 |
| 2 | 나주 신촌리 1호분 | 방(대)형 | 12.6×10.4×3.1 | 옹관 | 5C 후엽 | 국립광주박물관, 1998,『羅南 潘南古墳群』 |
| 3 | 나주 신촌리 2호분 | 원형 | 20×5 | 옹관 | 6C 전엽 |  |
| 4 | 나주 신촌리 3호분 | 원형 | 17×3.5 | 옹관 | 6C 전엽 |  |
| 5 | 나주 신촌리 9호분 | 방대형 | 30×27×4.5 | 옹관 | 5C 중엽~후엽 | 국립문화재연구소, 2001,『羅州 新村里<br>9號墳』 |
| 6 | 나주 덕산리 3호분 | 원대형 | 45.5×9.2 | 옹관 | 6C 초 |  |
| 7 | 나주 덕산리 4호분 | 원대형 | 25×5 | 옹관 | 6C 초 | 전남대학교박물관, 2002,『羅州 德山里<br>古墳群』 |
| 8 | 나주 덕산리 5호분 | 원대형 | 36×5 | 옹관 | 6C 초 |  |
| 9 | 나주 덕산리 6호분 | 원형 | 18×? | 옹관 | 6C 전엽 |  |
| 10 | 나주 덕산리 9호분 | 원형 | 18.5×2.5 | 옹관 | 6C 전엽 |  |
| 11 | 나주 대안리 3호분 | 방대형 | 18.3×14.1×3.3 | 옹관 | 5C 후엽 |  |
| 12 | 나주 대안리 9호분 | 방대형 | 44.3×35×8.4 | 옹관 | 5C 후엽<br>~6C 전엽 | 국립광주박물관, 1998,『羅州 潘南古墳群』 |
| 13 | 나주 대안리<br>10호분 | 원형 | 31×? | 옹관 | 6C 전엽 |  |
| 14 | 나주 대안리<br>방두고분 | 방대형 | 20×(20)×(2.5) | 옹관 | 5C 중후엽<br>~6C 초전엽 | 국립나주문화재연구소, 2009,『羅州 化<br>丁里 馬山古墳群 · 大安里 方斗古墳』 |
| 15 | 나주 복암리 2호분 | 방대형 | 20.5×14.2×4.5 | 옹관 | 5C 중엽 | 전남대학교박물관, 1999,『복암리고분군』 |
| 16 | 나주 복암리 3호분 | 방대형 | 42×38×6 | 석실 | 5C 후엽<br>~7C 전엽 | 국립문화재연구소 · 전남대학교박물관,<br>2001,『羅州 伏岩里 3號墳』 |
| 17 | 나주 복암리<br>정촌고분 | 방대형 | 30내외×11.6 | 석실 | 5C후엽~6C전엽 | 국립나주문화재연구소, 2014, 「나주 정<br>촌고분 지도위원회자료」 |
| 18 | 나주 횡산고분 | 방(대)형 | 20×20×1.5 | 옹관<br>석실 | 옹관 : 3C 중엽<br>~4C 전엽<br>주구 : 5C 말<br>~6C 전엽<br>석실 : 6C 후엽 | 국립나주문화재연구소, 2009,『羅州 東<br>谷里 橫山古墳』 |
| 19 | 나주 가흥리<br>신흥고분 | 방대형 | 31.4×()×1.8 | 석실 | 5C 중엽 | 대한문화재연구원, 2014, 「나주 신흥리<br>가흥고분 지도위원회 자료집」 |
| 20 | 영암 옥야리<br>방대형고분 | 방대형 | 30×26.3×3.3 | 석실 | 5C 중엽~후엽 | 국립나주문화재연구소, 2013,『영암 옥<br>야리 방대형고분』 |
| 21 | 영암 신연리 9호분 | 방형 | 19×16×2 | 목관<br>옹관 | 4C 말~5C 전엽 | 국립광주박물관, 1993,『영암 신연리 9<br>호분』 |
| 22 | 함평 금산리<br>방대형고분 | 방대형 | 51×9 | (석실?) | 5C 후엽<br>~6C 전엽 | 전남문화재연구소, 2014, 「함평 금산리<br>방대형고분 지도위원회자료」 |
| 23 | 무안 덕암 1호분 | 원형 | 13.8×(2.2) | 옹관 | 5C 중엽~후엽 | 대한문화재연구원, 2012,『務安 德巖古<br>墳群』 |
| 24 | 무안 덕암 2호분 | 방대형 | 14.8×(13.7)×(2.5) | 옹관 | 5C 중엽~후엽 |  |
| 25 | 무안 구산리고분 | 방(대)형 | 12.2×9×() | 옹관 | 5C 전엽~후엽 | 목포대학교박물관, 1999,『무안 인평고<br>분군』 |
| 26 | 무안 사창리<br>저두 1호분 | 방대형 | 40m이상 추정 | 석실? | (5C 후엽<br>~6C 전엽?) | 국립나주문화재연구소, 2011,『영산강<br>유역의 고대고분 정밀분포조사보고서』 |
| 27 | 무안 고절리고분 | 방대형 | 38.2×37.5×3.8 | 확인× | 6C 전엽 | 목포대학교박물관, 2002,『무안 고절리<br>고분』 |

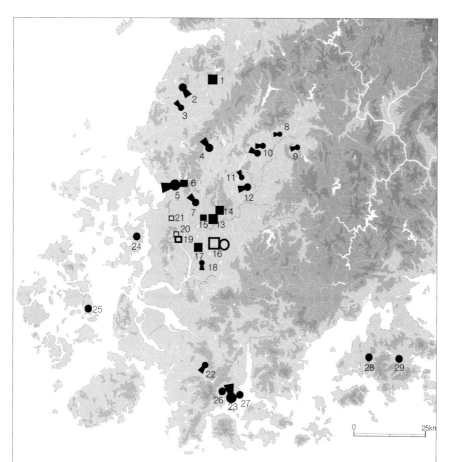

1. 고창 봉덕리 1호분, 2. 고창 칠암리고분, 3. 영광 월계고분, 4. 함평 신덕고분, 5. 함평 장고산고분, 6. 함평 금산리 (미출) 방대형고분, 7. 함평 마산리고분, 8. 담양 고성리 고분, 9. 담양 성월리고분, 10. 광주 월계동 고분군, 11. 광주 명화동고분, 12. 광주 요기동고분, 13. 나주 복암리고분군, 14. 나주 복암리 정촌고분, 15. 나주 가흥리 신흥고분, 16. 나주 반남고분군, 17. 영암 옥야리 방대형고분, 18. 영암 자라봉고분, 19. 무안 사창리 저두 1호분, 20. 무안 구산리고분, 21. 무안 고절리고분, 22. 해남 용두리고분, 23. 해남 장고봉고분, 24. 무안 신기고분, 25. 신안 배널리 3호분, 26. 해남 신월리고분, 27. 해남 외도 1호분, 28. 고흥 야막고분, 29. 고흥 길두리 안동고분

**그림 5 |** 방대형 · 원대형 분구묘와 장고분 분포도

　규모는 평면형태의 크기와 직경에 따라 10~20m(소형), 20~30m(중형), 30m 이상(대형)으로 나누어진다. 방대형 분구묘 중에서 40m 이상의 대형분은 대안리 9호분, 복암리 3호분, 함평 금산리 방대형고분, 무안 사창리 저두 1호분, 고창 봉덕리 1호분 등이 있다. 또한 30m 이상은 나주 신촌리 9호분, 가흥리 신흥

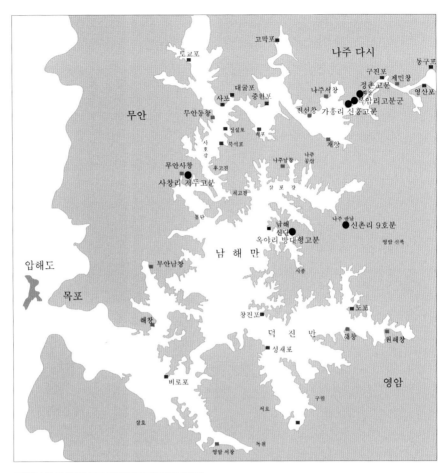

**그림 6** | 영산내해의 포구 및 유적분포(문안식 2014)

고분, 영암 옥야리 방대형고분, 무안 고절리고분 등이 있다. 중형분은 나주 횡산고분, 나주 대안리 방두고분, 나주 복암리 2호분, 복암리 정촌고분 등이 해당된다. 소형분은 나주 신촌리 1호분, 나주 대안리 3호분, 무안 덕암 2호분, 무안 구산리고분 등이 있다. 원(대)형 분구묘에서 대형분은 나주 덕산리 3호분(40m 이상)·5호분, 대안리 10호분 등이 있다. 중형분은 나주 덕산리 4호분, 나주 신촌리 2호분 등이 있으며, 소형분은 무안 덕암 1호분, 나주 신촌리 3호분, 덕산리 6호분·9호분 등도 해당된다.

## 2. 축조방법

### 1) 유적 검토

방대형·원대형 분구묘의 축조과정과 방법을 살펴보기 위해 몇 기의 대표적인 고분을 대상으로 검토하고자 한다. 최근에 발굴 조사된 영암 옥야리 방대형고분[7]은 5단계의 축조과정을 거쳤다(그림 7-1). 1단계는 묘역 조성 및 분구 기반을 성토(정지작업)하고, 2단계는 매장주체부 기반을 조성(성토 1단계)한다. 3단계는 2단계로 나누어진다. 3-1단계는 중심 매장주체부 설치를 위해 성토하는 단계(성토 2단계)로 매장주체부 내측 목주 및 외측은 토괴로 구획 후 성토하고 구축묘광을 설치한다. 3-2단계는 매장주체부의 천정석을 설치하고 외측은 토괴로 구획 후 성토한다. 4단계는 중심 매장주체부 밀봉을 위한 성토(성토 3단계 : 매장주체부를 밀봉하고 토괴로 구획 후 성토)하고, 5단계는 분구 피복 및 원통형토기를 수립(분구 피복단계)하는 축조과정을 보인다.

무안 덕암 1·2호분[8]도 5단계의 축조과정(그림 7-2)을 보이는데 영암 옥야리 방대형고분과 비슷한 양상을 나타낸다. 1단계는 정지작업, 2단계는 1차 성토층을 조성하는 단계로 분구 가장자리를 복발 형태로 조성한다(구축묘광 1차). 3단계는 매장주체부(1호 옹관)를 안치하기 위한 2차 구축묘광을 구축(전형적인 구축묘광 형태)한다. 4단계는 매장주체부 밀봉 후 2차 구축묘광 내부를 채우고, 5단계는 분구를 피복하는 성토가 이루어진다.

나주 복암리 3호분[9]도 5단계의 축조과정을 보인다(그림 8-1). 1단계는 선행고분(1·2) 정지 및 기단부가 성토(96석실 축조시작)되고, 2단계는 상층 조성 1단

---

7  전용호·이진우, 2013, 「영암 옥야리 방대형고분의 조사 방법과 축조 기술」, 『삼국시대 고총고분 축조 기술』(대한문화재연구원 학술총서 4책), 진인진, 94-124쪽.
8  대한문화재연구원, 2012, 『務安 德巖古墳群』.
9  국립문화재연구소·전남대학교박물관, 2001, 『羅州 伏岩里 3號墳』.

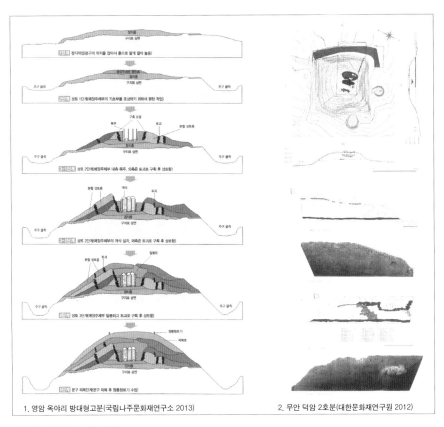

1. 영암 옥야리 방대형고분(국립나주문화재연구소 2013)    2. 무안 덕암 2호분(대한문화재연구원 2012)

**그림 7 |** 방대형고분 축조과정 1

계로 96석실과 1차 분구를 완성하고 4호 석실과 15호 석곽을 축조한다. 3단계
는 상층 조성 2단계로 12호 옹관이 안치되고 2차 분구가 성토된다. 4단계는 상
층 조성 3단계로 석실 1·2호를 축조하고 1호 옹관을 안치한다. 2차 분구를 완
성한 다음에는 부석을 시설한다. 5단계는 분구 상면에 즙석이 시설(분구 조영
완료)된다.

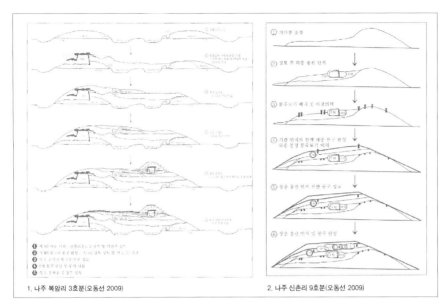

1. 나주 복암리 3호분(오동선 2009)

2. 나주 신촌리 9호분(오동선 2009)

**그림 8 |** 방대형고분 축조과정 2

　　나주 신촌리 9호분[10]은 6단계 축조과정을 보인다(그림 8-2). 1단계는 기단부
를 조성하고, 2단계는 성토 후 하층 옹관이 안치된다. 3단계는 분주토기가 배
치되면서 매장의례가 진행되고, 4단계는 중간 옹관乙棺 안치와 함께 하층 분구
가 완성되면서 하층 분정에 분주토기가 배치된다. 5단계는 상층 옹관 안치를
위한 분구 성토가 진행되고, 6단계는 상층 옹관이 안치되면서 분구가 완성된
다. 나주 신촌리 9호분은 하층 분구(방대형)를 수직으로 확장하여 다시 방대형
분구를 만들면서 축조과정 단계가 더 추가된 것으로 보인다.

　　고창 봉덕리 1호분[11]은 4단계의 축조과정을 보인다(그림 9). 1단계는 자연구
릉을 정지하고, 1호분과 2호분을 분리하여 구릉의 사면을 경사지게 깎아 장방

---

10　국립문화재연구소, 2001, 『羅州 新村里 9號墳』.

11　이문형, 2014, 「고창 봉덕리 1호분의 대외교류와 연대관」, 『고분을 통해 본 호남지역 대외교류
　　와 연대관』(제1회 고대고분 국제학술대회), 국립나주문화재연구소, 130-134쪽.

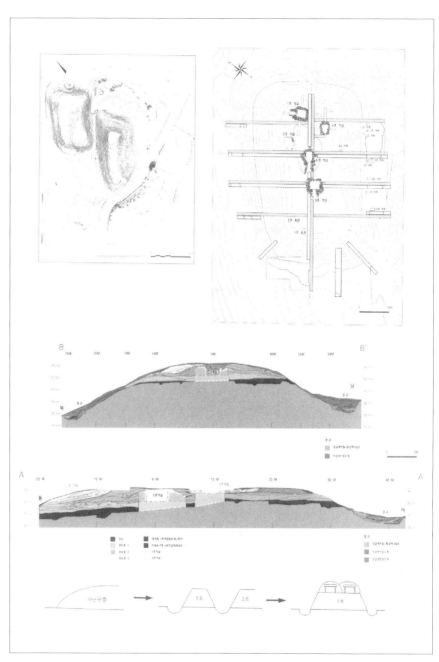

**그림 9 |** 고창 봉덕리 1호분의 축조과정(이문형 2014)

형의 묘대를 마련한다. 2단계는 회갈색점질토를 전체적으로 깔아 구지표와 기저부를 정지하는 단계인데, 이 층은 5호 석실을 축조하기 위한 기반층인 성토층 1에 해당된다. 3단계는 5호 석실 축조와 함께 성토층 2를 성토하고, 4단계는 5호 석실 상부를 피복하여 분구가 완성된다. 이러한 축조방법이 반복(2~4단계)되면서 5호 → 4호 → 1호 → 3호 석실 순으로 축조된 것으로 파악된다.

### 2) 분석

이상의 대표적인 고분들은 축조과정과 방법에서 특징적인 양상을 보인다. 영암 옥야리 방대형고분과 무안 덕암 1·2호분 등은 토괴[12][점토블럭]를 이용하여 방사상이나 동심원, 거미줄 형태의 구획열을 만들고 있으며[구획성토], 매장주체시설을 안치하기 위해 구축묘광을 조성한 것이 특징이다. 분구묘의 구축재로 토괴를 사용한 것은 기본적으로 백제 고분에서는 확인되지 않는다. 발굴조사로 확인된 영산강유역의 고분에서는 토괴, 점토블럭, 표토블럭, 토낭 등 일반적인 성토재와는 다른 점성이 강한 재료를 분구 축조과정에 사용하였다[13]. 그리고 나주 신촌리 9호분과 복암리 3호분, 함평 금산리 방대형고분 등은 분구 가장자리에서 제방처럼 쌓은 형태[토제]의 성토가 확인되는데, 이는 분구가 고대화되면서 나타난 기술로 구획성토기술과 같은 역할을 한 것으로 생각된다.

영산강유역에서 토괴를 구축재로 사용한 고분은 영암 옥야리 방대형고분(그

---

12  한반도 고분의 축조에 사용된 토괴는 대부분 점토블록으로 보는 견해(손재현, 2015, 「삼국시대 고분의 축조에서 토괴의 사용과 그 의미」, 『제26회 고분문화연구회 발표자료집』, 고분문화연구회, 17-28쪽)가 있지만, 그 기준이 모호한 부분이 있어 여기서는 크게 토괴로 보고자 한다.

13  조영현, 1993, 「封土墳의 盛土方式에 관하여」, 『영남고고학보』13, 31-54쪽 ; 권오영, 2011, 「고대 성토구조물의 성토방식과 재료에 대한 시론」, 『한강고고』5, (재)한강문화재연구원편, 75-97쪽 ; 권오영, 2012, 「고대 성토구조물의 재료에 대한 재인식」, 『백제와 주변세계』, 성주탁 교수 추모논총 간행위원회, 668-679쪽 ; 전용호·이진우, 2014, 「영암 옥야리 방대형고분의 대외교류상과 연대관-토괴 활용 분구 축조 기술을 중심으로-」, 『고분을 통해 본 호남지역 대외교류와 연대관』(제1회 고대고분 국제학술대회), 국립나주문화재연구소, 73-89쪽.

림 7-1), 무안 덕암 1·2호분(그림 7-2), 나주 신촌리 9호분(그림 8-2), 나주 복암리 3호분(그림 8-1), 나주 가홍리 신흥고분, 나주 장동리고분, 무안 고절리고분, 영암 자라봉고분, 해남 만의총 3호분 등이 확인된다. 가야지역에는 창녕 교동고분군, 고성 송학동고분군, 고성 기월리 1호분, 대구 성하리고분, 부산 연산동고분, 고령 지산동고분군 518호분 등에서도 토괴를 사용한 양상이 확인되어 분구를 축조하는 기술에서도 가야 및 신라와의 관련성이 상정된다.

일본열도에서 토낭 혹은 토괴를 구축재로 사용하는 기술은 츠도시로야마津堂城山고분, 구와쇼보クワショウ坊고분, 모즈오츠카야마百舌鳥大塚山고분, 미네가즈타峯ヶ塚고분, 쿠라즈카藏塚고분 등에서 확인된다. 특히 6세기 중엽경의 쿠라즈카고분에서 토괴를 열상 또는 방사상으로 쌓아올리는 방식은 한반도에서 도입된 것으로 이해하고 있다[14].

이상과 같이 토괴를 구축재로 사용하여 구축묘광을 만들고, 구획열(방사선·동심원·거미줄 형태)을 만드는 구획성토 기술은 분구가 고대화高大化되면서 나타나기 시작한다. 그 시점에 바로 방대형과 원대형 분구묘가 만들어지기 시작한다. 한편 이러한 고분 축조기술은 강수량이 풍부하고 남방적인 기후대로 태풍과 홍수 등 자연재해가 빈번하게 발생하는 지역에서 자연스럽게 발생한 것으로 보는 의견[15]도 있다.

그밖에 방대형 분구묘에서 주목되는 특징은 분정부의 경사면이다. 분정부의 경사면은 영산강유역 고분에서 반구형 고분을 제외한 대부분의 제형, 방대형, 원대형 분구묘에서 확인된다. 이렇듯 다양한 분형에서 분정부 경사면이 확인되는 원인은 명확하지 않지만, 영산강유역 고분 축조방법의 특징 중 하나인

---

14  青木敬(2013)는 가야지역에서 분구를 성토하는 방식 중에 할석을 방사상으로 쌓아 올리는 방법이 차용되어 일본열도에 영향을 준 것으로 파악했다(青木 敬, 2013, 「日本古墳の墳丘築造技術とその系統」, 『連山洞古墳 意義·評價』(국제학술심포지움 자료집), 부산대학교박물관).

15  전용호·이진우, 2014, 앞의 논문, 88쪽.

분구의 최정점이 두부쪽으로 치우쳐지는 현상이 지속적으로 반영되었을 가능성이 높다[16]. 제형분의 특징은 후대의 분구묘에도 그대로 나타나는데, 나주 복암리 3호분, 나주 신촌리 9호분, 함평 금산리 방대형고분, 나주 대안리 3호분, 나주 덕산리 2호분 등이 해당된다.

16   전남대학교박물관, 2000, 『전남지역 고분 측량보고서』, 274쪽 ; 오동선, 2009, 「羅州 新村里 9號墳의 築造過程과 年代 再考-羅州 伏岩里 3號墳과의 비교 검토-」, 『한국고고학보』73, 67쪽.

# III. 방대형·원대형 분구묘의 등장배경

## 1. 유형화

방대형 분구묘는 영암 신연리 9호분(그림 10)에서 처음 시작된 것으로 보이지만, 제형의 흔적(목관과 옹관 혼용)이 보여 전형적인 방대형 분구묘는 아니다. 영암 옥야리 14호분(그림 10, 2형식 전용옹관)과 나주 화정리 마산고분군(전용옹관)은 이른 시기의 원(대)형 분구묘로 추정되는데, 일반적인 원형 분구가 보편화되는 시기는 5세기 이후로 서남해안의 왜계고분이 축조되면서부터 시작된다는 의견도 있다[17].

그렇다면, 전형적인 방대형과 원대형 분구묘가 축조되는 시기는 언제이고 어떤 고분이 해당되는 것인가? 5세기 중엽경의 영암 옥야리 방대형고분과 나주 가흥리 신흥고분[18]이 해당되는 것으로 생각된다. 이 고분은 방대형의 분형이면서 횡구식석실을 매장주체시설로 사용하고 있다. 두 고분은 완성된 형태로 초축 시에 방대형으로 만들어져 기존의 제형분이 수직으로 확장하는 과정에서 만들어진 방대형의 분형과는 다른 점을 보인다. 기존의 제형분(영암 신연리고분군, 내동리 초분골고분 등)은 목관 위주의 매장시설을 일렬로 배치하다가 목관과 옹관이 병렬로 배치되면서 길이가 줄어들고 폭이 넓어져 방형에 가까운

---

17  김낙중, 2014, 앞의 논문, 34쪽.
18  이 고분의 조사자들은 장고분(전방후원형 고분)으로 보고 있지만, 필자는 방대형 고분으로 보고 있다. 그 이유는 이 고분을 장고형으로 보기에는 분구의 형태가 모호하고, 원분으로 추정되는 주구의 형태도 분명하지 않으며, 고분의 남쪽과 주구 밖에서 옹관묘가 확인된 점과 고분의 규모(매장시설에서 주구까지의 거리 등), 매장시설이 횡구식석실(내부 목주)인 점, 방사선상의 구획성토기술 등이 영암 옥야리 방대형고분과 매우 유사한 양상을 보이기 때문에 방대형으로 보는 것이 더 타당하리라 생각된다. 또한 5세기 중엽경에 장고분이 등장할 시대적인 상황은 아니라고 생각한다.

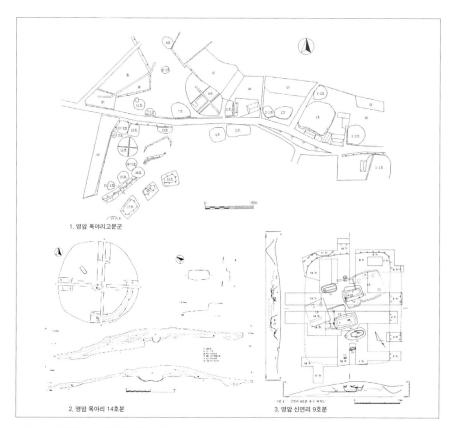

**그림 10** | 영암 옥야리고분군과 신연리 9호분

형태를 보이는데 이러한 형태를 방대형 분구의 원형으로 추정[19]하기도 한다. 즉 제형분이 수평(횡·종적)으로 확장하면서 방대형으로 발전해 나가는 것으로 보고 있다(그림 10).

하지만 영암 옥야리 방대형고분과 나주 가흥리 신흥고분은 기존 고분에서 직접적으로 확장되지 않고, 완성된 형태의 방대형 분구를 보인다. 이런 점을

---

19  김낙중, 2014, 앞의 논문, 38쪽.

주시하여 백제의 영향(토목기술 유입)으로 방대형 분구묘가 5세기 중엽경에 만들어진 것으로 보는 견해[20]도 있다. 최근에 조사된 김제 벽골제 중심거에서 토낭[퇴괴]의 흔적이 명확히 확인[21]되고 있으며, 화성 요리 1호 분구묘에서도 토괴[점토블럭]의 흔적이 확인[22]되는 상황을 감안한다면, 영산강유역 고분의 고대화 과정에 백제의 토목기술이 영향을 주었을 것으로 추정된다.

5세기 후엽 이후에는 제형분이 수직으로 확장되어 정형화된 방대형고분이 나타난다. 나주 신촌리 9호분은 기존의 분형(하층)을 방형으로 유지하면서 수직방향으로 재성토하고 중층의 매장시설과 분주토기를 사용했다. 무안 구산리고분은 수직확장과 함께 원형에서 장방형으로 분형을 바꾸고 있으며, 고창 봉덕리 1호분(그림 9)은 횡혈식석실을 추가하면서 분구도 수평 혹은 수직으로 성토한다. 나주 복암리 3호분(그림 8-1)은 다장을 위한 공간 확보와 분구 고대화를 위해 짧은 시간에 선행 분구를 조정하여 방대형 분구로 확대한 현상[23](선행의 제형분구 2-3기를 포괄하여 증축한 것으로 수직적 확장 범주에 해당)이 확인된다.

이와 같은 분구의 확대조정은 횡혈식석실의 도입과 시기를 같이한다. 이는 당시 지역사회의 성장(내재적인 사회·정치적인 의미와 왜와의 교류 등) 및 백제 왕권의 영향력 확대와 밀접한 관련이 있는 것으로 파악된다[24].

20  이영철, 2014b, 「나주 가흥리 신흥고분의 대외교류상과 연대관」, 『고분을 통해 본 호남지역 대외교류와 연대관』(제1회 고대고분 국제학술대회), 국립나주문화재연구소, 106-109쪽.

21  전북문화재연구원, 2012~2015, 「김제 벽골제(사적 제111호) 중심거(1차~4차) 학술 발굴조사 자문회의 자료」.

22  한국문화유산연구원, 2014, 「화성 향남2지구 동서간선도로(F·H지점) 문화유적 발굴조사-전문가검토회의 자료-」

23  김낙중, 2011a, 「분구묘와 옹관분」, 『동아시아의 고분문화』(중앙문화재연구원 학술총서1), 서경문화사, 209-213쪽.

24  김낙중, 2014, 앞의 논문, 39·40쪽.

표 4 | 방대형 분구묘의 유형

| | 완성형 | 확장형 | | 비고 |
|---|---|---|---|---|
| | | 수직확장 | 선행분구 조정 | |
| 5세기 중엽 | 영암 옥야리 방대형고분 나주 가흥리 신흥고분 | 나주 신촌리 9호분 (하층-수직확장 전 방형 분구) | 나주 복암리 2호분 | 5세기 전반-왜계고분의 영향 (고흥 야막고분, 길두리 안동고분, 신안 배널리고분 등) 백제의 토목기술의 영향(김제 벽골제, 화성 요리 1호 분구묘 등) |
| 5세기 후엽 ~ 6세기 전엽 | 나주 복암리 정촌고분, 함평 금산리 방대형고분 | 나주 신촌리 9호분 (상층) 고창 봉덕리 1호분 | 나주 복암리 3호분 무안 구산리고분 | 장고분 (전방후원형 고분) 출현 |

지금까지 확인된 방대형 분구묘 중에서 출현 양상을 살펴보면, 방대형 분구묘가 완성된 형태로 나타나는 것과 선행 분구를 수직확장하거나 조정하여 방대형분으로 완성한 것으로 구분된다. 전자는 영암 옥야리 방대형고분과 나주가흥리 신흥고분이 해당하고, 후자는 나주 신촌리 9호분·복암리 3호분·무안구산리고분·고창 봉덕리 1호분 등이 해당된다. 이러한 두 가지 양상의 고분들은 토괴를 구축재로 사용하면서 구획성토하는 기술을 사용하고 있다는 점에서 모두 같은 특징을 보인다. 이 기술은 분구가 고총화되면서 나타난 것으로 이해되고 있다. 그리고 일부 고분에서는 분구의 토층에서 토제와 같은 양상을 보이기도 한다. 이러한 기술이 처음으로 사용되는 시기와 고분들의 분포를 고려하면, 방대형 분구묘의 출현 배경에 대해서 심도 있는 검토가 가능하리라 생각된다.


## 2. 등장배경

분구묘는 목관이 위주가 되면서 단장으로 출발하였고, 영산강유역에서는 추가장이 이루어지고 분구가 수평적으로 확장되면서 제형분이 성행하게 된다. 제형분은 점차 옹관이 중심이 되면서 방(대)형이나 원(대)형분으로 변화하는데 이는 당시의 우주관과 관련된다[25]. 고대에는 천원지방天圓地方 사상이 일반적이었는데(중국 후한 이후에 일반화), 고구려·백제·신라·가야는 모두 방형 고분들이 성행하다가 점차 원형 고분으로 바뀌었는데 영산강유역권에서도 그러한 경향을 따랐을 것으로 생각된다[26].

참고로 일본 야요이시대의 기나이지역은 방형과 원형의 분구묘가 혼재하다가 중국 후한에 들어서서 원분화되고, 야요이 중·후기에는 중소형분에도 원분이 도입되는데 이러한 변화는 동아시아 정세도 고려할 필요가 있다[27].

방대형·원대형 분구묘의 연원에 대해서는 여러 의견들이 있다. 특히 방대형 분구의 연원이 다양한 편이다. 방대형 분구의 연원은 고구려의 적석총이나 대동강유역의 방대형 분구묘에 있으며, 직접적으로는 원삼국시대 방형주구묘나 서울 가락동 2호분 등 초기백제 고분과 관련된 것으로 이해하거나[28], 낙랑의 방대형 목곽봉토분으로 보는 견해[29], 서울 석촌동고분군으로 대표되는 백제 중앙 묘제의 영향 하에서 출현한 것으로 이해되기도 한다[30]. 영산강유역에서는 방대형 분구의 발생을 제형분구의 변화 양상으로 보고, 영암 신연리 9호분과 나주 복암리 2호분에서 기원을 찾기도 한다[31].

---

25  성낙준, 1997, 「甕棺古墳의 墳形」, 『호남고고학보』 5, 39-54쪽.
26  임영진, 1997c, 「榮山江流域의 異形墳丘 古墳 小考」, 『호남고고학보』 5, 19-37쪽.
27  黃曉芬, 2000, 『中国古代葬制の伝統と変革』 勉誠出版. 일본 기나이지역은 방형의 분구묘가 성행했던 곳으로 어떠한 경위를 거쳐 원형의 분구 형식이 채용되어 우위를 점하게 된다. 현재로서는 야요이 전기에 세토우치 중부에서 만들기 시작한 원형 분구묘가 기나이의 세츠 서부로 파급된 것은 야요이 중기 후엽, 카와치·이즈미에서 후기 전엽부터 중엽, 야마토에서 후기 말부터 종말기 초두에 해당한다. 종말기 초두에는 수장묘로서 전방후원형 분구묘가 주로 축조되었을 가능성이 높다(和田晴吾, 2004, 「古墳文化論」, 『日本史講座』, 第1券(歷史学研究会·日本史研究会編), 東京大学出版会, 167-200쪽.).
28  성낙준, 1997, 앞의 논문, 46쪽.
29  성정용, 2000, 「백제 한성기 저분구분과 석실묘에 대한 일고찰」, 『호서고고학』 3, 1-22쪽.
30  우재병, 2013, 「5~6세기 백제의 중층적 묘제교류와 그 정치적 상호작용」, 『한국사학보』 53, 고려사학회, 144쪽.
31  전남대학교박물관, 1999, 『복암리고분군』 169-172쪽 ; 전남대학교박물관, 2000, 앞의 보고서,

한편 중서부지역에서 방형분의 등장은 5세기 중엽 이전에 이루어지지만, 영산강유역에서는 5세기 중엽 이후에 고총화 현상과 함께 나타나는데, 방대형분구의 발전은 나주 신촌리 9호분(수직확장), 나주 복암리 3호분(선행분구 조정 및 확대) 등에서 보이는 고총화를 유발하는 정치 · 사회적인 배경 속에서 이 지역의 분구 전통에 기반하여 나타난 것으로 보고 있다[32]. 최근에는 분구의 구획성토를 기반으로 하는 고총의 등장과 밀접하게 관련되어 있으며, 이 고총은 백제와 왜의 교섭, 백제의 지역사회에 대한 지배력 확대와 관련하여 각 지역집단 중에서 특정 친족집단이 두드러지면서 등장한 것으로 이해한 의견도 있다[33].

이외에도 방대형 고총의 등장을 1인 피장자로, 백제의 관여와 연결하여 해석하는 의견도 있다[34]. 영암 옥야리 방대형고분이 영산강유역 초입부에 5세기 중엽경에 축조된 것은 백제의 중앙이나 지방 세력과 관련된다. 이후 나주 신촌리 9호분이나 복암리 3호분처럼 최고 정점의 방대형고분이 만들어지는데, 영암 옥야리 방대형고분의 축조를 계기로 백제의 새로운 관계 질서 속에 포함된 것으로 보고 있다[35].

이상의 연구 성과를 참고하면서 방대형 · 원대형 분구묘의 등장배경에 대해서 살펴보고자 한다. 5세기 중엽경 영산강유역에서는 방대형이 완성된 형태로 출현하는데, 영암 옥야리 방대형고분과 나주 가흥리 신흥고분이 해당한다. 이 고분들은 기존의 제형에서 방대형 분구묘로 발전한 것으로 보이며, 백제의 토목기술(김제 벽골제, 화성 요리 1호 분구묘 등)의 영향이 더해져 나타난 것으로 이해된다. 이 시기에 방대형 분구묘가 출현하는지, 제형분에서 분구가 고대화되

274-276쪽.

32  김낙중, 2006, 「墳丘墓 傳統과 榮山江流域型 周溝」, 『羅州 伏岩里 三號墳』, 국립나주문화재연구소, 357-381쪽.

33  김낙중, 2014, 앞의 논문, 38-40쪽.

34  이영철, 2014a, 「백제의 지방지배-영산강유역 취락자료를 중심으로-」, 『2014 백제사 연구 쟁점 대해부』(제17회 백제학회 정기발표회).

35  이영철, 2014b, 앞의 논문, 106-109쪽.

는지에 대한 역사적인 배경에 대해서 검토할 필요가 있다.

**표 5 | 남부지역 왜계고분 현황**

| 번호 | 고분명 | 분형 | 규모(m)<br>(길이×너비×높이) | 매장<br>시설 | 편년 | 출전 |
|---|---|---|---|---|---|---|
| 1 | 고흥 야막고분 | 원형 | 22×2 | 석곽 | 5C 전엽 | 국립나주문화재연구소, 2014, 『高興 野幕古墳』 |
| 2 | 고흥 길두리<br>안동고분 | 원(대)형 | 36×3.6 | 석곽 | 5C 중엽 | 임영진, 2011, 「고흥 길두리 안동고분의 발굴조사 성과」, 『고흥 길두리 안동고분의 역사적 성격』, 전남대박물관. |
| 3 | 해남 신월리고분 | 방대형 | 20×14×1.5 | 석곽 | 5C 전반<br>~중엽 | 목포대학교박물관, 2010, 『해남 신월리고분』 |
| 4 | 해남 외도 1호분 | 원형 | 24×1.5 | 석곽 | 5C 중엽 | 국립광주박물관, 2001, 「해남 북일면일대 지표조사보고」, 『해남 방산리 장고봉고분 시굴조사보고서』 |
| 5 | 신안 배널리 3호분 | 원형 | 10×1.5 | 석곽 | 5C 전반 | 동신대학교문화박물관, 2011, 「안좌면 읍동고분 및 배널리고분 발굴조사 현장설명회자료」 |
| 6 | 무안 신기고분 | 원형 | 6.7×1 | 석곽 | 5C 전반 | 목포대학교박물관, 2011, 「무안 신기고분」, 『무안 송현리유적』 |

　한반도 남부지역은 5세기대에 왜계고분이 확인되고 있다. 대표적인 왜계고
분은 고흥 야막고분, 길두리 안동고분, 해남 외도 1호분, 해남 신월리고분, 신안
배널리 3호분, 무안 신기고분, 마산 대평리 M1호분 등이 확인된다[36](그림 11).
이런 고분들은 대체로 5세기 전반경으로 편년되며, 그 피장자에 대해서는 왜계
도래인으로 보면서 백제와 깊은 정치적인 관계를 가진 자로, 왜와 백제의 정치
・경제적인 연결을 맺고 있던 '복속성'을 갖춘 인물로 추정된다[37].

　따라서 백제와 왜, 영산강유역 제지역 집단의 상호관계 속에서 영산강유역
의 특정 집단들은 정치・사회적인 변화의 요구를 충족하기 위해 분구의 고대
화(고총)를 추진했다. 분구의 고대화에 수반되는 것이 고분의 축조기술이다.

---

36　김낙중, 2013, 「5~6세기 남해안지역 倭系古墳의 특성과 의미」, 『호남고고학보』 45, 160-184쪽.

37　왜계 도래인 집단은 서남해안지역에 형성된 네트워크에 참가, 재지의 제집단과 교류를 하면서 항로상의 항구를 기항지로서 활용하거나 항행의 안내를 의뢰했던 것으로 보고, 항행상의 요충지에 일정기간 체재하면서 재지의 집단과 잡거했을 가능성이 높다. 高田貫太, 2014a, 「5・6세기 한반도 서남부 '왜계고분'의 조영 배경」, 『영산강유역 고분 토목기술의 여정과 시간을 찾아서』(2014 하반기 국제학술대회), 대한문화재연구원, 116-118쪽.

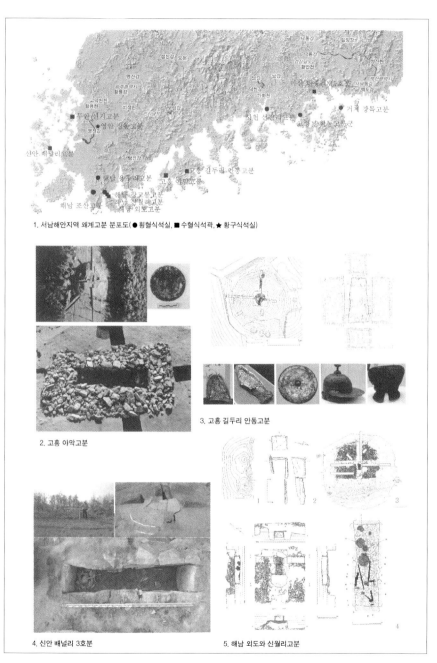

1. 서남해안지역 왜계고분 분포도(● 횡혈식석실, ■ 수혈식석곽, ★ 횡구식석실)

2. 고흥 야막고분

3. 고흥 길두리 안동고분

4. 신안 배널리 3호분

5. 해남 외도와 신월리고분

**그림 11** | 서남해안지역의 왜계고분(김낙중 2013)

이렇듯 5세기 중엽경 방대형 고분은 토괴를 구축재로 사용하여 구축묘광을 만들고, 구획성토기술(일부에서는 토제 등)을 사용하고 있다. 한편으로는 백제와 왜, 영산강유역 제집단의 상호 교류관계 속에서 백제 토목기술(김제 벽골제, 화성 요리 1호 분구묘 등)의 영향이 있었을 것으로 추정된다. 이 기술들은 백제, 가야, 신라, 일본열도에서도 확인되어 토목기술의 교류도 활발하게 이루어진 것으로 생각된다.

5세기 후엽 이후(6세기 전엽까지)에는 영산강유역의 장고분이 출현하게 된다. 그 배경에 대해서는 앞 시기부터(5세기 전반경) 왜와 영산강유역의 교섭이 지속되면서 왜계 집단에 의해 장고분과 관련된 물자·기술·정보(매장시설·관, 외표시설, 부장품)가 들어왔으며, 특히 중·북부 규슈지역에서 횡혈식석실 구축에 종사한 집단과의 관계가 상정된다고 보았다[38].

당시 한반도의 정세변화를 보면, 고구려에 의해 낙랑군(313년)과 대방군(314년)이 병합된 후, 고구려와 백제의 국경선이 인접하게 되면서 빈번하게 전쟁이 일어나고, 근초고왕의 남정(369년)과 370년 이후, 대對고구려에 대한 압박(371년 평양성 함락)이 이루어졌다. 그 이후는 반대로 고구려가 대對백제에 대한 압박 속에서 475년 한성의 함락되는 등 여러 나라가 관계되어 역동적인 모습을 보인다. 이러한 정세 변화 속에서 영산강유역은 5세기 전반에 왜계고분이 출현하고, 5세기 후엽에서 6세기 전엽 사이에는 장고분이 등장하게 된다[39].

---

38  高田貫太, 2014b, 「5·6세기 백제, 영산강유역과 왜의 교섭-'왜계고분'·전방후원분의 조영배경을 중심으로」, 『전남 서남해지역의 해상교류와 고대문화』(전남문화재연구소 연구총서1), 해안, 234-243쪽.

39  백제와 영산강유역과의 관계 변화는 후술할 일본열도의 정세를 통해서 추정이 가능하다. 왜왕권의 동요기에 규슈세력의 성장을 영산강유역에 방대형과 원대형분이 등장하는 것과 동일한 맥락으로 보고, 이후 왜에 강력한 야마토왕권이 등장하면서 지역 수장층이 재편되는 것을 안정화된 백제가 영산강유역을 다시 강력한 영향권 내에 두는 것으로 이해하고자 한다. 이 시기의 백제와 영산강유역과의 관계 설명은 다음 논문을 참고하길 바란다. 崔榮柱, 2012, 『三國·古墳時代における韓日交流の考古學的研究—橫穴式石室を中心に—』, 立命館大學大學院博士學位論文, 155쪽.

이 시기 일본열도의 정세에 대해서 간단히 살펴보고자 한다. 먼저 규슈세력의 확대 현상으로, 규슈계통의 매장시설이나 관에 관한 제요소가 4세기 후엽에서 5세기 전반경에 일본열도 동쪽으로 확산된다. 규슈계통의 고분 요소가 확산된 것은 고분시대 다른 예에서는 보이지 않는 것으로 규슈세력의 적극적인 확장정책이다. 왕권의 동요기에 있어서 아리아케카이의 수장연합을 중심으로 급속하게 세력을 강화하고 독자적으로 각 방면에 세력을 확대한 것으로 추측된다[40]. 규슈세력의 확대는 한반도에도 영향을 미쳐 왜계고분이 등장한다. 이후 일본 고분시대 후기는 대수장의 고분이 사라지고, 그것을 중핵으로 한 고분군과 중소수장고분군도 쇠퇴·소멸한다. 이러한 현상은 고구려의 남하나 신라의 확장에 의한 한반도 정세의 긴박화에 대처하기 위해 보다 강력한 국가를 지향한 왕권에 의해 수장층의 재편과 민중의 편성을 목적으로 한 정책의 결과로 이해된다[41].

한편으로 영산강유역 제지역 집단들은 연안항로를 통해 백제나 왜와 지속적인 교류관계를 가졌다. 그러한 증거는 직접적인 교류를 통해 도입된 유물과 해양거점으로 활용되었음을 입증할 수 있는 유구 등이 있다. 특히 해양 거점의 간접적인 증거로 신안 배널리고분군, 해남 외도고분군, 고흥 안동고분과 야막고분 등을 들 수 있다. 이 유적들의 축조 시기는 5세기 전반경으로, 중국-백제-가야-왜 등을 잇는 동북아 해양 교류가 전남 해안지역을 끼고 이루어졌던 시기이다. 이러한 항로는 『삼국지』상의 항로가 계속 유지되었을 가능성과 새

---

40 규슈계통의 횡혈식석실이 카와치, 키비, 이세, 와카사 등 지역으로 확산되며, 수혈계 횡구식 석실도 서일본 각지에서 대규모로 확산된다. 이러한 규슈계 석실의 확산은 기나이계 석실 이전에 서일본 각지에서 대규모로 이루어진다(和田晴吾, 2004, 앞의 논문, 167-200쪽).

41 이 시기는 새로운 묘역에 중소수장분이 만들어지게 되면서 방형주구묘가 쇠퇴하고, 소형 원분으로 대두되는 古형식의 고분군이 형성되는데, 중기에 집권한 대수장이나 중소 수장은 급속히 몰락하고, 신흥의 중소 수장이 대두되는 동시에 처음으로 공동체의 家長層이 왕권의 질서 속에 편입되는 것으로 이해된다(和田晴吾, 1998, 「古墳時代は国家段階か」, 『古代史の論点4—権力と国家と戦争』, 小学館, 142-162쪽).

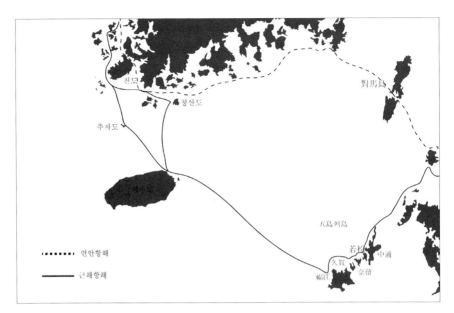

**그림 12 |** 연안항로와 근해항로(문안식 2014)

롭게 고흥반도[42]나 제주도[43]에서 일본열도의 고토열도五島列島로 직접 이어졌을
가능성이 있다(그림 12).

　이러한 연안항로 내륙 수운에 위치하는 영산강유역 중류지역에 위치한 나
주 복암리 일대와 주변의 거점집단은 영산강의 수위 상승에 따라 5세기 후엽
경부터 내륙 수운의 중심지가 될 수 있었으며, 지리적 잇점을 살려 영산강유역
권이 교통과 물류의 중심지이자 정치적 중심지로 부상할 수 있었던 것으로 추
정된다[44]. 영암 옥야리 방대형고분도 남해만의 내륙 수운에 위치하고 있어 그

---

42　임영진, 2013, 「전남지역 마한제국의 사회 성격과 백제」, 『전남지역 마한제국의 사회 성격과
　　백제』(2013년 백제학회 국제학술회의), 17·18쪽.

43　문안식, 2014, 앞의 논문, 132-134쪽.

44　임영진, 2011, 「나주 복암리 일대의 고대 경관」, 『호남문화재연구』 10, 호남문화재연구원,
　　49-65쪽 ; 임영진, 2012a, 「3~5세기 영산강 유역권 마한 세력의 성장 배경과 한계」, 『백제와 영
　　산강』, 학연문화사, 101-103쪽.

당시 연안항로의 중요한 거점지로 추정된다.

이상에서 검토한 내용을 중심으로 방대형 및 원대형 분구묘의 등장배경을 종합하여 살펴보고자 한다. 영산강유역 방대형 및 원대형 분구묘는 5세기 중엽에 등장한다. 그 배경에는 방대형 및 원대형 분구묘가 제형 분구묘의 전통(매장시설·주구·분정면 경사도)속에서 분구가 수평·수직 확장 현상을 보이고 있으며, 5세기 전반경 영산강유역에 등장하는 왜계고분(원분·횡구식석실·부장품)의 영향과 백제 토목기술의 영향도 상정된다. 분구의 고총화(고대화)는 이러한 역사적인 배경(한반도와 일본열도의 정세변화) 속에서 분구의 구획성토기술이 수반되어 나타난다. 한편 중국의 천원지방 사상의 영향과 고대 동북아 정세변화로 분구묘의 형태가 변화되기도 한다.

특히 방대형과 원대형이 일반화되는 5세기 후엽에는 장고분(분형, 횡혈식석실, 부장품, 장례의례 등 정보)의 영향이 두드러진다. 이 고분들은 백제와 왜의 교류관계 중에 나타나는데, 영산강유역 제지역 집단들이 정치·사회적인 우월성을 확보하기 위한 수단으로 활용했을 것으로 파악된다. 그들은 연안항로를 이용하여 교류관계를 지속하였고, 기항지이면서 영산내해의 중심지인 영산강 제지역 집단 거주지는 교류의 중심지로 부상된다. 그러한 관계 속에서 고분의 고총화(고대화)를 통한 정치·사회적인 부상과 연대를 모색한 것으로 생각된다.

# IV. 맺음말

마한 방대형·원대형 분구묘의 등장은 동북아 정세변화 속에서 백제와 왜와의 관계 변화에 편승하여 출현한 것으로 이해되며, 교류의 당사자인 영산강유역 제지역 집단들은 정치·사회적인 부상과 연대 모색을 통해 독자적인 고분문화 등을 추구할 수 있었다. 방대형 및 원대형 분구묘는 토괴를 구축재로 사용한 분구 축조기술이 필요로 했으며, 이러한 분구의 구획성토기술은 고총의 출현과 함께 나타난 것으로 이해된다.

(「마한 방대형·원대형 분구묘의 등장배경」,『백제학보』14, 2015)

# 제 3 장

# 한반도 남서부지역
# 왜계 횡혈식석실의 특징과
# 출현 배경

# I. 머리말

한반도 남서부지역은 5세기 후엽부터 6세기 전엽 사이에 왜계 횡혈식석실을 매장주체시설로 한 원분과 방분, 장고분(전방후원형고분)이 등장한다. 5세기 전반경에는 수혈식석곽을 매장주체시설로 하는 원분이 등장하는데 왜계고분으로 알려져 있다. 이 왜계고분은 왜계 석실과 장고분의 등장배경을 이해하는 데 매우 중요한 자료이다. 왜계 석실은 북부규슈형北部九州型과 히고형肥後型 석실로 크게 두 종류로 확인되며, 세부적으로는 다양한 구조를 보인다[1]. 6세기 전엽 이후에는 백제계 석실과 복합형 석실이 등장한다[2].

왜계 석실은 주요 고분의 매장주체시설로, 5세기 후엽에서 6세기 전엽의 남서부지역 역사적 실체를 이해하는 데 매우 중요한 자료이다. 이러한 왜계 석실은 초창기 연구에서 백제계[3]와 非백제계[4]로 보는 의견이었으나 일부의 석실은 북부규슈지역의 영향으로 만들어진 규슈계[5]로 이해하기 시작했다. 이렇듯 남

---

1 柳沢一男, 2001, 「全南地方の榮山江型横穴式石室の系譜と前方後円墳」『朝鮮學報』179, 113-155쪽.
2 최영주, 2013, 「百濟 横穴式石室의 型式變遷과 系統關係」『百濟文化』48, 248-252쪽.
3 이영문, 1991, 「전남지방 횡혈식석실분에 대한 고찰」『향토문화』11, 향토문화개발협의회 ; 박순발, 1998, 「4~6世紀 榮山江流域의 動向」『百濟史上의 戰爭』 충남대학교 백제연구소 ; 김낙중, 2000, 「5~6世紀 榮山江流域 政治体의 性格—羅州 伏岩里 3호분 출토 威勢品 分析—」『百濟研究』32.
4 임영진, 1990, 「영산강유역 석실분의 수용과정」『전남문화재』3 ; 임영진, 1997a, 「호남지역 석실분과 백제의 관계」『湖南考古學의 諸問題』(제21회 한국고고고학 전국대회), 37-73쪽 ; 임영진, 1997b, 「전남지역 석실봉토분의 백제계통론의 재고」『호남고고학보』7, 123-157쪽 ; 조근우, 1996, 「전남지방의 석실분 연구」『한국상고사학보』21, 93-146쪽 ; 서정석, 1997, 「全南地域 横穴式石室墳의 構造와 性格에 대한 試論」『韓國古代의 考古와 歷史』 학연문화사 ; 서현주, 2006, 『榮山江流域 古墳 土器 研究』 학연문화사 ; 서현주, 2007, 「영산강유역권 장고분의 특징과 출현 배경」『한국고대사연구』47, 77-116쪽 ; 吉井秀夫, 1996, 「横穴式石室墳의 收用樣相으로 본 百濟의 中央과 地方」『百濟의 中央과 地方』(제8회 백제연구 국제학술대회), 187-202쪽.
5 曺永鉉, 1993, 「三國時代의 横穴式石室墳」『季刊考古学』45 ; 洪潽植, 1993, 「百濟 横穴式石室墳의 型式分類와 對外傳播에 관한 研究」『博物館研究論集』2, 釜山直轄市立博物館 ; 洪潽植, 2009, 「韓

서부지역 횡혈식석실의 연구는 석실의 구조를 통한 계통적인 연구가 주로 이루어져 왔다. 하지만 석실 구조만을 통한 계통 연구는 한계점에 이르러서 석실의 매장방법을 통한 고분의 타계관에 대한 연구 등이 추가적으로 이루어져야 석실의 계통과 출현배경 등 역사적 실체에 대한 접근이 가능하다.

본고에서는 우선 석실의 구조적인 특징을 통한 계통관계 연구와 구조의 변화양상을 통해 선후(편년)관계를 설정하고자 한다. 석실의 매장방법은 유체를 최종적으로 감싸는 관의 형태와 재질(목제·석제 등) 및 관의 부속구(목관)를 통해서 관의 용법을 파악한 다음에 유물의 부장 위치 및 양상을 통해 장제의 변화[6]도 검토하고자 한다. 이러한 검토를 통해 고분의 타계관에 대해서 어느 정도의 접근이 가능하리라 생각된다. 특히 관의 용법은 석실의 매장주체 성격을 파악하는 데 매우 유용하다고 생각된다. 따라서 본 연구에서는 한반도 남서부지역 횡혈식석실의 구조적인 특징과 매장방법을 통해 매장주체의 성격을 파악하고 그 역사적 출현 배경에 대해서도 살펴보고자 한다.

---

半島南部地域の九州系横穴式石室」『九州系横穴式石室の伝播と拡散』北九州中國書店, 197-217쪽 ; 홍보식, 2010, 「한반도 남부지역의 왜계 횡혈식석실」『집중해부 한국의 전방후원분』(창립 2주년기념 학술세미나), 대한문화유산연구센터, 89-126쪽 ; 東潮, 1995, 「栄山江流域と慕韓」『展望考古学』考古学研究会 ; 土生田純之, 1996, 「朝鮮半島の前方後円墳」『専修大学人文科学年報』26 ; 柳沢一男, 2001, 앞의 논문, 113-155쪽 ; 柳沢一男, 2002, 「全南地方の栄山江型横穴式石室の系譜と前方後円墳」『前方後円墳と古代日朝関係』同成社 ; 柳沢一男, 2006, 「5〜6世紀の韓半島西南部と九州」『伽耶, 洛東江에서 栄山江으로』(제12회 가야사 국제학술회의), 49-51쪽 ; 임영진, 2007, 「장고분(전방후원형고분)」『백제의 건축과 토목』, 충남역사문화연구원, 352-398쪽 ; 김낙중, 2008, 「영산강유역 초기횡혈식석실의 등장과 의미」『호남고고학보』29, 91-127쪽 ; 김낙중, 2009b, 『영산강유역 고분 연구』, 학연문화사, 165-178쪽 ; 김낙중, 2012b, 「한반도 남부와 일본열도에서 횡혈식석실묘의 수용 양상과 배경」『한국고고학보』85, 42-79쪽 ; 김낙중, 2013, 「5~6세기 남해안지역 倭系古墳의 특성과 의미」『호남고고학보』45, 157-203쪽 ; 吉井秀夫, 2010, 『古代朝鮮墳墓にみる国家形成』京都大学学術出版 ; 오동선, 2017, 「삼국시대 전남 서남부지역 왜계고분의 확산 과정과 의미」『백제학보』20, 173-212쪽 ; 崔榮柱, 2012, 『三國·古墳時代における韓日交流の考古學的研究 ─横穴式石室を中心に─』立命館大學大學院博士學位論文 ; 최영주, 2013, 앞의 논문, 213-255쪽 ; 최영주, 2017a, 「고분 부장품을 통해 본 영산강유역 마한세력의 대외교류」『백제학보』20, 38-93쪽.

6   최영주, 2014, 「百濟 横穴式石室의 埋葬方式과 位階關係」『韓國上古史學報』84, 89-94쪽.

## II. 횡혈식석실의 특징과 편년

### 1. 횡혈식석실의 현황

#### 1) 왜계 횡혈식석실

한반도 남서부지역 횡혈식석실은 왜계로 크게 북부규슈형과 히고형으로 분류된다. 각 형식의 석실들은 구조의 세부적인 차이를 보이는데 이는 규슈계 석실이 일본열도와 한반도 서남해안 연안으로 전파되는 과정에서 나타난 현상으로 전파의 계기와 방법, 전파한 곳과 받아들인 집단의 정치·사회적 관계 등여러 가지 요인에 의해 지역별로 아주 다양한 양상을 보인다[7]. 이러한 석실 구조의 차이는 재지의 공인에 의해 석실들이 축조되면서 나타난 현상으로 이해하기도 한다[8].

북부규슈형 석실 구조의 세부적인 특징을 따라 조산식, 월계동식, 장고봉식 등으로 분류되며, 히고형 석실은 영천리식이 있다[9] 조산식은 벽석 하부에 장대석(요석)+할석을 이용하고, 평면이 역제형(장방형)을 보이는 형태가 기본적인 특징이며, 세부적으로 연도와 묘도 등에서 차이를 보인다. 월계동식은 벽석 석재를 판상할석을 이용하고, 평면이 장방형을 보이면서 긴 연도를 갖추는 것이 기본적인 특징이다. 장고봉식은 벽석 상하단에 장대석+할석을 이용하고, 평면이 역제형(세장방형)을 보이는 형태이면서 긴 연도를 갖추는 것이 기본적인 특징이다. 히고형 석실인 영천리식은 현실의 평면형태가 기본적으로 방형으로

---

7   杉井 健 編, 2009,『九州系横穴式石室の伝播と拡散』北九州中國書店 ; 김낙중, 2012b, 앞의 논문, 42-79쪽 ; 2013, 앞의 논문, 157-203쪽.

8   임영진, 2007, 앞의 논문, 352-398쪽.

9   柳沢一男, 2006, 앞의 논문, 49-51쪽 ; 김낙중, 2009b, 앞의 책, 165-174쪽 ; 최영주, 2013, 앞의 논문, 232쪽.

표 6 | 남서부지역 왜계 횡혈식석실의 특징

| 형식 | | 고분 | 입지 | 분형 | 석실입지 | 현실규모 (길이·너비·높이) | 장폭비 | 목관사용 | 비고 |
|---|---|---|---|---|---|---|---|---|---|
| 북부규슈형 | 조산식 | 나주 복암리 3호분 96 | 평지 | 방대형 | 지상 | 380·240~260·260 | 1.46 | × | 옹관 - 4회 추가장 |
| | | 나주 복암리 정촌고분 | 구릉사면 | 방대형 | 지상 | 489·385·308 | 1.27 | ○ | 관못, 추가장 |
| | | 해남 조산고분 | 저평구릉 | 원형 | 지상 | 363·204·185~196 | 1.78 | ○ | 꺾쇠 |
| | | 해남 용두리고분 | 저평구릉 | 장고형 | 지상 | 343·217~238·180 | 1.44 | × | 전문도기편 |
| | | 광주 명화동고분 | 저평구릉 | 장고형 | 지상 | ?·180·? | ? | ○ | 꺾쇠 |
| | | 광주 쌍암동고분 | 평지 | 원형 | 지상 | (330)·190~220·? | ? | × | |
| | | 함평 신덕 1호분 | 저평구릉 | 장고형 | 지상 | 288~299·239·240~261 | 1.25 | ○ | 관대·목관재, 관못, 관고리 |
| | | 함평 마산리고분 | 저평구릉 | 장고형 | 지상 | 523·244~266·278 | 1.96 | | 전문도기편 |
| | | 거제 장목고분 | 구릉 | 원형 | 반지하 | 321·148~182·() | 1.76 | × | |
| | 월계동식 | 담양 성월리고분 | 평지 | 장고형 | 지상 | 410·200~240·(10~40) | 1.70 | ○ | 목관재, 관못 |
| | | 광주 월계동 1호분 | 평지 | 장고형 | 지상 | 455·300·300 | 1.52 | ○ | 상식석관,추가장(목관재, 관고리, 관못) |
| | | 광주 월계동 2호분 | 평지 | 장고형 | 지상 | 390·240~245·? | 1.59 | ○ | 목관재, 관못 |
| | 장고봉식 | 해남 장고봉고분 | 저평구릉 | 장고형 | 지상 | 460·210~240·180~190 | 1.92 | × | 주칠 |
| | | 사천 선진리고분 | | 원형 | 지면 | 540·227·(200) | 2.51 | ? | 주칠 |
| | | 고성 송학동 1B-1호 | 구릉 | 원형 | 지면 | 670·200·150 | 3.35 | ○ | 주칠, 꺾쇠 |
| | | 의령 운곡리 1호분 | | 원형 | 반지하 | 415·250·() | 1.66 | ○ | A·B 관대-관못·관고리·꺾쇠 |
| | | 의령 경산리 1호분 | 구릉 | 원형 | 지면 | 480~500·250~260·() | 1.92 | × | 석옥형석관 |
| 히고형 | 영천리식 | 장성 영천리고분 | 구릉정상 | 원형 | 지면 | 280~290·220~240·170~200 | 1.21 | × | |
| | | 화순 천덕리 회덕 3호분 | 구릉 | 원형 | 지상 | 260~310·190~210·150 | 1.23 | ○ | 주칠, 목관재, 관못, 추가장 |

벽 모서리가 호선형을 띠거나 제형에 가까운 형태이면서 문주석을 2중으로 설치하는 것이 특징이다.

2) 백제계 및 복합형 횡혈식석실

영산강유역에서는 6세기 전엽 이후 왜계 석실 이외에도 백제계와 복합형 석실이 확인된다. 백제계는 송산리식 아류인 명천동식이 확인되며, 횡혈식석실

**표 7 | 남서부지역 백제계 및 복합형 횡혈식석실의 특징**

| 고분 | 입지 | 분형·석실위치 | 현실규모<br>(길이·너비·높이) | 장폭비 | 계통 | 형식 | 목관 | 비고 |
|---|---|---|---|---|---|---|---|---|
| 강진 수양리 1호 | 구릉 | 반지하 | 283·185·(72) | 1.53 | 복합형 | 복합1형 | | |
| 장흥 송정 2호 | 충적 | 반지하 | 228·180·(36) | 1.27 | | | | 방형 |
| 장흥 송정 3호 | 충적 | 반지하 | 230·180·(51) | 1.28 | | | | 방형 |
| 장흥 송정 4호 | 충적 | 반지하 | 260·180·(48) | 1.44 | | | | |
| 장흥 송정 5호 | 충적 | 반지하 | 252·178·(18) | 1.42 | | | | |
| 장흥 송정 6호 | 충적 | 반지하 | 246·198·(38) | 1.24 | | | | 방형 |
| 장흥 갈두 II-1호 | 산록 | 반지하 | 260·141·(31) | 1.84 | | | 관못 | |
| 장흥 갈두 II-2호 | 산록 | 반지하 | (292)·130·(44) | | | | 관못 | |
| 장흥 신월리 18호 | 산록 | 반지하 | 270·126·(24) | 2.14 | | | 관못 | |
| 장흥 신월리 19호 | 산록 | 반지하 | 216·148·(72) | 1.46 | | | 관못 | |
| 장흥 신월리 23호 | 산록 | 반지하 | 232·160·(90) | 1.45 | | | 관못 | |
| 장흥 신월리 35호 | 산록 | 반지하 | 252·140·(90) | 1.80 | | | 관못 | |
| 장흥 신월리 36호 | 산록 | 반지하 | 250·125·(90) | 2.00 | | | | |
| 장흥 신월리 40호 | 산록 | 반지하 | 200·140·(52) | 1.43 | | | | |
| 영광 학정리 2호 | 구릉 | 방형·지상 | 310·170·(50) | 1.82 | | 복합2형 | | |
| 영광 학정리 3호 | 구릉 | 원형·지상 | 360·278·(100) | 1.29 | | | 꺾쇠 | 방형 |
| 영광 학정리 4호 | 구릉 | 원형·지상 | 340·180·(40) | 1.89 | | | | |
| 고창 봉덕리 1-1호 | 구릉 | 방형·지상 | 310·260·(100) | 1.19 | | | 관못 | 방형 |
| 고창 봉덕리 1-3호 | 구릉 | 방형·지상 | 270·319·(63) | 0.85 | | | 관못 | 방형 |
| 고창 봉덕리 1-5호 | 구릉 | 방형·지상 | 350·220·(182) | 1.59 | | | 관못,<br>꺾쇠 | |
| 고창 죽림리 5호 | 산록 | 원형·지상 | 290·190·() | 1.53 | | 복합3형 | | |
| 광주 각화동 1호 | 산록 | 원형·지상 | 178·130·153 | 1.37 | | 복합4형 | | |
| 광주 각화동 2호 | 산록 | 원형·지상 | 280·180·(160) | 1.56 | | | 관못 | |
| 나주 송제리고분 | 구릉 | 원형·지상 | 300·270·230 | 1.11 | 백제계 | 명천<br>동식 | | |
| 나주 복암리 3-1호 | 평지 | 방형·지상 | 290·215·(145) | 1.35 | | 횡구식 | 관못 | |
| 나주 복암리 3-2호 | 평지 | 방형·지상 | 222·220·(95) | 1.01 | | | 관못 | |
| 영암 자라봉고분 | 평지 | 장고형·지상 | 318·233·(145) | 1.36 | | | 꺾쇠 | |

은 아니지만 현실의 평면형태가 방형이면서 횡구(입구 시설)가 있는 횡구식석실도 주요 고분의 매장시설로 확인된다. 복합형 석실은 백제계와 재지계[10]가 복합된 것과 백제계와 왜계가 복합된 것이 확인된다[11]. 먼저 백제계와 재지계가 융합된 것은 현실 평면형태가 장방형이고 벽석 기단부에 대형석을 사용하고 현문에 문주석을 세우지 않은 형태로 연도가 좌우편식(복합1형)과 중앙식(복합2형)으로 나누어진다. 다음으로 백제계와 왜계가 융합된 것은 현실 평면형태가 장방형이고 벽석 기단부에 장대석을 사용하고 현문에 문주석을 세우는 형태로 연도가 좌우편식(복합3형)과 중앙식(복합4형)으로 나누어진다.

## 2. 횡혈식석실의 특징과 편년관계

앞에서 살펴본 한반도 남서부지역 횡혈식석실들의 구조적인 특징을 살펴보면서 선후(편년)관계를 설정하고자 한다. 대체로 선행연구를 통해 왜계 석실은 5세기 후엽에서 6세기 전엽 경으로 편년되고, 백제계와 복합형 석실은 6세기대 이후에 등장한 것으로 이해된다[12]. 이러한 연구 성과를 바탕으로 각 석실의 구조적인 특징과 그에 따른 변화양상을 통해 선후관계를 파악하고자 한다.

---

10  여기서 말하는 재지계라는 것은 영산강유역에서 일부 왜계적인 석실 구조를 모방하는 과정에서 나타난 특징으로 백제지역에서는 보이는 않은 것으로 영산강유역만의 특징으로 볼 수 있다. 세부적인 특징은 필자의 논문(최영주, 2013, 앞의 논문, 236쪽)을 참조하길 바란다.

11  최영주, 2013, 앞의 논문, 236쪽.

12  이러한 편년관은 대다수 연구자들의 연구 성과를 통해 인정되며, 세부적인 편년은 일부 차이를 보이기도 한다. 고분 편년에 대한 자세한 내용은 다음의 논문(김낙중, 2009b, 앞의 책 ; 서현주, 2006, 앞의 책 ; 임영진, 2007, 앞의 논문 ; 최영주 2012 · 2013, 앞의 논문)을 참고하길 바란다.

### 1) 왜계 횡혈식석실

### (1) 북부규슈형 석실

#### ① 조산식

앞에서 살펴보았듯이 북부규슈형 중 조산식은 세부적으로 세 가지 형태로 나누어진다. 첫째, 해남 조산고분(그림 13-3)·용두리고분(그림 13-4), 광주 쌍암동고분(그림 13-5)·명화동고분(그림 13-6)이 해당된다. 해남 조산고분과 용두리고분 석실은 거의 같은 형태로 현실이 역제형의 장방형, 후벽과 측벽의 구축방법 및 석재, 문지방석을 기준으로 현실과 연도의 단차가 없고, 현실 천장과 연도 천장의 높이 차가 작으며, 현실 바닥면에 판석 1매를 깔았으며 연도가 짧은 것이 공통된다. 이 고분의 석실들은 시기가 늦을수록 연도가 짧고, 문미석이 연도의 천장을 대신 사용되는 경우가 많고, 연도 천장이 없어지는 경향을 보인다. 광주 명화동고분과 쌍암동고분도 기본적으로 조산고분의 구조와 공통점이 있지만, 현실의 평면형태와 바닥면의 형태, 후벽과 측벽의 구축 방법이 새로운 것으로 보아 조산고분보다는 늦은 시기에 해당된다.

둘째, 거제 장목고분(그림 13-1)은 해남 조산고분과 기본적인 특징이 비슷하지만, 석재의 가공 상태, 문지방석을 기준으로 현실 바닥이 연도 바닥보다 낮은 점이 다르다. 거제 장목고분과 비교되는 북부규슈지역의 반츠카番塚고분 석실은 현실 바닥과 연도 바닥에 단차가 없는 특징을 보인다. 일본열도에서는 후쿠이현 와카사지역의 무코야마向山 1호분의 석실이 5세기 중엽경으로 편년되는데 현실의 바닥이 연도 바닥보다 낮은 형태로 장목고분과 같다. 인접한 쥬젠노모리十善の森고분의 후원부 석실은 현실과 연도 바닥의 단차가 없는 것이 특징으로 500년 전후에 편년되고 반츠카보다 약간 빠른 것으로 보인다[13]. 따라서 석실의 문틀식 구조에서 문주석 위에 문미석이 바로 놓여진 형태와 판석으로

---

13　高橋克壽, 2007,「韓国巨済古墳の石室と若狹の初期横穴石室」『渡来系遺物からみた古代日韓交流の考古学的研究』49-53쪽.

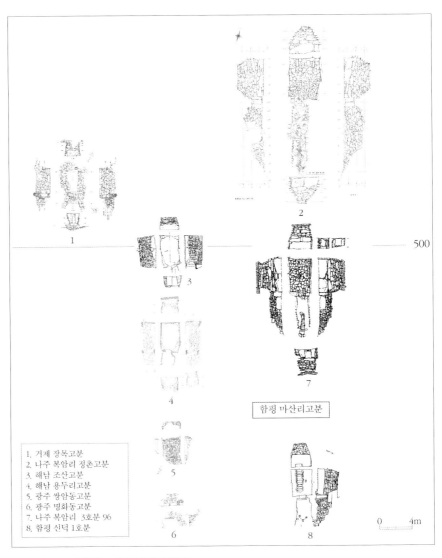

500

한평 마산리고분

1. 거제 장목고분
2. 나주 복암리 정촌고분
3. 해남 조산고분
4. 해남 용두리고분
5. 광주 쌍암동고분
6. 광주 명화동고분
7. 나주 복암리 3호분 96
8. 한평 신덕 1호분

0    4m

**그림 13** | 북부규슈형 중 조산식 석실의 변천양상

막는 현문구조를 갖는 고분의 유형은 현실과 연도 바닥의 단차가 없어지는 방향과 묘도가 발달하는 방향으로 변화한다. 이러한 석실의 구조적인 변화양상을 통해 선후관계를 보면, 무코야마 1호분 → 장목고분 → 쥬젠노모리고분 →

반츠카고분 순으로 보인다.

셋째, 나주 복암리 3호분 96석실(그림 13-7), 복암리 정촌고분(그림 13-2), 함평 신덕 1호분(그림 13-8), 함평 마산리고분 등이 해당한다. 이 석실의 특징은 해남 조산고분과 구조적으로 비슷하지만 긴 연도와 묘도가 갖추어져 있으며, 현실 천장이 연도 천장보다 2배 이상 높은 것과 현문구조를 포함한 전벽이 발달된 형태를 보인 점이 다르다. 함평 신덕 1호분은 현문구조에서 문주석만으로 설치하여 현문에 문주석과 할석으로 축조한 복암리 3호분 96석실보다는 발달된 형태를 보인다. 특히 광주 월계동 1호분에서도 같은 형태의 현문구조가 확인되고 있으며, 가장 발달된 형태로 늦은 시기에 해당된다. 함평 마산리고분도 현문구조의 발달 양상으로 고려하면 나주 복암리 3호분 96석실과 함평 신덕 1호분 사이로 편년된다. 최근에 발굴조사 된 나주 복암리 정촌고분은 복암리 3호분 96석실로 정형화되기 이전의 형태를 보이는데 석실 규모가 대형인 점과 현문구조가 덜 발달된 형태, 고분의 입지 등 특징을 통해 연대를 유추해 볼 수 있으며, 석실 내부에서 TK47형식으로 스에키게도 확인된다.

이상과 같이 조산식 석실 구조의 변화양상을 살펴보면, 첫 번째 석실의 특징은 현실의 평면형태가 역제형의 장방형에서 너비가 같은 장방형으로, 가공되지 않는 장대석과 할석에서 가공된 장대석과 할석으로, 현실 바닥은 1매의 판석을 까는 것에서 바닥에 작은 판석과 자갈을 까는 것으로 변화한다. 현문구조는 문주석만 사용하고, 문미석이 천장석 대신 사용되며 전벽이 발달하는 방향으로 변화한다. 두 번째 석실인 거제 장목고분도 앞의 석실 구조 변화 흐름 속에 있지만, 현실과 연도 바닥의 단차가 있는 것은 이른 시기의 구조로 파악된다. 세 번째 석실의 특징도 기본적으로 앞의 석실 구조 변화 흐름 속에 있으면서 구축 석재의 가공 정도, 현문구조와 전벽의 발달, 긴 연도와 묘도 등에서 늦은 시기로 편년된다. 특히 나주 복암리 정촌고분은 복암리 3호분 96석실로 정형화되기 이전 형태를 보이고 있어 이른 시기의 고분으로 추정된다. 이상으로 석실구조의 변화양상을 생각해 보면, 거제 장목고분(5세기 후엽) → 해남 조산고분(5세기 말) → 해남 용두리(6세기 초) → 광주 명화동고분·쌍암동고분(6세기 1/4분기) 순으로 상정되며, 나주 복암리 정촌고분(5세기 후엽) → 나주 복암리 3호분 96석실(5세기 말) → 함평 마산리고분(6세기 1/4분기) → 함평 신덕 1호분(6세기 전엽) 순으로 변화하는 것으로 이해할 수 있다.

### ② 월계동식

월계동식은 광주 월계동 1·2호분(그림 14-6·7)이 해당한다. 월계동 1호분은 현실 평면형태가 전후 너비가 같은 장방형, 현문구조는 문주석만 사용하고, 전벽이 발달했으며 후벽과 측벽에 판상형 할석을 사용하고 있다. 이러한 석실 구조의 특징은 조산식의 발달과정에 비교해보면 현실의 평면형태, 현문구조와 전벽의 발달 양상은 늦은 시기의 특징으로 볼 수 있다. 월계동 2호분은 기본적으로 월계동 1호분과 공통되며, 일부의 측벽 하단에 장대석을 사용한 점이 다르다. 또한 월계동 1호분은 1차장의 상식석관과 2차장의 목관이 사용되었고, 2호분은 목관이 사용되고 있다. 따라서 이 형식은 석실구조(판상형 할석→장대석 사용)와 매장방법(상식석관→목관)의 변화상으로 보면, 월계동 1호분(6세기 초~1/4분기) → 월계동 2호분(6세기 전엽)으로 변화한다.

### ③ 장고봉식

장고봉식은 네 가지 세부형식으로 나누어진다. 첫째는 해남 장고봉(그림 14-1), 사천 선진리고분(그림 14-3)이 해당한다. 해남 장고봉고분의 석실은 현실의 평면형태가 후벽이 약간 넓은 세장한 장방형이고, 현실과 연도 천장의 높이에 차이가 없으며, 후벽과 측벽의 기단부와 3단 이상에도 장대석을 이용하여 쌓는 형태가 특징이다. 현문구조는 문주석과 그 주변에 할석으로 쌓았고, 대형판석을 사용한 문주석은 좁은 면을 현실의 방향으로 세우고 넓은 면을 연도의 측벽으로 구축하고 있다. 또한 문주석이 문미석을 직접 받치지 않고 그 사이에 할석을 쌓았다. 네 벽에는 적색 안료가 도포되었다. 사천 선진리고분은 해남 장

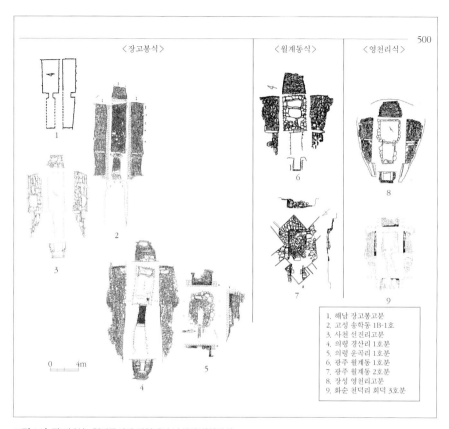

〈장고봉식〉　　〈월계동식〉　〈영천리식〉

1
2
3
4
5
6
7
8
9

0　　4m

1. 해남 장고봉고분
2. 고성 송학동 1B-1호
3. 사천 선진리고분
4. 의령 경산리 1호분
5. 의령 운곡리 1호분
6. 광주 월계동 1호분
7. 광주 월계동 2호분
8. 장성 영천리고분
9. 화순 천덕리 회덕 3호분

**그림 14** | 장고봉식·월계동식과 영천리식 석실의 변천양상

고봉과 구조적으로 거의 유사하지만, 현실 평면형태의 너비가 같은 장방형, 현문에 문주석을 세우는 방법, 문주석이 문미석을 직접 받치는 형태, 문미석 위에 천장석이 있는 것이 다르다. 따라서 두 고분의 석실은 현실의 평면형태가 후벽이 약간 넓은 세장방형에서 너비가 같은 세장방형으로, 현문구조를 포함한 전벽이 발달한 형태에서 단순화되는 형태로 변화하는 것을 통해 해남 장고봉고분 → 사천 선진리고분으로 변화하는 것으로 이해된다.

둘째는 고성 송학동 1B-1호분(그림 14-2)이다. 해남 장고봉고분과 구조적으로 유사하지만, 구축 석재는 소형 판석(판상형 할석), 후벽과 측벽의 하단부에

표 8 | 한반도 남서부지역 왜계 횡혈식석실의 선후(편년)관계

| 이름 \ 시기 | 475 | 500 | 525 | 550 | 형식 |
|---|---|---|---|---|---|
| 임영진 (2006) | 월계동1호<br>복암리3-96 | 월계동2호<br>조산 | 신덕1호 명화동<br>용두리 영천리<br>천덕리3호 | | |
| 柳沢一男 (2006) | | 조산·쌍암동·장목 신덕 영천리<br>복암리3-96 월계동<br>장고봉<br>자라봉<br>학정리 | 송제리 | | 이식형<br><br>복합형<br><br>백제계 |
| 서현주 (2007) | 월계동1호 월계동2호<br>복암리3-96 자라봉<br>영동리1호<br>영천리 쌍암동 장고봉 명화동<br>학정리3호 신덕1호<br>조산 | | | | |
| 홍보식 (2010) | | 조산 장목 쌍암동·명화동<br>복암리3-96 신덕1호<br>영천리<br>월계동1호·2호<br>장고봉 송학동<br>선진리 운곡리1호 경산리1호 | | | |
| 김낙중 (2013) | 장목 | 조산<br>복암리3-96 신덕<br>장고봉<br>월계동1호 월계동2호 | 영천리 | | 장목식<br>조산식<br>송학동-장보봉식<br>월계동식<br>영천리식 |
| 최영주 | 장목 | 정촌 복암리3-96 마산리 신덕1호<br>조산 용두리 명화동·쌍암동<br>장고봉 선진리<br>송학동<br>운곡리1호<br>경산리1호<br>월계동1호·2호<br>영천리 천덕리3호 | | | 조산식<br><br>장고봉식<br><br>월계동식<br>영천리식 |
| | | 복암리3-2호·1호 자라봉<br>수양리 신월리<br>학정리3호 봉덕리1-3호 학정리2호<br>죽림리5호 | 송제리<br>각화동2호 | | 백제계(횡구식)<br>백제계(명천동식)<br><br>복합형 |

장대석을 사용하지 않으며, 현문구조의 문미석은 천장석을 대신하여 사용하고 있기 때문에 현실과 연도의 천장 높이가 같고, 현실의 바닥은 자갈을 깔고 있으며, 네 벽은 적색 안료가 도포되어 있다.

셋째는 의령 경산리 1호분(그림 14-4)이다. 현실의 평면형태가 세장한 장방형인 점이 장고봉고분과 공통되지만 현문구조는 할석으로 쌓았고, 문주석을 세우지 않은 점이 다르다. 현실의 후벽에 석옥형석관이 있는데, 개석은 확인되지 않으며, 연도의 폐쇄는 장판석 2장을 겹쳐서 막고 있고, 연도와 묘도는 긴 편이다.

넷째는 의령 운곡리 1호분(그림 14-5)이다. 현실 네 벽이 배부른 장방형으로 네 벽은 소형판석을 쌓고 있다. 현문구조는 소형판석만을 사용하고 있기 때문에 의령 경산리 1호분 현문구조와 비슷하고, 현실 내부에는 관대 4기가 설치되어 있다.

이상과 같이 장고봉식 석실 구조의 변화양상을 살펴보면, 첫 번째인 해남 장고봉고분은 현실의 평면형태가 역제형의 세장방형, 현문구조는 문주석의 세우는 부분보다 할석으로 쌓는 부분이 많은 형태, 후벽·측벽은 3단 이상에도 장대석으로 쌓는 형태→현실의 평면형태는 너비가 같은 장방형, 현문구조는 문주석이 문미석을 직접 받치는 형태, 문미석 위에 할석을 쌓지 않는 형태(선진리고분)로 변화한다. 고성 송학동 1B-1호분도 이러한 속성의 변화 흐름 속에 있으며, 현문구조의 문미석이 천장석을 대신하여 사용되고 있기 때문에 해남 장고봉고분보다 늦은 시기로 편년된다. 의령 경산리 1호분의 현문구조와 석옥형석관, 의령 운곡리 1호분의 배부른 현실 평면형태와 긴 연도·묘도의 특징은 늦은 시기로 편년된다. 따라서 이상으로 석실구조의 변화양상을 생각해 보면, 해남 장고봉고분·고성 송학동 1B-1호분(6세기 초~1/4분기) → 사천 선진리고분(6세기 전엽) → 의령 경산리 1호분·운곡리 1호분(6세기 중엽)으로 변화한 것으로 이해된다.


(2) 히고형 석실
① 영천리식
영천리식은 장성 영천리고분(그림 14-8)과 화순 천덕리 회덕 3호분(그림 14-9)이 해당된다. 장성 영천리고분은 현실의 평면형태가 전벽 모서리 부분이 호선

형을 띤 방형이면서 네 벽은 소형판석으로 사용하고 있다. 현문구조는 문주석을 2중으로 세우고, 문지방석은 2중의 문주석 사이에 위치하며, 문미석이 천장석 대신 사용되고, 현문 폐쇄는 괴석과 할석으로 막고 있다.

화순 천덕리 회덕 3호분은 현실의 평면형태가 후벽이 좁고 전벽이 넓은 제형에 가까운 방형으로 현실 좌측 벽이 우측 벽보다 긴 형태이다. 벽석은 기본적으로 할석으로 쌓고 있으나 남서쪽 전벽은 장판석을 세우고 있다. 네 벽에 적색 안료의 흔적이 확인된다. 현문은 문주석이 2중으로 이루어져 있으며 현문 천장석은 문미석 역할을 하고 있다. 문주석에도 적색 안료의 흔적이 확인된다. 연도는 팔八자형으로 벌어진 형태를 띠고 있다.

두 고분의 석실은 현실의 평면형태가 호선형을 띠는 방형에서 제형에 가까운 방형으로 변화하는데, 평면형태의 정형성이 떨어지는 형태로 변화되는 것으로 보이며, 벽석은 소형판석에서 일부 벽석에 장판석을 사용하는 형태로 변화되는 것으로 이해된다. 이러한 석실 구조의 변화양상을 통해 장성 영천리고분(6세기 1/4분기) → 화순 천덕리 회덕 3호분(6세기 전엽)으로 변화하는 것으로 이해된다.

### 2) 백제계 횡혈식석실

백제계 석실은 송산리식 석실의 아류인 명천동식으로 나주 송제리고분(그림 15-9)이 해당한다. 고분의 석실은 송산리식 석실의 구조와 거의 공통되지만, 천장부의 형태가 다르며, 고분이 구릉 상에 입지하고 석실이 지상에 위치하는 점은 영산강유역의 토착적인 고분의 특징을 따르고 있다. 따라서 고분의 구조는 백제계이지만 고분의 입지와 석실의 위치는 영산강유역의 고분 전통을 따르고 있어 시기적으로 6세기 중엽경에 해당한다고 생각된다.

다음으로는 주요 고분의 매장주체시설로 확인된 횡구식석실에 대해서도 살펴보고자 한다. 횡구식석실은 나주 복암리 3호분 1·2호(그림 15-7), 영암 자라봉고분(그림 15-8) 등이 해당한다. 백제지역에서는 공주 분강저석리 12~14호,

원주 법천리 4호분이 같은 형식으로 선행하는 석실에 해당한다. 기본적인 특징은 현실은 방형이고, 할석을 이용하여 구축했으며, 현실 바닥면은 소형판석을 깔았다. 석실의 연도는 없고 작은 구멍(횡구)의 출입시설이 있는 것으로 판단된다. 이러한 횡구식석실은 시간이 지날수록 현실의 규모가 커지면서 현실 폭에 비해 길이가 길어지는 경향을 보이는 것이 특징이다. 이러한 변화양상으로 보아 영암 자라봉고분[14]은 나주 복암리 3호분 1·2호 석실보다는 시기가 늦은 것으로 생각된다. 따라서 이 석실 구조의 변화양상은 나주 복암리 3호분 2호·1호(6세기 1/4분기) → 영암 자라봉고분(6세기 전엽)으로 변화하는 것으로 생각된다.

### 3) 복합형 횡혈식석실

복합형 석실들은 백제계와 재지계가 복합된 것과 백제계와 왜계가 복합된 것이다. 먼저 백제계와 재지계가 복합된 것은 현실 평면형태가 장방형이고 벽석 기단부에 대형석을 사용하고 현문에 문주석을 세우지 않은 형태로 연도가 좌우편식(복합1형)과 중앙식(복합2형)으로 나누어진다. 복합1형은 강진 수양리 1호분, 장흥 송정 2~6호, 장흥 갈두 Ⅱ-1·2호, 장흥 신월리 18·19·23·35·36·40호 등이 해당한다. 강진 수양리 1호분(그림 15-1)은 구릉에 입지하고 반지하식으로 현문의 우측에 문주석과 같은 대형괴석을 세우고 있다. 장흥 송정 고분은 충적지에 입지하고 반지하식으로 현문의 특징은 강진 수양리 1호와 공통된다. 장흥 갈두와 신월리 고분은 산록에 입지하고 분형은 원형으로 추정되며, 반지하식이다. 신월리고분(그림 15-2)은 현문의 특징이 강진 수양리 1호와 공통되며, 현실의 장축이 길어진다. 석실 구조가 복합형이고, 석실 내에서 개배류가 출토된 강진 수양리 1호, 장흥 송정 5·6호 석실은 6세기 전엽으로 편

---

14  영암 자라봉고분은 장고형의 분형을 가진 왜계고분이다. 선행 연구에서는 이 고분을 수혈식 석곽으로 이해되어 왔지만, 최근 발굴성과를 통해 백제계 횡구식석실로 보고 있다.

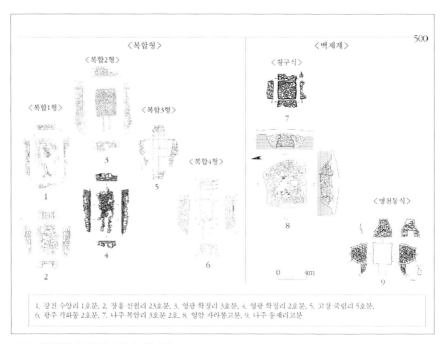

**그림 15 |** 복합형과 백제계 석실의 변천양상

년된다. 석실의 현실 너비가 좁아지고 연도가 간략화 되는 구조를 보이면서 석실 내에서 평저단경호가 출토된 장흥 갈두 II-1·2호, 송정 2·3호, 신월리 19·23호는 6세기 중엽으로 편년된다.

복합2형은 영광 학정리 2~4호(그림 15-3·4), 고창 봉덕리 1호분 1·3·5호 등이 해당한다. 영광 학정리 2~4호는 구릉의 능선 상에 입지하고, 분형은 원형과 방형으로 지상에 위치한다. 현실 평면형태는 기본적으로 장방형이지만, 3호분은 장축이 긴 방형이다. 현실의 규모는 크고, 연도는 중앙식으로 현문의 양측에 문주석과 같은 대형괴석을 세우고 있으며, 연도의 측벽에는 소형판석을 세워서 쌓고 있다. 후벽과 측벽의 기저부에는 대형괴석과 할석을 세운 다음 그 위에 할석을 쌓고 있다. 고창 봉덕리 1호분은 낮은 구릉에 입지하고 분형은 장방형으로 지상에 위치한다. 1호와 3호 석실의 현실 평면형태는 방형으로 1호는 연도 바닥이 현실 바닥보다 높게 형성되었다. 3호는 연도가 경사져 있으며 현문에 문지방석이 세장한 판석 1매로 축조된 특징으로 북부규슈계 석실의 영향을 받은 것으로 생각된다. 5호는 장방형으로 현실의 모서리부분이 둥근 형태로 공주 수촌리고분군과 익산 입점리 86-7호분과 유사하다. 후벽과 측벽의 기부에 대형괴석과 할석을 세우고 그 위에 할석을 쌓고 있다.

영광 학정리 3호분은 현실의 평면형태, 네 벽의 구축기술, 출토유물로 보면, 6세기 초~1/4분기로 편년되며, 4호분은 6세기 1/4분기, 2호분은 6세기 전엽 무렵에 해당한다. 고창 봉덕리 1호분의 층서관계를 보면, 5호→4호·1호→3호·2호 순으로 축조된 것으로 보인다[15]. 따라서 고창 봉덕리 1호분 1호는 연도 바닥이 현실 바닥보다 높게 형성되고 평면형태가 방형인 점과 출토유물로 보면 6세기 1/4분기로 편년되며, 3호는 현문에 문지방석이 있으며, 방형의 평면형태와 출토유물로 보면 6세기 전엽경으로 편년된다. 5호는 가장 먼저 축조된 것으로 현실 앞벽 모서리 부분이 둥근 형태인데, 이는 공주 수촌리고분군의 영향을 받은 것으로 보이며, 출토유물로 볼 때 5세기 후엽경에 해당하고, 익산 입점리 86-7호 석실에 영향을 준 것으로 보인다.

다음으로 백제계와 왜계가 복합된 것은 현실 평면형태가 장방형이고 벽석 기단부에 장대석을 사용하고 현문에 문주석을 세우는 형태로 연도가 좌우편식(복합3형)과 중앙식(복합4형)으로 나누어진다. 복합3형은 고창 죽림리 5호분(그림 15-5)이 해당한다. 고분은 산록에 입지하고 분형은 원형이고 지상에 위치한다. 현실 평면은 장방형으로 후벽과 측벽의 기부에 장대석을 놓고 그 위에 할석을 쌓고 있다. 연도는 좌편식으로 현문의 오른쪽 문주석이 세워져 있으며 현실 천장의 높이가 연도보다 높다. 이 고분은 현문 문주석의 특징과 네 벽의 구축기술·석재, 입지 등의 특징으로 보면 6세기 1/4 분기로 편년된다.

---

15  마한백제문화연구소, 2012, 『고창 봉덕리 1호분』.

복합4형은 광주 각화동 1·2호분(그림 15-6) 등이 해당한다. 이 고분은 산록에 입지하고 분형은 원형으로 지상에 위치한다. 2호분은 후벽과 측벽에 장대석을 세우고 그 위에 할석을 쌓고 있다. 이 고분의 특징은 연도가 중앙식으로 현문에 문주석을 양측에 세우고 그 문주석 위에 3~5단의 긴 할석을 뉘어서 쌓은 다음 그 위에 문미석을 놓고 있다. 연도 바닥은 현실의 바닥보다 높게 형성되었다. 1호분은 2호분과 거의 같은 구조이다. 이 고분의 현문 구조와 벽체의 구축기술은 북부규슈계 석실과 거의 공통되지만 세부적으로는 다르다. 각화동 2호분의 현문구조 특징은 조산식과 공통되지만, 세부적인 특징으로 보면 더 늦은 시기로 보인다. 따라서 각화동 1·2호분은 석실 구조의 특징과 출토유물로 보아 6세기 전·중엽에 해당한다.

# Ⅲ. 횡혈식석실의 매장방법

## 1. 매장방법

횡혈식석실의 매장방법은 고분의 분형과 석실 구조보다는 매장주체의 신분을 알 수 있는 자료이다. 특히 관의 용법, 유물의 부장양상, 매장인원수의 변화 등 세 가지 요소를 통해 장제의 특성을 파악할 수 있다. 우선 석실 내부에서 시신을 안치할 때 목관을 사용하는지, 석관을 사용하는지, 관을 사용하지 않는지에 대한 것을 검토하고자 한다.

석관은 북부규슈지역의 대표적인 특징으로 「열린 관」[16]의 특징을 나타내는 것으로, 피장자가 중북부규슈지역의 사람일 가능성이 높다. 광주 월계동 1호분(그림 16-1)은 후벽 쪽에 장축과 직교하여 상식석관이 있으며, 개석은 확인되지 않는다. 이것은 1차장에 해당하고, 2차장은 은을 입힌 관못과 관고리가 확인되어 목관이 사용되고 있다. 이러한 매장의례는 백제화가 되어가는 것을 단적으로 보여주고 있다. 의령 경산리 1호분(그림 16-2)에서도 광주 월계동 1호분처럼 후벽에 석옥형석관이 놓여져 있으며 개석은 없고 5장의 판석을 조립하여 만든 것으로 전면 판석 높이가 낮은 형태로 출입시설로 추정된다. 따라서 광주 월계동 1호분과 의령 경산리 1호분에서만 중북부규슈지역의 횡혈식석실의 특징인 「열린 관」[17](그림 16-3·4)의 장제가 확인되고 있다.

옹관은 나주 복암리 3호분 96석실에서 4기의 옹관이 안치되어 있어 3회의 추가장이 행해졌다. 옹관은 마한 묘제를 대표한 것으로 피장자는 마한과 깊은

---

16    和田晴吾, 2003, 「棺と古墳祭祀 -『閉ざされた棺』と『開かれた棺』-」,『立命館大学考古学論集』Ⅲ, 713-725쪽.

17    이러한 「열린 관」은 관의 내부 공간이 현실 공간으로 열려 연결되는 '관과 실의 일체화'가 특징이다. 그곳에서 유체는 관내에 밀봉되지 않고, 현실 공간을 자유자재로 부유할 수 있다고 추정되며, 전체 공간은 현실 입구부의 판석에 의해서만 폐쇄된다(和田晴吾, 2003, 앞의 논문).

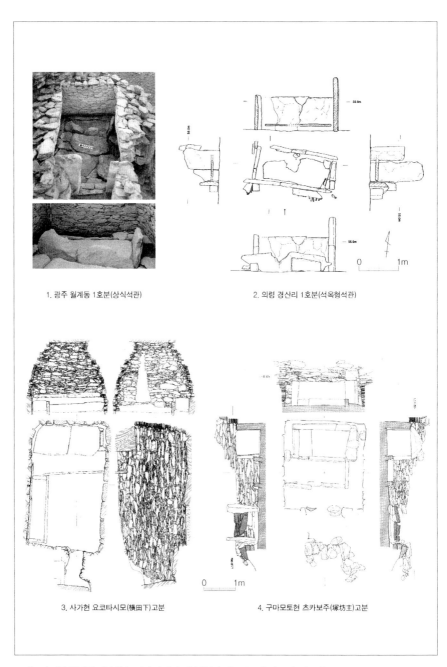

1. 광주 월계동 1호분(상식석관)　　　2. 의령 경산리 1호분(석옥형석관)

3. 사가현 요코타시모(橫田下)고분　　　4. 구마모토현 츠카보주(塚坊主)고분

**그림 16 |** 광주 월계동 1호분(1) · 의령 경산리 1호분(2)과 일본열도의 비교 자료(3 · 4)

관계가 있는 사람이라고 생각된다. 이러한 복암리집단이 횡혈식석실을 도입하는 데에도 불구하고 옹관을 사용하고 있는 것은 재지적인 색채를 나타낸 것으로 생각된다.

목관은 목관재, 관못, 꺾쇠, 관고리 등의 결합도구와 장식용 금구 등으로 확인된다. 관못과 꺾쇠는 판재를 고정시키는 것이고, 관고리는 관을 들어 나르는 데 필요한 도구이다[18]. 석실 내부에서 목관의 사용 여부는 매장의례에 관련된 행위를 결정하는 중요한 요소이다. 목관은 시신을 보호하는 1차적인 기능과 시신이 밖으로 나오는 것을 방지하는 의미(벽사)를 가지고 있다.

목관의 관재가 확인된 신덕 1호분은 관대가 전벽의 좌측에 있으며, 월계동 1호분 2차장과 2호분은 목관을 사용했으며, 화순 천덕리 회덕 3호분에서는 주칠된 목관편이 확인된다. 나주 복암리 정촌고분에서도 남측 벽 사이에서 목관재가 확인되었다. 관못은 함평 신덕 1호분, 담양 성월리고분, 월계동 1호분·2호분, 나주 복암리 정촌고분, 화순 천덕리 회덕 3호분, 의령 운곡리 1호분, 나주 복암리 3호분 1호·2호, 고창 봉덕리 1호분 1호·3호·5호, 광주 운림동 1호, 장흥 갈두 Ⅱ-1호·2호, 장흥 신월리 18호·19호·23호·35호, 광주 각화동 2호분에서 출토되었다. 관고리는 함평 신덕 1호분, 광주 월계동 1호분·2호분, 담양 성월리고분, 의령 운곡리 1호분에서 확인된다. 목관의 관재, 관못, 관고리가 확인되는 경우는 목관이 사용된 것이 확실하며, 특히 관고리는 관을 「들어 나르는」[19] 데에 사용된 것으로 생각된다.

꺾쇠는 해남 조산, 광주 명화동, 고성 송학동 1B-1호, 의령 운곡리 1호분, 영

---

18  관고리의 유무를 통해 「들어 나르는 관」으로 단정하기는 어렵다. 일본열도에서도 6세기 말 이후 목관이 가벼워지면서 들어 나르는 것이 가능했을 것으로 추정된다. 하지만 백제의 경우, 무령왕릉부터 관고리가 확인되는데 사비기 이후부터는 대체로 목관이 가벼운 것을 채용하고 있어서 「들어 나르는 관」이라는 매장방법이 성행했을 것으로 생각된다. 관고리 중 직경이 작은 것은 고리에 포목을 끼워 넣어 운반했을 것으로 추정된다(崔榮柱, 2012, 앞의 논문).

19  和田晴吾, 1995, 「棺と古墳祭祀 -『据えつける棺』と『持ちはこぶ棺』-」, 『立命館文学』第542号, 立命館大学人文学会, 499-504쪽.

광 학정리 3호분, 고창 봉덕리 1호분 5호에서 확인된다. 운곡리 1호분은 3회의 추가장이 행해졌지만, A · B 관대에서만 관못 · 관고리 · 꺾쇠가 확인된다. 하지만 다른 석실은 꺾쇠만 확인되고 있어 관못과 관고리가 출토되는 석실과 다른 형태로서의 목재를 결합하는 도구라고 생각된다.

그밖에 관을 사용하지 않은 석실은 거제 장목고분, 광주 쌍암동고분, 해남 용두리고분, 해남 장고봉고분, 장성 영천리고분 등이 있다. 거제 장목고분은 목관보다 상식석관을 사용할 가능성이 있지만, 시신을 그대로 안치한 것으로 보인다. 해남 용두리고분은 조산식으로 목관을 사용했을 것으로 추정된다. 이외의 고분에서는 관의 용법에 대해서 명확하지 않다.

이상 관의 용법으로 보면, 석관(상식 · 석옥형)은 중북부규슈계, 옹관은 마한계, 목관은 백제계와 관련된다. 중북부규슈계의 석실 내부에서 백제계의 목관이 많이 사용된 것은 백제와의 관계가 강했을 것이라고 생각된다. 특히 광주 월계동 1호분의 1차장은 상식석관, 2차장은 목관을 사용하는 것은 매장방식의 변화를 의미한다. 이러한 석실의 구조적인 측면은 중북부규슈계의 영향이 보이지만, 유체를 매장하는 용법은 백제화가 되고 있는 것을 보여주고 있다. 6세기 전엽 이후에는 백제계 석실이 많아지고, 구조적으로도 백제계의 영향을 강하게 받은 석실이 주로 확인된다. 이러한 과정이야말로 남서부지역이 백제의 직접지배를 받는 과정이라고 추론할 수 있다.


## 2. 부장양상

횡혈식석실에서 유물 부장은 대부분 현실에서 이루어진다. 그 중에서도 연도의 부장행위가 일부 확인되며, 매장주체부 이외에서는 분구나 주구에도 매장의례가 행해지고 있다. 현실에서는 기본적으로 장신구류, 토기류, 무기류, 마구류, 농공구류, 목관 부속구류 등이 다량으로 출토되고 있어 피장자의 성격과 고분의 편년을 추정하는 데 매우 용이하다.

연도에서 부장행위가 확인된 나주 복암리 3호분 96석실은 현실의 입구부에 기대의 대각 1점이 양측에 놓여져 있고, 복암리 정촌고분은 연도와 묘도에서 훼기된 심발과 단경호가 확인되고 있다. 함평 신덕 1호분에서도 개배 56점, 고배 3점, 생선뼈가 있는 옹, 기둥 구멍 등이 확인되어 연도에서 장송의례 행위가 행해진 것으로 추정된다. 장성 영천리고분은 현문의 주변과 연도의 폐쇄석의 사이에서 배, 기대편이 출토되고 있어 제의행위가 행해졌음을 알 수 있다. 거제 장목고분은 연도의 측벽에 철모를 꽂아 놓은 행위가 확인되는데 이러한 장송의례는 북부규슈지역의 반즈카고분과 세키교마루關行丸고분에서도 확인되고 있어 유사한 양상이라고 생각된다. 의령 운곡리 1호분은 현문 근처 현실의 내측에서 개와 완이 출토되고 있으며, 의령 경산리 1호분에서도 현문 근처에서 단경호 1점이 구연부와 동체부로 2개체로 깨져서 놓여져 있다. 화순 천덕리 회덕 3호분에서는 연도와 묘도에 와형토제품이 훼기된 상태로 확인되고 있다. 6세기 중엽 이후에도 복암리고분군에서는 연도에서 지속적으로 장송의례가 행해졌다[20].

분구에서는 광주 월계동 1호분·2호분, 광주 명화동고분, 거제 장목고분, 해남 용두리고분, 영암 자라봉고분 등이 있다. 광주 월계동 1호분은 전방부의 정상에 토광묘가 있는데 개와 발이 출토되고 있으며, 주구에서는 분주물(토기·

---

20  나주 복암리 1호분은 전실의 현문 앞, 즉 연도의 내측에서 녹유탁잔, 대호, 유개소호 등이 대량으로 출토되며, 복암리 3호분 7호 석실의 현문 앞에서는 1·2차장으로 사용된 병형토기와 장란형토기가 놓여져 있고, 6호 석실에서도 직구소호와 개 등이 출토된다. 이러한 것은 장송의례의 장소가 현실에서 연도로 변화하고 있다. 연도에 그러한 공양을 위한 토기를 놓아두는 것은 초기의 대형석실 단계에서 복암리 3호분의 늦은 단계의 6호와 7호 석실에까지 보인다. 즉 연도에서의 장송의례는 지속적인 전통인 것이다. 참고로 6호와 7호의 석실처럼 묘도가 발달한 것도 연도 제사 전통과 관계된 것이라고 생각된다(김낙중, 2010a, 「부장품으로 살펴본 영산강유역 전방후원형고분의 성격」, 『집중해부 한국의 전방후원분』(창립 2주년기념 학술세미나), 대한문화유산연구센터, 127-150쪽 ; 崔榮柱, 2012, 앞의 논문, 138쪽).

목기)이 다수 출토되었는데 분구에 수립된 것으로 보인다. 명화동고분에서도 분구에 수립된 분주토기가 확인된다. 거제 장목고분은 석실의 후벽 측의 분구에 대호가 깨져서 확인되는데 장례행위라고 생각된다. 이외에 기대, 분주토기, 대도 등이 출토되었다. 해남 용두리고분은 석실 내부에서 대량의 토기편이 확인되는데 이것은 석실이 붕괴되면서 석실 내부로 흘러들어간 것으로, 분구 정상부에서 제사가 행해진 것으로 보인다. 영암 자라봉고분에서도 많은 양의 분주토기가 확인된다.

주구에서는 의령 운곡리 1호분, 나주 복암리 3호분 96석실, 광주 월계동 1호분·2호분, 광주 명화동, 영암 자라봉고분, 고성 송학동 1B-1호분 등에서 출토되었다. 운곡리 1호분의 북측 주구에는 장경호, 단경호, 대옹 등이 출토되었다. 나주 복암리 3호분 96석실은 석실을 조성할 때 만들어진 주구에서는 개배, 직구호, 양이부직구호, 대부완 등이 출토되었다. 광주 월계동 1호분에서는 석실의 입구부의 육교 주변과 좌우측 허리부분, 전방부의 앞부분에서 대호, 기대, 개배, 고배, 단경호, 병, 분주토기, 분주목기 등이 대량으로 출토되었다. 광주 명화동고분에서는 주구에서 분주토기편이 주로 출토되어 분구 상에 세워진 것이라고 생각된다. 영암 자라봉고분의 주구에서도 개배·호류, 분주토기·분주목기 등이 출토된다. 그 중에서 북서쪽 주구에서 개형 분주목기가 2개체가 확인되었고 그 주변에서 봉형목기·양날목기 등도 종류별로 2개체가 확인되었다[21]. 특히 영암 자라봉고분의 개형 분주목기는 2점씩 상면이 맞물려 자루에 끼워진 채로 2개체가 확인되었는데 광주 월계동 1호분의 개형 분주목기도 이와 비슷한 형태이다[22]. 고성 송학동 1B-1호분에서는 잠형주구에서 분주토기가 출토되었다. 주구에서 완형의 토기는 확인되지 않고 깨진 채로 발견된 경우가 많은데, 이것은 매장의례과정 속에서 토기의 구연부나 기대, 동체부를 깨서

---

21    대한문화재연구원, 2015, 『영암 태간리 자라봉고분』.
22    최영주, 2017a, 앞의 논문, 64쪽.

버리는 행위라고 추정할 수 있다. 이러한 점은 사자를 보내면서 상주 또는 친족 등이 음식을 제공하는 의례행위라고 생각된다.

이러한 한반도에서 연도의 장송의례, 기물의 안치는 이전까지 보이지 않던 현상으로 이 시기부터 이러한 장례행위가 행해진 것으로 보이며, 일본열도의 경우는 스에키를 내부에 부장하는 사상을 기본으로 한 새로운 장송의례의 채용이 석실의 도입에 비해서 늦다고 생각된다[23]. 반즈카고분에서 이상과 같은 장송의례의 변화는 사상체계의 변화와 함께 한반도의 장제를 본격적으로 받아들이는 획기[24]가 되는 것으로 생각된다.


## 3. 매장 인원수

백제지역 횡혈식석실의 매장인원수는 3인 이상 → 2인(부부) → 1인으로 변화하며, 웅진기에는 2인병렬장이 많으며, 사비기는 단장 일색이다[25]. 2인병렬장은 현실 너비 130㎝ 이상에서 확인되며 2인병렬장의 한계선이다[26]. 이러한 연구 성과를 바탕으로 석실의 매장인원수를 파악하고자 한다.

나주 복암리 3호분 96석실에서 옹관을 이용해서 3회의 추가장이 행해졌고, 8인이 매장되었다. 복암리 정촌고분은 관대와 관못, 유물의 부장양상을 통해 목관 3기가 놓여진 것으로 확인되어 3인 이상이 매장된 것으로 생각된다. 의령 운곡리 1호분은 관대 4개가 있어 4인, 광주 각화동 2호분은 현실의 폐쇄방법으로 보아 추가장이 행해졌으며, 광주 월계동 1호분도 추가장이 이루어졌고, 의

---

23    土生田純之, 1985, 「古墳出土の須惠器(一)」 『末永先生米壽記念献呈論文集』.
24    김낙중, 2009b, 앞의 책, 220쪽.
25    吉井秀夫, 1997, 앞의 논문, 187-202쪽.
26    최영주, 2013, 앞의 논문, 226·227쪽 ; 2014, 앞의 논문, 89쪽.

령 경산리 1호분도 추가장으로 2인을 매장한 것으로 추정된다. 담양 성월리고분에서는 관못과 유물의 부장양상을 통해 3인 이상, 화순 천덕리 회덕 3호분에서도 관대와 관못, 유물의 부장양상을 통해 4인 이상이 매장된 것으로 보인다. 함평 신덕 1호분은 관대가 1개로 1인을 매장한 것으로 추정되며, 다른 대부분 석실은 단장으로 추정된다.

# IV. 횡혈식석실의 매장주체와 출현 배경

## 1. 매장주체

이상으로 살펴본 석실의 구조와 매장방법을 통해 해당고분의 매장주체에 대해서 알아보고자 한다. 이 분석의 결과를 통해 매장주체를 파악하는데 가장 먼저 생각해야 하는 것은 유체를 담는 시설인 관의 용법과 유무이다. 이는 곧 고분의 타계관을 엿볼 수 있는 자료로서 고분 피장자의 성격과 배경을 이해하는 데 매우 중요하다.

유체를 최종적으로 매장하는 관의 성격과 매장 절차에 따라 장제의 성격과 타계관에서도 많은 차이를 보인다. 예를 들어 옹관과 목관, 석관(개석 있음)은 「가두는 관」으로 유체는 관으로 밀봉되어 현실 내에서 부유할 수 있는 공간이 아니라 장송의례가 끝나고 연도가 폐쇄된 후 무기적인 공간이 된다. 반대로 석옥형석관과 상식석관(개석 없음)은 「열린 관」으로 유체가 관내에 밀봉되지 않고, 현실 내에서 자유자재로 부유할 수 있는 공간으로 장송의례가 끝난 이후에도 유기적인 공간이 된다[27]. 관이 무겁고 운반하기 어려운 「설치된 관」은 석관과 옹관에 해당하고, 관이 가볍고 운반하기 쉬운 「들어 나르는 관」은 목관에 해당한다. 「설치된 관」은 매장의례의 중심이 되는 납관 및 매납 의례는 분구에서 이루어지지만, 「들어 나르는 관」의 납관 의례는 고분과는 다른 장소에서 행해진 모가리[28] 의례로 성행하게 되고 매납 의례가 쇠퇴하게 된다[29].

---

27   和田晴吾, 2003, 앞의 논문, 713-725쪽.
28   모가리(殯)는 시체를 매장하기 전에 관에 넣어서 잠시 동안 빈소에 안치하던 행위나 의식을 말한다.
29   和田晴吾, 1995, 앞의 논문, 499-504쪽.

먼저 거제 장목고분은 석실 내부에 관이 확인되지 않고 있으며, 현실·연도·분구에 유물을 부장하고 있다. 연도 측벽에 철모를 꽂아 놓은 행위와 석실 후벽쪽에 대호를 깨서 버리는 행위는 장송의례 중에 행해진 것이다. 특히 연도 측벽에 철모를 꽂아 놓은 행위는 일본열도의 부젠豊前지역의 반즈카고분과 유사하다. 그리고 분구에 분주토기를 세운 점은 고성 송학동 1B-1호분에도 확인되어 서부 경남지역에서 현지화된 분주토기를 세운 것으로 보인다. 이러한 조산식의 석실 구조와 장송의례의 행위는 북부규슈지역에서 영향을 받은 것은 인정되지만, 유체를 최종적으로 담는 「열린 관」은 확인되지 않은 점과 일부에서 재지적인 측면도 확인되고 있어 매장주체는 재지계에 가깝다고 생각된다.

나주 복암리 3호분 96석실의 내부에서는 옹관이 확인되었는데, 「가두는 관」이면서 「설치된 관」의 성격을 보이고 있고, 유물 부장은 현실과 연도, 주구에서 이루어졌으며, 옹관에 8인이 매장되었다. 이 고분은 조산식으로 북부규슈지역의 영향도 확인되지만, 옹관이라는 토착세력의 전통과 연도와 주구에서 유물의 부장 행위, 다장 풍습을 통해 고분의 매장주체는 재지계로 생각된다. 나주 복암리 정촌고분은 목관으로 「가두는 관」의 성격[30]을 보인다. 유물 부장은 현실과 연도에서 이루어졌으며, 관대와 목관으로 보아 3인이 매장되었다. 따라서 이 고분은 조산식으로 북부규슈지역의 영향도 있지만, 목관과 관대의 사용, 현실과 연도에서 유물의 부장 행위, 다장 풍습 등을 통해 고분의 매장주체는 재지계로 생각된다.

함평 신덕 1호분은 장고형으로 잠형주구와 단축에 즙석이 있어 왜계의 특징을 보인다. 석실 내부에서는 목관이 확인되며, 「가두는 관」의 성격을 보인다.

---

30  여기서 목관은 「설치된 관」인지, 「들어 나르는 관」인지 구분하기는 어렵다. 관고리의 존재나 관의 무게를 통해 유추해 볼 수 있겠지만 확인이 어렵다. 「들어 나르는 관」은 무령왕릉 이후에 일반화된 장제로 보이기 때문에(최영주, 2012, 앞의 논문 ; 2014, 앞의 논문, 91쪽), 대부분 이 시기(웅진기)의 목관은 「설치된 관」의 성격을 보인다고 생각된다.

**표 9 |** 한반도 남서부지역 횡혈식석실의 매장주체

| 고분 | 분구 | 계통 | | 관 | | | | 부장양상 | | | | 인원수 | 매장 주체 |
|---|---|---|---|---|---|---|---|---|---|---|---|---|---|
| | | | | 석관 | 옹관 | 목관 | 무 | 현실 | 연도 | 분구 | 주구 | | |
| 거제 장목고분 | 원형 | 북부큐슈형 | 조산식 | | | | ○ | ○ | ○ | ○ | | 1인 | 재지계 |
| 해남 조산고분 | 원형 | | | | | ○ | | ○ | | | | | 재지계 |
| 해남 용두리고분 | 장고형 | | | | | ○ | | ○ | ○ | | | | 재지계 |
| 광주 쌍암동고분 | 원형 | | | | | ○ | | ○ | | | | | 재지계 |
| 광주 명화동고분 | 장고형 | | | | | ○ | | ○ | | ○ | ○ | | 재지계 |
| 나주 복암리 3호분 96 | 방대형 | | | | ○ | | | ○ | ○ | | ○ | 8인 | 재지계 |
| 나주 복암리 정촌고분 | 방대형 | | | | | ○ | | ○ | ○ | | | 3인 | 재지계 |
| 함평 신덕 1호분 | 장고형 | | | | | ○ | | ○ | ○ | | | 1인 | 재지계 |
| 해남 장고봉고분 | 장고형 | | 장고봉식 | | | | ? | ○ | | | | | 재지계 |
| 사천 선진리고분 | 원형 | | | | | ? | | ? | | | | | 재지계 |
| 고성 송학동 1B-1호 | 원형 | 북부큐슈형 | 장고봉식 | | | ○ | | ○ | | | ○ | | 재지계 |
| 의령 경산리 1호분 | 원형 | | | ○ | | | | ○ | ○ | | | 2인 | 왜계: 1차장 |
| 의령 운곡리 1호분 | 원형 | | | | | ○ | | ○ | | | ○ | 4인 | 재지계 |
| 광주 월계동 1호분 | 장고형 | | 월계동식 | ○ | | | | ○ | ○ | ○ | ○ | 2인 | 왜계: 1차장 |
| 광주 월계동 2호분 | 장고형 | | | | | ○ | | ○ | ○ | | ○ | | 재지화 |
| 장성 영천리고분 | 원형 | 히고형 | 영천리식 | | | | ○ | ○ | | | | | 재지계 |
| 화순 천덕리 회덕 3호분 | 원형 | | | | | ○ | | ○ | | | | 4인 | 재지계 |
| 나주 복암리 3-1호 | 방대형 | 백제계 | | | | ○ | | ○ | | | | | 백제계 |
| 나주 복암리 3-2호 | 방대형 | | | | | ○ | | ○ | | | | 2인 | |
| 영암 자라봉고분 | 장고형 | | | | | ○ | | ○ | | | | | |
| 나주 송제리고분 | 원형 | | | | | ? | | ? | | | | | |
| 강진 수양리 1호분 | | 복합형 | | | | | | ○ | | | | | 재지계 |
| 장흥 송정 5호분 | | | | | | | | ○ | | | | | |
| 장흥 송정 6호분 | | | | | | | | ○ | | | | | |
| 장흥 갈두 II-1호분 | | | | | | ○ | | ○ | | | | | |
| 장흥 갈두 II-2호분 | | | | | | ○ | | ○ | | | | | |
| 장흥 신월리 18호분 | | | | | | ○ | | ○ | | | | | |
| 장흥 신월리 19호분 | | | | | | ○ | | ○ | | | | | |
| 장흥 신월리 23호분 | | | | | | ○ | | ○ | | | | | |

| 고분 | 분구 | 계통 | 관 | | | | 부장양상 | | | | 인원수 | 매장주체 |
|---|---|---|---|---|---|---|---|---|---|---|---|---|
| | | | 석관 | 옹관 | 목관 | 무 | 현실 | 연도 | 분구 | 주구 | | |
| 장흥 신월리 35호분 | | 복합형 | | | ○ | | ○ | | | | | 재지계 |
| 고창 죽림리 5호분 | 원형 | | | | ? | | ○ | | | | | |
| 영광 학정리 2호분 | 방형 | | | | | | ○ | | | | | |
| 영광 학정리 3호분 | 원형 | | | | ○ | | ○ | | | | | |
| 영광 학정리 4호분 | 원형 | | | | | | ○ | | | | | |
| 고창 봉덕리 1-1호 | 장방형 | | | | ○ | | ○ | | | | | |
| 고창 봉덕리 1-3호 | 장방형 | | | | ○ | | ○ | | | | | |
| 고창 봉덕리 1-5호 | 장방형 | | | | ○ | | ○ | | | | | |
| 광주 각화동 1호분 | 원형 | | | | ? | | ○ | | | | | |
| 광주 각화동 2호분 | 원형 | | | | ○ | | ○ | | | | 2인 | |

유물 부장은 현실과 연도에서 이루어졌으며, 재지계와 백제계의 토기, 왜계의 꼰고리 장식대도와 마구·무구 등이 출토된다. 1호분 인근에 원분인 2호분이 있는데 전형적인 능산리형 석실에 해당한다. 따라서 이 고분은 조산식으로 북부규슈지역의 영향도 있지만 목관과 관대의 사용, 현실과 연도에서 유물의 부장 행위, 2세대에 걸친 고분 축조 등을 통해 고분의 매장주체는 재지계에 가깝다고 생각된다.

해남 조산고분과 용두리고분(장고형)은 목관이 사용되었는데, 「가두는 관」의 성격을 보이며, 광주 쌍암동과 명화동고분(장고형)은 관이 확인되지 않았다. 유물 부장은 대부분 현실을 중심으로 이루어졌고 일부에서 분구와 주구에 유물이 확인되기도 한다. 그 가운데 해남 용두리고분은 장고형으로 잠형주구와 단축에 즙석이 있어 왜계의 특징이 보이고 백제계, 재지계, 왜계의 유물이 출토된다. 광주 명화동고분도 장고형으로 마제형의 주구와 원통형의 분주토기와 부장품은 백제계의 토기가 출토된다. 이상 4기의 고분들은 모두 조산식 석실구조로 북부규슈지역의 영향도 확인되지만, 목관의 사용, 현실을 비롯한 분구와 주구에서의 부장행위 등을 통해 고분의 매장주체는 재지계로 생각된다.

광주 월계동 1호분과 2호분은 장고형으로 마제형의 주구, 분주물이 출토되며, 재지계와 백제계, 스에키계 토기가 출토된다. 월계동 1호분에서 1차장은 상식석관(개석 없음), 2차장은 목관, 월계동 2호분은 목관을 사용했다. 상식석관은 개석이 확인되지 않기 때문에 「열린 관」이면서 「설치된 관」의 성격을 보이며, 목관은 「가두는 관」의 성격을 보인다. 유물 부장양상은 현실, 분구, 주구에서 확인되며, 월계동 1호분에서 2인이 매장된 것으로 보인다. 따라서 광주 월계동 1호분과 2호분은 월계동식으로 중북부규슈지역의 영향이 보이는데, 특히 월계동 1호분의 개석 없는 상식석관(1차장)은 중북부규슈지역의 영향이 강한 것으로 추정된다. 월계동 1호분의 목관(2차장)에서 은을 입힌 관못 등이 확인된 것으로 보아 백제 중앙과의 친밀한 관계도 추정된다. 따라서 월계동식 구조와 상식석관(「열린 관」)은 중북부규슈지역의 영향이 강한 것으로 보이며, 2세대에 걸쳐 고분이 축조되는 등의 재지화가 되는 양상을 통해 월계동 1호분의 매장주체는 왜계라고 생각되며 2호분도 재지화된 왜계라고 생각된다.

의령 경산리 1호분은 석옥형석관으로 「열린 관」이면서 「설치된 관」의 성격이 보이며, 고성 송학동 1B-1호와 의령 운곡리 1호분은 목관으로 「가두는 관」의 성격을 보인다. 유물 부장양상은 기본적으로 현실에서 행해졌으며, 연도는 의령 경산리 1호분, 주구에서는 고성 송학동 1B-1호, 운곡리 1호분에서 확인된다. 매장인원수는 경산리 1호분은 2인, 운곡리 1호분은 4인 이상이 매장되었다. 해남 장고봉고분은 장고형으로 부장품도 왜계의 유물이 확인되지만 정식적인 발굴조사가 필요하다. 이상의 고분들은 모두 장고봉식의 석실 구조를 보이지만 조금씩 다른 구조를 보이는데 북부규슈지역의 영향을 받은 이후에 각지역에서 수용하는 과정에서 다른 양상을 보인다. 그 중에서 의령 경산리 1호분의 석옥형석관(「열린 관」)은 중북부규슈계의 영향이 강한 것으로 고분의 매장주체는 왜계라고 추정된다. 이외의 다른 고분들은 목관의 사용, 연도 제사 등을 통해 고분의 매장주체는 재지계라고 생각된다.

히고형인 장성 영천리고분은 관이 확인되지 않았으며, 화순 천덕리 회덕 3호분은 목관이 확인되어 「가두는 관」의 성격을 보인다. 유물의 부장양상은 현실과 연도에서 행해졌으며, 매장인원수는 화순 천덕리 회덕 3호분에서 4인이 매장되었다. 이상의 고분들은 모두 영천리식 석실 구조로 일본열도 히고지역의 영향과 함께 목관의 사용, 연도 제사, 다장 풍습 등을 통해 고분의 매장주체는 재지계라고 생각된다.

나주 송제리고분은 석실 구조가 백제계이며, 내부에 목관을 사용하여 「가두는 관」의 성격을 보이며, 2인이 매장된 것으로 추정된다. 이 고분은 석실 구조가 백제계, 분형은 원형, 목관을 사용하는 점 등을 통해 고분의 매장주체는 백제계로 생각된다. 나주 복암리 3호분 2호와 1호, 영암 자라봉고분은 횡구식석실로 백제계이며, 내부에서 목관이 확인되어 「가두는 관」의 성격을 보이며, 모두 2인이 매장된 것으로 추정된다. 그 중에서 영암 자라봉고분은 장고형으로 마제형에 가까운 주구, 부장품은 백제계와 재지계, 스에키계 토기, 분주물이 확인된다. 이상 고분들의 석실 구조는 백제계이며, 목관을 사용하는 점 등을 통해 고분의 매장주체는 백제계로 추정된다.

복합형 고분들은 대부분 목관을 사용했고, 유물 부장은 현실에서만 이루어졌다. 그 중에서 복합3형인 고창 죽림리 5호분과 복합4형인 광주 각화동 2호분의 석실 구조를 보면, 북부규슈지역의 영향이 강하지만, 고분의 입지와 석실의 위치, 목관을 사용하는 등으로 미루어 고분의 매장주체는 북부규슈지역과 관련된 재지계로 추정된다. 이상의 관점을 통해 이외의 복합1·2형 고분의 매장주체는 모두 재지계라고 생각된다.

이상으로 살펴본 고분들의 매장주체는 대부분 재지계이며, 일부에서 왜계와 백제계가 확인된다. 즉 재지세력이 주도적으로 왜계와 백제계의 석실 구조를 수용하면서도 재지적인 특성에 따라 다양한 형태로 변이(분형·석실구조·관·부장품 등)가 이루어지고 있는 것으로 추정된다. 고분의 매장주체가 「재지계」인 것은 석실 구조가 왜계와 백제계의 영향도 있지만, 목관을 사용하거나 옹관을 사용한 것은 모두 「가두는 관」의 전통을 따르고 있고, 부장품의 계통이 다원적일수록 피장자는 재지인일 가능성이 높다. 특히 관은 유체를 최종적으로 취급하는 것으로 가장 보수적이고 전통적이어서 잘 바꾸지 않기 때문에 고분의 피장자의 성격을 파악할 수 있다. 「왜계」는 석실 구조와 함께 중북부규슈지역의 「열린 관」의 영향을 받은 상식석관(개석 없음)과 석옥형석관의 존재로 중북부규슈지역의 장제방법을 그대로 따르고 있기 때문에 왜인으로 보는 것이 타당하다. 「백제계」는 석실 구조가 백제계이며, 목관을 사용하는 점은 백제계로 보는 것이 타당하다고 생각된다.

## 2. 출현 배경

한반도 남서부지역 왜계 횡혈식석실은 5세기 후엽에서 6세기 전엽까지 집중적으로 분포한다. 이러한 왜계 석실이 등장하기 이전, 5세기 전반경 서부경남 해안지역-남서부 해안지역-중서부 해안지역에 왜계고분(수혈식석곽)이 출현한다. 이 왜계고분은 당시 국제 정세의 변화 속에서 백제-왜 사이에 새로운 관계(백제→왜 : 선진문물 사여, 왜→백제 : 군사적인 지원과 교섭활동)가 성립되고[31], 이 과정에서 왜계고분이 만들어지게 된다.

이러한 교류관계를 통해 새롭게 백제—(중서부 해안지역)—남서부 해안지역—서부경남 해안지역—왜에 이르는 새로운 교역 루트가 개척된 것으로 보인다. 왜인들은 준구조선을 이용하여 서부경남 해안-남서부 해안-중서부 해안지역을 따라 올라갔을 것이다. 이 다도해 지역은 위험한 곳이 많기 때문에 왜인들은 현지 집단과의 우호적인 관계를 통해 물자의 보급과 휴식처를 지원받았을 것이다[32]. 그들은 왜인들의 서남해안 연안지역을 안내하고, 그에 상응하는 대가로 백제로부터 장신구인 금동관과 금동식리, 왜로부터는 무구류와 무기류

---

31    김낙중, 2013, 앞의 논문, 189-191쪽.
32    최영주, 2017a, 앞의 논문, 163쪽.

등을 받았으며, 이를 현지에서 정치적 이용과 경제적 이익을 추구하여 성장했을 것으로 추정된다[33]. 이렇듯 왜계고분은 교역루트 상의 주요한 관측지점에 위치한 상징적인 대상이면서 우호의 상징물로 출현한다. 특히 남서부지역은 5세기 전반 백제와 왜의 교류과정 중에 중개 교역자로서 정치적·경제적 실리를 추구하면서 성장한 것으로 파악된다[34].

이상으로 5세기 전반대 한반도 남서부지역의 왜계고분의 출현 배경을 참고하여 5세기 후엽 이후에 등장하는 왜계 횡혈식석실의 구조적인 특징과 매장방법을 통해 석실의 출현 배경을 살펴보고자 한다.

먼저 석실의 구조는 크게 왜계와 백제계, 복합형으로 구분되며, 가장 먼저 왜계 석실이 등장하고, 백제계, 복합형이 출현한다. 왜계는 다시 북부규슈형과 히고형으로 구분되고, 북부규슈형은 다시 조산식, 월계동식, 장고봉식으로 세분되며, 히고형은 영천리식이 있다. 이렇게 다양한 석실 구조가 나타난다는 것은 강력한 규제에 의한 규격화가 보이지 않기 때문이다. 다시 말해 특정한 석실 계보가 시간적, 공간적으로 확대되지 않고 있는 것이다. 이러한 현상은 규슈계 석실이 일본열도 각지로 전파되는 과정에서 나타난 것으로 한반도 남서부지역에서도 비슷한 양상으로 나타나고 있다.

매장방법 중에서도 전통적인 옹관과 백제계인 목관은 「가두는 관」이면서 「설치된 관」[35]의 성격을 보인다. 「가두는 관」은 유체가 관으로 밀봉되어 현실 내에서 자유롭게 부유할 수 없는 무기적인 공간[36]이고, 「설치된 관」은 고분의

---

33  김낙중, 2013, 앞의 논문, 189-191쪽.
34  최영주, 2017a, 앞의 논문, 164쪽.
35  여기서 목관은 「설치된 관」으로 보이지만, 무령왕릉 이후의 목관은 「들어 나르는 관」의 성격을 보인다. 무령왕릉 이후에 모가리의례가 성행하게 되면서 고분의 매장의례 중 매납의례가 쇠퇴하게 된다. 또한 사비기 석실이 정형화되어 확산되면서 「들어 나르는 관」은 일반화된 것으로 생각된다.
36  和田晴吾, 2003, 앞의 논문, 713-725쪽.

매장의례에서 가장 중심이 되는 납관 및 매납의례가 분구에서 이루어진[37] 것이 특징이다. 이러한 고분의 타계관과 매장방법은 마한의 전통적인 특징으로 지속적으로 계승되고 있다. 이외 중북부규슈지역의 석옥형석관(경산리 1호분)과 상식석관(개석 없음)(월계동 1호분)은 「열린 관」이면서 「설치된 관」의 성격을 보인다. 「열린 관」은 유체가 관내에 밀봉되지 않고, 현실 내에서 자유자재로 부유할 수 있는 유기적인 공간[38]이라는 타계관을 보이지만 「설치된 관」이라는 전통적인 고분의 매장의례는 그대로 따르고 있다. 여기서 「열린 관」의 전통은 나주 복암리 3호분 6호·7호·12호에서 출토된 석침에 남아 있게 된다.

유물의 부장양상은 대부분 현실에서 이루어지지만, 연도(묘도 포함)에서 행해지는 것은 한반도에서 이전까지 보이지 않던 현상이다. 이 시기부터 이러한 장례행위가 행해진 것으로 보이며, 점차 장송의례의 장소가 현실에서 연도로 변화하고 있다. 늦은 시기인 나주 복암리 3호분 6호·7호의 석실처럼 묘도가 발달한 것도 연도 제사 전통과 관계된 것으로 보인다. 일본열도는 반즈카고분 이후부터 한반도의 장제문화를 본격적으로 수용한 것으로 생각된다. 웅진기 백제지역 횡혈식석실의 매장인원수는 기본적으로 2인인데 반해, 남서부지역은 대체로 3인 이상의 다장을 하는 것이 특징이다. 나주 복암리 3호분 96석실의 옹관을 추가장하면서 8인이 매장되었고 나중에 목관을 사용하면서도 3인 이상을 매장하는 전통이 지속되는 것을 알 수 있다. 사비기 이후 석실에서 다장의 전통은 사라지게 된다.

이상과 같이 새로운 매장시설인 횡혈식석실이 도입되지만 구조가 규격성을 보이지 않고 다양성을 보이는 점과 왜계의 매장방법을 수용하면서도 전통적인 매장방법(「가두는 관」, 연도 제사, 다장 풍습)이 지속되고 있다. 이러한 특징으로 보아 남서부지역은 강력한 중앙세력에 의한 통제가 이루어진 사회가 아니고,

---

37   和田晴吾, 1995, 앞의 논문, 490쪽.
38   和田晴吾, 2003, 앞의 논문, 713-725쪽.

각 지역을 기반으로 한 중소세력의 연합체적인 성격이라고 생각된다. 이렇듯 남서부지역의 재지세력들은 어느 정도의 독자성을 보이면서 백제와 왜 왕권에 완전히 종속적이지 않았고 대립적이지도 않았던 것으로 보인다.

5세기 후엽 이후 국제 정세(고구려 침공→한성 함락, 웅진 천도)가 급격히 변화하면서 웅진기 백제는 이러한 상황을 타개하기 위해 5세기 전반부터 맺어온 왜와의 관계를 더욱 진전시킬 필요가 있었다. 이 와중에 남서부지역 세력들의 입지는 더욱 중요해진다. 남서부지역은 백제와 왜의 중개자적인 입장에서 벗어나 독자적인 입지를 구축하고자 했다. 그들은 백제 왕권과의 정치적인 거리를 유지하면서도 우위적 파트너가 되기 위해 내부적으로 경쟁한[39] 것으로 보인다.

북부규슈지역의 묘제인 횡혈식석실을 수용하는 것은 앞 시기인 5세기 전반경 왜계고분의 수용처럼 자연스럽게 남서부지역의 제형분구묘(옹관)가 고대화가 되는 과정에서 도입되어 축조된 것으로 생각된다. 이러한 초기 횡혈식석실은 현지 집단의 내부 경쟁력 확보와 나주 복암리 정촌고분처럼 내륙지역 교역루트(영산강) 상의 주요 거점지역의 표식물로 적극적으로 수용된 것으로 생각된다[40]. 이렇듯 남서부지역 마한세력은 백제의 적극적인 진출에 의한 직접적인 지배의 용인보다는 규슈세력과의 적극적인 교섭을 통해서 독자적인 입지를 구축하고자 했으며, 그러한 과정에서 협력적 파트너였던 중북부규슈지역의 묘제가 도입되었을 것으로 추정된다[41].

그들은 5세기 전반 이후 새롭게 개척된 연안항로인 백제—남서부지역(마한세력)—서부경남지역(소가야세력)[42]—중북부규슈지역(이와이세력)—야마토 왕권

39  김낙중, 2013, 앞의 논문, 192-197쪽.
40  최영주, 2017a, 앞의 논문, 164쪽.
41  김낙중, 2013, 앞의 논문, 195쪽.
42  소가야는 왜인들에게 남해안 연안항로를 안내하면서 왜계고분(수혈식석곽, 횡혈식석실)을 수용하고, 영산강유역 마한세력과의 교류를 통해 분구묘를 수용하게 된다. 이러한 과정 중에

(계체왕)으로 이어지는 교섭관계를 통하여 적극적으로 새로운 문물과 묘제를 도입하면서 내부적인 성장과 독자성을 추구하고자 하였다[43]. 그 가운데 나주 복암리집단은 5세기 후엽부터 내륙수운을 통해 경제적인 이익과 초기 횡혈식석실과 같은 정치적인 이용을 통해 영산강유역 내부에서 대수장으로 성장한 것으로 추정된다[44].

따라서 재지세력들이 왜계 횡혈식석실을 적극적으로 수용하는 과정에서 각 재지세력들의 정치·사회적 상황에 따라 다양한 구조를 보이게 된다. 일부에서는 적극적으로 왜계 매장방법(「열린 관」)을 수용하기도 하였다. 이후 백제의 영향과 자체적인 성장을 통해 백제계와 복합형 석실이 등장하게 된다. 이처럼 남서부지역 마한세력이 적극적으로 왜계 묘제와 매장방법을 도입하는 것은 작은 지역집단의 수준에서 문화적 정체성에 대한 변화를 모색하기 위한 중요한 사회적 전략이라고 이해할 수 있다.

---

경제적인 이익을 취하면서 성장하게 된다. 특히 5세기 후엽 이후 고성 송학동고분군으로 표출된다(최영주, 2017a, 앞의 논문, 166쪽).

43    최영주, 2012, 앞의 논문.

44    최영주, 2017a, 앞의 논문, 166쪽.

# V. 맺음말

이상으로 한반도 남서부지역 횡혈식석실의 구조적인 특징과 매장방법을 통해 매장주체의 성격을 파악하고 그 출현 배경에 대해서 살펴보았다. 횡혈식석실은 왜계와 백제계, 복합형으로 구분되며, 가장 먼저 왜계 석실이 등장하고, 백제계, 복합형이 출현한다. 왜계 석실은 북부규슈형(조산식·월계동식·장고봉식)과 히고형(영천리식)으로 구분되며, 그 중에서도 조산식과 장고봉식은 구조적인 통일성을 보이지 않고 다양한 석실 구조를 보이는 것은 강력한 규제에 의한 규격화가 이루어지지 않았기 때문이다.

고분의 매장주체는 재지세력이 주도적으로 왜계와 백제계의 석실 구조를 수용하면서도 재지의 정치적·사회적 상황에 따라 다양한 형태로 변이가 이루어진 것으로 생각된다. 「재지계」는 석실 구조가 왜계와 백제계의 영향도 있지만, 목관과 옹관을 사용한 것은 모두 「가두는 관」의 전통을 따르고 있고, 부장품의 계통이 다원적이어서 피장자는 재지인일 가능성이 높다. 「왜계」는 석실 구조와 함께 중북부규슈지역의 「열린 관」의 영향을 받은 상식석관(개석 없음)과 석옥형석관의 존재로 왜인으로 보인다. 「백제계」는 석실 구조가 백제계이며, 목관을 사용하는 점은 백제인으로 추정된다.

이상으로 남서부지역 고분에 새로운 매장시설인 횡혈식석실이 도입되지만 구조적 다양성과 왜계의 매장방법을 수용하면서도 전통적인 매장방법(「가두는 관」, 연도 제사, 다장 풍습)이 지속되고 있다. 이러한 특징을 통해 남서부지역은 강력한 중앙세력에 의한 통제가 이루어진 사회가 아니고, 남서부지역의 재지세력들은 어느 정도의 독자성을 보이면서 백제와 왜 왕권에 완전히 종속적이지 않았고 대립적이지도 않았다.

이러한 횡혈식석실은 남서부지역에서 현지 집단의 내부 경쟁력 확보와 내륙지역 교역루트(영산강) 상의 주요 거점지역 표식물이면서 우호적인 관계를 위해서 적극적으로 수용된 것으로 추측된다. 이와 같이 남서부지역 마한세력이 적극적으로 왜계 묘제와 매장방법을 도입하는 것은 작은 지역집단의 수준에서 문화적 정체성에 대한 변화를 모색하기 위한 중요한 사회적 전략이라고 이해된다.

(「韓半島 南西部地域 倭系 橫穴式石室의 特徵과 出現背景」, 『호서고고학』 38, 2017)

제 4 장

# 한국 분주토기 연구

- 분포 양상과 변천과정, 고분의례과정을 통해 -

# Ⅰ. 머리말

분주토기는 고분의 분정이나 분구 가장자리에 열을 이루고 배치되었던 토기로 흔히 원통형토기로 불리고 있으며, 유사한 기능을 가진 분주목기도 있다[1]. 이러한 특수한 기물들은 그 형태나 소재에 관계없이 모두 분주물이라 한다[2]. 최근에는 고분의 분구 수립과 장식, 공헌의 기능을 포함한 의미로써 확대되어 사용되고 있다. 분주토기는 기원 후 3~6세기에 고분, 주거지, 취락의 집단제사와 관련된 41개 유적에서 다양한 형식들이 확인되고 있다. 그 가운데 호남지역에서 출토되는 유적수가 33개소로 절대적이었던 관계로 분주토기 연구는 호남지역을 중심으로 진행되어 왔다.

그동안 국내외 연구자들에 의해 진행된 연구는 주로 분주토기의 기원과 계통문제, 형식분류에 따른 편년 관련 내용[3]을 중심으로 검토되었다. 특히 일본

---

1    林永珍, 2002, 「韓国の墳周土器」『東アジアと日本の考古学—第Ⅱ券墓制②』 同成社, 3-26쪽.
2    분주토기의 정의와 명칭문제에 대한 자세한 내용은 임영진(2015, 「한국 분주토기의 발생과정과 확산배경」 『호남고고학보』 49, 177-179쪽)의 논고를 참고하길 바란다.
3    太田博之, 1996, 「韓國出土の圓筒形土器と埴輪形土製品」『韓國の前方後圓墳』 雄山閣 ; 太田博之, 2001, 「全羅南道の埴輪とその特質」 『ASIAN LETTER』 8, 5·6쪽 ; 太田博之, 2006, 「埼玉中の山古墳出土の有孔平底壺系圓筒形土器」 『考古學雜誌』 90-2, 27-63쪽 ; 太田博之, 2008, 「古墳時代中期 東日本出土の埴輪製作技法と渡來人」 『日本考古學』 25 ; 小栗明彦, 1997, 「光州月桂洞1号墳出土埴輪の評価」 『古代學研究』 137, 31-42쪽 ; 小栗明彦, 2000, 「全南地方出土埴輪の意義」 『百濟研究』 32, 1-31쪽 ; 鐘方正樹, 1999, 「2條突帶の圓筒埴輪」 『埴輪論叢』 1, 埴輪檢討會 ; 박순발, 2001, 「영산강유역 전방후원분과 식륜」 『한·일 고대인의 흙과 삶』 국립전주박물관 ; 大竹弘之, 2002, 「韓國全羅南道の圓筒形土器」 『前方後円墳と古代日朝關係』 同成社, 817-826쪽 ; 임영진, 2003, 「한국 분주토기의 기원과 변천」 『호남고고학보』 17, 83-111쪽 ; 임영진, 2015, 앞의 논문, 176-213쪽 ; 안재호, 2005, 「한반도에서 출토된 왜 관련 문물-3~6세기를 중심으로-」 『왜5왕 문제와 한일관계』 경인문화사 ; 서현주, 2006, 『영산강유역 고분 토기 연구』 학연문화사 ; 서현주, 2018, 「埴周土器로 본 古代 榮山江流域」 『湖西考古學』 39, 70-97쪽 ; 이영철, 2007, 「호형분주토기 등장과 시점」 『호남고고학보』 25, 75-99쪽 ; 김낙중, 2009b, 『영산강유역 고분 연구』 학연문화사 ; 이상엽, 2009, 「중서부지역 출토 원통형토기의 성격 검토」 『선사와 고대』 31 ; 신민

하니와植輪와의 관계 속에서 기원과 계통문제는 일본열도와의 관계를 부정하기 어렵게 되었다. 분주토기의 기원을 일본열도 영향으로 보는 견해[4]와 반대로 국내에서 발생한 것으로 보는 견해[5]로 양분되어 있다. 이러한 견해 차이는 분주토기 관련 연구 시각의 확대를 진전시키지 못하는 실정이었다.

분주토기는 기본적으로 3가지 형식으로 구분되며[6], 연구자에 따라 형식은 5~6가지 정도로 세분된다[7]. 대부분의 연구자는 형태적인 특징으로 분류하고 계통관계를 비교·검토했으며, 일부에서는 제작기법을 통해 형식분류[8]한 경우도 확인된다. 분주토기는 통형과 호형으로 대별되고 통형은 다시 계통에 따라 통A형(반남형)과 통B형(원통하니와계)으로 세분된다. 호형과 통A형은 제형분과 방형분, 원형분에서 출토되며, 통B형은 장고분에서만 확인된다[9]. 통B형은 5세기 말에서 6세기 초에 영산강유역권의 장고분에서 사용되었던 것으로서 일본에서 기원하며, 그 제작에 있어서는 현지 공인들이 참여하였던 것으로 보는 견해[10]가 일반적이다.

철, 2014, 「곡교천유역 원삼국시대 원통형토기의 성격과 의미」, 『호남고고학보』46, 25-60쪽 ; 박형열, 2014, 「호남지역 분주토기의 제작방법 변화로 본 편년과 계통성」, 『영남고고학』69 ; 坂靖, 2015, 「긴키지방의 하니와와 한반도 남부의 하니와」, 『한국 원통·형토기(분주토기) Ⅱ』, 국립나주문화재연구소·전남대학교박물관, 137-157쪽.

4   김낙중, 2009b, 앞의 책, 229-258쪽 ; 坂靖, 2015, 앞의 논문, 150-155쪽.
5   임영진, 2003, 앞의 논문, 96-107쪽.
6   임영진, 2003, 앞의 논문, 96-99쪽.
7   임영진, 2003·2015, 앞의 논문 ; 안재호, 2005, 앞의 논문 ; 서현주, 2006·2018, 앞의 논문 ; 이영철, 2007, 앞의 논문 ; 김낙중, 2009b, 앞의 책 ; 최성락·김성미, 2012, 「원통형토기의 연구현황과 과제」, 『호남고고학보』42, 125-157쪽 ; 박형열, 2014, 앞의 논문.
8   박형열, 2014, 앞의 논문 ; 坂靖, 2015, 앞의 논문, 144-150쪽.
9   통B형은 최근에 장고분뿐만 아니라 즙석분과 주거지에서도 확인되고 있다.
10   임영진, 2015, 앞의 논문, 179-184쪽.

**표 10 | 분주토기 형식분류안[11]**

| 형식 \ 연구자 | 호형 | 통형 | | | | 기타 |
|---|---|---|---|---|---|---|
| 임영진 (2003) | 호형 (A, B) | 통형 | | | | |
| | | 통A형 | | 통B형 | | |
| | | 호통A | 원통A | 호통B | 원통B | |
| 김낙중 (2009) | 호형 하니와계 | 현지기대계 | | 원통하니와계 | | 복합계 |
| | | 상부 호형 | 상부 발형 | 나팔꽃형 | 원통형 | |
| 최영주 | 장경호형 (A, B, C) | 반남형 | | 원통하니와계 | | 옥야리형 (복합형) |
| | | 호형 | 발형 | 나팔꽃형 | 원통형 | |

　　최근 군산 축산리 계남유적, 고창 왕촌리유적, 영암 옥야리 방대형고분, 함평 금산리 방대형고분 등에서 다양한 형식의 분주토기들이 출토되어 학계의 관심과 연구가 진전되고 있다. 특히 함평 금산리 방대형고분에서는 인물형하니와, 동물형하니와(닭·말), 통B형(원통하니와계), 연판문 중국자기 및 흑유도기 등이 함께 출토되었다. 이를 통해 중국과 일본열도와의 관련성 및 고분의 장제와 의례과정에 대한 새로운 접근이 필요하게 되었다.

　　한편, 분주토기의 기능적인 측면을 강조하여 기원관계를 파악한 견해도 있다. 중서부지역에서 확인된 원통형 특수토기는 무덤 안에 부장된 매납 유물로서 그 형태상으로 분주토기의 기원으로 단정 짓기는 어렵다. 하지만 특수한 의례(술 공헌 등)와 관련된 토기가 호남지역에서 호형 분주토기로 변용되는 과정

---

11　필자는 기존 분주토기 형식분류의 연구 성과를 기본으로 하고, 특정 형식을 잘 드러내기 위해 일부에서 '지역적 분포양상'과 '문화상'으로 표현하기도 하였다. 서현주(2018, 앞의 논문, 77-85쪽)는 최근에 호형과 통형, 기대형으로 분류하였다. 호형은 무돌선식과 돌선구획식(옥야리형)으로, 통형은 신촌식(반남형)·월계동식(원통하니와계)·금산리식으로 세분하였다. 호형 중 옥야리 출토품을 호형의 형식범위 안에서 이해하고 있는데 필자는 전체적으로 통형이면서 저부가 뚫려 있는 것이기 때문에 복합형으로 분류하고 있다. 또한 통형 중 금산리식도 크게 원통하니와계로 보는 것이 좋다고 생각된다. 기대형으로 분류한 것은 소량만 학인된 것으로 형태적으로 통형 중 반남형에 가까운 형태로 이해하는 편이 좋다고 생각된다.

에서 분구 장식물로 정착되었을 가능성이 높다는 의견[12]이 제기되었다.

분주토기는 나주 신촌리 9호분을 중심으로 한 반남면, 나주 복암리고분군, 광주 월계동고분군, 함평천유역, 금강 하류의 군산지역, 고창지역 등에서 중점적으로 확인된다. 이 지역권의 고분세력 중에는 분주토기를 고분 축조에 반영하여 의례과정으로서 지속적으로 사용하거나 일회에 그치는 경우도 확인된다.

이에 본 연구에서는 분주토기 출토지역을 구분하고 고분군별로 분주토기 채용의 연속성과 단절성에 대해 검토하면서 분주토기 형식과 분형과의 상관관계, 장제풍습에 대해서도 파악하고자 한다. 또한 고분 단계별 축조과정을 통해 장제의례과정에서 분주토기가 가지는 의미와 함께 당시 시대적인 배경에 대해서도 살펴보고자 한다.

---

12  임영진, 2015, 앞의 논문, 187쪽.

## II. 지역권내 분주토기 출토현황과 고분군의 변천양상

### 1. 분주토기의 출토현황

지금까지 확인된 분주토기는 호남지역을 중심으로 6개 지역으로 구분된다. 대표적으로 금강 하류 군산지역, 고창지역, 함평천유역, 영산강 상류, 영산강 중류, 영산강 하류 등에서 확인되며, 남해안유역에서도 일부가 확인된다. 분주토기 출토현황은 다음의 〈표 11〉과 같다.

**표 11 | 분주토기 출토현황**

| 연번 | 유적명 | 유구성격 | 분형 | 출토유구 | 개체 | 형식 | 지역 | 참고문헌 |
|---|---|---|---|---|---|---|---|---|
| 1 | 군산 축산리계남유적 C지구 분구묘 | 분묘 | 방형 | 주구 | ? | 장경호형 | 금강유역 군산지역권 | (재)전주문화유산연구원, 2015, 『군산 축산리계남유적-1구역-』 |
| 2 | 군산 축동유적 | 분묘 | 방형 | 2호분 주구 | 23 | 장경호형 | | 湖南文化財研究院, 2006, 『群山 築洞遺蹟』 |
| | | | | 3호분 주구 | 58 | | | |
| 3 | 배재대박물관 소장 | - | - | - | 1 | 장경호형 | | 培材大學校博物館, 2000, 『博物館』(圖錄) |
| 4 | 傳 계화도 | - | - | - | 2 | 장경호형 | | 국립부여박물관, 2004, 『百濟의 文物交流』 |
| 5 | 고창 봉덕리 1호분 | 분묘 | 방대형 | 1호석실 | 1(+) | 장경호형 | 고창지역권 | 馬韓 · 百濟文化研究所, 2012, 『高敞 鳳德里 1號墳』 |
| 6 | 고창 왕촌리 1호분 | 분묘 | 원형 | 주구 | 20 | 반남형 | | (재)전주문화유산연구원, 2015, 『고창 금평리 · 왕촌리 · 고성리유적 발굴조사 보고서』 |
| 7 | 고창 자룡리유적 | 생활 | | 7호 주거지 | 1 | 장경호형 | | (재)전주문화유산연구원, 2013, 『고창 자룡리 · 석남리유적』 |
| 8 | 고창 칠암리고분 | 분묘 | 장고형 | 원부 근처 | 1 | 원통하니와계 | | 대한문화재연구원, 2015, 「고창 칠암리고분 학술발굴조사 약보고서」 |
| 9 | 함평 금산리 방대형고분 | 분묘 | 방대형 | 주구, 분구사면 | ? | 원통하니와계형상하니와 | 함평천유역권 | 전남문화재연구소, 2015, 『함평 금산리 방대형고분』 |
| 10 | 함평 노적유적 | 생활 | | 2호 주거지 및 지표 | 13 | 원통하니와계 | | 湖南文化財研究院, 2005, 『咸平 老迪遺蹟』 |
| 11 | 함평 마산리 표산유적 | 분묘 | 제형 | 20호분 주구 | 5 | 장경호형 | | 영해문화재연구원, 2014, 「함평 마산리 표산 '나'발굴조사 자문회의 자료집」 |

| 연번 | 유적명 | 유구성격 | 분형 | 출토유구 | 개체 | 형식 | 지역 | 참고문헌 |
|---|---|---|---|---|---|---|---|---|
| 12 | 함평 신흥동유적 | 분묘 | 제형 | 5호분<br>주구 | 2 | 장경호형 | 함평천<br>유역권 | 대한문화유산연구센터, 2010, 『咸平<br>新興洞遺蹟Ⅰ』 |
| 13 | 함평 죽암리장고산<br>고분 | 분묘 | 장고형 | - | - | 원통<br>하니와계 | | 전남대학교박물관, 2006, 『함평의 고<br>분』 |
| 14 | 함평 중랑유적 | 분묘 | 방형 | 주구 | 79 | 호형 | | 목포대학교박물관, 2003, 『함평 중랑<br>유적』 |
| 15 | 무안 고절리고분 | 분묘 | 방대형 | 동남주구 | 1 | 반남형 | | 목포대학교박물관, 2002, 『무안 고절<br>리고분』 |
| 16 | 광주 명화동고분 | 분묘 | 장고형 | 주구,<br>분구기저부 | 15 | 원통<br>하니와계 | 영산강<br>상류<br>지역권 | 國立光州博物館, 1996, 『光州明花洞古<br>墳』; 2013, 『光州明花洞古墳』 |
| 17 | 광주 월계동 장고분 | 분묘 | 장고형 | 1호분주구 | 205 | 원통<br>하니와계 | | 全南大學校博物館, 2003, 『光州 月桂<br>洞 長鼓墳』 |
| | | | | 2호분주구 | 63 | | | |
| 18 | 광주 양과동<br>행림유적 | 분묘 | 방형? | 하도 및<br>도수시설<br>남쪽주구<br>도로석열 | 7 | 원통<br>하니와계 | | 대한문화재연구원, 2013, 『光州良瓜洞<br>杏林遺蹟Ⅰ, Ⅱ』 |
| 19 | 광주 하남동유적 | 생활 | | 8호구 | 1 | 장경호형 | | 湖南文化財研究院, 2008, 『光州 河南<br>洞遺蹟Ⅰ』 |
| | | | | 9호구 | 48 | | | |
| | | | | 17호구 | 7 | | | |
| 20 | 광주 향등유적 | 생활 | | 16호, 24호<br>주거지 | 3 | 원통<br>하니와계 | | 湖南文化財研究院, 2004, 『光州 香嶝<br>遺蹟』 |
| 21 | 나주 가흥리<br>신흥고분 | 분묘 | 방대<br>형? | 석실함몰토<br>주구 | 2 | 반남형? | | 대한문화재연구원, 2015, 『나주 가흥<br>리 신흥고분』 |
| 22 | 나주 구기촌유적 | 생활 | | 3호 주거지 | 1 | 원통<br>하니와계 | | 김문국, 2014, 2013·2014 호남지역<br>문화유적발굴조사성과, 호남고고학회 |
| 23 | 나주 복암리 고분군 | 분묘 | 원형<br>제형 | 1호분주구 | 1 | 장경호형 | | 全南大學校博物館, 1999, 『伏岩里古墳<br>群』 |
| | | | | 2호분주구 | 24 | | | |
| 24 | 나주 복암리유적Ⅱ | 분묘<br>생활 | 제형 | 7호분주구 | 1 | 장경호형<br>장경호형<br>반남형? | 영산강<br>중류<br>지역권 | 국립나주문화재연구소, 2013, 『나주<br>복암리유적Ⅱ』 |
| | | | | 8호분주구 | 24 | | | |
| 24 | | | | 16호수혈 | 1 | | | |
| 25 | 나주 장등유적 | 분묘 | 제형 | 2호분주구 | 1 | 장경호형 | | 湖南文化財研究院, 2006, 『羅州 長燈<br>遺蹟』 |
| | | | | 4호분주구 | 24 | | | |
| 26 | 화순 백암리고분 | 분묘 | 원형 | 분구주변 | 12편 | 원통<br>하니와계 | | 國立光州博物館, 2004, 「和順 白巖里<br>古墳 地表調査」, 『海南 龍日里 龍雲古<br>墳』 |

| 연번 | 유적명 | 유구성격 | 분형 | 출토유구 | 개체 | 형식 | 지역 | 참고문헌 |
|---|---|---|---|---|---|---|---|---|
| 27 | 나주 신촌리 9호분 | 분묘 | 방대형 | 분정, 주구 | 57 | 반남형 | | 국립문화재연구소, 2001,『羅州 新村里 9號墳』 |
| 28 | 나주 덕산리고분군 | 분묘 | 제형원형제형 | 8호분주구 | 2 | 반남형 | 영산강하류지역권 | 全南大學校博物館, 2002,『羅州 德山里古墳群』 |
| | | | | 9호분주구 | 19 | | | |
| | | | | 11호분주구? | 1 | | | |
| 29 | 영암 옥야리 방대형 | 분묘 | 방대형 | 분정, 주구, 옹관묘 | 161 | 옥야리형 (복합형) | | 국립나주문화재연구소, 2012, 2014, 『영암 옥야리 방대형고분 제1호분 발굴조사보고서』 |
| 30 | 영암 자라봉고분 | 분묘 | 장고형 | 주구 | 170 | 원통하니와계 | | 대한문화재연구원, 2015,『영암 태간리 자라봉고분』 |
| 31 | 해남 장고산 고분 | 분묘 | 장고형 | 분구 Tr. | | 원통하니와계 | | 國立光州博物館, 2001,『海南 方山里 長鼓峰古墳 試掘調査報告書』 |
| 32 | 광양 도월리 고분 | 분묘 | 원형 | 주구 | 1 | ? | | 전남문화재연구원, 2010,『광양 도월리유적 II』 |
| 33 | 순천 요곡리 선산유적 | 생활 | | 9호14호 | 2 | 장경호형 | 남해안지역권 | 대한문화재연구원, 2013,『순천 요곡리 선산유적』 |
| 34 | 거제 장목고분 | 분묘 | 원형 | 분구주변 | 9 | 송학동형 | | 경남발전연구원, 2006,『거제 장목고분』 |
| 35 | 고성 송학동 1B호분 | 분묘 | 원형 | 1B호분 주구 | 5 | 송학동형 | | 東亞大學校博物館, 2005,『固城松鶴洞古墳群』 |

## 2. 지역권내 고분군의 변천양상

분주토기는 금강 하류를 제외한 대부분 영산강유역권에서 확인되기 때문에 영산강유역 고분의 변천양상 속에서 지역권별로 해당 고분군이 차지하는 위상에 대해서 알아보고자 한다.

영산강유역 고분의 변천양상은 선행연구[13]를 통해 대체적으로 제형분 단계

---

13   영산강유역 고분의 변천양상은 방형목관 → 제형목곽 → 방대형옹관 → 원형석실로 변화하는 것(임영진, 2002,「榮山江流域圈의 墳丘墓와 그 展開」,『호남고고학보』16, 92쪽)으로 이해되어 왔으며, 최근에는 앞의 견해를 세분하여 복합제형분1(제형:목관중심) → 복합제형분2(제형:목관·옹관병행) → 옹관분(원대형·방대형) → 초기석실분(장고형·원형·방대형) → 백제식석실분(원형:반구형) 단계로 변화하는 것(김낙중, 2009b, 앞의 책, 97-103쪽)으로 이해되고 있다.

→ 고총고분 단계 → 백제석실분 단계로 변화하는 것으로 이해된다. 본 장에서는 영산강유역 고분의 변천양상을 참고하면서 <표 12>처럼 이해하고, 지역권 내 고분군의 변천양상에 대해서 살펴보고자 한다.

**표 12** | 영산강유역 분형 및 매장시설과의 상관관계

| 매장시설＼분형 | 제형 | | | 방(대)형 | 원(대)형 | 장고형 | 고분단계 | 단계 |
|---|---|---|---|---|---|---|---|---|
| | (장)방형 | 제형1 | 제형2 | | | | | |
| 목관 단독 | ◎ | ○ | | | | | 제형분 | I |
| 목관 중심＋옹관 추가장 | ○ | ◎ | ○ | | | | | |
| 옹관 중심＋목관 | | ○ | ◎ | | | | | II |
| 옹관(일부-횡구식석실) | | | | ◎ | ◎ | | 고총고분 | III |
| 규슈계 석실(＋옹관) | | | | ◎ | ◎ | ◎ | | |
| 백제계 석실 | | | | ○ | ◎ | | 백제석실분 | IV |
| | | | | ○ | ◎ | | | V |
| 분구 | 低 | 低 (수평확장) | | 高 (수직확장) | 高→低 | 高 | | |

### 1) 금강하류 군산지역

군산 축산리 계남유적과 축동유적은 방형계 분구묘로 매장주체시설은 목관묘로 추정되며, 3세기 말에서 4세기 중엽경으로 편년된다. 축산리 계남유적은 1기의 분구묘, 축동유적은 10기의 분구묘가 확인되는데, 분형은 제형계와 방형계가 혼재되어 분포한다. 주변의 조촌동유적에서 주구토광묘, 신관동유적과 산월리유적에서 분구묘 등 수기가 확인되는 정도이고, 대부분 5세기 후엽이후에 횡혈식석실과 횡구식석곽이 분포하고 있다.

이러한 고분 분포양상 속에서 당시 축산리 계남유적과 축동유적의 분구묘는 그 규모나 출토유물로 보아 재지세력 수장의 분묘로 추정된다.

## 2) 고창지역

고창 왕촌리유적과 봉덕리 1호분은 원형과 장방형계 분구묘이고, 칠암리고 분은 장고형이다. 시기적으로 5세기 후엽에서 6세기 전엽경에 해당한다. 인근의 아산지역에는 예지리유적과 만동유적, 남서쪽 해안지역에는 자룡리와 석남리유적, 동남쪽으로는 성남리유적에서 3~4세기대의 복합제형분이 확인되며, 이후 5세기대 유적으로는 옹관을 매장주체시설로 한 원형과 방형의 분구묘에는 봉덕유적과 장두리고분, 장곡리·용수리고분 등이 있다. 5세기 후엽이되면 봉덕유적에 인접하여 봉덕리고분군이 출현하는데 그 중 1호분은 장방형으로 5기의 횡혈식석실과 수혈식석곽이 매장시설로 확인되며 6세기 전엽경까지 추가장이 이루어졌다. 이러한 양상은 나주 복암리 3호분의 축조 양상과 매우 유사한 점을 보인다.

왕촌리유적은 원형계와 방형계 분구묘 2기가 확인되었는데 기존의 3~4세기대 생활유적과 옹관묘와 토광묘를 파괴하고 조성되었다. 유적은 해안에 인접하여 위치하는데 연안항로 상에 자리하고 있다. 인근의 아산지역 산록지역에서는 죽림리고분군이 분포하는데 6세기 전엽에서 중엽에 해당하는데, 그 중 5호분은 규슈계와 재지계가 결합한 복합형으로 확인된다. 6세기 전엽 이후에는 고창지역 남쪽에서 칠암리고분이 확인된다. 같은 권역에서는 장고형의 영광월계고분이 존재한다. 이 일대는 구암천지역으로 법성포를 끼고 발달한 지역이다. 이후 산당리와 용덕리고분이 확인되는데 6세기대 석실분으로 추정된다.

이상으로 봉덕리 1호분은 재지세력 수장의 분묘로 추정되며 왕촌리유적은 연안 항로 상에 교류를 담당한 소지역 세력의 분묘에 해당한다. 앞의 두 유적보다 남쪽에 위치한 칠암리고분은 장고형으로 재지세력의 중심지역에서 떨어져 있지만 법성포를 중심으로 한 해상세력의 분묘로 추정된다.

## 3) 함평천유역

함평 신흥동유적은 함평천유역의 초입에 위치하며, 제형분이다. 주변에 반암유적, 향교고분, 청수리고분 등은 3~4세기대로 복합제형분으로 확인된다. 최근에 마산리고분군에 인접하여 대규모 고분군이 확인되었는데 복합제형분으로 확인되었다. 인근의 반암고분군에서는 5세기대 원분이 존재한다. 마산리고분군은 6세기 전엽 이후로 장고분을 중심으로 그 주변으로 원분 등 13기가 확인되었다.

함평천 상류로 함평만 일대에 금산리 방대형고분을 중심으로 죽암리 장고산고분, 중랑유적, 노적유적(생활유적) 등이 1.5㎞ 이내에 분포하고 있다. 시기는 5세기 후엽에서 6세기 전엽에 해당한다. 인근의 대덕리 고양고분군에서는 3~4세기대 복합제형분이 존재하며, 같은 고분군 내에 5세기대 원분의 옹관고분 2기가 확인된다. 금산리 방대형고분은 대형분으로 전면에 즙석이 깔려 있고 매장시설은 횡혈식석실로 추정되며, 왜계와 중국계 자료가 출토되었다. 중랑유적은 방형분으로 주구에서 많은 양의 분주토기가 확인되었다. 금산리 방대형고분에 인접한 생활유적인 노적유적은 분주토기 생산자가 살던 곳으로 추정되며 인근에 분주토기 가마터가 있을 것으로 추정된다. 해안에 인접한 장고산고분은 횡혈식석실이 매장시설로 추정된다. 그밖에 무안 고절리고분은 함평천에서 분천된 무안천 상류로 해안지역에 인접해 있으며 매장시설은 확인되지 않지만 분구 중에 옹관묘가 확인된다.

이상으로 금산리 방대형고분은 재지세력 수장층의 분묘로 추정되며, 인근의 장고산고분도 수장층의 분묘로 대왜 교류를 담당했을 것으로 추정되며, 중랑유적의 고분은 수장층 산하 중소세력의 분묘로 보이며, 무안 고절리고분은 소지역의 재지세력 분묘로 추정된다.

### 4) 영산강 상류지역

광주 월계동고분군은 주변에 쌍암동고분이 분포하고 남쪽으로 5㎞ 떨어져 하남동유적과 산정동유적이 분포하고 있다. 하남동유적은 주구와 분구 중에 옹관이 추가되는 복합제형분에 해당하며, 취락의 구에서 분주토기가 확인되

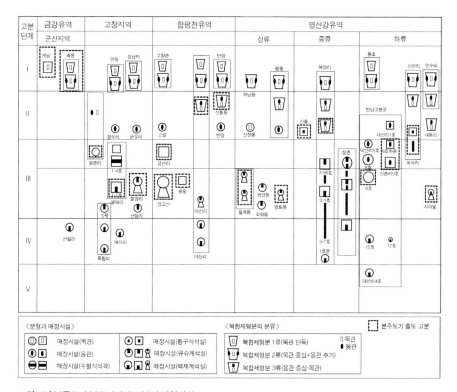

**그림 17 |** 분주토기 분포지역과 고분의 변천양상

었다. 인접한 산정동유적은 5세기대 원분 3기가 있으며, 목관묘가 매장시설이다. 월계동고분군은 장고형으로 6세기 초에서 전엽 사이에 축조되며, 규슈계석실이 매장시설로 확인되며 많은 양의 유물이 주구에서 확인되었다. 주변의 쌍암동고분은 원분으로 규슈계석실이 확인된다.

광주 명화동고분은 주변에 평동유적과 월전동유적이 분포한다. 두 유적은 영산강의 충적지에 위치한다. 평동유적은 3~4세기대 복합제형분과 5세기대 옹관이 매장시설인 원분이 확인되었다. 월전동유적은 생활유적으로 5세기 후엽 이후로 편년되며, 많은 양의 왜계유물이 확인되어 영산강을 통한 교류양상이 파악된다. 명화동고분은 장고형으로 6세기 전엽에 축조되었고 규슈계석실이 주 매장시설로 확인되며, 인근에서 장고형인 요기동고분이 확인된다. 이외에 광주 양과동 즙석분은 곡간지에 위치하는데 인근의 향등유적과 비슷한 양상을 보인다.

이상으로 광주 월계동고분군과 명화동고분은 왜와의 교류과정에서 출현한 것으로 왜와 밀접한 수장층의 분묘로 판단되며, 양과동 즙석분도 왜와 관련된 분묘로 추정된다.

### 5) 영산강 중류지역

이 지역에서는 복암리고분군을 중심으로 한 지역과 그 인근지역에 해당한다. 인근에 위치한 나주 장등유적은 영산강에서 7㎞ 이상 떨어진 곡간 평지에 위치하며, 4세기대의 복합제형분이다.

나주 복암리고분군은 인근 1㎞ 이내에 가홍리 신흥고분, 영동리고분군이 분포하고 있다. 가홍리 신흥고분은 방대형으로 횡구식석실이 매장시설로, 전체적인 규모와 구조면에서 영암 옥야리 방대형고분과 매우 흡사하며, 시기적으로 5세기 중엽경에 해당한다. 복암리고분군은 3~5세기대 복합제형분이 있었는데, 3호분의 경우 5세기 후엽경에 수직확장하여 고총화가 되었고, 규슈계석실과 백제계석실, 복합형 등 7세기 전엽경까지 매장시설이 확인되었다.

복암리고분군의 뒷동산 기슭에는 정촌고분이 위치하는데, 구릉 상에 입지하는 마한 전통의 고분 입지와는 차이를 보인다. 정촌고분은 5세기 후엽경 원형에 가까운 분구에 규슈계석실의 현실과 옹관묘가 조성되다가 석실의 연도와 묘도를 추가로 만들면서 방대형으로 확장하였다. 다음에 백제계석실이 순차적으로 추가장이 되었다. 인근의 영동리고분군은 복합제형분이 존재하다가 5세기 후엽에 규슈계석실 및 백제계석실이 순차적으로 조성된다. 이러한 양상은 복암리고분군과 매우 흡사하다.

이상으로 복암리고분군(정촌고분)은 5세기 후엽경 영산강유역 마한세력의 대수장층의 분묘로 생각되며, 가홍리 신흥고분도 복암리집단 산하의 중소세력의 분묘로 추정된다.

## 6) 영산강 하류지역

이 지역은 나주 반남고분군을 중심으로 한 지역과 영암 만수리·내동리·신연리·옥야리고분군을 중심으로 한 지역으로 나누어진다. 나주 반남고분군은 신촌리·덕산리·대안리 지역으로 36기의 고분이 분포하고 있다. 이 지역은 5세기대에 제형분이 대안리 1호·2호, 신촌리 4호~6호, 덕산리 2호·8호·11-1호 등 소지역군으로 나누어 분포하고 있다. 이어서 옹관을 매장시설로 한 원분과 방분이 평지나 낮은 구릉에 분포하는데 대안리 10호분, 신촌리 2호·3호분, 덕산리 6호·9호분 등이 해당한다. 옹관고분은 6세기 전엽까지 존속하다가 중엽부터 횡혈식석실을 매장주체로 한 소형 원분이 산재하여 분포한다. 덕산리 10호분과 12호분은 6세기 후엽, 대안리 4호분은 7세기 전엽으로 편년된다. 중심 고분을 보면 덕산리고분군은 덕산리 3호·5호로 원분, 신촌리고분군 1군은 신촌리 6호분, 신촌리고분군 2군은 신촌리 9호분으로 방대형이고, 대안리고분군은 대안리 9호분으로 방대형이다. 신촌리 9호분은 옹관이 매장주체시설로 1차례의 수직확장이 되면서 규모가 커졌다. 덕산리 9호분은 원분으로 구릉 말단부에 자리하고 매장주체시설은 옹관으로 추정된다.

영암 옥야리 방대형고분은 북쪽으로 영암 신연리·옥야리고분군이 위치한다. 4~5세기대 복합제형분이 확인된다. 신연리고분군은 14기 이상이 확인되며 신연리 9호분은 목관이 매장시설로 수평확장이 되면서 중복되다가 옹관이 5세기 중엽까지 추가장이 되었다. 옥야리고분군은 20기 이상 확인되며 신연리고분군과 양상은 유사하다. 옥야리 방대형고분은 5세기 중엽경에 횡구식석실을 매장시설로 조성되었고, 추가적으로 분구 가장자리에 옹관과 수혈식석곽이 조성되었다. 이러한 양상은 나주 가흥리 신흥고분과 매우 흡사한 양상을 보인다.

영암 자라봉고분은 단독으로 입지하는데 북측으로 2㎞ 이내에 영암 내동리·만수리고분군이 자리한다. 만수리고분군은 4기로 옹관이 매장주체시설로 추정되며 5세기 중엽까지 조성되었다. 내동리고분군은 4~5세기대로 분구가 수평과 수직확장이 이루어졌고 늦게까지 조성된 것으로 보인다. 자라봉고분은 장고형으로 6세기 전엽경에 해당한다. 장고분 중에서 유일하게 매장시설이 백제계 횡구식석실을 사용하고 있다.

이상으로 나주 신촌리 9호분은 반남세력의 수장층 분묘로 보이며, 덕산리 9호분도 수장세력의 분묘로 추정된다. 영암 옥야리 방대형고분은 옥야리고분군과 신연리고분군의 토착세력을 기반으로 5세기대 연안항로를 통한 교류의 산물로 조성된 토착세력 분묘로 생각된다. 영암 자라봉고분은 6세기 전엽이후 백제에게 병합되기 직전에 조성된 것으로 매장시설이 백제계로 백제와 밀접한 수장층의 분묘로 추정된다[14].

---

14    최영주, 2017b, 「韓半島 南西部地域 倭系 橫穴式石室의 特徵과 出現背景」, 『湖西考古學』 38, 86쪽.

# Ⅲ. 지역권 및 고분군 내에서 분주토기의 양상

## 1. 지역권과 고분군별 분주토기 양상

### 1) 금강하류 군산지역

금강하류 군산지역권에서는 축산리 계남유적과 축동유적에서 방형계 분구묘가 확인된다. 군산 축산리 계남유적은 낮은 구릉의 말단부에 형성된 유적으로 그 가운데 방형에 가까운 분구묘가 확인되었다. 고분의 남쪽과 동쪽, 북쪽 주구에서 43점의 장경호형 분주토기가 확인되었다. 남쪽 주구에서는 A형(13점)과 B형(2점), 동쪽 주구에서는 B형(6점), 북쪽 주구에서 B형(16점), C1형(6점)이 확인되었다. A형은 흑갈색 연질 소성으로 동체 상부에 원공이 다수 있으며, 저부가 막혀 있는 것으로 중서부지역의 원통형 특수토기를 모방한 것으로 생각된다. B형은 흑갈색 연질 소성으로 동체 상부에 'S'자형으로 4-5회, 또는 2-3회의 볼록한 형태를 가지고 있거나 동체에 횡침선이 돌아가고 있으며 저부는 막혀 있다. C1형은 흑갈색 및 황갈색 연질 소성으로 구연부가 길게 형성되면서 외반한 형태로 저부는 막혀 있다. 장경호형 분주토기는 형식 변천상 A형→B형→C1형으로 변화한 것으로 이해된다. 따라서 군산 축산리 계남유적은 남쪽 주구에서 동쪽 주구로 다시 북쪽 주구로 옮기면서 분주토기가 순차적으로 사용된 것으로 보인다. 대체로 50~60년간 분구묘가 운영된 것으로 추정된다.

군산 축동유적은 구릉 능선과 사면에 10기 분구묘가 확인되었으며 2호분과 3호분의 주구에서만 81점이 확인되었다. 2호분은 분구 능선에 위치하고 장방형의 형태로 장경호 B형(23점)[15]만 확인되며, 3호분은 구릉의 사면부에 위치하

---

15  장경호 B형은 앞의 계남유적의 B형과 유사하다. 동체부가 'S'자형으로 1-2회의 볼록한 형태로 저부는 막혀 있다.

표 13 | 금강하류 군산지역의 분주토기 현황

| 유적명 | 유구명 | 입지 | 분형 | 유물형식 | 유물 | 연대 |
|---|---|---|---|---|---|---|
| 군산 축산리 계남유적 | C지구 분구묘 남쪽주구 | 구릉 말단부 | 장방형 | 장경호 A형(13점) · B형(2점) | <br>A형 | 3세기 말 ~4세기 초 |
| | 동쪽주구 | | | 장경호 B형(6점) | | 4세기 전엽 |
| | 북쪽 주구 | | 장방형 | 장경호 B형(16점) · C1형(6점) | <br>C1형 | 4세기 전 · 중엽 |
| 군산 축동유적 | 2호분 주구 | 구릉 능선 | 장방형 | 장경호 B형(23점) | | 4세기 전엽 |
| | 3호분 주구 | 구릉 사면 | 방형 | 장경호 C2형(58점) | | 4세기 중엽 |

며 방형 형태로 장경호 C2형[16](58점)만 확인된다. 따라서 축동유적은 2호분(B

---

16  장경호 C2형은 적갈색 및 황갈색 연질소성으로 구연부가 길게 형성되면서 외반한 형태로 저부가 뚫려 있다.

형)→3호분(C2형)으로 변화한 것으로 보인다.

이외에 전傳계화도와 배재대박물관의 소장품(장경호 C2형)은 시기적으로 군산 축산리 계남유적과 축동유적보다 늦은 시기의 것으로 호남 남서부지역으로 확산되는 과정에서 나타난 것으로 추정된다.

## 2) 고창지역

고창 왕촌리유적은 구릉 능선 상에서 분구묘가 확인되는데 대부분 주구만 확인된다. 그 가운데 2호분 주구에서 20여 점이 출토되었다. 분주토기는 반남형으로 황갈색 연질과 회청색 경질 소성이며, 돌대 사이에 원형과 역삼각형 투창이 있으며, 동체에는 조족문, 격자문이 타날되어 있다. 나주 신촌리 9호분과 덕산리고분군을 벗어난 지역에서 확인된 것으로 고창지역권이 나주 반남지역과 밀접한 관계이었음을 보여주고 있다. 나주 반남지역의 출토품보다 다양한 형태, 분할성형, 경질계가 확인되고 있어 반남지역보다 조금 늦은 5세기 후엽경으로 추정된다.

동同유적 내에서 7호 토광묘 출토품인 장경호는 기형상 분주토기 장경호 C1형과 매우 유사하여 분주토기로 보아도 무방할 정도이다. 또한 3호 옹관묘 출토품인 장경호는 장경호 B형을 모방하여 만든 것으로 동체 중상부에 돌선이 돌아가는 형태는 유사하다. 모두 시기적으로 4세기 후엽으로 편년된다. 따라서 고창 왕촌리유적은 기존 장경호형의 분주토기 전통 속에서 새롭게 반남형 분주토기의 영향을 받아서 분구묘에 사용된 것으로 보인다.

고창 봉덕리 1호분 출토품은 모두 동체편으로 황갈색 연질 소성으로 동체에 격자문 타날이 되어 있고, 돌대는 옥야리형과 비슷하다. 기형상 장경호형에 가까운 형태로 원통하니와계의 요소가 가미된 것으로 보기도 한다[17]. 고창 칠암

---

17    김낙중, 2017, 「고대 고창 지역 정치체의 성장과 변동」, 『호남고고학보』, 56, 174-177쪽.

표 14 | 고창지역의 분주토기 현황

| 유적명 | 유구명 | 입지 | 분형 | 유물특성 | 유물 | 연대 |
|---|---|---|---|---|---|---|
| 고창 왕촌리유적 | 2호분 주구 | 구릉 능선 | 원형 | 반남형 호형(5점), 발형(21점) | 발형    호형 | 5세기 후엽 |
| 고창 봉덕리 1호분 | 1호 석실, 남쪽 주구, 분정부 | 구릉 | 장방형 | 장경호형에 가까운 형태로 추정 | | 5세기 후엽 |
| 고창 칠암리고분 | 석실 내 부엽토층 | 구릉 | 장고분 | 원통하니와계 | | 6세기 전엽 |

리고분은 장고분으로 매장시설은 석실의 1단 기단부만 확인된다. 모두 동체편으로 적갈색 연질이고 동체 외면에 목판긁기흔(하케메)이 확인되어 원통하니와계로 추정된다.

### 3) 함평천 유역

함평 신흥동유적은 구릉 능선 상에 위치하며, 5호 제형분 주구에서 2점 출토되었다. 황갈색 연질 소성으로 구연부는 넓게 외반되고, 동체 하부는 배부른 형태로 저부 중앙에 원공이 뚫려 있다(C2형). 인근의 마산리 표산유적 20호분도 제형분으로 수평으로 확장된 주구에서 5점이 출토되었다. 적갈색 연질 소성으로 저부 중앙이 뚫려 있다(C2형).

함평 중랑유적은 구릉 능선 상에 위치하며 방형분으로 주구에서 79점 확인되었다. 대부분 황갈색 및 적갈색 연질 소성이고 일부에서는 회청색 경질계도

표 15 | 함평천유역의 분주토기 현황

| 유적명 | 유구명 | 입지 | 분형 | 유물특성 | 유물 | 연대 |
|--------|--------|------|------|----------|------|------|
| 함평<br>신흥동유적 | 5호분 주구 | 구릉<br>능선 | 제형 | 장경호<br>C2형 | | 4세기 후엽 |
| 함평 중랑유적 | 주구 | 구릉 | 방형 | 장경호<br>C1형·C2형 | <br>C2형 | 5세기 후엽<br>~6세기 전엽 |
| 함평<br>금산리<br>방대형고분 | 분구 사면<br>주구 | 구릉<br>능선 | 방대형 | 원통하니와계 | | 5세기 후엽<br>~6세기 전엽 |
| 함평 죽암리<br>장고산고분 | 주구 | 구릉<br>말단부 | 장고분 | 원통하니와계 | | 6세기 전엽 |
| 무안<br>고절리고분 | 주구 | 구릉<br>능선 | 방대형 | 반남형 | | 6세기 전엽 |

확인된다. 동체 중위가 좁고 구연부와 저부가 넓은 형태로 동체에는 승문을 타날하거나 일부에서 소문 처리하였고, 중위의 상하를 횡조정하여 돌대 효과를 표현 한 것도 확인되며, 저부가 막혀 있는 것(C1형)도 있지만 대부분 원공이 뚫려 있는 것(C2형)이 확인된다.

함평 금산리 방대형고분은 구릉 능선 상에 위치하며 전면에 즙석이 확인된다. 분구 사면과 주구에서 12점이 확인된다. 대체로 원통하니와계로 추정되는데 적갈색 연질 소성은 돌대가 돌아가며 아래에 원공의 투창이 확인되며, 회청색 경질 소성은 돌대 아래에 장방형의 투창 확인되고 동체에 격자문이 타날되었다. 이외에 분구 사면에서 즙석 사이에서 계형하니와, 주구 바닥에서 마형하니와, 인물형하니와가 확인되었다. 인근의 죽암리 장고산고분에서도 적갈색 연질과 회청색 경질 소성의 동체편은 격자문과 돌대가 확인되며, 금산리 방대형고분 출토품과 매우 유사한 것으로 보아 원통하니와계로 추정된다.

무안 고절리고분은 구릉 능선 상에 위치한다. 방대형고분으로 분주토기는 동남쪽 주구에서 확인된다. 회청색 경질 소성으로 돌대가 돌아가고 아래에 원공이 있으며 동체에는 격자문이 타날되었다. 기형상 나주 덕산리 9호분과 매우 유사하여 반남형으로 추정된다. 6세기 전엽경으로 편년된다.

금산리 방대형고분과 죽암리 장고산고분 인근의 생활유적에서 다량의 분주토기편이 확인되었다. 함평 노적유적 2호 주거지에서 4점과 지표에서 9점이 수습되었다. 모두 원통하니와계로 추정되는데, 적갈색 연질 소성과 황갈색 경질 소성으로 동체에는 격자문, 조족문이 타날되었다. 경질계 분주토기는 돌대 사이에 역삼각형의 투창이 있고, 연질계 분주토기는 원형의 투창 확인되며, 물손질흔(나데)이 확인되어 일본열도에서 가지고 온 것으로 추정된다. 시기적으로 6세기 전엽경으로 편년된다.

함평 금산리 방대형고분을 중심으로 중랑유적, 노적유적, 장고산고분 등은 반경 1.5㎞ 내에 분포하고 있고 시기적으로도 5세기 후엽에서 6세기 전엽으로 편년된다. 당시 고분에서 분주토기가 채용되는 과정에서 형상하니와와 원통하니와계 분주토기를 통해 왜계 매장풍습이 확인된다. 왜계 공인이 직접적으로 형상하니와를 제작했을 것으로 추정되며, 인근에서 제작되어 보급되었을 것으로 보인다.

### 4) 영산강 상류지역

광주 월계동고분은 평지에 위치하며 장고분으로 방패형 주구를 가지고 있다. 1호분에서 200여 점, 2호분에서 60여 점이 확인되었다. 원통하니와계로 나팔꽃형과 원통형이 확인된다. 적갈색 연질과 회청색 경질 소성이 확인되며, 원통형은 상부로 갈수록 넓어지고 나팔꽃형은 넓게 벌어진 구연부를 가진다. 문양은 조족문, 격자문이 대부분이고, 투창은 타원형과 반원형이 많다. 나팔꽃형 분주토기는 대부분 원통형 분주토기와 비슷한 양상을 보이는데 동체의 나팔부는 문양이 타날되지 않았다.

월계동 2호분의 출토품은 월계동 1호분 출토품과 전체적인 형태는 유사하지만 원통 직경이 좁고 길쭉한 형태이며, 동체의 나팔부는 무문이지만 격자문이 타날된 것도 있다. 월계동 1호분은 도립성형, 2호분은 분할성형으로 도립성형이 선행한 것으로 보인다. 이러한 특징으로 보아 나팔꽃형 분주토기는 광주 월계동 1호분→2호분으로 변화하는 것으로 보인다.

분주목기는 장승형과 개형이 있는데, 장승형은 이와미형石見型, 개형은 가사형쏘形으로 알려져 있다. 모두 월계동 1호분에서 확인된다. 그 중 개형 분주목기는 원형에 가까운 평면형태를 보이며 밑면이 편평하고 윗면 중앙 구멍부분에 튀어나온 돌기가 거의 없는 것으로 영암 자라봉고분 출토품과 유사하다.

광주 명화동고분은 구릉 능선 상에 위치하며, 장고분으로 방패형 주구로 가지고 있다. 분구 가장자리와 주구에서 분주토기 15점이 확인되었다. 분구 가장자리에서는 50㎝ 정도 간격으로 세워진 상태로 확인되었다. 원통하니와계로 원통형만 확인되는데 회청색 경질과 적갈색 연질 소성으로 2줄의 돌대 사이에 반원형 투창이 확인되고 문양은 변형조족수직집선문, 단선횡주수직집선문, 격자문 등이 확인된다. 분주토기는 구연부 형태, 돌대 돌출도, 투창 형태 등을 통해 월계동보다 선행하는 것으로 보기도 하지만 석실의 구조적인 특징과 출토유물에 있어서 월계동 2호분보다 늦은 6세기 2/4분기로 보인다.

**표 16 | 영산강 상류지역의 분주토기 현황**

| 유적명 | 유구명 | 입지 | 분형 | 유물특성 | 유물 | 연대 |
|--------|--------|------|------|----------|------|------|
| 광주 월계동고분 | 1호분 주구 | 평지 | 장고분 | 원통하니와계 (나팔꽃형, 원통형) 분주목기 (개형·장승형) | | 6세기 초 ~1/4 |
| 광주 월계동고분 | 2호분 주구 | 평지 | 장고분 | 원통하니와계 (나팔꽃형, 원통형) | | 6세기 전엽 |
| 광주 명화동고분 | 분구 기저부 | 구릉 능선 | 장고분 | 원통하니와계 (원통형) | | 6세기 전엽 |
| 광주 양과동 행림유적 | 도로석열, 즙석분 주구 | 곡간지 | 방형? | 원통하니와계 | | 5세기 후엽 ~6세기 전엽 |

　광주 양과동 행림유적은 광주 향등유적의 입구부로 곡간지에 해당한다. 즙석분 주구와 도로 석열 등에서 7점이 출토되었다. 대부분 갈색계 연질 소성으로 동체에는 사격자문, 조족문이 타날되었고 돌대가 확인되었다. 향등유적의 출토품과 유사하다. 향등유적은 곡간지에 위치하며 16호, 24호 주거지에서 확인되었다. 출토품은 적갈색 연질로 동체에 조족문, 사격자문이 타날되었고 돌대가 돌아간다. 대체로 6세기 전엽으로 편년된다.

　광주 하남동유적은 대규모 취락으로 구릉 능선과 사면에 위치한다. 인근에서 제형분구묘도 확인된다. 주거지를 두루는 8호, 9호, 17호 구에서 56점이 확인된다. 특히 9호 구에서 48점이 일정한 간격으로 1-2점씩 확인되고 있다. 출토품은 장경호 C2형[18]으로 시기는 대체로 5세기 중·후엽에 해당한다.

이상으로 광주 월계동고분과 명화동고분을 중심으로 한 왜계 묘제에서 원통하니와계가 주로 확인되며 양과동 즙석분과 생활유적에서도 원통하니와계 동체편이 확인된다. 이러한 점으로 보아 6세기 전엽경 왜계 매장풍습의 영향을 많이 받은 것으로 보인다. 하지만 인근의 하남동유적의 취락유적을 감싸는 구에서 분주토기가 출토되고(공헌의 기능) 있어 기존 분주토기의 매장풍습이 확인되고 있다.

### 5) 영산강 중류지역

나주 복암리고분군은 나지막한 구릉 말단부에 위치하며 고분이 집중적으로 분포한다. 이외에 수혈, 구상유구, 제철 관련 정련단야노지, 굴립주건물지 등이 확인된다. 2호분과 8호분은 제형분이며, 분주토기는 52점 확인된다. 2호분 주구에서 확인된 분주토기는 대부분 적갈색 연질의 장경호 C2형으로 무문이고 동체는 중위가 약간 배부른 형태로 저부에 원공이 뚫려 있고 구연부는 나팔형으로 외반되어 있다. 8호분 주구에서 출토된 분주토기는 적갈색 연질 소성으로 동체부는 좁고 길게 형성되었는데 구연부는 나팔형으로 외반한 형태이며 저부에 원공이 뚫려 있다. 16호 수혈 출토품은 통형으로 반남형에 가까운 형태이다. 회청색 경질 소성으로 돌대 아래에 역삼각형 투창이 있으며, 동체에 승문이 타날되어 있다.

---

18  장경호 C2형은 담양 덕성리 영월유적에서 제형분의 주구로 추정된 곳에서 5개체 정도가 확인되었다. 형태는 나주 복암리 2호분 출토품과 유사하며, 황갈색 연질이다(박수현, 2019, 「담양의 발굴이야기-마한·백제시대 고고학적 성과를 중심으로-」, 『영산강유역 마한사회와 백제의 유입』, 전남문화관광재단, 116쪽).

**표 17 |** 영산강 중류지역의 분주토기 현황

| 유적명 | 유구명 | 입지 | 분형 | 유물특성 | 유물 | 연대 |
|--------|--------|------|------|----------|------|------|
| 나주 복암리 고분군 | 2호분 주구 | 구릉 말단부 | 제형 | 장경호 C2형(24점) | | 5세기 전엽 |
| | 8호분 주구 | | | 장경호 C2형 (24점) | | 5세기 중엽 |
| | 16호 수혈 | | | 반남형?(2점) | | 5세기 중엽? |
| 나주 가흥리 신 흥고분 | 석실 함몰토 북쪽 주구 | 평지 | 방형 | 반남형?(5점) | | 5세기 중엽 |
| 나주 장등유적 | 4호분 주구 | 구릉 사면 | 제형 | 장경호C2형 (24점) | | 4세기 중엽 |

나주 가흥리 신흥고분은 방대형으로 석실 함몰토와 주구에서 5점이 확인되었다. 회색계 연질과 회청색 경질로 통형으로 반남형에 가까운 형태로 추정된다. 인근의 복암리고분군 16호 수혈 출토품과 유사한 형태를 보인다.

나주 장등유적은 구릉 능선의 사면부에 위치한다. 제형분인 2호와 4호분 주구에서 25점이 확인되었다. 모두 황갈색 및 적갈색 연질로 장경호 C2형으로 저부에 원공이 뚫려 있다. 2호분 주구 출토품은 옥야리형 돌대가 확인된다. 4호분 주구 출토품은 중위가 좁고 하위와 구연부가 넓은 형태로 장고형에 가까운 형태이며, 구연부는 넓게 외반되었다.

이외에 생활유적으로 나주 구기촌유적이 확인되는데 구릉 능선부에 위치한다. 3호 주거지 주공 내부에서 세워진 상태로 1점이 출토되었다. 적갈색 연질로 동체에 조족문이 타날되었고, 원형의 투창이 확인되며, 광주 월계동고분군 출토품과 유사한 것으로 추정된다. 이외에 지석천유역의 화순 백암리고분은 구릉 말단부에 위치하며, 원형의 즙석분으로 분구 외연에서 12점이 출토되었다. 적갈색 경질 소성으로 동체에 격자문이 타날되었고 돌대가 확인된 것으로 보아 원형하니와계로 추정된다.

### 6) 영산강 하류지역

나주 신촌리 9호분은 덕산리고분군 인근에 자리하면서 구릉 정상부에 위치한다. 방대형 고분으로 옹관이 매장주체시설로 수직확장이 이루어졌다. 5세기 후엽으로 총 57점이 확인된다. 그 가운데 32점은 분구의 가장자리 성토부에서 확인되며 상부가 깨진 상태로 출토되었는데, 이는 확장되는 과정에서 깨진 것으로 보인다. 분주토기는 반남형으로 호형과 발형이 확인된다. 모두 적갈색 연질 소성으로 동체에 수직집선문, 조족문, 다선횡주집선문 등이 확인된다. 상부 발형은 상부에 돌대가 있고 돌대 아래에 역삼각형 투창이 있다. 발형부와 통형의 동체부 사이에도 돌대가 확인된다. 상부 호형은 호형부와 통형 동체부 연결부에만 돌대가 돌아간다.

표 18 | 영산강 하류지역의 분주토기 현황

| 유적명 | 유구명 | 입지 | 분형 | 유물특성 | 유물 | | 연대 |
|---|---|---|---|---|---|---|---|
| 나주 신촌리 9호분 | 분구 주구 庚관 辛관 | 구릉 능선 | 방대형 | 반남형 (호형, 발형) 57점 | 발형 | 호형 | 5세기 후엽 |
| 나주 덕산리고분군 | 9호분 주구 | 구릉 능선 | 원형 | 반남형 (호형, 발형) 19점 | 발형 | 호형 | 6세기 전엽 |
| 영암 옥야리 방대형고분 | 주구 | 구릉 능선 말단부 | 방대형 | 옥야리형 (장경호형 +원통하니와 계) 복합 161점 | | | 5세기 중·후엽 |
| 영암 자라봉고분 | 주구 | 곡간지 | 장고형 | 원통하니와계 (원통형), 개형 분주목기 출토 | | | 6세기 전엽 |

　나주 덕산리고분군은 구릉 능선 상에 위치한다. 8호와 11호분에서 3점, 9호분에서 19점이 출토되었다. 8호와 11호분에서 출토품은 동체편으로 적갈색 연질 소성을 보이는데 신촌리 9호분 인근에서 확인된다. 9호분의 분주토기는 반남형으로 호형과 발형 모두 확인된다. 회청색 경질로 돌대가 상부(호형·발형)와 통형 동체부 사이에 돌대가 있으며 원공은 돌대 아래에서 확인된다. 동체에는 조족문과 평행문이 타날되었다. 이러한 형태적인 특징은 신촌리 9호분 이

후의 정형화되어 만들어진 것으로 보이며 6세기 전엽으로 편년된다.

영암 옥야리 방대형고분은 구릉 능선 말단부에 위치한다. 매장주체시설은 분구 중앙에 횡구식석실이며, 주구에서 161점이 확인되었다. 주구에서 확인된 분주토기는 약간의 시기 차를 보이고 있어 5세기 중엽에서 후엽경으로 2차례에 걸쳐 사용된 것으로 보인다. 분주토기는 적갈색 연질 소성으로 모두 저부에 원공이 뚫려 있으며, 돌대를 점토로 붙인 것과 눌러 도드라지게 하여 돌대 효과를 나타낸 것이 있다. 투창은 원형, 삼각형, 역삼각형이 확인되며, 동물형상 토제품을 동체부 3단에 장식하거나 파상문을 시문한 것도 확인된다. 기형은 통형이면서 저부는 장경호형에 가까운 형태로 복합형에 해당하며,「옥야리형」으로 분류가 가능하다.

영암 자라봉고분은 저평한 구릉 곡간부 사면에 위치한다. 장고분으로 주구에서 분주토기가 확인되는데 원통하니와계로 원통형만 확인된다. 북서쪽 주구에서 개형 분주목기가 2점씩 상면이 맞물려 자루에 끼워진 채로 2개체가 확인되었다. 분주토기는 적갈색 연질과 경질화가 된 것도 확인된다. 기형은 대체로 통형으로 상부는 넓은 형태로 발형에 가까운 형태이고 저부는 좁은 형태로 분구 가장자리에 심기 위한 것으로 추정된다. 분주토기는 2조의 돌대와 돌대 사이에 역삼각형과 반원형의 투창 확인되며, 일부는 1조의 돌대만 돌아가고 그 아래에 투창이 확인되기도 한다. 동체에 조족문, 단선횡주집선문 등이 확인되며, 일부에서 소문 흔적도 확인된다. 따라서 분주토기는 역삼각형의 투창 형태와 저부가 좁은 특징, 다양한 형태 등은 시기적으로 늦은 양상을 나타낸 것으로 보여 6세기 전엽경으로 편년된다.

이상으로 영암 옥야리 방대형고분에서 복합형인「옥야리형」이 성립되었고, 후에 나주 신촌리 9호분과 인근의 덕산리 9호분에서 원통하니와계를 재지화하여「반남형」으로 발전된 형태를 보인다. 6세기 전엽경이 되면 영암 자라봉고분에서 원통하니와계의 퇴화적인 변화 요소와 분주목기 등이 확인된다. 영산강 하류지역은 다양한 문화양상과 선진 문물을 수용하는 곳이면서 영산강유역권의 중심지이기도 하여 왜계 매장풍습을 적극적으로 받아들이면서도 재지화하는 모습을 보이고 있다.

이외에 해남 장고봉고분 출토품은 동체부편으로 적갈색 연질이고, 단선횡주수직집선문이 타날되었는데 원통하니와계로 추정된다. 시기적으로 6세기 전엽으로 편년된다. 거제 장목고분은 분구 주변에서 분주토기 9점이 확인되었다. 전체 형태는 통형이고 적갈색연질로 평행문이 타날되었으며 동체 상부에 역삼각형 투창이 확인된다. 송학동고분 출토품과 매우 유사하다. 시기적으로 5세기 말로 추정된다. 고성 송학동고분 중 1B호분 가장자리의 주구에서 5점이 동일한 간격으로 출토되며, 6세기 전엽경으로 편년된다. 서부경남의 연안 항로 상에 왜계고분에서 분주토기가 확인되며, 전체 기형과 타날문양 등에서 「송학동형」으로 분류가 가능할 정도로 자제적인 발전 양상을 보인다.


## 2. 분주토기 형식과 분형과의 상관관계

분주토기는 (장)방형 · 제형(저底분구), 방(대)형 · 원(대)형 · 장고형(고高분구) 등 다양한 분형에서 확인된다. 분주토기 형식에 따라 분형의 차이와 함께 분포 지역도 다르게 나타나고 있다. 분주토기 형식별로 고분 형태와 분포 지역에 대해서 검토하고자 한다.

먼저, 장경호형은 저분구인 (장)방형과 제형, 고분구인 방(대)형에서 확인된다. (장)방형의 분형은 금강 하류 군산지역권에서만 분포하며, 장경호형 A형 · B형 · C형 전체가 확인된다. 그 중 장경호 A형은 군산 축산리 계남유적 분구묘 남쪽 주구에서만 확인된다. 이 형식은 중서부지역 원통형 특수토기를 모방하여 만든 것으로 판단된다. B형은 군산 축산리 계남유적 분구묘 동쪽주구와 군산 축동 2호분에서 확인된다. C1형은 저부가 막혀 있는 형태로 축산리 계남유적 분구묘 북쪽 주구와 함평천유역에서 방(대)형인 함평 중랑유적 분구묘 주구에서 확인된다. C2형은 저부가 뚫려 있는 형태로 (장)방형의 군산 축동 3호분 주구에서 확인된다. 제형분 중에 함평천유역의 함평 신흥동 5호분, 마산리 표산 20호분과, 영산강 중류지역인 나주 복암리 2호·8호분과 나주 장등 4호분 주구에서 확인된다. 그리고 방(대)형인 함평 중랑유적 분구묘 주구에서 확인된다.

장경호형 분주토기는 금강유역 군산지역에서 (장)방형의 저분구묘에서 발생하여 호남지역으로 확산된 것으로 파악되는데, 남서부지역으로 확산되는 과정에서 전傳계화도 출토품과 배재대박물관 소장품이 나타나게 되었다. 함평천유역과 영산강 중류지역 제형의 저분구묘에서 적극적으로 수용하여 출현한 것으로 보인다. 방(대)형의 고분구묘인 6세기대 함평 중랑유적에서 마지막으로 나타난 것으로 생각된다.

옥야리형은 영산강 하류지역의 영암 옥야리 방대형고분에서만 확인되며, 5세기 중후엽으로 편년된다. 분주토기는 형태적으로 장경호형과 원통하니와게가 혼합된 형태인 복합형이다. 원통하니와게 분주토기는 5세기 전반경부터 서남부 해안지역에서 출현한 왜계고분 등을 통해 왜와의 교섭과정에서 왜계 장제풍습을 받아들이는 과정에서 복합형인 「옥야리형」이 만들어지게 된 것으로 추정된다.

반남형은 영산강 하류지역인 반남고분군과 고창지역의 연안 항로 상에서 확인된다. 나주 반남고분군 내 신촌리 9호분과 덕산리 9호분은 모두 고高분구묘인 방대형과 원(대)형에 해당한다. 고창 왕촌리유적의 원(대)형도 고高분구묘로 추정된다. 반남형 분주토기도 원통하니와게 분주토기의 영향으로 만들어진 것으로 5세기 전반 이후의 왜와의 교섭과정에서 왜계 장제풍습을 적극적으로 수용하게 되었다. 그 과정에서 재지화로 발전시킨 것으로 생각된다.

반남형은 앞에서 살펴본 옥야리형과 마찬가지로 영산강 하류지역에 위치하면서 선진 문물을 거부감 없이 빠르게 수용하기도 했지만, 반남세력은 당시 영산강유역의 중심지로서 마한의 특징이 잘 보이는 곳이기 때문에 분주토기를 재지화한 것으로 생각된다. 고창지역의 왕촌리유적은 해안가 인근에 위치하

표 19 | 분주토기 형식과 분형과의 상관관계

| 형식 | 분형 | (장)방형 | 제형 | 방(대)형 | 원(대)형 | 장고형 | 비고 |
|---|---|---|---|---|---|---|---|
| 장경호형 | A형 | **축산리 계남 -남쪽주구** | | | | | C2형: 생활유적 -광주 하남동 |
| | B형 | 축산리 계남 동쪽주구 군산 축동 2호분 | | | | | |
| | C1형 | 축산리 계남 북쪽주구 | | 함평 중랑 | | | |
| | C2형 | **군산 축동 3호분** | 함평 신흥동 5호분 마산리 표산 20호분 담양 덕성리 영월유적 **나주 복암리 2·8호분 나주 장등 4호분** | 함평 중랑 | | | |
| 옥야리형 | | | **영암 옥야리** | | | | 동물형상토제품 부착 |
| 반남형 | 상부 발형 | | | **나주 신촌리 9호분** 나주 가 흥리 신흥? | **나주 덕산리 9호분 고창 왕촌리** | | **고창지역과 반남지역 중심** |
| | 상부 호형 | | | 나주 신촌리 9호분 무안 고절리 | 나주 덕산리 9호분 **고창 왕촌리** | | |
| 원통 하니와계 | 원통형 | | | **함평 금산리** 광주 양과동? | 화순 백암리? | 고창 칠암리 함평 죽암리 **광주 월계동 광주 명화동 영암 자라봉** 해남 장고봉 | 분주목기: 광주 월계동, 영암 자라봉 생활유적: 함평 노적, 광주 향등, 나주 구기촌 |
| | 나팔꽃형 | | | 함평 금산리? | | 광주 월계동 | |
| 중심지역 | | 금강 군산지역 | 함평천유역 영산강 상류, 중류 | 함평천유역 영산강 중류, 하류 | 고창지역 영산강 하류 | 고창지역 함평천유역 영산강 상류, 하류 | |

는데 당시 연안 항로 상에 해당한 곳이다. 무안 고절리고분도 방대형으로 해안 가에 위치하고 있다. 대체로 해안가와 강가에 위치하면서 대외 교류를 통한 선 진 문물을 적극적으로 수용한 것으로 파악되며, 그 과정에서 왜계 장제풍습을 받아들이고 재지화 된 것으로 생각된다.

원통하니와계는 高분구묘인 방대형과 원대형, 장고형에서 확인되는데 대부분 장고형에 해당한다. 왜계 묘제인 장고형은 당시 중심지인 영산강 중류지역(복암리고분군 중심지역)을 제외한 영산강 상류와 하류, 고창지역, 함평천 유역에서 확인된다. 영산강 상류의 광주 월계동과 명화동고분, 하류의 영암 자라봉고분, 고창지역의 칠암리고분, 함평천유역의 죽암리고분 등이 있으며 이외에 해남반도의 장고봉고분이 있다. 이 중 나팔꽃형 원통하니와계는 광주 월계동고분군에서만 확인된다. 왜계 묘제인 장고형에서 왜계 장제풍습인 원통하니와계 분주토기를 적극적으로 수용하였는데 현지 공인에 의해 분주토기는 제작된 것으로 보인다.

방대형은 함평 금산리 방대형고분과 광주 양과동유적에서 확인되며, 원대형은 화순 백암리고분에서 확인된다. 모두 즙석분이라는 점이 특징이다. 이중 함평 금산리 방대형고분에서는 형상하니와가 출토되는데 마형과 계형의 동물형 하니와와 인물형 하니와, 원통하니와계도 확인된다. 형상하니와는 왜계 공인이 현지에서 제작했거나 현지 공인을 지도해서 제작한 것으로 파악된다. 모두 영산강유역 재지세력이 당시 정세를 타개하기 위해 왜계고분문화를 적극적으로 수용하는 과정에서 왜계 묘제인 장고형과 매장시설인 규슈계석실이 출현하게 된 것으로 생각된다.

당시 영산강유역에서 중심지 역할을 했던 세력은 나주 복암리고분군을 대표한 세력이다. 이보다 작은 세력은 함평천유역의 금산리 방대형고분을 비롯한 인근 세력권, 고창지역의 봉덕리고분군 관련 세력권, 해남반도의 장고봉고분 인근 세력권을 들 수 있다. 이러한 지역 세력권을 중심으로 집단 구성원의 화합과 지배의 합리화, 또는 문화적 정체성의 변화를 모색하는 시도가 이루어졌다. 그러한 과정에서 왜계 묘제(수혈식석곽, 횡혈식석실, 장고분 등)와 왜계 장제풍습(옥야리형, 반남형, 원통하니와계 등)이 출현하게 되었다.

# Ⅳ. 고분축조과정에서 나타난 장제의례과정과 그 배경

## 1. 고분 단계별 장제의례과정[19]

앞에서 살펴본 내용을 바탕으로 시기별 고분축조과정에 따른 장제의례과정에서 분주토기가 언제, 어떻게 사용되는지에 대해서 살펴보고자 한다.

### 1) 제형분 단계(3~5세기대)

제형분 단계의 분형은 (장)방형, 제형이 있으며, 목관이 주 매장시설로 사용되다가 점차 옹관이 분구 대상부로 다시 주 매장시설로 대체되는 양상을 보인다. 이러한 고분의 변화과정 속에서 분주토기가 출토되는 고분을 중심으로 고분의 축조과정에 대해서 살펴보고자 한다.

고분 축조과정은 ①묘역 선정 및 정지 작업 → ②분구 축조 → ③매장시설 구축 → ④매장 행위 → ⑤분구 성토 → ⑥외부시설의 정비(분주토기·장경호형) 순으로 이루어진다. 대체로 3~5세기대 대부분의 고분 축조과정이 ①~⑤까지 마무리되지만, 분주토기가 확인된 고분 축조과정은 ⑥에서 마무리된다.

대표적인 고분은 금강하류 군산 축산리 계남유적과 축동유적, 함평천유역의 신흥동유적, 영산강 중류지역인 나주 복암리고분군, 장등유적 등이 해당된다. 군산 축산리 계남유적에서 분주토기는 모두 주구에서 확인되었는데 본래는 분구 가장자리에 세운 것으로 추정된다. 장경호형 분주토기의 형식변화로 보면, 남쪽 주구 → 동쪽 주구 → 북쪽 주구로 순차적으로 사용된 것으로 보이는데 분구 가장자리에 남쪽에서 동쪽, 그리고 북쪽에 세운 것으로 추정된다. 대체로 50~60년간 고분이 운영된 것으로 추정된다. 이 유적에서는 중서부지역의 분묘에 사용된 원통형 특수토기가 군산지역권에서 처음으로, 고분에서

---

19  여기서 장제의례과정(葬制儀禮過程)은 고분에서 장사를 지내는 방식과 절차를 갖춘 행사를 치르는 것을 말한다.

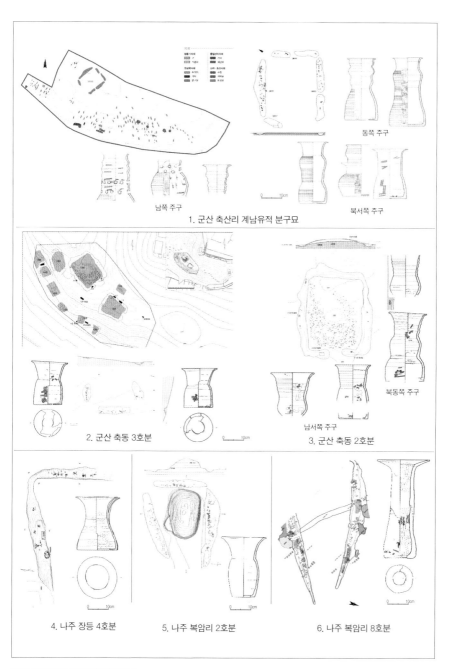

1. 군산 축산리 계남유적 분구묘

동쪽 주구

남쪽 주구

북서쪽 주구

2. 군산 축동 3호분

3. 군산 축동 2호분

남서쪽 주구

북동쪽 주구

4. 나주 장등 4호분

5. 나주 복암리 2호분

6. 나주 복암리 8호분

**그림 18 |** 제형분 단계의 분주토기

분주토기로 차용되어 사용된 모습을 보이고 있다(그림 18-1).

군산 축동유적은 10여기 고분 중에서 2호분과 3호분의 주구에서 분주토기가 확인되었다. 분주토기는 분구 가장자리에 세운 것으로 추정된다. 장경호형 분주토기의 형식변화로 보면, 2호분→3호분으로 변화한 것으로 보인다(그림 18-2·3).

금강 하류인 군산지역은 축산리 계남유적과 축동유적을 통해 원통형 특수토기가 분주토기로차용되어 사용된 모습이 보이며, 고분의 매장풍습과 장제의례과정에서 빼놓을 수 없는 행위로 자리 잡게 되었다. 금강 하류지역에서 짧은 기간에 고분 장식물로서 분주토기는 고분의례과정에서 일반화된 것으로 보인다.

함평천유역의 신흥동유적은 7기 제형분 중 5호분의 서쪽 주구에서 확인되는데 서쪽 분구 가장자리에 세워진 것으로 보인다. 영산강 중류지역인 나주 장등유적은 13기 제형분 중에서 2호와 4호분 주구에서 확인되는데 분구 가장자리에 세워진 것으로 보인다(그림 18-4). 2호분과 3호분은 분구가 수평으로 확장된 모습을 보이는데, 이는 주구를 다시 굴착하여 종과 횡으로 분구가 커지는 모습을 보인다. 이 경우는 고분 축조 과정 ②~⑥이 반복된 것으로 보인다.

나주 복암리고분군 중에서 2호분과 8호분 주구에서 분주토기가 확인되는데 역시 분구 가장자리에 마지막 고분축조 단계에 세워진 것으로 보인다(그림 18-5·6). 이외에 광주 하남동유적은 대규모 취락을 감싸는 9호 구에서 일정한 간격으로 1-2점씩 분주토기가 출토되는데 공헌의 기능을 한 것으로 보인다. 대체로 5세기 중·후엽에 해당한다.

따라서 제형분 단계의 분주토기는 금강 하류 군산지역에서 고분의 장제과정으로 빠르게 자리 잡게 되었고 고분의 장식물로, 의례과정의 일부분이 되었다. 분주토기는 고분축조의 마지막 단계에서 분구 가장자리에 세워진 것으로 보인다. 여기서 분주토기는 고분의 경계와 피장자를 보호하는 벽사의 의미를 나타낸 것으로 보인다. 이외에 대규모 취락유적에서 고분 장식물이 아닌 공헌물로서 확인되고 있어 분주토기를 특별한 존재로 인식하고 있었다.

## 2) 고총화 단계(5세기 중엽~후엽)

5세기 중엽이후 분구는 고총화되는 양상을 보인다. 제형분은 수직으로 확장하여 방대형 분구를 축조하는 것과 방대형 분구로 완성되어 나타난 경우가 확인된다. 전자는 나주 신촌리 9호분과 고창 봉덕리 1호분이 해당하고, 후자는 영암 옥야리 방대형고분과 나주 가흥리 신흥고분이 해당한다. 전자의 고분 매장시설은 대형의 전용옹관과 수혈계 또는 횡혈계 석실이 확인되며, 후자의 고분 매장시설은 횡구식석실(곽)이 확인된다.

이 단계의 고분축조과정은 기본적으로 제형분 단계의 고분축조과정과 비슷하다. 하지만 수직으로 확장된 분구는 ②분구 축조 → ③매장시설 구축 → ④매장 행위 → ⑤분구 성토 → ⑥외부시설의 정비(분주토기-반남형)가 다시 반복되는 과정을 보인다. 나주 신촌리 9호분처럼 분구를 수직으로 확장하는 과정에서 분구 가장자리에 세워둔 분주토기 상부를 깨트린 모습이 확인된다. 분구를 다시 성토한 다음에 재차 분구 가장자리에 분주토기를 세운 것으로 보인다 (그림 19-1).

영암 옥야리 방대형고분에서 확인된 옥야리형(복합형) 분주토기는 주구에서 155개체가 확인되었다. 다른 주구에 비해 북쪽 주구에서 확인된 분주토기 개체수는 적은 편이며, 분구 가장자리를 따라 세워진 것으로 보인다. 방대형고분은 주 매장시설인 횡구식석실은 5세기 중엽경, 남쪽 분구 가장자리에 석곽묘-목관묘-옹관묘는 5세기 중엽에서 후엽에 걸쳐 추가장이 되었다. 대략 40-50년간의 시간 폭을 가지고 운영된 것으로 생각된다. 북쪽 주구에서는 분주토기가 같은 형식만 확인되고, 나머지 주구에서는 다른 형식이 공존한 것으로 보아 2차례에 걸친 분주토기가 세워진 것으로 보인다. 이는 분구 남쪽 가장자리에 추가장된 분묘에 의해 분주토기 일부가 다시 세워진 것으로 보인다. 고분 축조과정은 ①~⑥순으로 이루어지며, 추가장이 되면서 ③매장시설 구축 → ④매장 행위 → ⑤분구 성토 → ⑥외부시설의 정비(분주토기-옥야리형)가 다시 반복되는 모습을 보인다(그림 19-2).

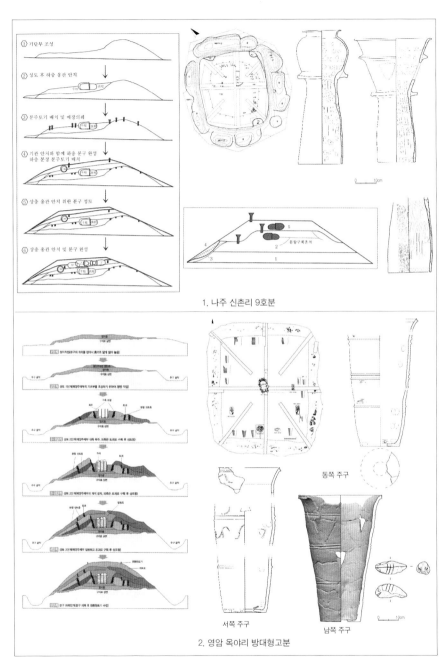

1. 나주 신촌리 9호분

2. 영암 옥야리 방대형고분

**그림 19** | 고총화 단계의 분주토기

고분 남쪽 주구에서 동물형상 토제품이 확인되는데 분주토기에 부착된 것으로 보인다. 분주토기에 동물형상 토제품을 붙이는 행위는 왜계의 매장풍습인 형상하니와의 영향을 받은 것으로 보인다. 이는 5세기대 연안 항로를 따라 왜계고분(수혈식석곽)이 조성된 이후 왜계 매장풍습을 수용하는 과정에서 나타난 현상으로 보이며, 5세기 후엽 이후에 나타난 규슈계석실과 장고분에도 영향을 미친 것으로 보인다. 여기서 분주토기는 제형분 단계의 고분 경계와 벽사의 의미에 더해 피장자의 위엄을 본격적으로 나타낸 것으로 보인다.

### 3) 석실분 단계(5세기 후엽~6세기 전엽)

5세기 후엽 이후 장고형인 광주 명화동고분과 월계동고분군, 영암 자라봉고분과 방대형인 함평 금산리 방대형고분 등이 확인된다. 고분은 대체로 횡혈식석실이 매장주체시설로 확인된다. 이 시기의 고분축조과정은 분구 축조와 매장주체시설(횡혈식 구조) 구축이 동시에 이루어지는 점이 제형분 단계와 다르다. 따라서 고분 축조는 ①묘역 선정 및 정지 작업 → ②분구 축조 및 매장시설 구축 → ③매장 행위 → ④분구 성토 → ⑤외부시설의 정비(분주토기·원통하니와계) 순으로 이루어진다.

광주 명화동고분은 규슈계석실이 매장시설로 분구 가장자리를 따라서 50㎝ 간격으로 분주토기가 세워져 있는 상태로 발굴 조사되었다(그림 20-1). 이러한 출토 상황은 광주 월계동고분군(그림 20-2·3)과 영암 자라봉고분에서도 비슷한 양상이라고 추정된다. 영암 자라봉고분처럼 분주목기(개형)가 주구에 공헌된 형태로 출토되기도 한다(그림 21-1). 기본적으로 장고분에서 분주토기는 분구 가장자리를 따라 일정한 간격으로 배치되는 양상을 보인다.

함평 금산리 방대형고분은 횡혈식석실을 매장시설(추정)로 분구 전면에 즙석이 깔려 있으며, 분구 정상부에 동물형하니와(계형·마형)와 인물형하니와를 설치하였고, 그 주변에 원통하니와계 분주토기도 세운 것으로 추정된다(그림 21-2). 분주토기는 고분축조 마지막에 즙석과 함께 설치된 것으로 보인다. 고분에 왜계 형상하니와를 배치하는 것은 왜계 장제풍습과 장제의례과정이 적극적으로 수용된 것으로 보인다. 인근의 함평 노적유적과 장고산고분 등에서도 원통하니와계 분주토기가 확인되어 있어 왜와 관련된 유물과 고분이 집중적으로 분포하고 있다. 여기서 분주토기는 왜계 장제풍습을 도입함으로서 피장자(수장층)의 권위를 드러냄과 동시에 재지집단에서의 우위를 차지하고자 하는 표현이었다.

당시 금산리 방대형고분으로 대표되는 함평천유역 재지세력이 왜계 문물을 적극적으로 수용하면서 작은 지역집단의 수준에서 집단 구성원의 화합과 지배의 합리성을 확보하기 위한 수단적 산물 또는 문화적 정체성에 대한 변화를 모색하기 위한 사회적 전략이라고 이해된다.


## 2. 시대적인 배경

한반도에서 분주토기는 3세기 말~6세기 전엽까지 유행하였다. 고분은 방형·제형(저低분구) → 방(대)형·원(대)형·장고형(고高분구)으로 변화하는데 대체로 5세기 중엽 경부터 분구의 고대화가 시작된다. 이 시기를 기점으로 하여 크게 두 시기로 나누어 시대적인 배경에 대해서 살펴보고자 한다.

5세기대 이전에는 제형분 단계에서 장경호형이 유행하던 시기이다. 대체로 금강 하류인 군산지역권을 중심으로 분포하지만 나주 장등유적에서 일부가 확인된다. 이 시기에 장경호형 분주토기는 중서부지역의 무덤에 부장된 유물로 술 공헌과 관련된 원통형 특수토기를 변용하여 분구 가장자리에 배치한 장식물로 차용하게 된다. 이러한 모습은 군산지역에서 과도기적인 면을 보이다가 짧은 기간에 정형화된 형태로 나타나기 시작하였고, 남서부지역으로 확산된 것으로 보인다. 정형화된 분주토기가 확산되는 과정에서 배재대학교박물관 소장품이나 전傳계화도 출토품, 나주 장등 4호분, 함평 신흥동 5호분 등이 나타난 것으로 보인다.

이 시기 백제는 한강유역을 중심으로 한 중서부지역을 영역화한 다음에 임진강유역 북쪽으로 영역을 확장하는 시기이다. 4세기 후엽에는 고구려 평양성을 공략할 정도로 최전성기의 모습을 보이기도 한다. 한편, 백제가 남쪽으로도 영역을 확장하는 모습을 보인다.

군산지역권에서 분주토기는 3세기 말에서 4세기 중엽에 유행하였다. 주변의 백제지역으로는 확산되지 않고, 갑자기 4세기 후엽에 남서쪽으로 확산되는 모습을 보인다. 이것은 백제가 이 지역을 영역화하는 과정에서 분주토기를 설치하는 고분의례는 남서쪽으로만 전파되는 모습을 보인다. 이러한 고분문화는 전북지역에서는 성행하지 못하고 바로 함평천 유역권으로 전파되며, 5세기대 이후 제형분에서 발달하게 된다.

5세기대 이후 제형분 단계에서 장경호형이 계속된다. 나주 복암리고분군에서 5세기 중엽까지 장경호형은 일부 변형되어 나타나기도 한다. 한편 광주 하남동유적에서 취락을 감싸는 구에서 공헌한 것으로 보이는 분주토기가 확인되었다. 이 시기까지 장경호형 분주토기가 크게 확산된 것으로 보이며, 분구가 고총화된 이후에는 거의 확인되지 않는다. 하지만 함평 중랑유적 방(대)형처럼 6세기 전엽까지 확인되기도 한다.

5세기대 중엽 이후 분구가 고총화되기 시작한다. 대표적인 고분은 영산강 하류에 위치한 영암 옥야리 방대형고분을 들 수 있다. 이 방대형고분은 완성된 형태로 축조된 것으로 횡구식석실을 매장주체시설로 하고 있다. 이 고분은 영산강 하류인 남해만 연안지역에 위치하여 외부세력과의 관계에 긴밀하게 반응을 했고, 그 결과 방대형이 완성된 형태로 만들어지게 된다. 이와 비슷한 고분은 나주 가흥리 신흥고분을 들 수 있다. 옥야리형은 토착적인 장경호형과 왜적인 하니와가 혼합되어 만들어진 복합형이다.

분구 고총화가 시작되는 계기는 5세기 전반경 왜계고분과 백제 토목기술의

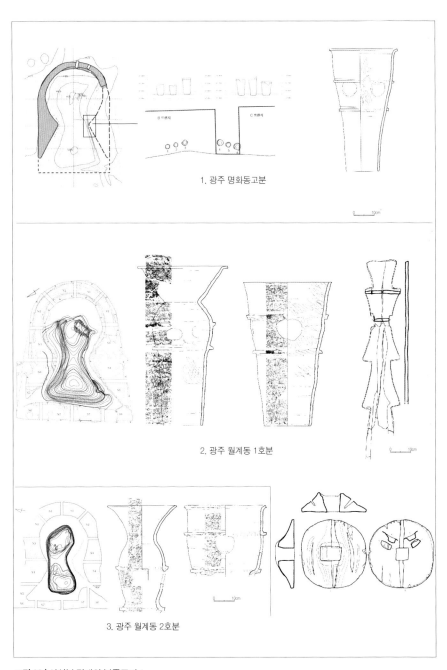

1. 광주 명화동고분

2. 광주 월계동 1호분

3. 광주 월계동 2호분

**그림 20 |** 석실분 단계의 분주토기 1

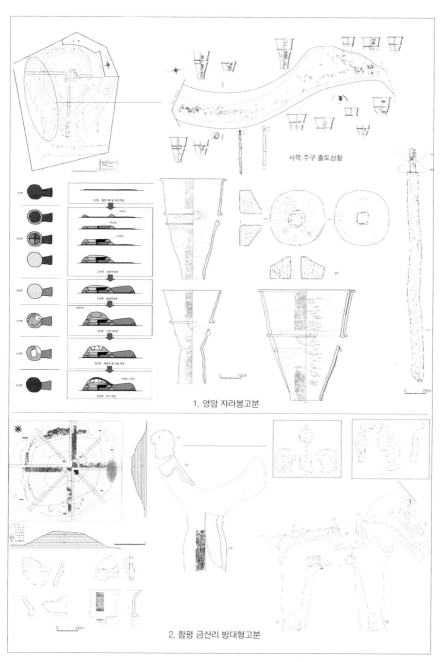

서쪽 주구 출토상황

1. 영암 자라봉고분

2. 함평 금산리 방대형고분

**그림 21** | 석실분 단계의 분주토기 2

영향으로 보인다[20]. 왜계고분(수혈식석곽)은 서부경남 해안지역-남서부 해안지역-중서부 해안지역에 출현한다. 이 왜계고분은 당시 국제 정세의 변화 속에서 백제-왜 사이에 새로운 관계(백제→왜:선진문물 사여, 왜→백제:군사적인 지원과 교섭활동)가 성립되는 과정에서 출현하게 된다. 이러한 교섭과정에서 남서부지역은 5세기 전반 백제와 왜 사이의 중개교역자로서 정치적 · 경제적 실리를 추구하면서 성장한 것으로 파악된다[21].

옥야리형 분주토기는 이러한 배경을 통해서 고분 장식물인 하니와에 대한 정보를 입수하게 되었고, 기존의 고분 장식물로 사용하고 있었던 토착세력들은 거부감 없이 하니와를 수용하여 기존의 장경호형과 결합하여 새로운 형태로 재해석하여 만든 것으로 보인다. 이러한 옥야리형 분주토기 뿐만 아니라 방대형(완성형), 매장주체시설은 이 지역에서 모두 새롭게 등장한 것으로 외부와의 긴밀한 교섭관계를 통해 새로운 문물을 적극적으로 수용한 것으로 보인다.

반남형 분주토기는 나주 신촌리 9호분과 덕산리 9호분, 고창 왕촌리유적 원형분에서 확인된다. 반남고분군은 영산강 하류지역에 위치하면서 선진 문물을 거부감 없이 빠르게 수용하였고, 당시 영산강유역의 중심지로서 마한의 정체성을 잘 보여주는 곳이기 때문에 왜계 원통하니와를 재지화하여 고분 장식물로서 사용한 것으로 보인다. 고창지역의 왕촌리유적도 서해안 연안 항로 상에 위치한다. 이러한 반남형은 신촌리 9호분에서 재지화된 이후에 고창 왕촌리유적으로 전파된 것으로 보인다. 대체로 이 고분들은 영산강 하류와 서해안 연안 항로 상에 위치하면서 대외 교섭을 통한 선진문물을 적극적으로 수용한 것으로 파악되며, 그 과정에서 왜계 장제풍습을 받아들이고 재지화한 것으로 생각된다.

6세기대에 들어오면서 원통하니와게가 만들어진다. 고분은 영산강 하류와

---

20  최영주, 2015, 「마한방대형 · 원대형 분구묘의 등장배경」, 『百濟學報』 14, 102쪽.
21  최영주, 2017, 앞의 논문, 162 · 163쪽.

상류, 함평천유역, 고창지역에서 확인된다. 대체로 왜계 분묘인 장고형의 고분에서 확인되며, 이외에 즙석분과 생활 주거지에서도 확인된다. 장고분과 즙석분은 대체로 규슈계석실을 매장주체시설로 추정되며, 생활 주거지도 앞의 고분들과 인접해서 확인되는 경향이 높다.

원통하니와계 분주토기는 장고분인 광주 명화동과 월계동, 영암 자라봉의 분구 가장자리를 따라 일정한 간격을 두고 설치된 것으로 보인다. 그 가운데 자라봉고분의 주구에서 공헌된 형태로 분주목기가 확인되기도 한다. 즙석분 중에 함평 금산리 방대형고분에서는 즙석 사이와 주구에서 형상하니와와 원통하니와계가 함께 출토되고 있다. 형상하니와는 분구 상면 평탄면에 설치된 것으로 추정된다.

5세기 후엽 이후 국제 정세(고구려 침공 → 한성 함락)가 급격히 변화하면서 웅진기 백제는 이러한 상황을 타개하기 위해 5세기 전반부터 맺어온 왜와의 교섭관계를 더욱 진전시킬 필요가 있었다. 이런 와중에 영산강유역 재지세력의 입지가 더욱 중요하게 된다. 5세기 전반부터 이어져 온 백제와 왜 양자의 중개자적인 입장에서 벗어나 독자적인 입지를 구축하고자 했던 것으로 추정된다. 이러한 상황에서 규슈계석실과 장고분을 수용하게 된다. 우선 규슈계석실과 장고분을 수용하는 것은 앞 시기인 5세기 전반경 왜계고분의 수용처럼 자연스럽게 영산강유역 제형분구묘(옹관)가 고대화되는 과정에 도입되어 축조된 것으로 추정된다. 이러한 장고분과 규슈계석실은 현지 집단의 내부 경쟁력 확보와 영산강유역 교역루트 상의 주요 거점지에 표식물이면서 우호의 상징물로서 적극적으로 수용된 것으로 생각된다[22].

당시 백제-영산강유역 재지세력(복암리집단)-소가야(송학동집단)-중북부규슈세력(이와이)-왜왕권(계체왕)으로 이어지는 교섭관계에서 영산강유역의 재지세

---

22  최영주, 2017b, 앞의 논문, 164쪽.

력과 중북부규슈세력이 차지하는 정치적, 경제적 비중은 매우 컸을 것으로 생각된다[23]. 특히 영산강유역의 재지세력은 적극적으로 중·북부규슈세력의 문화를 수용하면서 장고분과 규슈계석실을 축조하게 된다. 이러한 왜계고분문화를 적극적으로 도입하면서 원통하니와계 분주토기와 형상하니와 등이 고분장식물로서 설치되었고 고분의례에 중요한 절차로서 자리 잡게 되었다.

이상으로 분주토기는 3세기 말경에 금강 하류 군산지역권에서 발생하고 완성된 형태로 남서쪽으로 확산되었다. 그 와중에 영산강유역 재지세력은 장경호형 분주토기를 적극적으로 수용하여 제형분 단계에 고분의례과정의 하나로서 발달시켰다. 5세기 중엽 경에 분구는 고총화되는 과정 중에 왜계의 고분문화를 수용하면서 왜계 하니와와 결합한 새로운 복합형(옥야리형)이 나타나게 되었다. 한편으로는 왜계 하니와를 재해석하여 재지형(반남형)으로 토착화하였다. 5세기 후엽 이후로는 왜계 묘제인 장고분과 규슈계석실의 도입으로 왜계고분문화가 성행하게 되는데, 그 중 원통하니와계 분주토기가 고분 장식물로 설치되었다. 이외에 형상하니와도 확인되고 있다. 모두 재지 공인에 의해 제작된 것으로 보이는데 왜계 공인의 지도 아래에서 이루어졌을 가능성이 높다.

이처럼 분주토기는 영산강유역 재지세력이 적극적으로 왜계고분문화를 도입하는 과정에서 다양한 형태로 변화하면서 발달한 모습을 보인다. 영산강유역 재지세력이 지배의 합리화 또는 문화적 정체성에 대한 변화를 모색하기 위한 사회적 전략의 부산물로 나타난 것으로 이해된다.

---

23  최영주 2012, 앞의 논문, 166쪽.

# V. 맺음말

한반도에서 분주토기는 3세기 말에서 6세기 전엽까지 성행하였다. 분주토기는 장경호형, 옥야리형, 반남형, 원통하니와계 등으로 분류된다. 분주토기가 출토되는 고분은 방형·제형(저低분구) → 방(대)형·원(대)형·장고형(고高분구)으로 변화하는데 대체로 5세기 중엽경부터 분구 고총화가 시작된다.

5세기대 이전에는 제형분 단계에서 장경호형이 나타난다. 금강 하류인 군산지역권을 중심으로 분포하는데, 장경호형 분주토기는 중서부지역의 술 공헌과 관련된 원통형 특수토기를 변용하여 분구 가장자리에 배치한 장식물로 차용하게 된다. 군산지역에서 완성된 형태로 정착되었고, 남서부지역으로 확산된 것으로 보인다. 완성된 분주토기가 확산되는 과정에 배재대학교박물관 소장품이나 전傳계화도 출토품, 나주 장등 4호분, 함평 신흥동 5호분 등이 나타난 것으로 보인다. 5세기대 이후 제형분 단계에서 장경호형이 계속된다. 나주 복암리고분군에서 5세기 중엽까지 장경호형은 일부 변형되어 나타나기도 한다. 이 시기까지 장경호형 분주토기가 크게 확산된 것으로 보이며, 분구가 고대화된 이후에는 거의 확인되지 않는다.

제형분 단계 고분축조는 ①묘역 선정 및 정지 작업 → ②분구 축조 → ③매장시설 구축 → ④매장 행위 → ⑤분구 성토 → ⑥외부시설의 정비(장경호형) 순으로 이루어진다. 제형분 단계의 분주토기는 금강 하류 군산지역에서 고분의 장제 과정으로 빠르게 자리 잡게 되었고 고분의 장식물로 의례과정의 일부분이 되었다. 분주토기는 고분축조과정의 마지막 단계에서 분구 가장자리에 세워진 것으로 보인다.

이 시기 백제는 한강유역을 중심으로 한 중서부지역을 영역화한 다음에 영역을 확장하는 모습 가운데 남방 공략도 한축을 담당하고 있었다. 군산지역권에서 분주토기는 3세기 말에서 4세기 중엽에 유행하였지만, 주변의 백제지역으로는 확산되지 않고, 갑자기 4세기 후엽에 남서쪽으로 확산되는 모습을 보인다. 이것은 백제가 이 지역을 영역화하는 과정에서 분주토기가 설치된 고분문화가 남서쪽으로만 전파되는 모습을 보인다.

5세기 중엽 이후 분구 고대화가 시작되는 계기는 5세기 전반경 왜계고분의 영향과 백제 토목기술의 영향으로 보인다. 당시 백제-왜 사이에 새로운 교섭과정에서 남서부지역은 중개 교역자로서 정치적·경제적 실리를 추구하면서 성장한 것으로 파악된다. 영산강 하류에 위치한 영암 옥야리 방대형고분은 이러한 배경을 통해서 고분 장식물인 하니와에 대한 정보를 입수하게 되고, 기존의 고분 장식물로 사용하고 있었던 토착세력들은 거부감 없이 하니와를 수용하여 기존의 장경호형과 결합하여 새로운 형태로 재해석하여 만든 것으로 보인다.

반남형은 5세기 후엽에 반남고분군과 고창지역에서 확인된다. 반남고분군은 영산강 하류지역에 위치하는 특성상 선진문물을 빠르게 수용하였고, 중심지로서 마한의 정체성을 잘 보여주는 곳이기 때문에 왜계 원통하니와를 재지화하여 고분 장식물로서 사용한 것으로 보인다. 반남형은 신촌리 9호분에서 재지화된 이후에 고창 왕촌리유적으로 전파된 것으로 보인다.

고총화는 방대형 분구가 제형분에서 수직확장된 것과 완성된 것이 확인된다. 고총화 단계 고분축조과정은 기본적으로 제형분 단계의 고분축조과정과 비슷하지만 수직으로 확장된 분구는 ②~⑥ 절차가 반복되는 과정을 보인다. 완성형 방대형고분은 앞의 절차를 1회로 마무리되었다.

6세기대에 원통하니와계가 영산강 하류와 상류, 함평천유역, 고창지역에서 확인된다. 대체로 왜계 분묘인 장고분에서 확인되며, 이외에 즙석분과 생활주거지에서도 확인된다. 원통하니와계 분주토기는 장고분인 광주 명화동과 월계동, 영암 자라봉의 분구 가장자리를 따라 일정한 간격을 두고 설치된 것으로 보인다. 그 가운데 자라봉고분의 주구에서 공헌된 형태로 분주목기가 확인되기도 한다. 함평 금산리 방대형고분에서는 형상하니와와 원통하니와계가 함께 출토되는데 그 중 형상하니와는 분구 상면 평탄면에 설치된 것으로 추정된다.

　석실분 단계의 고분축조과정은 분구축조와 매장주체시설(횡혈식 구조) 구축이 동시에 이루어지는 점이 제형분 단계와 다르다. 따라서 고분축조는 ①묘역 선정 및 정지 작업 → ②분구 축조 및 매장시설 구축 → ③매장 행위 → ④분구 성토 → ⑤외부시설의 정비(원통하니와계) 순으로 이루어진다.

　5세기 후엽 이후 국제 정세가 급격히 변화하면서 웅진기 백제는 이 상황을 타개하기 위해 왜와의 교섭관계를 더욱 진전시킬 필요가 있었다. 이런 와중에 영산강유역 재지세력은 백제와 왜의 사이에서 독자적인 입지를 구축하고자 했던 것으로 규슈계석실과 장고분으로 대표된다. 이러한 장고분과 규슈계석실은 현지 집단의 내부 경쟁력 확보와 영산강유역 교역루트 상의 주요 거점지에 표식물이면서 우호의 상징물로서 적극적으로 수용된 것으로 생각된다. 당시 백제-영산강유역 재지세력(복암리집단)-소가야(송학동집단)-중북부규슈세력(이와이)-왜왕권(계체왕)으로 이어지는 교섭 관계에서 이루어졌다. 그 가운데 영산강유역의 재지세력은 왜계고분문화를 적극적으로 도입하면서 원통하니와계 분주토기와 형상하니와 등이 고분 장식물로서 설치되었고, 고분의례에 중요한 절차로서 자리 잡게 되었다.

　이처럼 분주토기는 영산강유역 재지세력이 적극적으로 왜계고분문화를 도입하는 과정에서 다양한 형태로 변화하면서 발달하였다. 영산강유역 재지세력이 지배의 합리화 또는 문화적 정체성에 대한 변화를 모색하기 위한 사회적 전략의 부산물로 나타난 것으로 이해된다.

(「한국 분주토기 연구-분포 양상과 변천과정, 고분의례과정을 통해-」, 『호서고고학』 40, 2018)

# 제 5 장

# 전남지역 사비기 석실의 전개양상과 분포 의미

# Ⅰ. 머리말

전남지역에서 횡혈식석실은 대체로 5세기 후엽부터 출현한다. 횡혈식석실은 왜계 석실로 북부규슈형 석실과 히고형 석실이 해당한다. 북부규슈형은 다시 조산식, 월계동식, 장고봉식으로 분류되며, 히고형 석실은 영천리식에 해당한다[1]. 6세기 전엽 이후에는 백제계 석실과 복합형 석실이 등장한다[2]. 6세기 중엽 이후로는 능산리형 석실이 일반화된 양상을 보인다.

이렇듯 5세기 후엽 이후의 횡혈식석실에 대한 연구[3]는 활발히 진행되어 왔

---

1 柳沢一男, 2006, 「5~6世紀の韓半島西南部と九州」 『伽耶, 洛東江에서 榮山江으로』(제12회 가야사 국제학술회의), 49-51쪽 ; 김낙중, 2009b, 『영산강유역 고분 연구』, 학연문화사, 165-178쪽.

2 최영주, 2017b, 「韓半島 南西部地域 倭系 橫穴式石室의 特徵과 出現背景」 『湖西考古學』 38, 67-68쪽.

3 임영진, 1990, 「영산강유역 석실분의 수용과정」 『전남문화재』 3, 전라남도 ; 임영진, 1997a, 「호남지역 석실분과 백제의 관계」 『湖南考古學의 諸問題』(21회 한국고고학전국대회), 37-73쪽 ; 임영진, 1997b, 「전남지역 석실봉토분의 백제계통론의 재고」 『호남고고학보』 7, 123-151쪽 ; 임영진, 2007, 「장고분(전방후원형고분)」 『백제의 건축과 토목』, 충남역사문화연구원, 352-398쪽 ; 洪潽植, 2009, 「韓半島南部地域の九州系橫穴式石室」 『九州系橫穴式石室の伝播と拡散』, 北九州中國書店, 197-217쪽 ; 홍보식, 2010, 「한반도 남부지역의 왜계 횡혈식석실」 『집중해부 한국의 전방후원분』(창립 2주년기념 학술세미나), 대한문화유산연구센터, 89-126쪽 ; 土生田純之, 1996, 「朝鮮半島の前方後円墳」 『專修大學人文科學年報』 26 ; 吉井秀夫, 1996, 「橫穴式石室墳의 收用樣相으로 본 百濟의 中央과 地方」 『百濟의 中央과 地方』(백제연구논총 5집), 충남대학교 백제연구소, 187-202쪽 ; 吉井秀夫, 2010, 『古代朝鮮墳墓にみる国家形成』, 京都大学学術出版会 ; 조근우, 1996, 「전남지방의 석실분 연구」 『한국상고사학보』 21, 93-146쪽 ; 서정석, 1997, 「全南地域 橫穴式石室墳의 構造와 性格에 대한 試論」 『韓國古代의 考古와 歷史』, 학연문화사 ; 柳沢一男, 2001, 「全南地方の榮山江型橫穴式石室の系譜と前方後円墳」 『朝鮮學報』 179, 113-155 ; 柳沢一男, 2002, 「全南地方の栄山江型橫穴式石室の系譜と前方後円墳」 『前方後円墳と古代日朝関係』, 同成社 ; 柳沢一男, 2006, 「5~6世紀の韓半島西南部と九州」 『伽耶, 洛東江에서 榮山江으로』, 제12회 가야사 국제학술회의, 47-69쪽 ; 서현주, 2006, 『榮山江流域 古墳 土器 研究』, 학연문화사 ; 서현주, 2007, 「영산강유역권 장고분의 특징과 출현배경」 『한국고대사연구』 47. 77-116쪽 ; 김낙중, 2008, 「영산강유역 초기횡혈식석실의 등장과 의미」 『호남고고학보』 29, 91-121쪽 ; 김낙중, 2009a, 「백제 사비기 횡혈식석실의 확산 및 지역성의 유지-영산강유역을 중심으로」 『한국고고학보』 71, 130-163쪽 ; 김낙중, 2009b, 『영산강유역 고분 연구』, 학연문화사 ; 김낙중, 2012b,

다. 그 중에서 전남지역 사비기 석실에 대한 연구는 김낙중[4]에 의해 이루어진
다. 그는 나주 복암리유형을 설정하고, 이 유형이 어느 정도의 지역성을 유지
하면서 분포하고 있으며, 특히 서해안 도서지역에서 분포한 석실들도 복암리
유형으로 설정하고 백제와의 관계도 중요하지만 복암리고분군과의 관계 속에
서 나타난 것으로 이해하고 있다[5].

김낙중의 연구는 전남지역 사비기 석실의 변화과정을 이해하는 데 도움을 주
었다. 하지만 전남지역 사비기 석실의 변화 양상을 백제지역 횡혈식석실의 변화
양상 속에서 이해할 필요가 있다[6]. 이러한 백제지역의 변화 양상 속에서 사비기

---

「한반도 남부와 일본열도에서 횡혈식석실묘의 수용 양상과 배경」,『한국고고학보』85, 42-79쪽 ;
김낙중, 2013, 「5~6세기 남해안지역 倭系古墳의 특성과 의미」,『호남고고학보』45, 157-203쪽 ;
김낙중, 2016, 「석실로 본 나주 복암리 세력과 주변 지역의 동향」,『文化財』49-1, 국립문화재연구
소, 44-67쪽 ; 신흥남, 2014, 「영산강유역 백제~고려시대 석실묘 연구」,『韓國上古史學報』83, 91-
118쪽 ; 신흥남, 2016, 「탐진강유역 석실묘의 도입과 전개」,『호남고고학보』52, 76-95쪽 ; 오동선,
2017, 「삼국시대 전남 서남부지역 왜계고분의 확산 과정과 의미」,『百濟學報』20, 173-212쪽 ; 崔
榮柱, 2012,『三國·古墳時代における韓日交流の考古學的研究—橫穴式石室を中心に—』, 立命
館大學院博士學位論文 ; 최영주, 2013, 「百濟 橫穴式石室의 型式變遷과 系統關係」,『百濟文化』
48, 공주대학교 백제문화연구소, 213-255쪽 ; 최영주, 2017b, 앞의 논문, 38-93쪽.
4   김낙중, 2009a, 앞의 논문, 130-163쪽.
5   김낙중, 2016, 앞의 논문, 44-67쪽.
6   백제지역 횡혈식석실의 형식분류는 필자의 분류안(최영주, 2013, 앞의 논문)을 참고하길 바란다.

**표 20 |** 백제지역 횡혈식석실의 형식분류안

| 유형관계 | 기본 형식 | 세부 형식 | 대표적인 고분 | 유형관계 | 기본 형식 | 세부 형식 | 대표적인 고분 |
|---|---|---|---|---|---|---|---|
| A유형 (방형·돔식) | A I | A I | 공주 송산리고분군 | CD유형 (장방형·측벽조임식) | E V | EV1 | 강진 수양리고분 |
| | A II | A II | 연기 송원리 KM16호 | | | EV2 | 고창 죽림리고분 |
| | A III | A III | 연기 송원리 KM46호 | | E VIII | EVIII1 | 영광 학정리고분군 |
| | B I | B I | 서울 방이동고분군 | | | EVIII2 | 광주 각화동고분 |
| | B II | B II | 보령 명천동1호 | E유형 (장방형·측벽터널식) | CIX | CIX | 부여 능산리 중하총 |
| | B III | B III | 보령 명천동2호 | | CIV | CIV | 공주 금학동고분군 |
| B유형 (방형·4벽조임식) | E I | E I | 화성 마하리고분 | AE유형 (장방형·앞뒤벽터널식) | DIV | DIV | 공주 신기동고분군 |

석실은 보통 평사천장식(FIX1 · FIX2형식), 사벽수직식(GIX형식), 합장식(HIX형식)으로 알려져 있는 전형적인 능산리형 석실(F유형) 이외에도 연도가 없는 무연도식(FX형식)과 복합형(DF유형:EIX3형식, AE유형:DIV형식, EF유형:FIV형식)이 존재한다. 전남지역에서도 다양한 사비기 석실이 존재하는 것으로 확인된다.

따라서 본고에서는 전남지역 사비기 석실에 대한 유적 현황과 구조적인 특징을 살펴보고, 지역별 전개양상을 통한 분포와 그 의미에 대해서 알아보고자 한다. 이러한 연구를 통해 전남지역의 여러 재지세력들이 백제화에 대한 대응전략에 대해서도 살펴보고자 한다.

| 유형관계 | 기본형식 | 세부형식 | 대표적인 고분 | 유형관계 | 기본형식 | 세부형식 | 대표적인 고분 |
|---|---|---|---|---|---|---|---|
| C유형 (장방형 · 측벽조임식) | EIV | EIV | 논산 표정리고분군 | F유형 (장방형 · 평사식 · 네벽수직식 · 합장식) | FIX | FIX1 | 부여 능산리고분군 |
| | EVII | EVII | 공주 수촌리고분군 | | | FIX2 | 군산 여방리고분군 |
| D유형 (장방형 · 조임식) | EIX | EIX1a | 해남 조산고분 | | GIX | GIX | 부여 능산리 동하총 |
| | | EIX1b | 해남 장고산고분 | | HIX | HIX | 공주 시목동고분 |
| | | EIX2a | 광주 월계동고분군 | | FX | FX | 부여 염창리고분군 |
| | | EIX2b | 장성 영천리고분 | EF유형 (장방형 · 평사식) | FVI | FVI | 군산 장상리고분 |
| DF유형 (장방형 · 측벽조임식) | | EIX3 | 나주 복암리 3호분 5호 | 횡구식 | 횡구 I | 횡구 I | 공주 분강저석리고분군 |
| | | | | | 횡구 II | 횡구 II | 익산 웅포리고분군 |

# Ⅱ. 유적 현황 및 특징

## 1. 유적 현황

전남지역에서 사비기 석실은 영산강 중류와 하류지역, 함평천유역, 고막원천유역, 서해안 도서지역(신안군), 탐진강유역 등에서 확인된다. 영산강 중류지역은 나주 복암리고분군을 중심으로 복암리 정촌고분, 영동리고분군 등에서 확인되며, 영산강 하류지역은 나주 반남고분군의 대안리, 덕산리, 홍덕리고분에서 확인된다. 함평천유역은 함평 진양리 화동고분과 무안 인평고분, 고막원천유역에서는 장성 학성리고분군, 함평 신덕 2호분, 석계고분군, 용산리고분군에서 확인된다. 서해안 도서지역으로는 신안 도창리고분, 상태서리 상서고분군, 읍동고분군이 있으며, 탐진강유역으로는 장흥 송정고분군, 갈두고분군, 신월리고분군 등에서 확인된다. 이러한 고분들의 현황은 다음의 〈표 21〉과 같다.

**표 21** | 전남지역 사비기 석실의 현황[7]

| 지역 | 고분군 | 유구명 | 분형·석실위치 | 현실규모<br>(길이×너비<br>×높이) | 장폭비 | 형식 | 유형관계 | 시기사비 | 유물 | 참고문헌 |
|---|---|---|---|---|---|---|---|---|---|---|
| 영산강<br>중류<br>지역 | 나주<br>복암리<br>고분군 | 1-1호 | 원형·<br>지상 | 260×146×<br>120 | 1.78 | GIX | F | Ⅰ | 호, 병, 유개소호,<br>석침, 녹유탁잔 | 全南大學校博物<br>館, 1999,『伏岩里<br>古墳群』 |
|  |  | 3-5호 | 방대형<br>·지상 | 270×155×<br>140 | 1.74 | EIX3 | DF | Ⅰ | 은화관식, 관모틀,<br>은제대금구, 규두대<br>도, 이식, 철도자,<br>관못, 관고리, 옥 | 국립문화재연구소<br>·全南大學校博物<br>館, 2001,『羅州 伏<br>岩里 3號墳』 |

---

7　백제 사비기 구분은 크게 Ⅰ기와 Ⅱ기로 구분하였다. 기존 연구 성과를 바탕으로 Ⅰ기는 6세기 중엽~후엽, Ⅱ기는 6세기 말~7세기 전반경에 해당한다(徐賢珠, 2006, 앞의 책 ; 김낙중, 2009b, 앞의 책 ; 최영주, 2017a, 「고분 부장품을 통해 본 영산강유역 마한세력의 대외교류」,『백제학보』 20, 133-172쪽).

| 지역 | 고분군 | 유구명 | 분형·석실위치 | 현실규모(길이×너비×높이) | 장폭비 | 형식 | 유형관계 | 시기사비 | 유물 | 참고문헌 |
|---|---|---|---|---|---|---|---|---|---|---|
| 영산강 중류 지역 | 나주 복암리 고분군 | 3-6호 | | 275×155×120 | 1.77 | EIX3 | DF | II | 대금구장식판, 이식, 옥, 연도-개배, 유개소호, 석침, 기와 | 국립문화재연구소·全南大學校博物館, 2001, 『羅州 伏岩里 3號墳』 |
| | | 3-7호 | | 250×130×120 | 1.92 | GIX | F | I | 서쪽-관모틀, 금판관모장식, 금은장귀면문삼환두대도, 대금구, 석침 동쪽-관모틀, 금판관모장식, 금은장규두대도, 금은장도자, 석침 연도-병, 장란형옹 묘도-개 | |
| | | 3-9호 | | 259×159×130 | 1.63 | EIX3 | DF | I | 철도자, 금동제뒤꽂이, 옥 | |
| | | 3-10호 | | 256×156×116 | 1.64 | EIX3 | DF | I | 개배, 직구호, 관못, 옥 | |
| | | 3-12호 | | 250×155×130 | 1.61 | EIX3 | DF | I | 이식, 석침 | |
| | | 3-13호 | | 250×135×103 | 1.85 | GIX | F | I | 철도자, 관못, 관고리 | |
| | | 3-16호 | | 210×125×100 | 1.68 | GIX | F | I | 은화관식, 철도자 | |
| | | 3-17호 | | 220×123×98 | 1.79 | GIX | F | I | 와형토기 | |
| | 나주 복암리 정촌 고분 | 2호 | 방대형·지상 | 250×165×140 | 1.51 | EIX3 | DF | | 현실-개배, 병, 금동이식, 관고리, 관못, 꺾쇠 연도-유뉴개, 개배 | 국립나주문화재연구소, 2017, 『羅州 伏岩里 丁村古墳』 |
| | | 3호 | 방대형·지하 | 210×110×120 | 2.10 | GIX | F | II | 현실-석침, 관못 묘도-개배 | |
| 영산강 중류 지역 | 나주 영동리 고분군 | 1-2호 | 장방형·반지하 | 208×100×94 | 2.08 | EIX3 | DF | | - | 동신대학교문화박물관, 2011, 『나주 영동리고분군』 |
| | | 1-3호 | | 208×80×83 | 2.60 | EIX3 | DF | | | |
| | | 1-4-1호 | | ×× | | GIX | F | II | 개배, 관모틀, 금동제대금구, 철도자 | |
| | | 1-4-2호 | | ×× | | GIX | F | II | 철도자 | |
| | | 1-5호 | | 240×110× | 2.18 | FIX2 | F | II | 개배, 광구호, 병, 방추차 | |
| | | 1-6호 | | 200×105×110 | 1.90 | GIX | F | II | 개배, 병, 부가구연호, 직구호, 소호, 방추차 | |
| 영산강 하류 지역 | 나주 대안리 고분군 | 4호 | 원형·지하 | 218×109×103 | 2.00 | GIX | F | II | 병, 발, 은장도병, 관못, 관고리, 관대 | 國立光州博物館, 1988, 『羅州潘南古墳群』 |
| | 나주 덕산리 고분군 | 10호 | 원형·지면 | 260×146×120 | 1.78 | EIX3 | DF | I | 대호, 병, 옥 | 全南大學校博物館, 2002, 『羅州 德山里古墳群』 |

| 지역 | 고분군 | 유구명 | 분형·석실위치 | 현실규모(길이×너비×높이) | 장폭비 | 형식 | 유형관계 | 시기사비 | 유물 | 참고문헌 |
|---|---|---|---|---|---|---|---|---|---|---|
| 영산강하류지역 | 나주흥덕리고분 | 동쪽 석실 | 원형·? | 234×100×101 | 2.34 | | | Ⅰ | 병, 은화관식, 관못, 관고리 | 國立光州博物館, 1988, 『羅州潘南古墳群』 |
| | | 서쪽 석실 | | 234×154×120 | 1.52 | EⅨ3 | DF | Ⅰ | | |
| 함평천유역 | 함평진양리화동고분 | | 지하 | 232×100×(80) | | FⅨ1 | F | Ⅰ | 회청색 경질토기편 | 동신대학교문화박물관, 2008, 『진도금갑진성-부록:함평 진양리 화동석실분』 |
| | 무안인평고분군 | 석실 | 반지하 | 240×145×125 | 1.66 | EⅨ3 | DF | Ⅰ | 꺾쇠, 옥 | 목포대학교박물관, 1999, 『무안 인평고분군』 |
| 고막원천유역 | 장성학성리고분군 | A-1호 | 지하 | 195×105×(100) | 1.86 | FⅨ1 | F | | - | 全南大學校博物館, 1995, 『長城 鶴星里 古墳群 Ⅰ·Ⅱ』 |
| | | A-2호 | 지하 | 160×70×(70) | 2.29 | FⅩ | F | | - | |
| | | A-3호 | 지하 | 195×90×(60) | 2.17 | FⅩ | F | | - | |
| | | A-4호 | 지하 | 230×120×95 | 1.92 | FⅨ1 | F | | - | |
| | | A-5호 | 지하 | 160×80×75 | 2.00 | FⅥ | EF | | 청동수저 | |
| | | A-6호 | 지하 | 260×135×105 | 1.93 | FⅨ1 | F | Ⅰ | 병, 직구호, 개배, 방추차, 금동제 대금구·역심엽형과판, 관못 | |
| | | A-7호 | 지하 | 240×90×(80) | 2.67 | FⅨ2 | F | | - | |
| | | A-8호 | 지하 | 215×100×95 | 2.15 | FⅨ2 | F | | 관못, 철도자 | |
| | | A-10호 | 지하 | 205×100×(90) | 2.05 | FⅥ | EF | | - | |
| | | A-12호 | 지하 | 195×70×65 | 2.79 | FⅨ2 | F | | - | |
| | | A-13-1호 | 지하 | 180×75×80 | 2.40 | FⅨ2 | F | | - | |
| | | A-13-2호 | 지하 | 165×75×65 | 2.20 | FⅩ | F | | - | |
| | | B-1호 | 지하 | 210×120×(80) | 1.75 | FⅨ1 | F | Ⅱ | 병, 직구호, 발 | |
| | | B-3호 | 지하 | 180×75×(60) | 2.40 | FⅨ2 | F | | - | |
| | | C-1호 | 지하 | 220×90×80 | 2.44 | FⅩ | F | | - | |
| | | C-2호 | 지하 | 210×80×(80) | 2.63 | FⅩ | F | | - | |
| | 함평신덕고분군 | 2호 | 원형·? | 250×125×119 | 2.00 | FⅨ1 | F | Ⅰ | 발, 관못, 옥 | 國立光州博物館, 1995, 『咸平 新德古墳 調査槪報』 |

| 지역 | 고분군 | 유구명 | 분형·석실위치 | 현실규모 (길이×너비×높이) | 장폭비 | 형식 | 유형관계 | 시기사비 | 유물 | 참고문헌 |
|---|---|---|---|---|---|---|---|---|---|---|
| 고막원천유역 | 함평 월계리 석계 고분군 | 90-3호 | 지하 | 250×120× (110) | 2.08 | FIX2 | F | I | 철도자, 관못, 관고리 | 全南大學校博物館, 1993,『咸平 月溪里 石溪古墳群 I · II』 |
| | | 90-4호 | 지하 | 290×150× 110 | 1.93 | FVI | EF | I | 병, 직구호, 고배, 개배, 관못, 관고리, 옥 | |
| | | 90-6호 | 지하 | 280×130× (90) | 2.15 | FVI | EF | I | 관못, 관고리 | |
| | | 91-2호 | 지하 | 240×100× (100) | 2.40 | FIX2 | F | | - | |
| | | 91-4호 | 지하 | 240×105× (100) | 2.29 | FVI | EF | II | 병, 직구호, 개배, 관못 | |
| | | 91-6호 | 지하 | 230×150× 120 | 1.53 | FVI | EF | I | 직구호, 개배, 호 | |
| | 함평 용산리 고분군 | 1호 | 원형?·반지하 | 180×70× | 2.57 | | | | | 목포대학교박물관, 2000,『영광 학정리 · 함평 용산리유적』 |
| | | 2호 | | 220×110× | 2.00 | F X | F | | | |
| 서해안도서지역 | 신안 도창리고분 | | 원형·지하 | 258×178×? | 1.45 | FIX1 | F | I | 소호, 관못 | 崔盛洛, 1985,「長山島 · 荷衣島의 遺蹟·遺物」『島嶼文化』3. |
| | 신안 상태서리 상서 고분군 | A-1호 | 원형·반지하 | 250×130× 95 | 1.92 | FIX2 | F | I | 평저호편 | 馬韓文化研究院, 2015,『新安 上台西里 上西古墳群』 |
| | | A-4호 | | 250×140× (80) | 1.78 | F X | F | II | 병, 대호, 소 이빨 | |
| | | A-8호 | | 270×110× 95 | 2.45 | F X | F | | | |
| | | A-11호 | | 320×100× 110 | 3.20 | F X | F | | 용도미상 철기편 | |
| | | A-16호 | | 270×100× 105 | 2.70 | F X | F | II | 직구소호, 관못 | |
| | | B-7호 | 원형·지하 | 300×140× 115 | 2.14 | EIX3 | DF | | | |
| | 신안 읍동 고분군 | 1호 | 원형·반지하 | 280×165× 150 | 1.69 | EIX3 | DF | I | - | 동신대학교문화박물관, 2015,『신안 안좌면 읍동 · 배널리고분군』 |
| | | 2호 | | 260×135× 150 | 1.92 | EIX3 | DF | II | - | |
| 탐진강유역 | 장흥 갈두 고분군 | II-1호 | 원형·반지하 | 260×141× (31) | 1.84 | E V1 | CD | I | 병, 이식, 관못 | 湖南文化財研究院, 2006,『長興 葛頭遺蹟 II』 |
| | | II-2호 | | (332)×196× (60) | | E V1 | CD | | 관못, 관고리 | |
| | 장흥 송정 고분군 | 2호 | 지상? | 228×180× (36) | 1.27 | E V1 | CD | I | 고배, 병, 이식, 관대 | 湖南文化財研究院, 2006,『長興 松亭古墳群』 |
| | | 3호 | 지상? | 230×180× (51) | 1.28 | E V1 | CD | I | 개배, 호, 병, 이식 | |
| | | 4호 | 지상? | 260×180× (48) | 1.44 | E V1 | CD | | - | |

| 지역 | 고분군 | 유구명 | 분형·석실위치 | 현실규모(길이×너비×높이) | 장폭비 | 형식 | 유형관계 | 시기사비 | 유물 | 참고문헌 |
|---|---|---|---|---|---|---|---|---|---|---|
| 탐진강유역 | 장흥 신월리고분군 | 1호 | | 252×150×(142) | 1.68 | FVI | EF | I | 호, 병 관못 | 목포대학교박물관, 2002, 『무안 고절리고분』 목포대학교박물관, 2007, 『장흥 신월리유적』 |
| | | 3호 | 지상? | 280×168×(148) | 1.67 | FVI | EF | | 관못 | |
| | | 4호 | | 280×120×(103) | 2.33 | FVI | EF | | 관못 | |
| | | 5호 | | 232×158×(88) | 1.47 | EV1 | CD | | 호, 관못 | |
| | | 8호 | | 250×130×(87) | 1.92 | FVI | EF | | - | |
| | | 9호 | 지상? | 250×166×(120) | 1.51 | EV1 | CD | I | 개배 | |
| | | 17호 | | 250×92×(86) | 2.72 | FX | F | I | 호, 관못 | |
| | | 18호 | 반지하 | 270×126×(24) | 2.14 | EV1 | CD | II | 병, 관못, 관대 | |
| | | 19호 | | 216×148×(72) | 1.46 | EV1 | CD | I | 호, 관못 | |
| | | 22호 | 반지하 | 290×100×(70) | 2.90 | FX | F | | 관못, 관고리, 관대 | |
| | | 23호 | | 232×160×(90) | 1.45 | EV1 | CD | I | 병, 관못, 관고리 | |
| | | 24호 | | 232×160×(90) | 1.45 | EV1 | CD | | 관못, 관고리 | |
| | | 35호 | | 252×140×(90) | 1.80 | EV1 | CD | | 호, 관못 | |
| | | 36호 | | 250×125×(90) | 2.00 | EV1 | CD | | - | |
| | | 38호 | | 260×142×(42) | 1.83 | EV1 | CD | | 관못 | |
| | | 40호 | | 200×140×(52) | 1.43 | EV1 | CD | | - | |
| | | 41호 | | 190×96×(80) | 1.98 | EV1 | CD | | - | |
| | 장흥 충열리고분군 | 3호 | 반지하 | 285×185×(120) | 1.54 | FVI | EF | I | 역심엽형 과판, 장식대금구, 관못 | 木浦大學校博物館, 1990, 『長興 忠烈里遺蹟』 |

## 2. 구조적인 특징

전남지역에서 사비기 석실은 구조적인 특징(현실형태, 천장구조, 구축석재와 용법, 현문구조 등)을 통해 〈표 22〉처럼 분류가 가능하다. 단일유형 중에 사비기 석실의 전형적인 단면 육각형의 평사천장식(FIX1·FIX2형식)과 단면 방형의 사벽수직식(GIX형식) 등의 능산리형 석실(F유형)이 확인되며, 단면 육각형에 연도가 없는 무연도식(FX형식)도 확인된다. 복합형 중에 DF유형의 EIX3형식(복암리유형[8]), EF유형의 FIV형식이 존재한다. 이외에 탐진강유역에서는 CD유형의 EV1형식이 확인되어 영산강유역과는 다른 전개양상을 보인다.

### 1) 단일유형(F유형)

FIX1형식은 전형적인 능산리형 석실로 함평 신덕 2호분과 신안 도창리고분이 알려져 있고 최근에 함평 진양리 화동고분이 조사되었고, 기존에 알려진 장성 학성리고분군에서도 일부가 확인된다.

신안 도창리고분은 가공판석을 이용하여 뒷벽에 1매의 판석으로 마무리하고, 측벽은 2매의 가공판석으로 세우고 그 위에 1매의 장판석을 놓고 천장석으로 마무리하였다. 현문은 양쪽에 문주석 2매를 세웠고, 문주석 위에는 문미석을 오각형으로 다듬어 마무리하였다. 연도는 짧은 형태로 측벽에 판석 2매를 세웠다(그림 22-12). 함평 신덕 2호분도 기본적인 구조는 도창리고분과 유사하지만 측벽에 4매의 가공판석으로 세우고 그 위에 2매의 장판석을 놓는 형태, 현실 바닥에 판석을 깐 것은 다르다(그림 22-13). 위의 두 고분은 부여 능산리고분군에서 유행한 전형적인 석실에 가까운 형태이다. 그 가운데 신안 도창리고분은 판석의 가공도와 사용 매수, 크기에 있어서 능산리 왕릉군에서 확인된 석실에 버금가는 구조를 보이고 있다.

---

8   여기서 복암리유형은 김낙중(2009a, 앞의 논문, 133-135쪽)의 견해에서 단면 방형이고 사벽수직식(GIX형식)을 제외한 양벽조임식(EIX3형식)에 해당하며, 6세기 중엽에서 후엽으로 편년된다.

**표 22 | 전남지역 사비기 석실의 형식 분류**

| 유형관계 | 형식 | 구조적 특징 | | | | | 대표 고분 |
|---|---|---|---|---|---|---|---|
| | | 현실 | 천장구조 | 뒷벽석 용법 | 측벽석 용법 | 현문구조 | |
| F유형 | FIX1 | 장방형 | 평사식<br>(단면·육각형) | 가공판석 | 가공판석(2단)<br>가공판석(1단) | 문틀식<br>(정형화) | 함평 신덕 2호분<br>신안 도창리고분 |
| F유형 | FIX2 | 장방형 | 평사식 | 판상할석(2단)<br>가공판석(1단) | 판상할석(2단)<br>가공판석(1단) | 문틀식<br>(문주석 퇴화) | 장성 학성리 A-7호<br>함평 석계 90-3호 |
| | GIX | | 수직식<br>(단면·방형) | 가공판석 | 가공판석(1단) | 문틀식<br>(정형화) | 나주 복암리 1호분·3-7<br>호, 대안리 4호 |
| | FX | | 평사식 | 판상할석(2단)<br>자연판석(1단) | 판상할석(2단)<br>자연판석(1단) | 없음 | 장성 학성리 A-3호, 신안<br>상태서리 상서 A-4호 |
| DF유형 | EIX3 | 장방형 | 측벽조임식 | 판상할석(2단)<br>가공판석(1단) | 판상 대형할석 | 문틀식<br>(정형화) | 나주 복암리 3-5호, 복암<br>리 정촌 2호, 신안 읍동<br>1호 |
| EF유형 | FVI | 장방형 | 평사식 | 판상할석(2단)<br>자연판석(1단) | 할석(2단)<br>자연판석(1단) | 개구식 | 장성 학성리 A-5호, 함평<br>석계 90-4호, 장흥 신월<br>리 1호 |
| CD유형 | EV1 | 장방형 | 측벽조임식 | 할석(2단)<br>대형할석(1단) | 할석<br>대형할석(1단) | 개구식 | 장흥 갈두 II-1호,<br>송정 2호, 신월리 40호 |

　　장성 학성리 A-1호·4호·6호, B-1호의 석실의 구조는 앞의 두 고분보다는 정형성이 떨어진다. 뒷벽과 측벽에 1매 또는 수매의 가공 판석을 세우고 다시 그 위에 자연판석을 쌓는 형태이다. 현문의 문주석도 자연 장대석을 이용한 형태이다(그림 22-14). 이러한 석실구조는 전형적인 능산리형 석실보다는 위계가 떨어진 것으로 판석의 가공 정도, 전체적인 구조에서 FIX2형식에 가까운 형태이다.

　　근래에 함평 진양리 화동고분은 상부가 파괴된 형태로 발굴되었다. 구조는 신덕 2호분에 가까운 형태로 측벽은 2매의 판석을 사용하였고, 현문과 연도시설은 잘 갖추어져 있었던 것으로 보인다. 하지만 판석의 가공 정도는 현저히 떨어진 형태를 보인다.

　　FIX2형식은 FIX1형식 석실보다 폭이 좁아지고 현문 구조가 축소된 형태로 정형성이 현저히 떨어진다. 나주 영동리 1-5호, 장성 학성리 A-7호(그림 23-4)·8호(그림 23-3)·12호·13호·B-3호, 함평 석계 90-3호(그림 23-1)·91-2호, 신안 상태서리 상서 A-1호(그림 23-2) 등에서 확인된다. 특히 현문구조에서 문주석이 쇠퇴하여 그 흔적만 확인된 경우가 많은데 점차 횡구식 형태로 변화하는 과정이라 생각된다.

GIX형식 석실은 현실 단면이 방형이고 가공판석을 사용한 것으로 능산리형 석실 중에 하나이다. 나주 복암리 1호분·3-7호·13호·16호·17호, 복암리 정촌 3호, 영동리 1-4호·6호, 대안리 4호 등에서 확인된다.

나주 복암리 3-7호 석실은 단면 방형으로, 뒷벽에 1매의 가공판석을 세우고 측벽은 가공판석 2매를 세우고 천장석 2매로 마무리하였다. 측벽 판석 2매는 중간 부분에 L자 형으로 서로 맞물리게 조립하였다. 바닥에는 가공판석 3매를 깔았다. 현문구조는 오른쪽 문주석을 세우지 않아 치우친 형태이다. 연도 측벽에 가공판석 2매를 놓고 천장석 3매로 마무리하였고, 묘도로 이어지는 부분은 할석으로 쌓았다. 연도 바닥은 여러 매의 판석을 깔았고, 묘도는 길게 형성되었고 할석으로 쌓았다(그림 22-8).

복암리 1호분 석실은 구조적으로 3-7호 석실과 비슷하다. 하지만 연도가 전실 개념으로 사용된 것으로 보이며, 전체적으로 가공판석만을 이용하여 축조한 점, 현문 구조가 잘 갖추어져 있는 점이 다르다. 묘도에는 호, 병, 유개소호, 녹유탁잔 등이 놓여져 있어 연도로 사용된 것으로 보인다. 현문과 연도문, 묘도문은 모두 판석 1매로 막고 있다(그림 22-7).

복암리 3-13호와 3-16호 석실은 앞의 석실들과 구조적으로 비슷하지만 연도가 짧고 연도 측벽을 할석(3-16호)을 쌓는 형태는 다르다(그림 22-9). 3-17호 석실은 구조적으로는 3-16호와 유사하지만 뒷벽에 2매의 가공판석을 세웠고, 측벽도 기단부는 수매의 판석을 세우고 그 위에 판상할석을 쌓는 형태이며, 바닥에 할석을 깐 형태는 FIX2형식 석실의 특징과 유사하다.

대안리 4호는 복암리 3-13호 석실과 구조적으로 매우 유사한 형태지만 크기가 약간 작은 편이다. 복암리 정촌 3호 석실은 복암리 3-13호 석실과 구조적으로 비슷하지만 뒷벽에 가공 판석 1매를 세우고 그 위에 판상할석을 쌓는 것과 현실과 연도 측벽에 수매의 판석을 세우고 그 위에 판상할석을 쌓는 형태, 바닥에 부정형판석으로 마무리 한 점은 다르다(그림 22-11).

영동리 1-6호 석실은 구조적으로 대안리 4호 석실과 거의 흡사한 형태로 크기도 비슷하다(그림 22-10). 1-4호 석실은 쌍실분으로 뒷벽에 판석 2매를 놓고 가운데 판석 1매를 놓아 4-1호와 4-2호로 구분하였다. 측벽은 복암리 3-17호 석실처럼 수매의 판석을 세우고 그 위에 판상할석을 쌓거나 판상할석으로만 쌓는 형태를 보인다. 현문은 4-1호와 4-2호 각각 독립된 구조를 보이고 있어 쌍실분으로 사용된 것으로 나주 흥덕리 쌍실분과 비교되는 자료이다.

FX형식은 FIX1·FIX2형식 석실 구조에 현문 구조가 없는 횡구식석실이다. 장성 학성리 A-2호·3호·13-2호·C-1호·2호, 함평 용산리 2호, 신안 상태서리 상서 A-4호·8호·11호·16호(그림 23-6), 장흥 신월리 17호(그림 23-5)·22호 등에서 확인된다.

장성 학성리 A-2호·3호(그림 23-7)·13-2호 석실은 뒷벽에 자연판석 3매 정도를 세우고 그 위에 할석을 놓는 형태이고, 측벽에는 수매의 자연판석을 세우고 그 위에 할석을 쌓는 형태이다. C-1호·2호 석실은 앞의 석실과 다르게 뒷벽과 측벽에 대형 할석으로만 쌓았다. 함평 용산리 2호 석실은 장성 학성리 A-2호와 구조적으로 비슷하지만 현실 앞부분에 문지방석을 설치하여 현실과 연도를 구분한 것으로 생각된다.

신안 상태서리 상서 A-4호 석실의 구조는 장성 학성리 C-1호 석실과 매우 유사한 형태이지만 바닥면을 양분하여 할석을 깔아 시상대 2개를 만든 것으로 추정된다. 8호 석실도 앞의 석실과 비슷하지만 뒷벽에 자연판석을 사용한 점이 다르다. 11호와 16호 석실은 8호 석실과 매우 유사한 형태로 측벽에 대형 할석을 사용하고 입구를 판석으로 막은 점(11호)이 다르다. 장흥 신월리 17호·22호도 장성 학성리 C-1호 석실과 유사한 구조를 가지고 있다.

## 2) 복합유형(DF유형·EF유형·CD유형)

DF유형의 EIX3형식[9]은 영산강식 석실(규슈계 석실)에 능산리형 석실의 특징이 영향을 주어 나타난 것으로 복암리 일대에 집중되는 양상을 보인다. 나주 복암리 3-5호·6호·9호·10호·12호, 복암리 정촌 2호, 영동리 1-2호·3호, 덕산리 10호, 흥덕리 서쪽 석실, 무안 인평고분, 신안 상태서리 상서 B-7호, 읍동 1호·2호 등에서 확인된다.

나주 복암리 3-5호 석실은 양측벽조임식으로 뒷벽에 판석을 세우고 그 위에 판상할석을 쌓았고, 측벽에는 대형 판상할석을 쌓아 올리고 천장석 3매로 마무리하였다. 바닥은 자연판석을 깔았다. 현문구조는 양쪽에 문주석을 세우고 그 위에 문미석을 놓았고, 현문은 오른쪽으로 치우쳐 있으며 판석으로 막고 있다. 연도는 길게 형성되었고 측벽은 할석으로 쌓고 있으며 할석으로 막고 있다(그림 22-2). 3-9호·10호 석실은 기본적으로 3-5호 석실과 비슷하지만 뒷벽에 2-3매의 판석을 세우고 그 위에 판상할석을 쌓는 형태는 다르다(그림 22-1). 3-12호 석실은 3-5호 석실과 거의 공통된 구조이지만 벽석에 사용된 판석은 가공 정도가 좋은 편이고 바닥에도 가공판석을 깐 점이 다르다(그림 22-3). 3-6호 석실은 3-5호 석실과 기본적인 구조는 비슷하지만 대형 판상할석으로만 벽석을 쌓는 형태와 현문에 문지방석이 설치되어 있고 문미석이 천장석 대신에 사용된 점과 묘도가 있는 점이 다르다(그림 22-4).

복암리 정촌 2호 석실은 복암리 3-5호 석실과 매우 유사한 구조로 묘도가 있는 점과 바닥이 점토로 다져져 있는 점이 다르다(그림 22-6). 영동리 1-2호·3호도 복암리 3-5호 석실과 같은 구조로 뒷벽을 1매의 가공판석을 세워 마무리 한

---

9 　이 형식은 복암리유형으로 복암리 3호분 96석실에 사비기 석실의 정형화·소형화·규격화하는 과정에서 출현한다. 이 석실은 기존 영산강식 석실의 영향으로 규격이 크고, 연·묘도가 발달하고, 석재도 정형성이 떨어지는 면이 강해 전형적인 사비기 석실과는 다르다. 특히 나주 복암리일대에 집중되며, 주변지역에 영향을 준 것으로 보인다.

점은 다르다. 나주 홍덕리 서쪽 석실과 덕산리 10호 석실, 무안 인평고분은 기본적으로 복암리 3-5호 석실과 구조적으로 유사하다. 무안 인평고분 석실은 앞의 두 석실보다 벽석의 가공 정도가 떨어진다.

신안 읍동 1호 석실은 복암리 3-5호 석실과 기본적인 구조는 같다. 규모가 크고 뒷벽을 수매 판석을 세우는 점과 벽체에 회를 바른 흔적, 묘도가 설치되어 있는 점이 다르다. 2호 석실은 횡구식에 가까운 형태로 현문구조가 퇴화한 형태로 측벽 하단 일부에 판석을 세우는 점이 특징이다(그림 22-5). 신안 상태서리 상서 B-7호 석실은 읍동 2호 석실과 구조적으로 유사하다. 측벽은 판상할석으로만 쌓는 점이 다르다.

EF유형의 FIV형식의 석실은 측벽조임식 천장과 우편도의 개구식의 현문구조에 네벽의 석재와 용법은 능산리형 석실에 유사한 형태가 융합된 것이다. 장성 학성리 A-5호(그림 23-11) · 10호, 함평 석계 90-4호 · 6호 · 91-4호 · 6호, 장흥 신월리 1호 · 3호 · 4호 · 8호, 충열리 3호 등에서 확인된다.

함평 석계 91-6호 석실은 뒷벽과 측벽에 판석을 세우고 일부에 할석을 쌓는 형태로 벽석의 축조기법이 능산리형 석실에 가까운 형태이다. 짧은 연도에 묘도는 팔八자로 펼쳐져 있다(그림 23-8). 90-4호 석실은 91-6호 석실과 기본적인 구조는 매우 유사하다. 벽석의 구조가 능산리형 석실과 유사하다. 90-6호 · 91-4호 석실은 90-4호에 가까운 구조로 벽석은 하단에 대형 할석을 놓고 그 위에 할석을 쌓는 형태로 정형성이 떨어진다(그림 23-10). 장성 학성리 A-5호 · 10호 석실은 앞의 함평 석계 90-6호 석실과 기본적인 구조가 같다.

장흥 신월리 1호 석실은 함평 석계 90-4호 석실과 구조가 동일하다. 뒷벽에 판석이나 대형 할석 2-3매를 놓고 그 위에 판상할석을 쌓는 형태이고 측벽은 대형 할석을 하단에 세우고 그 위에 할석을 쌓는 형태로 능산리형 석실의 벽석 축조기술의 영향이 보인다(그림 23-9). 신월리 3호 · 4호 · 8호와 충열리 3호 석실도 신월리 1호 석실도 동일한 구조를 보인다.

CD유형의 EV1형식의 석실은 웅진기 우편도 개구식 현문 구조에 벽석 기단부에 대형석을 사용하는 영산강식 석실의 특징이 융합된 형태이다. 장흥 갈두 Ⅱ-1호・2호, 송정 2호~4호(그림 23-12), 신월리 5호・9호・18호(그림 23-14)・19 호・23호(그림 23-13)・24호・35호・36호・38호・40호・41호 등에서 확인된다. 위의 석실들은 탐진강유역에서만 주로 확인된 것으로 현문시설 개구부 앞벽에 장대석에 가까운 대형 할석을 사용하고, 벽석 기단부에 대형 할석을 사용한 형태이다. 이 형식의 석실들은 점차 현실 폭이 좁아지는 세장방형으로 변화하는 특징을 보인다.

# III. 사비기 석실의 전개양상

## 1. 석실의 전개양상

먼저 F유형의 석실은 FIX1형식, FIX2형식, GIX형식, FX형식이 있으며, 그 중 사비기 전형적인 능산리형 석실은 FIX1형식과 GIX형식을 들 수 있다.

영산강유역에서 FIX1형식 중 정형성을 띠는 것은 신안 도창리고분이다(그림 22-12). 이 고분은 도굴이 되어 부장품을 통한 위계는 파악하기 힘들지만 사용된 판석의 가공 정도가 높고, 사용된 매수가 적으며, 현실 폭이 넓은 형태로 그 규모에서 능산리 왕릉군에 버금가는 구조를 보이고 있다. 다음으로 함평 신덕 2호분으로 규모와 정형성으로 보아 당시 사비지역의 고분과 비슷한 위계를 보인다(그림 22-13). 함평 진양리 화동고분은 판석의 가공 정도가 떨어지고 규모가 축소된 것으로 위계는 더 낮아지고 시기도 늦은 것으로 보인다. 장성 학성리고분군 중 A-1호·4호·6호, B-1호분은 앞의 고분보다 정형성이 떨어진다. A-6호분은 그 규모가 사비지역의 고분과 비슷하지만 나머지 3기는 그 규모는 작은 편이다. 석실은 판석을 가공 정도가 떨어지거나 자연 판석을 사용하고, 현문구조의 정형성이 떨어진 형태로 보아 위계는 낮은 것으로 생각된다(그림 22-14).

신안 도창리고분, 함평 신덕 2호분, 진양리 화동고분, 장성 학성리고분군은 모두 당시 중핵지역인 나주 복암리고분군에서 벗어난 외연지역에서 확인된다는 점이 주목된다.

GIX형식 석실은 나주 복암리고분군을 중심으로 한 중핵지역에 집중되어 나타난 점이 앞의 FIX1형식 석실과 다른 점이다. 나주 복암리 3-7호(그림 22-8)와 1호분(그림 22-7)은 판석의 가공 정도가 높고, 연도와 묘도가 길게 형성되었으

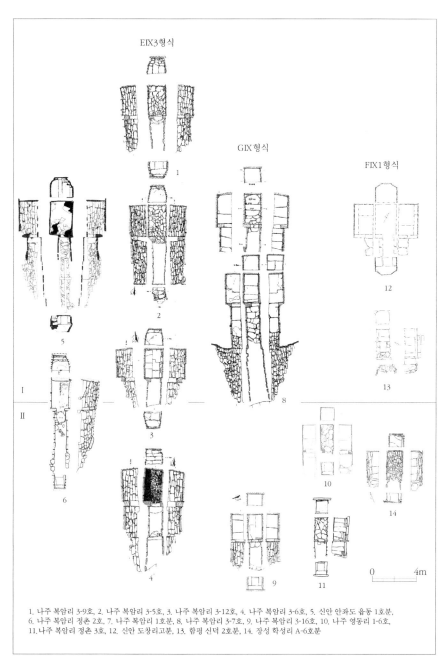

EIX3형식

GIX형식

FIX1형식

1

2

3

4

5

6

I

II

8

9

10

11

12

13

14

0        4m

1. 나주 복암리 3-9호, 2. 나주 복암리 3-5호, 3. 나주 복암리 3-12호, 4. 나주 복암리 3-6호, 5. 신안 안좌도 읍동 1호분,
6. 나주 복암리 정촌 2호, 7. 나주 복암리 1호분, 8. 나주 복암리 3-7호, 9. 나주 복암리 3-16호, 10. 나주 영동리 1-6호,
11. 나주 복암리 정촌 3호, 12. 신안 도창리고분, 13. 함평 신덕 2호분, 14. 장성 학성리 A-6호분

**그림 22** | EIX3형식 · GIX형식 · FIX1형식 석실의 변천양상

며, 그 규모가 큰 편으로 당시 사비지역의 고분[10]과 비슷한 위계를 보인다. 1호분은 묘도에 토기가 부장된 것으로 보아 복실 구조로 사용된 것은 일본열도의 복실구조의 영향[11] 속에서 나타난 것으로 생각된다.

복암리 3-13호·16호(그림 22-9)·17호 석실은 앞의 석실보다 규모가 작고, 연도가 짧으며, 구축 석재에서 일부 석실에서는 정형성에서 떨어지는 모습도 보인다. 나주 대안리 4호와 영동리 1-6호(그림 22-10)는 앞의 고분들과 비슷한 형태이지만 크기가 작은 편이다. 복암리 정촌 3호(그림 22-11)는 벽석 일부에 판상할석을 사용하는 등 구축석재에서 앞의 고분보다 정형성은 떨어진다고 볼 수 있다. 이외에 영동리 1-4호 석실은 쌍실분으로 소형이고, 구축 석재 정형성도 떨어져서 위계는 더 낮고 늦은 시기에 축조된 것으로 보인다.

앞에서 살펴 본 능산리형 석실이 등장하기 이전에 영산강유역에서는 복합형인 DF유형의 EIX3형식의 석실이 먼저 출현한다. 이 형식의 석실은 나주 복암리 3호분 96석실의 영향[12]으로 구축석재를 장대석 및 판상할석을 사용하고 규모에서 능산리형 석실에 비해서 큰 편이며, 천장구조도 측벽조임식을 보인다. 여기에 능산리형 석실처럼 석실은 소형화되면서 일부의 구축석재에 가공 판석을 사용하고 있는 점이 특징이다[13]. 이 형식은 당시 중핵지역인 나주 복암리고분군에서 형성되어 집중적으로 나타나며, 주변지역(반남지역, 무안과 신안 도서지역)으로 확산된다.

나주 복암리 3-5호 석실(그림 22-2)은 측벽조임식과 문틀식구조로 구축석재는 일부 판석을 사용하고, 대부분 대형의 판상할석으로 쌓는 형태와 현문이 오

---

10   최근에 부여 능산리 왕릉 서고분군에서 동하총 이후에 GIX형식 석실이 서1호분과 서2호분이 확인된다. 중심지역인 왕릉군에서도 단면 방형이고 평천장인 석실이 주된 유형으로 사용된 것이 확인된다(서현주, 2017, 「백제 사비기 왕릉 발굴의 새로운 성과와 역사적 해석」, 『한국고대사연구』 88, 56-61쪽).

11   김낙중, 2009a, 앞의 논문, 152-153쪽.

12   김낙중, 2009a, 앞의 논문, 133-135쪽.

13   최영주, 2012, 앞의 논문, 235-237쪽.

른쪽으로 치우쳐 있으며, 연도가 길게 형성된 것이 특징이다. 3-9호 석실(그림 22-1)은 3-5호 석실과 구조적으로 공통되며 뒷벽에 판석 3매를 세우고 판상할석을 쌓는 형태와 측벽을 판상할석으로 벽석을 쌓는 형태는 3-5호 석실보다 앞서는 형태로 보인다. 3-10호 석실도 3-5호 석실과 공통되어 비슷한 시기에 축조된 것으로 보인다. 3-12호 석실(그림 22-3)은 3-5호 석실에 비해 가공된 판석을 사용하는 점이 더 늦은 시기로 보인다. 3-6호 석실(그림 22-4)은 대형의 판상할석으로만 사용하여 구축하는 점은 석실의 정형성의 떨어진 형태로 보여 늦은 시기로 보인다.

복암리 정촌 2호 석실(그림 22-6)은 복암리 3-5호 석실과 구조적으로 공통되며, 영동리 1-2호·3호도 복암리 3-5호 석실과 같은 구조이지만 뒷벽을 1매의 판석으로 마무리 한 점은 늦은 시기로 보인다. 나주 흥덕리 서쪽 석실과 덕산리 10호 석실, 무안 인평고분은 기본적으로 복암리 3-5호 석실과 구조적으로 유사하지만, 무안 인평고분 석실은 벽석의 가공 정도가 낮은 편이다.

신안 읍동 1호 석실(그림 22-5)은 복암리 3-5호 석실과 구조적으로 같지만 규모가 크고, 뒷벽에 수매의 판석을 사용하는 점, 벽체에 회를 바른 점 등은 읍동 1호 석실의 위상을 신안 도창리고분처럼 생각해 볼 수 있을 것이다. 읍동 2호 석실은 현문구조가 퇴화한 횡구식에 가까운 형태로 늦은 시기에 해당한다. 신안 상태서리 상서 B-7호 석실은 읍동 2호 석실과 구조적으로 같아 같은 시기로 보인다.

이 형식의 석실은 나주 복암리고분군을 중심으로 한 지역에서 만들어진 것으로 복암리유형으로 설정이 가능하며, 같은 시기 공주나 부여 등지에서는 확인되지 않는 전남지역만의 독특한 양식이다. 이러한 석실이 중핵지역인 복암리 일대를 벗어나 영산강 하류의 반남고분군과 함평천유역의 무안 인평고분군, 서해안 도서지역인 신안군에서 확산되어 나타난 것은 복암리 일대 집단의 영향력이 확대가 된 것으로 생각된다.

F유형 중 FIX2형식은 FIX1형식 석실보다 현실 폭이 좁아지고 현문구조가

축소된 형태를 보이며, 판석의 가공 정도와 수매의 판석을 이용하는 등 구조적
정형성이 현저히 떨어진다. 중핵지역 일대인 나주 영동리 1-5호에서 확인되
며, 외연지역인 고막원천유역의 장성 학성리고분군(A-7호·8호·12호·13호·B-3
호), 함평 석계고분군(90-3호·91-2호)과 서해안 도서지역인 신안 상태서리 상서
고분군(A-1호) 등에서 확인된다. 이 형식의 석실은 FIX1형식의 분포지역과 비
슷한 모습을 보인다. 중핵지역인 나주 복암리 일대는 복암리유형(EIX3형식)과
GIX형식 석실이 극성한 곳이기 때문에 FIX1형식의 분포처럼 외연지역에 주로
분포하는 것으로 파악된다(그림 23).

　FX형식은 FIX1·FIX2형식 석실 구조에 현문시설이 없는 횡구식 구조이다.
석실은 구축석재가 자연판석이나 대형 할석을 사용하여 쌓는 형태로 FIX2형
식에 가까운 벽석 축조 형태를 보인다. 이러한 횡구식 구조는 사비기에 1인만
을 매장하는 행위가 유행하면서 현문시설이 퇴화하는 과정에서 그 기능이 유
실되어 나타난 것으로 파악된다[14]. 석실은 외연지역의 고막원천유역인 장성
학성리고분군(A-2호·3호·13-2호·C-1호·2호), 함평 용산리 2호와 서해안 도서
지역인 신안 상태서리 상서고분군(A-4호·8호·11호·16호), 탐진강유역인 장흥
신월리고분군(17호·22호) 등에서 확인된다. FIX2형식 석실처럼 비슷한 분포지
역을 보인다(그림 23).

　EF유형의 FIV형식의 석실은 조임식천장과 우편도의 개구식의 현문구조에
뒷벽과 측벽의 구축석재와 용법이 능산리형 석실과 같은 형태가 융합된 것이
특징이다. 석실은 외연지역인 장성 학성리고분군(A-5호·10호), 함평 석계고분
군(90-4호·6호·91-4호·6호), 장흥 신월리고분군(1호·3호·4호·8호), 충열리고
분군(3호) 등에서 확인된다(그림 23).

　이 석실은 대부분 외연지역에 집중되어 확인된다. 함평 석계고분군과 장성

---

14　최영주, 2014, 「百濟 橫穴式石室의 埋葬方式과 位階關係」, 『韓國上古史學報』 84, 91·92쪽.

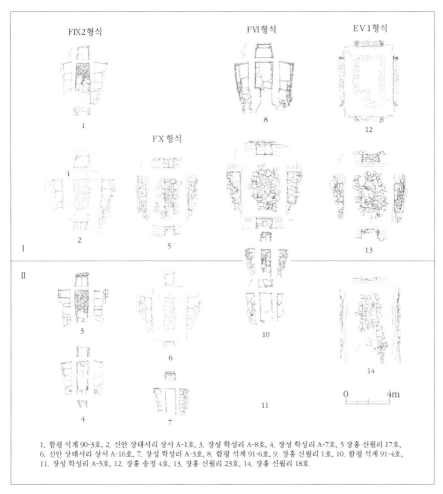

**그림 23** | FIX2형식 · FX형식 · FIV형식 · EV1형식 석실의 변천양상

1. 함평 석계 90-3호, 2. 신안 상태서리 상서 A-1호, 3. 장성 학성리 A-8호, 4. 장성 학성리 A-7호, 5 장흥 신월리 17호,
6. 신안 상태서리 상서 A-16호, 7. 장성 학성리 A-3호, 8. 함평 석계 91-6호, 9. 장흥 신월리 1호, 10. 함평 석계 91-4호,
11. 장성 학성리 A-5호, 12. 장흥 송정 4호, 13. 장흥 신월리 23호, 14. 장흥 신월리 18호

학성리고분군은 고막천 상류에 위치하고 있어 석실의 구조적 유사도가 높은
편으로 기반세력도 같을 가능성이 높다. 탐진강유역 장흥지역의 고분도 앞의
고막천 상류지역의 고분군과 매우 유사한 면을 보이고 있어 세력들 간의 교류

와 이주[15]에 대해서도 생각해 볼 필요가 있다.

CD유형의 EV1형식의 석실은 웅진기 우편도 개구식 현문구조에 영산강식 석실의 특징이 융합된 것으로 점차 세장방형으로 변화한다. 이 석실은 웅진기에 탐진강유역(강진·장흥지역)에서 형성되어 사비기에도 탐진강유역의 장흥지역 고분군(갈두·송정·신월리)에서 집중적으로 확인된다(그림 23).

이상으로 전남지역 사비기 석실의 전개양상을 보면, 먼저 EIX3형식 석실이 중핵지역인 나주 복암리고분을 중심으로 형성되고 정형화되어 인근의 정촌고분과 영동리고분군에 확산된다. 다시 이 형식 석실은 나주 반남고분군과 함평 천유역, 서해안 도서지역으로 확산된다. GIX형식 석실은 부여 능산리 왕릉군에서 유행하던 것을 복암리고분군에서 수용하고 발전시키는 양상을 보이고 인근의 정촌고분과 영동리고분군, 반남고분군으로 확산된다.

FIX1형식 석실은 외연지역인 서해안 도서지역과 함평과 장성지역에서 확인되며, 산재되어 전개되며, 함평과 장성지역의 고분군과 신안 도서지역의 고분군에서 FIX2형식, FIV형식, FX형식으로 변화하면서 전개되는 양상을 보인다. 한편 탐진강유역 장흥지역 고분군에서는 EV1형식, FIV형식, FX형식으로 변화하면서 전개되는 양상을 보인다.


## 2. 석실의 출토유물

전남지역 사비기 석실에서는 위계를 나타내는 은화관식, 관모장식, 관모틀, 대금구, 이식, 왜계 장식대도 등이 있으며, 이외에 석침, 토기류(개배·호·병·유개소호·직구호·장란형옹·와형토기), 옥류, 관못·관고리, 철기류 등이 출토된

---

15    신홍남, 2016, 앞의 논문, 85-87쪽.

다. 사비기 이후 관등제와 의관제가 확립되는데 이를 가장 잘 보여주는 유물은 은화관식·관모틀[16], 대금구[17]가 해당한다. 이외에도 장신구인 이식이나 장식 대도 등도 위계를 나타내는 것으로 인식된다.

먼저 EIX3형식(복암리유형)의 석실은 당시 중핵지역인 나주 복암리고분군일 대를 중심으로 확인된다. 복암리 3-5호에서 은화관식, 관모틀, 은제대금구, 왜 계 장식대도인 규두대도가 확인된다(그림 24-1). 이 중 은화관식은 Ⅲ-b형[18]으로 위계가 두 번째에 해당한다[19]. 복암리 3-6호에서 은제역심엽형과판(그림 24-3), 복암리 3-9호에서 금동제뒤꽂이, 복암리 3-12호에서 금동제이식과 석침(그림 24-2), 인근의 복암리 정촌 2호에서는 금동제이식이 출토된다.

GIX형식의 석실도 나주 복암리고분군을 중심으로 확인된다. 복암리 3-7호 에서는 은화관식은 출토되지 않았지만 관모틀, 금판관모장식, 은제대금구, 금 은장귀면문삼환두대도, 금은장규두대도, 금은장도자, 석침 등 위계가 높은 유 물이 다양하게 출토되고 있다(그림 24-4). 1-1호에서는 녹유탁잔, 3-16호의 은화 관식(그림 24-5)은 Ⅱ형[20]으로 위계가 네 번째에 해당한다. 복암리 정촌 3호에서 석침(그림 24-7), 나주 영동리 1호분 4-1호에서 관모틀, 금동제대금구(그림 24-6), 나주 대안리 4호에서 은장도병이 출토된다.

위의 두 형식의 석실에서 은화관식·관모틀, 대금구와 석침과 왜계 장식대 도가 집중되는 것은 나주 복암리고분군 세력이 사비기 이후에도 백제 왕권과 의 친밀성을 유지하면서 대왜 교류·교섭에 우선적 파트너로서 활동한 것으로

---

16   은화관식은 관모에 꽂아서 사용한 것으로 통상 관모틀과 함께 출토된다. 은화관식은 「奈率」
     의 관등으로 6품 이상의 관직에서 사용한 것이며, 은화관식을 꽂지 않는 관모는 「將德」의 관등
     으로 7품 이하의 관직에서 사용한 것으로 보인다(山本孝文, 2006, 『三國時代 律令의 考古學的
     研究』, 서경, 150-154쪽 ; 최영주, 2014, 앞의 논문, 107-109쪽).

17   山本孝文, 2006, 앞의 책, 141-159쪽 ; 김낙중, 2009b, 앞의 책, 335-340쪽.

18   山本孝文, 2006, 앞의 책, 146-154쪽.

19   최영주, 2014, 앞의 논문, 108쪽.

20   山本孝文, 2006, 앞의 책, 146-154쪽.

보인다[21].

　FIX1형식의 석실은 대부분 도굴되어 유물 양상을 알기가 어려운 편이다. 그 가운데 장성 학성리 A-6호분에서 금동제대금구와 금동제역심엽형과판이 출토된다(그림 24-8). FIX2형식의 석실에서는 토기류(개배·광구호·병), 방추차, 철도자, 관못·관고리 등이 출토되며 위계를 나타내는 유물은 확인되지 않는다. FX형식의 석실에서는 대부분 도굴되었고 일부에서 호, 관못·관고리 등이 출토된다. FIV형식의 석실에서는 장흥 충열리 3호에서 은제대금구편과 은제역심엽형과판이 출토된다(그림 24-9). 이외의 석실에서는 토기류(개배·고배·호·직구호·병), 관못·관고리 등이 출토된다. EV1형식의 석실에서는 이식(주환)이 확인되어 위계를 나타내며, 이외에는 토기류(개배·고배·호·병), 관못·관고리 등이 출토된다.

　이상으로 살펴 본 전남지역 사비기 석실에서 위계를 나타내는 유물인 은화관식과 관모틀, 대금구, 장식대도가 집중되어 출토된 석실은 EIX3형식과 GIX형식이며, 당시 중핵지역인 나주 복암리고분군을 중심으로 확인되는 점이 특징이다. 능산리형 석실인 FIX1형식은 대부분 도굴되어 유물상을 파악하기는 힘들지만 일부 석실에서 금동제대금구가 확인되고 있으며, FIV형식의 석실에서는 은제대금구가 확인되어 위계를 나타내기도 한다. 나머지 다른 석실들은 토기류와 목관 결합구만 확인된다.

---

21　최영주, 2017a, 앞의 논문, 162-165쪽.

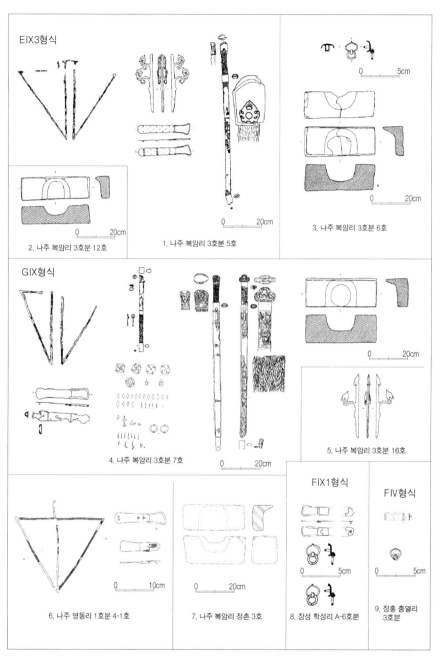

**그림 24** | 전남지역 사비기 석실의 출토유물

# IV. 사비기 석실의 분포와 의미

## 1. 분포지역

전남지역 사비기 석실은 당시 중핵지대인 영산강 중류지역(복암리고분군 일대)과 외연지역의 영산강 하류, 함평천유역, 고막원천유역, 서해안 도서지역, 탐진강유역 등에서 능산리형 석실을 비롯한 다양한 형태의 석실이 분포하고 있다(표 23).

영산강 중류지역은 나주 복암리고분군을 중심으로 정촌고분과 영동리고분 군에서 EIX3형식과 GIX형식 석실이 집중되어 분포하고 있다. 영산강 하류지 역은 반남고분군 일대로 나주 덕산리·홍덕리·대안리고분군에서 EIX3형식 과 GIX형식 석실이 나타난다. 이는 중핵지역인 복암리고분군에서 가장 근접 하여 반남고분군이 위치하고 있으며 5세기 후엽까지 중심지이었기 때문에 복 암리유형의 석실이 분포한 것으로 생각된다.

함평천유역에서는 무안 인평고분(EIX3), 함평 진양리 화동고분(FIX1) 등에서 확인된다. 이 지역은 앞 단계 고분의 분포와 위계에 비해서 사비기 석실의 분포 가 현저하게 보이지 않고 있다. 고막원천유역에서는 함평 신덕 2호분, 장성 학 성리고분군, 함평 석계고분군, 용산리고분군 등에서 FIX1형식, FIX2형식, FX 형식, FIV형식이 집중되어 나타난다. 이 가운데 장성 학성리고분군과 함평 석 계고분군은 다양한 형식이 모두 확인된다. 고분군에서 사비기 석실의 수용 및 변화양상을 통해 재지세력이 백제화 과정에 대한 대응적인 측면에서 다양한 석실 구조가 나타난 것으로 이해된다.

서해안 도서지역은 신안군일대로 장산도 도창리고분, 신의도 상태서리 상 서고분군, 안좌도 읍동고분군 등에서 EIX3형식, FIX1형식, FIX2형식, FX형식 이 나타난다. 이 중 상태서리 상서고분군에서는 복암리유형(EIX3형식)과 능산 리형 석실 유형(FIX2·FX형식)만 확인되어 재지세력과 복암리지역과 관계, 재지세력과 백제와의 관계 속에서 다양한 석실 구조가 나타난 것으로 보인다.

탐진강유역에서는 장흥지역을 중심으로 신월리·갈두·송정고분군에서 F X형식, FIV형식, EV1형식이 나타난다. 그 중 신월리고분군에서 다양한 석실 구조가 확인되어 탐진강유역에서 석실의 수용과 정착하는 과정에서 재지세력의 역할에 대해서 염두 해 볼만하다.

**표 23 | 전남지역 사비기 석실의 분포지역**

| 형식＼지역 | 영산강 중류 | 영산강 하류 | 함평천유역 | 고막원천유역 | 서해안 도서지역 | 탐진강유역 |
|---|---|---|---|---|---|---|
| EIX3 | 나주 복암리 3-5·6·9·10·12호 복암리 정촌 2호 영동리1-2·3호 | 나주 덕산리 10호 나주 흥덕리 고분 | 무안 인평고분 | | 신안 상태서리 상서 B-7호 읍동 1호·2호 | |
| GIX | 나주 복암리 1호·3-7·13·16·17호 복암리 정촌 3호, 영동리1-4·6호 | 나주 대안리 4호 | | | | |
| FIX1 | | | 함평 진양리 화동 고분 | 함평 신덕 2호 장성 학성리 A-1·4·6·B-1호 | 신안 도창리고분 | |
| FIX2 | 나주 영동리 1-5호 | | | 장성 학성리 A-7·8·12·13·B-3호 함평 석계 90-3·91-2호 | 신안 상태서리 상서 A-1호 | |
| FX | | | | 장성 학성리 A-2·3·13-2·C-1·2호 함평 용산리 2호 | 신안 상태서리 상서 A-4·8·11·16호 | 장흥 신월리 17·22호 |
| FIV | | | | 장성 학성리 A-5·10호 함평 석계 90-4·6·91-4·6호 | | 장흥 신월리 1·3·4·8호 충열리 3호 |
| EV1 | | | | | | 장흥 갈두 II-1·2호 송정 2~4호 신월리 5·9·18·19·23·24·35·36·38·40·41호 |
| | 중핵지역 | 외연지역 | | | | |

이상으로 전남지역 사비기 석실은 당시 중핵지역인 나주 복암리고분군에서는 전형적인 능산리형 석실(FIX1형식)은 분포하지 않고 외연지역인 신안 도창

리고분과 함평 신덕 2호분, 함평 진양리 화동고분 등 산재[22]되어 분포하고 있다. 나주 복암리고분군에서는 복암리유형인 EIX3형식 석실이 집중 분포하고 있으며 사비기 이후 가장 이른 시기에 축조된다. 이 석실은 영산강 하류 및 함평천유역, 서해안 도서지역 등으로 확산되어 나타난다. 이는 중핵지역인 복암리고분군 세력의 확장, 또는 교류관계 속에서 나타난 것으로 파악된다. GIX형식 석실도 복암리고분군을 중심으로 집중되어 있으며, 석실의 구조와 규격, 부장품을 통해 위계가 높은 것으로 파악된다[23]. 최근 동하총 이후 능산리 왕릉 서고분군에서 2기가 추가로 확인되어 왕릉군에서도 당시 중앙지역에서도 사용된 위계가 높은 고분으로 확인된다.

외연지역인 고막원천유역의 장성 학성리고분군과 함평 석계고분군에서는 능산리형 석실의 확산과 수용하는 과정에서 다양한 형태의 석실 구조가 확인된다. 이러한 양상을 통해 재지세력이 백제에게 예속되어 가는 과정의 일면을 보여 주는 것이라 할 수 있다. 탐진강유역의 장흥지역 신월리고분군에서는 다양한 형태의 석실 구조가 확인되어 탐진강유역에서 석실분이 정착되는 변화과정을 엿볼 수 있다.

## 2. 분포 의미

전남지역에서 사비기 석실은 가장 먼저 출현하는 곳은 나주 복암리고분군이다. 복암리유형[24]의 석실로 알려져 있는 EIX3형식의 석실이다. 이 석실은 5

---

22  장성 학성리고분군에서는 전형적인 능산리형 석실보다는 위계가 떨어지는 형태의 능산리형 석실 이외에도 다양한 구조를 가진 석실들이 집중 분포한다.
23  최영주, 2014, 앞의 논문, 87-118쪽.
24  김낙중, 2009a · 2016, 앞의 논문.

세기 후엽에 복암리 3호분 수직확장하면서 축조된 96석실에 사비기 능산리형 석실이 정형화되어 전 백제지역으로 확산되며, 소형화되는 과정에서 복암리 고분군에서만 나타난 석실 구조이다. 다시 말해 복암리고분군 세력만의 특색 을 표현한 석실 구조로 복암리고분군 세력의 영향력을 보여주는 자료라고 생 각된다. 또한 GIX형식의 석실은 당시 능산리왕릉군에서 사용된 위계가 높은 구조로 복암리일대에 집중적으로 분포하는 것으로 보아도 복암리고분군 세력 의 위상을 가늠할 수 있다(그림 25).

이러한 복암리고분군 집단은 사비기 이후에도 은화관식, 백제토기, 기와, 제 철관련 유물, 목간 등을 통해 백제 왕권의 친밀성을 유지하고, 왜계 장식대도 와 석침 등 왜와의 교류와 교섭의 파트너로서 활동했을 것으로 보인다[25]. 최근 복암리유적에서 출토된 목간을 통해 7세기대의 다시면 일대인 복암리고분군 지역은 사비기 방군성方郡城 체제 아래 두힐군豆肸郡으로 편성되며, 수천(금천면), 실어산(봉황면), 반나부리(반남면)를 영속한 것[26]으로 보기도 하였다.

이러한 복암리유형(EIX3형식) 석실은 반남고분군과 함평천유역의 무안 인평 고분, 서해안 도서지역[27]인 신안군 신의도 상태서리 상서고분군과 안좌도 읍 동고분군 등에서 확인된다. 반남고분군과 무안 인평고분은 중핵지역에 인접 한 지역으로 복암리고분군의 영향력이 쉽게 미치는 지역으로 보인다.

반면 서해안 도서지역은 중핵지역인 나주 복암리고분군에서 멀리 떨어진 섬 지역에 다수의 고분이 분포하는 점은 신안군 일대가 고대 근해항해[28] 루트

---

25　최영주, 2017a, 앞의 논문, 166쪽.

26　金勤英, 2016,「羅州 伏岩里 출토 목간으로 본 사비시대 豆肸」,『百濟學報』18, 84쪽.

27　이외에도 지표조사가 된 고분은 신안 안좌도 대리고분군, 어의도 소포작고분, 압해도 동서리 서총고분, 장산도 도창리고분군, 하의도 대리고분군, 비금도 광대리고분군, 신의도 상태서리 자실리고분군·당두고분군 등이 확인되고 있어 주목된다(馬韓文化研究院, 2015,『新案 上台 西里 上西古墳群』).

28　근해항해는 연안항해와 다르게 육지와 일정한 거리를 두며, 먼 거리에 있는 육지나 높은 산을 보고 위치를 확인하면서 항해하는 방식이다.

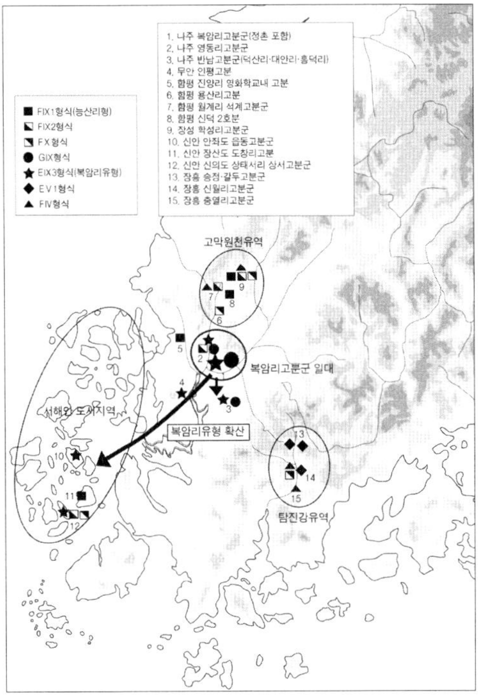
FIX1형식(능산리형)
FIX2형식
FX형식
GIX형식
EIX3형식(복암리유형)
EV1형식
FIV형식
1. 나주 복암리고분군(정촌 포함)
2. 나주 영동리고분군
3. 나주 반남고분군(덕산리·대안리·흥덕리)
4. 무안 인평고분
5. 함평 진양리 영화학교내 고분
6. 함평 용산리고분
7. 함평 월계리 석계고분군
8. 함평 신덕 2호분
9. 장성 학성리고분군
10. 신안 안좌도 읍동고분군
11. 신안 장산도 도창리고분
12. 신안 신의도 상태서리 상서고분군
13. 장흥 송정·갈두고분군
14. 장흥 신월리고분군
15. 장흥 충열리고분군
고막원천유역
복암리고분군 일대
복암리유형 확산
탐진강유역

**그림 25** | 전남지역 사비기 석실 분포도와 복암리유형 확산도

에서 전략적인 요충지임을 증명하고 있다. 이러한 석실(도창리고분 포함)은 서남해 도서지역에 6세기 중엽 이후 방군성 체제에 따라 군현을 설치하여 직접 지배하면서 조성되었을 것으로 보인다[29]. 이는 백제가 근해항로를 통제하기 위한 수단[30]으로 지방관을 파견한 것이며, 이들이 묻힌 고분군들이 신안군일대 도서지역에 집중적으로 분포하고 있다(그림 25).

백제에서 직접 지방관을 파견한 인물의 무덤으로는 신안 도창리고분을 들 수 있다. 전형적인 능산리형 석실로 왕릉급에 버금가는 규모와 규격성, 완성도를 갖추고 있다. 이를 통해 백제의 직접적인 영향력 행사를 엿볼 수 있다. 이외의 고분들은 복암리유형(EIX3형식)의 석실과 구조적(현실 규모 · 장폭비, 천장형태, 측벽의 구축석재와 용법 등)으로 매우 유사하여 당시 중핵지역인 영산강 중류지역의 나주 복암리고분군 세력과의 밀접한 관계[31]를 상정해 볼 수 있다. 한편 신안 상태서리 상서 A-1호분은 FIX2형식 석

29 김낙중, 2016, 앞의 논문, 60-65쪽.

30 문안식, 2014, 「백제의 해상활동과 신의도 상서고분군의 축조 배경」, 『전남 서해안지역의 해상교류와 고대문화』(전남문화재연구소 연구총서1), 혜안, 154-171쪽.

31 김낙중, 2016, 앞의 논문, 64쪽.

실 구조가 확인되는데, 장성 학성리고분군과 함평 석계고분군에서 보이는 구조와 매우 유사하다. 이를 통해 중핵지역인 복암리고분군 세력을 벗어난 외연지역의 재지세력과의 관계 속에서도 나타난 것으로 추정된다.

고막원천유역의 장성 학성리고분군과 함평 석계고분군, 함평 신덕 2호분은 3㎞ 범위 안에 위치하여 같은 기반세력권으로 보인다. 장성 학성리고분군은 사비기 석실을 수용하고 전개하는 과정에서 다양한 석실 구조를 보인다. 능산리형 석실(FIX1형식)은 함평 신덕 2호분처럼 규모와 규격성, 완성도가 떨어진 형태로 학성리고분군의 위계를 알아볼 수 있다. 이후에 고분군에서는 FIX2형식, FIV형식, FX형식의 석실들이 나타난다(그림 25). 이는 학성리고분군을 대표되는 지역세력이 사비기 석실을 수용하는 과정에서 나타난 지역색이면서 위상을 나타낸 것[32]으로 이해된다. 함평 석계고분군도 이와 비슷한 양상을 보이고 있어 같은 양상의 성격을 보인다고 생각된다. 이 두 고분군은 사비기 석실의 수용하고 변화하는 과정에서 다양한 형태의 석실 구조가 출현하는데 이는 재지세력이 백제화되는 과정에 대한 대응적인 측면이 강한 것으로 이해된다.

탐진강유역에서는 EV1형식 석실이 집중되어 확인되며, 그 가운데 신월리고분군에서 다양하면서 집중되어 분포하고 있다. 탐진강유역의 고분은 영산강유역의 고분 특징이 확인되어 영산강유역이 백제화되는 과정에서 일부 세력들이 탐진강으로 이주하여 나타난 것으로 보는 의견[33]도 있다. 탐진강유역의 석실분이 이주를 통해 출현한 것이라면 영산강유역에서 확인된 석실과 매우 유사한 형태의 것부터 나타나야 할 것이다. 따라서 탐진강유역의 석실분의 수용하고 전개하는 것은 재지세력의 의해 이루어지면서 출현한 것으로 생각

---

32  백제 중앙의 축조공인집단이 관여하지 않고 지역에서 자체적으로 축조한 것으로 보인다(김낙중, 2009a, 앞의 논문, 155·156쪽).
33  신홍남, 2016, 앞의 논문, 85-87쪽.

되며, 이 또한 백제화되는 과정의 일환[34]이라고 생각된다.

 이렇듯 전남지역 사비기 석실은 단편적이고 단선적으로 백제 중앙의 석실이 확산된 것이 아니라 중핵지역인 나주 복암리고분군, 외연지역인 고막원천유역의 고분군, 서해안 도서지역 고분군, 탐진강유역의 고분군 등 재지세력에 의해 복잡하고 복합적으로 전개되는 양상을 보인다.

---

34  탐진강유역에서 우편연도가 집중된 현상은 백제와의 관계가 영산강유역보다 더 멀어서 생긴 것으로 이해하기도(김낙중, 2009a, 앞의 논문, 140·141쪽) 하지만 사비기 이후 규격화되는 양상은 뚜렷하게 확인되기 때문에 탐진강유역 재지세력이 백제화되는 과정에서 나타난 현상으로 이해된다.

# V. 맺음말

본 장에서는 전남지역 사비기 석실의 구조적인 특징과 지역별 전개양상을 통해 분포 의미에 대해서 살펴보았다. 전남지역에서 사비기 석실은 영산강 중류와 하류지역, 함평천유역, 고막원천유역, 서해안 도서지역(신안군), 탐진강유역 등에서 분포한다.

전남지역에서 사비기 석실은 단일유형 중에 전형적인 사비기 석실인 단면 육각형의 평사천장식(FIX1·FIX2형식)과 단면 방형의 사벽수직식(GIX형식), 단면 육각형에 무연도식(FX형식)으로 분류되며 능산리형 석실(F유형)에 해당한다. 복합형 중에 DF유형의 EIX3형식(복암리유형), EF유형의 FIV형식, CD유형의 EV1형식으로 분류된다.

전남지역 사비기 석실의 전개양상은 EIX3형식 석실이 중핵지역인 나주 복암리고분을 중심으로 정형화되어 인근의 정촌과 영동리지역으로 확산된다. 재차 이 석실은 나주 반남지역과 함평천유역, 서해안 도서지역으로 확산된다. GIX형식 석실도 복암리고분군을 중심으로 정형화되어 인근의 정촌과 영동리고분군, 반남고분군으로 확산된다. FIX1형식 석실은 외연지역인 서해안 도서지역과 함평과 장성지역 등지에서 산재하여 분포한다. 그 중 함평·장성지역과 신안 도서지역의 고분군에서 FIX2형식, FIV형식, FX형식으로 변화하면서 전개된다. 탐진강유역 장흥지역 고분군에서도 EV1형식, FIV형식, FX형식으로 변화하면서 전개된다.

전남지역 사비기 석실에서 위계를 나타내는 유물인 은화관식과 관모틀, 대금구, 장식대도가 집중되어 출토된 석실은 EIX3형식과 GIX형식이며, 당시 중핵지역인 나주 복암리고분군을 중심으로 확인된다. 능산리형 석실인 FIX1형식은 대부분 도굴되었지만 일부 석실에서 금동제대금구가 확인되어 그 위상이 알 수 있으며, FIV형식에서는 은제대금구가 확인된다. 나머지 다른 석실들은 토기류와 목관 결합구만 확인된다.

전남지역에서 사비기 석실 중에서 가장 이른 것은 EIX3형식으로 나주 복암리고분군에서 확인된다. 이 석실은 복암리 3호분 96석실의 구조적 특징요소에 사비기 석실이 규격화, 소형화되는 과정에서 출현한 것으로 복암리고분군의 영향력을 보여주는 자료이다. 또한 GIX형식의 석실은 능산리왕릉군에서 사용된 위계가 높은 것으로 복암리일대에 집중 분포하고 있다.

이 복암리유형(EIX3형식) 석실은 인접한 지역의 반남고분군과 무안 인평고분과 멀리 떨어진 서해안 도서지역으로 확산된다. 서해안 도서지역에 다수의 복암리유형 석실이 분포하는 점은 신안군 일대가 고대 근해항해 루트에서 전략적인 요충지로서 백제가 6세기 중엽 이후 방군성 체제에 따라 군현을 설치하여 직접 지배하였다. 이는 백제가 근해항로를 통제하기 위한 수단으로 지방관을 파견한 것이다.

신안 도창리고분은 전형적인 능산리형 석실로 왕릉급에 버금가는 규모와 규격성, 완성도를 갖추고 있어 백제에서 파견된 지방관의 무덤으로 추정된다. 이외의 고분들은 복암리유형(EIX3형식)의 석실과 구조적으로 매우 유사하여 당시 중핵지역인 나주 복암리고분군과의 밀접한 관계가 상정된다.

고막원천유역의 장성 학성리고분군과 함평 석계고분군은 FIX1형식 석실 수용 이후에 FIX2형식, FIV형식, FX형식 등 다양한 석실구조로 전개되며, 탐진강유역에서 장흥 신월리고분군을 중심으로 EV1형식, FIV형식, FX형식 등 다양한 석실구조로 전개된다. 이는 두 지역의 재지세력이 사비기 석실을 수용하는 과정에서 나타난 지역색이면서 백제화가 진행되는 과정에 대한 대응전략으로 이해된다.

이렇듯 전남지역 사비기 석실은 단편적이고 단선적으로 백제 중앙의 석실이 확산된 것이 아니라 중핵지역인 나주 복암리일대, 외연지역인 고막원천유역, 서해안 도서지역, 탐진강유역 등 재지세력에 의해 복잡하고 복합적으로 전개되는 양상을 보인다.

(「전남지역 사비기 석실의 전개양상과 분포의미」,『호남고고학보』60, 2018)

제 6 장

# 고분 부장품을 통해 본 영산강유역 마한세력의 대외교류

# I. 머리말

고대 사회에서 연안항로는 매우 중요한 길이다. 특히 영산강유역이 위치한 서남해 연안지역은 백제-가야-왜로 이어지는 교류에서 중요한 길목에 해당하며, 관련된 유적과 유물이 많이 확인된다. 이러한 자료들은 주로 고분과 생활유적에서 확인되는데 그 중에서 고분과 고분에서 출토된 부장품을 통해 영산강유역 마한세력의 대외교류를 살펴보고자 한다.

영산강유역 고분의 변천양상은 선행연구[1]를 통해 대체로 제형분 단계 → 고총고분 단계 → 백제석실분 단계로 변화하는 것으로 이해된다. 2000년 이후 서남해안 연안지역에 5세기 전반대 수혈식석곽을 매장주체시설로 하는 원형의 왜계고분이 확인되고 있다[2]. 이 왜계고분은 종래의 5세기 후엽 이후에 등장하는 장고분(전방후원형고분) 이전에 해당한 것으로 왜와의 교류를 이해 할 수 있는 자료가 확인된다는 것은 매우 중요하다.

이러한 영산강유역의 고분 변천양상 속에서 고분 부장품을 통해 한반도 내의 정치체인 백제·가야·신라와의 관계와 한반도 밖의 왜·중국과의 관계를 파악하고자 한다. 고분 부장품은 토기류와 금속류가 확인되며 이러한 유물을 통해서 영산강유역 마한세력의 대외교류를 시기적으로 검토하고, 그 배경과 역할에 대해서 살펴보고자 한다.

---

1  임영진, 2002, 「영산강 유역권의 분구묘와 그 전개」, 『호남고고학보』, 16, 79-99쪽 ; 김낙중, 2009b, 『영산강유역 고분 연구』, 학연문화사, 97-103쪽.
2  김낙중, 2013, 「5~6세기 남해안지역 倭系古墳의 특성과 의미」, 『호남고고학보』 45, 157-203쪽.

## II. 영산강유역 고분 부장품 변천양상

### 1. 부장품의 변천양상

영산강유역의 고분에서 출토된 부장품은 크게 토기류와 금속류로 나누어진다. 토기류는 일반적인 토기류와 분주토기, 중국자기류 등이 있으며, 금속류는 금동관과 금동식리를 비롯한 장신구류, 무구류, 무기류(장식무기류), 마구류, 농공구류, 단야구, 관 부속구류 등이 있다. 이외에 목제물과 석제물, 패류 등이 확인된다. 그 가운데 영산강유역 토기의 변천양상은 선행연구[3]를 참고하면 크게 3기로 구분되며, 세분하면 6기로 나누어진다. 1-1기는 범마한양식 유행, 1-2기는 영산강유역양식의 성립되고, 2-1기는 영산강유역양식의 성행, 2-2기는 영산강유역양식의 절정기이다. 3-1기는 백제양식으로 전환되며, 3-2기는 백제양식으로 일원화된다(표 24).

금속류도 크게 3기로 구분되며, 세분하면 5기로 나누어진다. 1기는 소형농공구·철정·환두도 등 소량의 무기류와 왜계고분에서 왜계 무구류와 무기류가 등장한다. 2-1기는 장식성이 높은 위세품(금동관·금동식리, 장식대도), 마구류와 무기류가 증가하며, 2-2기는 장식성 위세품, 장식마구류 등장하면서 부장품 종류가 급증하는 시기이다. 3-1기는 백제의 관등제와 관련된 은화관식이 등장

---

3    徐賢珠, 2006, 『榮山江流域 古墳 土器 硏究』, 學硏文化社 ; 서현주, 2008, 「영산강유역권 3~5세기 고분 출토유물의 변천 양상」, 『호남고고학보』 28, 51-80쪽 ; 酒井淸治, 2004, 「5·6세기 토기에서 본 羅州勢力」, 『百濟硏究』 39, 63-83쪽 ; 김낙중, 2009b, 앞의 책 ; 김낙중, 2012a, 「토기를 통해 본 고대 영산강유역 사회와 백제의 관계」, 『호남고고학보』 42, 87-124쪽 ; 오동선, 2016a, 「榮山江流域圈 蓋杯의 登場과 變遷過程」, 『한국고고학보』 98, 128-167쪽 ; 오동선, 2016b, 「삼국시대 전남 서부지역 왜계고분의 확산 과정과 의미」, 『백제의 해양교류와 거점』 (제24회 백제학회 정기학술회의), 71-96쪽.

표 24 | 영산강유역 고분 부장품의 변천양상

| | | 1기 | | 2기 | | 3기 | |
|---|---|---|---|---|---|---|---|
| | | 1-1기 | 1-2기 | 2-1기 | 2-2기 | 3-1기 | 3-2기 |
| 부장품 | 토기류 | 범마한양식 유행 | 영산강유역양식의 성립 | 영산강유역양식의 성행 | 영산강유역양식의 절정기 | 백제양식으로 전환 | 백제양식으로 일원화 |
| | | 이중구연호, 조형토기, 원저호, 평저광구호<br>이중구연호, 평저호,양이부호, 원저외반호, 평저직구호, 심발 | 양이부호, 광구소호, 장경소호<br>양이부호, 광구소호, 유공광구소호, 직구소호, 개배, 기대, 장경호 | 광구소호, 장경소호, 유공광구소호, 직구소호, 개배, 고배, 발형기대, 분주토기 스에키(계) 중국자기(흑유도기) | 장경소호, 유공광구소호, 직구직구소호, 대부직구소호, 개배, 고배, 병류, 발형기대, 장경호, 분주토기, 배부토기, 스에키(계), 하니와(계), 중국자기(연판문완·시유도기) | 직구소호, 백제계 개배, 고배, 삼족배, 병류 | 직구소호, 백제계 개배, 삼족배, 병류 |
| | 금속류 | 소형농공구, 철정, 환두도 등 소량의 무구류 왜계 무구류와 무기류 | | 장식성 위세품, 마구류, 무기류증가, 관 부속구류 | 장식성 위세품, 장식마구류 등장, 부장품 종류 급증 | 부장량 감소, 백제의 관등제-은화관식 무구류와 마구류 소멸 | 백제 관등제-은화관식, 장식대도, 장식구류(관모장식) |
| | | 무구류(판갑·투구-왜계) 무기류(철모·소환두도·철겸·철촉·도·대도) 단야구(집게·망치) 농공구류(선형철부·유견철부·장방형철부·소형광이형철기·괭이·주조괭이·낫·도자·끌·U자형날·철정) | | 장신구류(금동관·금동신발, 팔찌·이식), 장식무기류(환두대도·장식대도·장식도자), 무구류(활·화살통장식), 마구류(행엽·호등·운주), 무기류(철모·철촉·대도·쌍자구·삼지창), 동경, 관부속구류(관못·꺾쇠), 농공구류(장방형철부·괭이·낫·도자·톱) | 장신구류(금동관·금동신발·이식·거울), 장식무기류(환두대도·장식대도), 무구류(찰갑·투구·판갑), 마구류(재갈·행엽·윤등·호등·등자·안교금구·삼환령), 무기류(철모·철촉·대도), 동경, 관부속구류(관못·꺾쇠), 농공구류(장방형철부·괭이·낫·도자·철정) | 장신구류(은화관식·관식틀·대금구), 장식무기류(장식대도·장식도자), 무기류(철촉·대도), 관재류(관못·꺾쇠·관고리), 농공구류(장방형철부·괭이·도자) | 장신구류(은화관식·관식틀·관모장식·대금구), 장식무기류(장식대도·규두대도·철촉·대도), 관부속구류(관못·꺾쇠·관고리), 농공구류(장방형철부·괭이·도자) 규두대도 |
| | 기타 | | | 석제모조품, 모자곡옥 | 고호우라 조개팔찌 | 석침 | |
| 고분단계 | | 제형분 | | 고총고분 | | 백제석실분 | |
| | | 방형분 | 제형분 | 옹관분 | 초기석실분 | 백제식석실분 | |
| | | 방형:목관중심 | 제형:목곽중심 옹관-외곽 | 원대형·방대형 | 장고형·원형·방대형 | 원형:반구형 | |

하고 장식무기류가 계속 확인되며, 무구류와 마구류가 소멸되면서 부장량은 감소한다. 3-2기는 은화관식과 함께 장식구류(관모장식), 장식대도(규두대도 등) 등이 확인된다.

## 2. 고분 부장품의 출토양상

### 1) 토기류
#### (1) 백제

영산강유역의 고분에서 확인된 토기 가운데 백제적인 요소는 영산강유역양식 성행기인 2기를 기준으로 이전과 이후로 나누어서 살펴 볼 수 있다. 먼저 2기의 백제양식 토기는 개배·고배(백제의 영향력 확대)와 삼족토기·광구장경호·기대·병형토기·대부직구소호 등이 알려져 있다. 1기는 평저광구호·평저직구광견호 등이 있으며, 3기 이후부터는 사비기 백제토기인 대부완·전달린토기·벼루 등과 함께 개배·삼족토기·병형토기 등이 지속적으로 확인된다[4]. 이러한 연구 성과를 바탕으로 영산강유역의 고분에서 확인된 백제양식 토기를 시기별로 간단히 살펴보고자 한다.

1기는 범마한양식이 성행하고 영산강유역양식이 성립되는 시기로 백제적인 요소를 보이는 토기는 평저호 중에서 **평저광구호**와 평저직구광견호 등이 있다. 평저광구호는 나주 용호 12호 목관묘(그림 28-1), 12-7호 옹관묘(그림 28-2) 등에서 출토되는데 낙랑의 회색계토기인 평저호에서 영향을 받은 것으로 보는 견해[5]도 있지만, 충청 서해안지역 등 백제의 지역 세력을 매개로 나타난 것

---

4    김낙중, 2012a, 앞의 논문, 87-124쪽.
5    徐賢珠, 2006, 앞의 책.

으로 보인다[6].

**평저직구광견호**는 함평 만가촌 13호분 3호 토광묘(그림 28-3) · 2호 토광묘
(그림 28-6), 국산 2호 토광묘, 나주 용호 12호분 6호 옹관(그림 28-4), 복암리 3호
분 21호 옹관(그림 28-5) 등에서 출토된다. 특히 함평 만가촌 13호분 3호 토광묘
의 출토품은 흑색마연기법으로 한성양식 백제토기와 관련된다. 이러한 토기
는 해미 기지리유적처럼 백제토기 요소를 부분적으로 받아들인 지역 세력의
토기가 수용된 것[7]으로 보기도 하며, 백제-서남해안-가야 사이에서 해로를 통
한 철기류 유통 등에 참여한 집단에서 입수하거나 유입된 백제계 토기[8]로 이해
하기도 한다.

이상으로 살펴본 바와 같이 이 시기 영산강유역은 범마한양식이 유행하는
단계로 한성백제양식의 토기가 일부 확인도 되지만 지역 세력의 매개로 한 부
분적인 수용이 주를 이루고 있으며, 당시 철기류 유통과 관련된 해상세력에 의
해 일부 유입되거나 영향을 받은 것으로 판단된다.

**2기**는 영산강유역양식이 성행하는 시기로 백제의 영향력이 확대되는 시기
이다. 토기는 개배 · 고배와 삼족토기 · 광구장경호 · 기대 · 병형토기 · 대부직
구소호 · 배부토기 등이 있다. 먼저 개배의 변화 양상을 살펴보고자 한다. **개배**
는 영산강유역에서 5세기 전반대에 시종일대의 옹관묘에서 등장하며, 백제의
평저 배와 어느 정도의 영향 관계가 보이며, 왜의 스에키 성립에도 영향을 미
친 것으로 보인다[9]. 개배는 5세기 중엽 이후에 반남고분군을 중심으로 많이 출
토되며, 고유한 양식으로 발전한다. 김낙중은 영산강유역 개배의 변천과정을
나주 복암리 3호분을 통해서 반남형2식 · 당가형1식 → 당가형2 · 3식 · 반남

---

6  김낙중, 2012a, 앞의 논문, 87-124쪽.
7  서현주, 2008, 앞의 논문, 51-80쪽.
8  김낙중, 2012a, 앞의 논문, 87-124쪽.
9  김낙중, 2010a, 「부장품으로 살펴본 영산강유역 전방후원형고분의 성격」, 『집중해부 한국의 전
    방후원분』(창립 2주년기념 학술세미나), 대한문화유산연구센터, 127-150쪽.

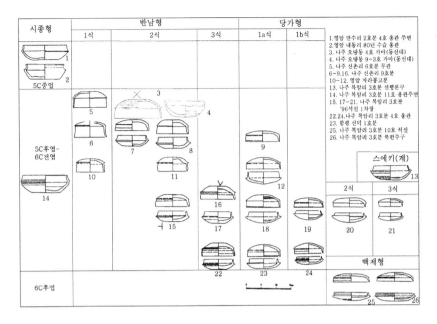

**그림 26** | 영산강 중·하류역 개배의 분류 및 변천(김낙중 2012)

형3식 → 백제형으로 변천하는 것으로 이해하고 있으며, 백제계 석실이 축조되기 시작하는 6세기 중엽 이후에는 반남형과 당가형 등의 영산강유역양식은 사라지고, 백제형 개배만이 부장된다[10]. 당가형1식은 해남 월송리 조산고분, 함평 신덕 1호분, 광주 월계동 1호분, 명화동고분, 영광 학정리 대천고분 등 초기횡혈식석실묘에서 주로 출토되는 경향이 강하다(그림 26).

한편 서현주는 당가형(D형) 개배를 백제식 개배로 파악하고, 백제 중앙과 영산강유역과의 관계 속에서 출현하고 발전한 것으로 이해하였으며, 영산강 중류지역(복암리집단)을 백제지역지배의 교두보적인 성격을 강조하였다[11]. 하지만 개배의 확산은 복암리집단을 교두보로 한 백제의 통합과정을 보여주는 현

---

10    김낙중, 2012a, 앞의 논문, 87-124쪽.

11    徐賢珠, 2006, 앞의 책.

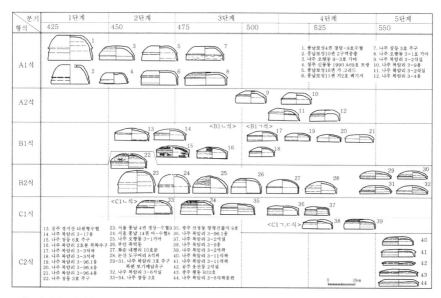

**그림 27 |** 마한·백제지역 개배의 변천도(오동선 2016a)

상이라기보다는 영산강 중류지역 집단의 세력 범위가 넓어지는 경향을 보이는 동시에 백제 왕권 및 주변세력과 왜와도 밀접하게 교섭했음을 보여주는 자료로 생각된다[12]. 고분 부장품 공급을 위한 생산-유통-소비의 구조가 영산강 중류지역에서 보이고 있어 지역양식[13]으로 보는 것이 타당하다.

오동선은 개배의 변천을 A1→B1(스에키계)→B2→A2→C1→C2식으로 변화하며, 이 가운데 B1식, B2식, C1식은 토착적인 개배의 속성에 왜의 스에키계적인 속성이 먼저 조합되다가 나중에 백제계적인 속성 등이 조합되면서 다양한 형태 변화를 보이며, 6세기 중엽 이후 백제형(C2식) 개배가 출토된 것으로 이해했다[14](그림 27).

---

12  김낙중, 2010a, 앞의 논문, 127-150쪽.
13  김낙중, 2012a, 앞의 논문, 87-124쪽.
14  오동선, 2016a, 앞의 논문, 128-167쪽.

이러한 연구 성과를 통해 보면, 영산강유역의 개배는 5세기 중엽 경에 옹관묘에서 등장하여 5세기 후엽에서 6세기 전엽 사이는 재지계적인 요소에 스에키계적인 요소, 나중에 백제계적인 요소가 조합되어 다양한 형태로 나타나게 되어 영산강식 개배가 성행하였다. 6세기 중엽 이후 백제계 석실이 등장하면서 백제식 개배로 변화된 것으로 이해된다.

고배는 영산강유역권에서 무개식, 대각이 무투창, 1단 정도 낮거나 높은 투창이 있는 것이 먼저 나타나 주류를 이룬다. 이른 형식의 고배는 가야 고배의 영향을 받은 것으로 추정되며, 점차 왜의 스에키 고배의 영향도 나타난다. 6세기를 전후하여 백제의 유개고배가 나타난다[15]. 백제식 고배는 영광 학정리 대천고분(그림 28-12) 등이 있으나 나주 당가요지 등의 출토품은 현지에서 생산된 것으로 이해된다. 이외에도 담양 서옥 2호분 2호 석곽(그림 28-7) 출토품은 스에키계 기형에 백제적인 요소가 혼합되기도 하고, 담양 오산 1호 석실(그림 28-13) 출토품은 소가야계 기형에 대각이 짧고 무투창인 백제적인 요소가 복합적으로 나타난다.

**삼족토기**는 백제를 대표하는 기종이다. 영산강유역에서는 광주 월계동 1호분 주구(그림 28-14), 무안 고절리고분 주구 등에서 이른 형식의 삼족토기가 확인된다. 이러한 삼족토기는 통형기대와 함께 출토되는 경향이 있어 백제의 전형적인 토기가 유입된 상황으로 이해[16]하는 경향도 있지만, 6세기 중엽 이후에 삼족토기가 생산되고 유통되었는지 단정하기 어렵다.

기대는 발형과 통형이 있으며 발형기대는 가야의 영향으로 등장한다. 영암 신연리 9호분과 광주 연제동 외촌유적 곡간습지 등에서 5세기 전반경으로 편년되는 가야계 발형기대가 확인되며, 광주 행암동 4·13호 가마에서 가야계

---

15  서현주, 2014, 「출토유물로 본 전남지역 마한 제국의 사회 성격」, 『전남지역 마한 제국의 사회 성격과 백제』, 학연문화사, 127-153쪽.
16  徐賢珠, 2006, 앞의 책.

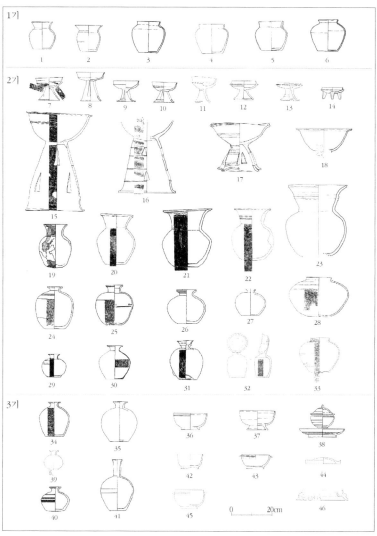

1. 나주 용호 12호 목관, 2. 나주 용호 12-7호 옹관, 3. 함평 만가촌 13-3호 토광, 4. 나주 용호 12-6호 옹관, 5. 나주 복암리 3-21호 옹관, 6. 함평 만가촌 13-2호 토광, 7 · 33. 담양 서옥 2-2호 석곽, 8 · 9 · 14 · 16 · 23. 광주 월계동 1호분, 10 · 18. 광주 월계동 2호분, 11 · 19. 함평 신덕 1호분, 12. 영광 학정리 대천 3호분, 13. 담양 오산 1호 석실, 15 · 22. 광주 쌍암동고분, 17. 광주 산정동 15호 방형건물지, 20 · 27. 나주 복암리 3호분 96석실, 21. 무안 맥포리 3호 토광, 24 · 25. 나주 대안리 9호 분 병관, 26. 해남 조산고분, 28. 해남 만의총 3호분, 29. 나주 복암리 3-7호 옹관, 30. 담양 제월리고분, 31. 나주 복암리 3-4 호 옹관, 32. 나주 복암리유적 8호분 북쪽 주구, 34. 함평 월계리 90-2호 석실, 35. 나주 복암리 3-7호 석실, 36 · 37. 나주 복 암리유적 1호 부정형유구, 38 · 39. 나주 복암리 1호분, 40. 해남 용일리 용운 3호분, 41. 나주 대안리 4호분, 42 · 43. 나주 복 암리 2호분 주구, 44. 나주 복암리유적 7호 구상유구, 45. 나주 복암리유적 11호 구상유구, 46. 나주 복암리유적 4호분

**그림 28 |** 영산강유역 출토 백제토기

기대도 출토되었다. 5세기 후엽 이후에는 고창 봉덕, 광주 하남동과 산정동유적(그림 28-17) 등에서 가야, 왜, 백제적인 요소가 복합되어 계통을 구분하기 어려운 발형기대가 확인되었으며 주로 의례에 사용되었다[17]. 영산강유역양식인 반남식 발형기대는 5세기 후엽 이후에 반남고분군(나주 덕산리 8호분 · 11-1호분)과 초기 석실분(나주 복암리 3호분 96석실) 단계에 주로 부장된다. 이외에도 광주 월계동 1호분(그림 28-16 · 18)에서도 가야계의 영향으로 대각이 긴 형태의 발형기대가 백제계 통형기대편과 광구장경호가 함께 출토되었다. 통형기대는 무안 고절리고분, 광주 명화동고분, 월계동 1호분, 함평 신덕고분, 해남 용두리고분 등에서 확인되는데 분구나 주구에서 깨진 상태로 출토되는 양상 등으로 보아 제의적인 성격이 강한 기종으로 추정되며[18], 시기적으로는 6세기 이후로 백제의 통형기대와 유사하다[19].

**광구장경호**는 한성 백제양식 토기의 주요 기종이다. 영산강유역에서는 나주 대안리 3호분, 복암리 3호분 96석실(그림 28-20), 영암 만수리 2호분, 무안 인평 8호 석곽묘, 맥포리 3호 토광(그림 28-21), 광주 월계동 1호분(그림 28-23), 쌍암동고분(그림 28-22), 하남동 9호 구, 함평 신덕 1호분(그림 28-19) 등에서 출토된다. 광구장경호는 백제양식과 변화양상의 흐름은 같지만 지역적인 특징들을 보이고 있다. 시기적으로는 5세기 후엽에서 6세기 전엽으로 주로 초기 횡혈식석실묘에서 출토된다[20].

**병형토기**는 나주 대안리 9호분(그림 28-24 · 25)을 제외한 대부분은 석실묘에서 출토된다. 나주 대안리 9호분 출토품은 호형토기에서 병형토기가 되는 과정 중의 기형을 보이고 있다. 백제양식의 전형적인 병형토기는 초기 횡혈식석

---

17  김낙중, 2012a, 앞의 논문, 87-124쪽.

18  임영진, 2014a, 「영산강유역권 왜계고분의 피장자와 '임나일본부'」, 『지역과 역사』 35, 부경역
사연구소, 225-256쪽.

19  이건용, 2013, 「마한 · 백제권 통형기대 고찰」, 전남대학교 석사학위논문.

20  서현주, 2014, 앞의 논문, 127-153쪽.

실묘에서 본격적으로 출토되며, 일부에서는 지역적인 차이를 보이기도 한다. 6세기 중엽 이후에도 지속적으로 부장되는 기종이다[21].

**대부직구소호**는 원저의 직구소호에 고배의 대각이 붙은 형태로 마한·백제지역에서 10여점이 확인되었다. 영산강유역에서는 나주 복암리 1호분, 고창 봉덕 나지구 구3, 광주 연제동 외촌유적 등에서 확인되는데 6세기 전엽경과 사비기로 편년된다.

**3기** 이후부터는 사비기 백제토기인 대부완·전달린토기·벼루 등과 함께 개배·삼족토기·병형토기 등이 지속적으로 확인되고 있다. 먼저 앞 시기에 이어서 계속 부장되는 **개배**는 배신이 납작해지는 특징이 있다. 나주 복암리 3호분 10호 석실·11호 횡구식석곽·8호 석곽옹관, 영동리 1호분 5·6호 석실 출토품이 해당한다(그림26·27). **삼족토기**도 개배처럼 배신이 납작해지는데 나주 반남과 다시일대인 영산강 중·하류지역에서 확인되지 않고, 상류지역인 고창과 영광 등 서해안지역에 주로 분포한다[22]. **병형토기**는 동체가 납작해지거나 동체가 긴 경우도 어깨가 강조된 것에 비해 저부가 상대적으로 좁아지는 경향이 보인다. 나주 대안리 4호분(그림 28-41), 해남 용일리 3호분(그림 28-40)에서는 목이 긴 장경병도 확인된다.

사비기 대표적인 고급토기인 회색계의 대부완과 전달린토기가 있다. **대부완**은 웅진기부터 등장하는데 금속기나 도자기를 모방하여 제작된 것으로 추정되며, 보주형꼭지가 달린 뚜껑을 갖춘 대부완은 도성의 주요 시설에서 소비되는 제사용기로 대량 생산된다[23]. 금속기를 모방한 초기 형태의 대부완은 나주 복암리 3호분 11호 횡구식석곽, 북쪽 주구 구덩이 출토품(그림 28-36·37)이 있으

---

21  서현주, 2011, 「영산강유역 토기문화의 변천 양상과 백제화과정」, 『百濟學報』6, 79-105쪽.
22  徐賢珠, 2006, 앞의 책.
23  山本孝文, 2005, 「百濟 臺附碗의 收容과 變遷의 劃期」, 『國立公州博物館紀要』제4집, 국립공주박물관.

며, 후기 형태는 복암리고분군 주변 유적의 수혈과 구상유구 등에서 확인된다.

**전달린토기**는 대부완과 비슷한 형태로 배신 상부에 전이 달린 토기이다. 대부완과 같이 나주 복암리 2호분 주구(그림 28-43), 복암리고분군 주변유적 구상유구(그림 28-45) 등에서 출토되고 있다. **벼루**도 나주 복암리고분군 주변유적에서 확인되고 있다(그림 28-44 · 46). 이외에도 나주 복암리 1호분에서 출토된 **녹유도기**는 6세기 중엽경으로 편년되며, 백제 왕권이 지역의 유력자에게 주는 위세품적인 성격이 강한 것으로 생각된다.

이처럼 대부완과 전달린토기, 벼루, 녹유도기 등의 사비기 토기 이외에도 목기, 기와, 제철관련 도가니 등이 함께 출토되는 점은 복암리집단이 사비기까지도 영산강유역의 여타 지역보다 백제 중앙과 더 밀접한 관계를 지속적으로 맺고 있었던 것으로 추정된다[24].

### (2) 가야

영산강유역에서 가야계토기는 금관가야, 아라가야, 소가야, 대가야 등의 토기가 확인된다. 대체로 아라가야(금관가야) → 소가야 → 대가야 순으로 확인되며, 이러한 토기는 반입된 이후 그 기종이나 형식이 재지화가 되는 양상이 강하다(그림 29).

**1기** 가야계 토기 중 **아라가야 토기**가 가장 먼저 등장하는데, 4세기 후반부터 광구소호(경배), 장경소호가 나타난다. 광구소호는 해남 신월리고분, 무안 양장리 나지구 유물포함층, 영암 만수리 4호분 10호 목관묘(그림 29-2) 등에서 출토되는데 4세기 후엽에서 5세기 전반에 해당한다. 금관가야 토기는 함평 성남 1호 토광묘(그림 29-1)에서 광구소호가 1점 확인되는 것이 유일하다.

그밖에 승문이 타날된 양이부단경호(4세기 전반)와 통형고배(4세기 후엽), 이

---

24    김낙중, 2012a, 앞의 논문, 87-124쪽.

단일렬투창고배(5세기 중엽), 대부파수부배(5세기 전엽) 등의 아라가야 토기가 해남(주거지 출토품:그림 29-3)과 장흥(주거지 출토품) 등의 남해안지역과 전남 동부지역인 순천과 광양, 여수, 구례지역에서 주로 확인되고 있어 남해안 연안지역과 아라가야지역이 활발하게 교류가 이루진 것을 알 수 있다.

**소가야 토기**는 대부분 5세기에 해당하는데 다른 가야토기에 비해 많은 편이다. 소가야 토기는 해남, 나주, 광주, 고창지역 등 산발적으로 분포하고 있으나 광주 동림동유적(주거지와 구에서 출토)에 집중되는 양상을 보인다. 이른 시기 소가야 토기는 주거지에서 확인되는데 해남 신금유적 60호 주거지에서 완형 무투창고배가 출토되며 4세기 전엽에 해당한다. 5세기 전반에 해당하는 장흥 상방촌A유적과 지천리유적 나13호 주거지에서는 삼각투창고배와 파수부배, 타날문 단경호가 출토되었다[25]. 고분 부장품으로는 나주 장등유적 2호분 주구와 고창 봉덕유적 등에서 삼각투창고배가 확인되며, 대체로 5세기 전반에 해당한다.

5세기대 이후부터 고배와 발형기대에서도 가야계 반입 자료와 함께 재지화가 이루어진다. 특히 5세기 중엽의 광주 동림동유적[26]은 마한·백제계유물을 중심으로 소가야와 왜계 유물이 다량 출토되었다(표 25).

동림동유적에서는 다른 가야토기는 출토되지 않고 소가야 토기만 출토되는 점, 소가야 토기의 기종 구성이 다양하면서 시간 차이를 보이는 점, 소가야 토기와 왜의 스에키를 모방하거나 절충한 것이 다량 확인되는 점 등이 특징이다. 이와 같은 특징은 소가야인들과 왜인들이 공동으로 거주했을 것으로 추정되

---

25  하승철, 2014, 「전남 서남해지역과 가야지역의 교류양상」, 『전남 서남해지역의 해상교류와 고대문화』(전남문화재연구소 연구총서1), 혜안, 249-290쪽.

26  동림동유적은 2003년부터 2005년까지 호남문화재연구원에서 발굴조사하였다. 조사된 면적은 3만평으로 호남지역 최대 규모이다. 조사된 유구는 청동기시대 저습지, 삼국시대 주거지 98기, 목조구조물, 수혈 114기, 지상건물지 88동, 각종 구 237기, 토광 2기, 목구조, 우물 2기, 도로 등 다양하다(호남문화재연구원, 2007, 『광주 동림동유적』 I ~IV).

**표 25 | 동림동유적 출토 소가야 토기(하승철 2014)**

| 보고서 | 유구 | 소가야 | 비고(왜계) | 연대 |
|---|---|---|---|---|
| 동림동유적 II | 1호 주거지 | 파수부배 | | 5세기 |
| | 33호 주거지 | 고배 | | 5세기 |
| | 39호 주거지 | 개 | | 5세기 |
| 동림동유적 III | 9호 구 | 파수부호 | | 4세기 후엽 |
| | 25호 구 | 개, 수평구연호 | | 5세기 |
| | 60호 구 | 개, 고배, 수평구연호 | 개배 | 5세기 |
| | 100호 구 | 광구호, 삼각투창고배, 기대 | | 5세기 |
| | 101호 구 | 개, 삼각투창고배, 기대 | 개배 | 5세기 |
| | 102호 구 | 개, 고배, 수평구연호, 기대 | 유공광구소호 | 5세기 |
| | 164호 구 | 고배 | | 5세기 |
| 동림동유적 IV | 109호 수혈 | 삼각투창고배 | | 5세기 |

며, 동림동유적에 거주한 소가야인과 왜인들은 교역을 종사했을 것으로 추측된다. 또한 인근의 산정동유적과 하남동유적에서도 스에키, 소가야 토기가 출토되는 것으로 보아 광주천일대 동림동유적은 교역의 거점 취락이 형성되었을 가능성이 높다[27].

2기는 6세기를 전후한 시기로 광주 장수동 점등고분에서 대가야계의 대부유개장경호, 양이부호, 병 등이 출토되는데 남원지역 대가야와 관련된 것으로 추정된다. 6세기대 고분인 장성 영천리고분에서는 소가야계의 고배(그림 29-12), 광주 명화동고분에서는 대가야의 관모형 꼭지를 가진 개(그림 29-13) 등이 출토되었다. 광주 명화동고분의 개는 전남 동부지역에서 이입된 것으로 추정된다. 대부호는 대체로 소가야의 대부호와 관련되며 재지화가 이루어지고 있다. 당시(6세기 중엽) 전남 동부지역은 재지계, 백제계, 대가야계, 소가야계 토기 문화가 복합적인 양상으로 전개되는 특징을 보이고 있다[28].

따라서 영산강유역에서 가야계 토기는 금관가야, 아라가야, 소가야, 대가야

---

27 하승철, 2014, 앞의 논문, 249-290쪽.
28 하승철, 2014, 앞의 논문, 249-290쪽.

등 4~6세기대까지 긴 시간에 걸쳐 다양한 계통으로 나타나며[29], 특히 5세기대까지는 기종이나 형식이 재지화가 되는 경향이 강했음을 알 수 있다[30]. 영산강유역과 가야세력과의 관계는 초기에는 교류와 교역 등에 의해 문물이 이동되다가 5세기 후엽 이후로는 정치적인 영향력의 확대가 중요한 계기가 되는 것으로 파악된다[31].

### (3) 신라

신라토기는 개와 장경호 등이 대표적이며, 대부분 6세기대로 그다지 많지 않다. 나주 영동리 3호분 석실에서는 개배, 직구소호와 함께 신라계 반원문과 삼각집선문이 시문된 굽형꼭지 개(그림 29-27), 삼족토기 등이 출토되었으며 같은 가마에서 소성한 것으로 보고 있다[32]. 나주 영동리집단이 신라지역과 직접적인 교류를 했던 것을 보여주는 자료로 추정된다. 해남 용일리 용운 3호 석실에서는 장경호(그림 29-28)가 출토되었으며, 해남 만의총 1호분에서 출토된 유공 서수형토기는 신라토기의 특징이 보이지만 재지에서 제작된 토기로 추정[33]되거나 경남 고성지역에서 제작되어 반입된[34] 것으로 보았다. 해남 만의총 3호분 분구와 주구에서는 대부직구단경호, 보주형 꼭지가 달린 개는 현지모방품으로 신라계 공인이 현지에서 제작했을 것으로 판단된다[35].

해남 현산초교 부근수습품(그림 29-17)과 광주 산정동 33호 구(그림 29-18)의

29  박천수, 2010, 『가야토기-가야의 역사와 문화』, 진인진 ; 김낙중, 2012a, 앞의 논문, 127-150쪽; 서현주, 2012, 「영산강유역권의 가야계 토기와 교류 문제」, 『호남고고학보』 42, 159-190쪽.
30  서현주, 2014, 앞의 논문, 127-153쪽.
31  이동희, 2004, 「전남 동부지역의 가야계 토기와 역사적 성격」, 『한국상고사학보』 46, 71-112쪽.
32  이정호, 2010, 「출토유물로 본 영동리고분세력의 대외관계」, 『6~7세기 영산강유역과 백제』(개소5주년기념 국제학술대회), 국립나주문화재연구소 · 동신대학교문화박물관 ; 김낙중, 2010a, 앞의 논문, 127-150쪽.
33  서현주, 2012, 앞의 논문 ; 하승철, 2014, 앞의 논문, 249-290쪽.
34  박천수, 2010, 앞의 책.
35  이정호, 2010, 앞의 논문.

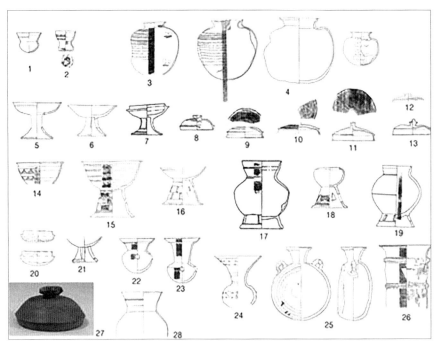

1. 함평 성남 1호 토광묘, 2. 영암 만수리 4호분 10호 목관묘, 3. 해남 신금 55호 주거지, 4. 해남 분토 3-1호 토광묘, 5. 해남 군곡리 주거지, 6. 장흥 지천리 나13호 주거지, 7. 해남 현산초교부근수습, 8·14. 장흥 상방촌A 43·25호 주거지, 9~11. 광주 동림동 102호 북동 구·60호 구·100·101호구, 12. 장성 영천리고분, 13. 광주 명화동고분 석실, 15,20. 고창 봉덕 방형추정분 주구, 16. 광주 하남동 9호구10지점, 17. 해남 현산초교부근수습, 18. 광주 산정동 33호구, 19. 해남 월송리 조산고분, 21. 광주 월전동 3호 지상건물 북쪽 구상유구, 22·23. 나주 복암리 3호분 96석실 1호 옹관, 4호 옹관, 24. 광주 월계동 1호분 주구, 25·28. 해남 용일리 용운 3호 석실묘, 26. 함평 노적 2호 주거지, 27. 나주 영동리 3호분.

**그림 29 |** 영산강유역권 외래계(가야·신라·왜) 토기(서현주 2014)

출토품은 대각이 달린 대부호로 소가야의 대부호와 관련되어 재지화가 된 것으로 이해하는 의견[36]도 있지만 기본적으로 신라계 토기로 보고, 이 신라계 토기는 김해와 창원 등 남해안을 따라 확산된 것으로 보는 견해[37]도 있다. 6세기후반에는 나주 영동리 1호분 6호 석실에서 부가구연대부장경호가 확인된다[38].

---

36   서현주, 2014, 앞의 논문, 127-153쪽.

37   하승철, 2014, 앞의 논문, 249-290쪽.

38   이정호, 2007, 「신라토기가 출토된 영산강유역 고대 고분군」, 『한국고고학저널 2006』, 국립문

이처럼 영산강유역에서 신라계 토기는 극소수로 직접 유입된 토기도 있으며 재지에서 직접 제작된 토기도 있다. 이것들은 영산강유역권인 나주와 해남반도의 지역 세력들이 신라지역과 직간접적인 교류가 확인된 중요한 자료이다.

### (4) 왜

#### ① 스에키(계)

영산강유역에서 출토된 스에키 기종은 개배, 고배, 유공광구소호, 장군, 편병(자라병) 등이 있다. 영산강유역에서는 스에키(계)[39]는 TK23~MT15형식에 해당하는 자료가 많다[40](표 26). 시기적으로는 5세기 후엽에서 6세기 전엽에 해당한다. 5세기 후엽에는 주로 주거지에서 출토되는 경향이 강하고, 6세기 전엽에는 고분에서 출토되는 경우가 많다. 특히 영산강유역에서 스에키는 왜에서 직접 반입된 것과 현지에서 모방한 것이 존재하는 것이 특징이다. 5세기 후반대의 나주 오량동유적의 3-1호 가마 출토 개배 등에서 확인되는 회전깎기 기법은 스에키의 제작기법과 관련된[41] 것으로 보이며, 월계동 1호분의 유공광구소

---

화재연구소, 114-119쪽.

39  필자는 스에키를 우치시가(宇治市街)유적 SD302-오바데라 TG231·232-TK73-TK216-TK208-TK23- TK47-MT15-TK10의 순서로 생각하며, TK47형식까지를 5세기 말로 이해하고자 한다. 왜 스에키의 출현은 4세기 말에 이루어졌을 가능성이 높다고 판단하는데, 그 주요한 근거는 가야토기의 형식변화와 일본 교토부 우치시가유적 출토 스에키와 공반된 목재의 연륜연대(A.D. 389년)에 두고 있다(하승철, 2007, 「스에키 출현과정을 통해 본 가야」, 『4~6세기 가야·신라 고분 출토의 외래계 문물』(第16回 嶺南考古學會 學術發表會), 75-125쪽). 오바데라 TG231·232는 형식의 폭이 긴 것으로 파악하는데 5세기 전엽에 해당할 것으로 본다. 오바데라 TG231·232형식을 古, 新단계로 나누어 보면 우치시가유적 SD302 출토품은 古단계에 해당한다. 왜 스에키의 생산은 4세기 후엽에 시작된 것으로 추측되며 가야, 마한·백제인들의 이주와 도질토기 공인의 참여에 의해 가능하였다고 판단된다(하승철, 2012, 「土器와 墓制로 본 古代 韓日交流」, 『아시아의 고대 문물교류』, 서경문화사, 79-116쪽).

40  木下亘, 2003, 「韓半島 出土 須惠器(系) 土器에 대하여」, 『百濟研究』 37, 21-36쪽 ; 徐賢珠, 2006, 앞의 책 ; 酒井淸治, 2008, 「韓國出土の須惠器」, 『生産の考古學 II』(倉田芳郎先生追慕論文集), 同成社, 149-167쪽 ; 하승철, 2012, 앞의 논문, 95-100쪽.

41  徐賢珠, 2006, 앞의 책.

호처럼 모방이 이루어지기도 한다.

참고로 가야지역 스에키는 반입품이 위주인데 반해 마한·백제지역은 스에키 반입품과 모방품이 함께 존재하는 것이 큰 차이점이다. 스에키 모방토기[42]는 왜인의 이주와 정착과 관계가 있으며, 고창 봉덕유적 추정방형분 주구에서 출토된 유공광구소호와 개배, 죽막동 제사유적에서 출토된 스에키, 석제모조품 등은 왜인들이 제사의례에 참석했거나 그들과 관련된 것이다[43].

**표 26** | 영산강유역 출토 스에키(하승철 2012, 일부 수정)

| 연번 | 유적 | 유물 | 형식 |
|---|---|---|---|
| 1 | 고흥 방사유적 | 12호 주거지-배신 1점 | TK23형식 |
| 2 | 고흥 한동유적 | 18호 주거지-배신 1점 | TK23형식 |
| 3 | 광주 동림동유적 | 18호·19호·60호·101호·140호 溝-개배, 고배, 광구호 | TK23~TK47형식 |
| 4 | 광주 하남동유적 | 9호 溝-개 1점, 배 3점 | TK23~TK47형식 |
| 5 | 광주 향등유적 | 3호 주거지-개 1점, 15호 주거지-개 1점 | TK208~TK23형식 |
| 6 | 전남 담양 서옥고분군 | 2호분 분정-고배 1점 | TK23~TK47형식 |
| 7 | 순천 대곡리 한실A-1호 | 배 1점 | TK23~TK47형식 |
| 8 | 무안 맥포리 | 제병 | TK208형식 |
| 9 | 광주 하남동유적 9호 구 | 溝-개 1점, 배 3점 | TK208~TK23형식 |
| 10 | 광주 월전동유적 | 3호 지상건물 북쪽 구상유구-고배 1점 | TK23형식 |
| 11 | 고창 봉덕유적 주구 | 방형추정분 남쪽 주구-배 2점, 유공광구소호 1점, 북쪽 주구-유공광구소호 1점 | TK23형식 |
| 12 | 고창 봉덕리고분군 | 4호 석곽-소호장식유공호, 고배 | TK23~TK47형식 |
| 13 | 해남 용일리 용운 3호분 | 편병 | MT15~TK10형식 |
| 14 | 나주 복암리3호분 96석실 | 1호 옹관-유공광구소호 | TK47~MT15형식 |
| 15 | 나주 복암리3호분 96석실 | 4호 옹관-유공광구소호 | MT15~TK10형식 |
| 16 | 신안 내양리고분군 | 유공횡병 | MT15형식 |

---

42  酒井淸治, 1993, 「韓國出土の須惠器類似品」, 『古文化談叢』 30, 九州古文化硏究會 ; 酒井淸治, 2008, 앞의 논문, 149-167쪽 ; 木下亘, 2003, 앞의 논문, 21-36쪽.
43  하승철, 2012, 앞의 논문, 102·103쪽.

② 분주물(토기 · 목기)

분주물은 고분의 분정이나 분구 자락에 열을 이루고 배치되었던 특수한 기물들은 형태나 소재에 상관없이 포괄한 것으로 분주토기와 분주목기가 있다[44]. 최근에는 고분의 분구 수립과 장식, 공헌의 기능을 포함한 의미로써 확대되어 사용된다. 분주토기는 기원 후 3~6세기에 고분, 주거지, 취락 집단제사와 관련된 41개 유적에서 다양한 형식들이 확인되고 있다. 분주토기는 형태에 따라 통형과 호형으로 대별되고, 통형은 다시 계통에 따라 통A형과 통B형으로 세분된다. 호형과 통A형은 전통적인 제형분과 방형분, 원형분에서 출토되며, 통B형은 분주목기와 함께 장고분에서만 확인된다[45]. 통B형은 5세기 말에서 6세기 초에 영산강유역권의 장고분에서 사용되었던 것으로서 장고분뿐만 아니라 분주물까지 일본에서 기원하되 그 제작에 있어서는 현지 공인들이 참여하였던 것으로 보인다[46](표 27).

통B형은 세부 형태에 따라 원통B형과 호통B형으로 구분된다. 원통B형은 광주 월계동 1·2호분, 광주 명화동고분, 영암 자라봉고분에서 확인된다. 광주 월계동 1호분에서는 도립성형, 2호분에서는 분할성형이 보이는데 도립성형이 선행한 것으로 보인다. 이와 비교되는 일본의 2조 돌대 원통 하니와 가운데 북규슈와 산인山陰지방 출토품이 광주 월계동 출토품과 유사하다. 특히 북규슈지역은 지리적으로 가깝고 석실의 구조가 상통하기 때문에 원통B형 분주토기의 직접적인 모델이 되었을 가능성이 높다[47].

호통B형 분주토기는 나팔꽃형 원통하니와계朝顔形円筒埴輪系로 광주 월계동 1호분 · 2호분에서 확인된다. 광주 월계동 1호분의 출토품은 대부분 원통B형 분

---

44    林永珍, 2002,「韓国の墳周土器」『東アジアと日本の考古学―第Ⅱ券墓制②』, 同成社, 3-26쪽.
45    임영진, 2003,「한국 분주토기의 기원과 변천」『湖南考古學報』17, 83-111쪽.
46    임영진, 2015,「한국 분주토기의 발생과정과 확산배경」『湖南考古學報』49, 175-213쪽.
47    임영진, 2003, 앞의 논문, 83-111쪽.

**표 27 | 영산강유역 출토 분주물**

| 분주물 | 유적명 | 필자 분류안 (2012) | 임영진 분류안 (2003) | 일본과의 관계 | 연대 |
|---|---|---|---|---|---|
| 토기 | 군산 축동 2·3호분, 군산 축산리 계 남유적, 전 부안 계화도, 고창 봉덕 리 1호분, 나주 복암리 2호분·8호 분, 나주 안산리 장등 나군 4호분, 함평 중랑유적, 함평 신흥동유적, 광주 하남동 9호 구, 담양 덧성리 영 월유적, 순천 요곡리 선산유적 등 | 장경호형 | 호형 | 老司古墳· 三国の鼻古墳 | 3세기 후엽~ 6세기 전엽 |
| | 나주 신촌리 9호분·덕산리 9호분, 고창 왕촌리고분, 무안 고절리고분 | 반남형 (발형) | 원통A형 | 丹後과 因幡地域 의 古墳 | 5세기 후엽~ 6세기 전반 |
| | | 반남형 (호형) | 호통A형 | | |
| | 광주 월계동고분, 명화동고분, 함 평 금산리 방대형고분, 함평 죽암 리 장고산고분, 영암 자라봉고분, 광주 향등유적, 나주 구기촌유적 | 원통하니와계 (원통형) | 원통B형 | 鬼の枕· 寺山·狐塚·猫石 丸山古墳 | 6세기 전엽 |
| | 화순 백암리고분, 함평 노적유적 | | | — | 6세기 전반 |
| | 영암 옥야리 방대형고분 | 옥야리형 | 원통A형? | | 5세기 중후엽 |
| | 광주 월계동고분, 함평 금산리 방 대형고분 | 원통하니와계 (나팔꽃형) | 호통B형 | | 6세기 전엽 |
| | 함평 금산리 방대형고분 | 형상하니와(인물, 마형·계형 등) | | | 5세기 후엽~ 6세기 전엽 |
| 목기 | 광주 월계동 1호분 | 이와미형(石見型) | 장승형 | 四條1号·林ノ 腰, 釜塚古墳 | 6세기 전엽 |
| | 광주 월계동 1호분, 영암 자라봉고분 | 가사형(笠形) | 개형 | 林ノ腰·池田4号, 土師二サンザイ, 釜塚古墳 | |

주토기와 비슷한 양상을 보이는데 동체의 나팔부는 문양이 타날되지 않았다. 광주 월계동 2호분의 출토품은 월계동 1호분 출토품과 전체적인 형태는 유사 하지만 원통 직경이 좁고 길쭉한 형태이며, 동체의 나팔부는 무문이지만 격자 문이 타날된 것도 있고, 돌대 사이의 타원형 투창이 4개씩 뚫려있다. 이러한 특징을 보아 호통B형 분주토기는 광주 월계동 1호분→월계동 2호분 순으로 변화하는 것으로 판단된다. 일본열도의 나팔꽃형 원통하니와는 돌대 수가 많 고 구연부에도 돌대를 붙인 점에서 광주 월계동고분 출토품인 호통B형 분주 토기와는 다른 특징을 보인다. 한편 함평 노적유적의 것은 3조 돌대로 구성되 어 있고, 목판긁기(하케메)나 깎기로 조정되며 점토에 적색 소립이 혼입되어 있

어 일본열도에서 반입된 것으로 생각된다.

옥야리형은 영암 옥야리 방대형고분에서 확인되는데 원통하니와계의 특징과 장경호형의 저부의 특징이 혼합되어 만들어진 것이다. 최근에 함평 금산리 방대형고분에서 원통형과 나팔꽃형 하니와와 함께 인물형 하니와, 동물형 하니와(계형·마형) 등이 확인되고 있으며 분구 전면에 즙석이 깔려 있는 점이 특징이다.

분주목기는 장승형(이와미형石見型)과 개형(가사형笠形)이 있다. 장승형 분주목기는 광주 월계동 1호분 북쪽 주구에서 확인되는데 4단으로 구성되어 있다[48]. 일본 후쿠오카현福岡県 가마츠카釜塚고분 출토품과 유사한데 두 고분은 석실 구조도 상통한다. 또한 구마모토현熊本県 히메노죠姫ノ城고분 출토 석제 하니와도 비슷한 형태를 보인다. 따라서 월계동 1호분의 장승형 분주목기는 장고분의 분구와 석실 등에서 상통하는 북규슈~서북규슈와 관련된 것으로 추정된다.

개형 분주목기는 광주 월계동 1호분과 영암 자라봉고분에서 확인된다. 원형에 가까운 평면형태를 보이며 밑면이 편평하고 윗면 중앙 구멍부분에 튀어나온 돌기가 거의 없는 것이다. 영암 자라봉고분의 북서쪽 주구에서 개형 분주목기가 2개체가 확인되었고 그 주변에서 봉형목기·양날목기 등도 종류별로 2개체가 확인되었다[49]. 일본의 가사형 하니와와 비슷한 형태를 보인다[50]. 특히 영암 자라봉고분의 개형 분주목기는 2점씩 상면이 맞물려 자루에 끼워진 채로 2개체가 확인되었는데 광주 월계동 1호분의 개형 분주목기도 이와 비슷한 형태였을 것이다.

---

48  분주목기는 장승형(이와미형), 개형(가사형)이 광주 월계동 1호분 주구에서 출토된다. 이러한 분주목기 중 장승형은 일본 나라현 시죠(四條) 1호분·시가현 하야시노코시(林ノ腰)고분의 출토품과 유사한 것으로 보는 의견도 있다(서현주, 2004, 「4~6세기 百済地域과 日本列島의 関係」『湖西考古学』11, 35-70쪽).

49  대한문화재연구원, 2015,『영암 태간리 자라봉고분』.

50  광주 월계동 1호분과 영암 자라봉고분 출토품은 개형(가사형) 분주목기는 일본 시가현 하야시노코시(林ノ腰)고분과 나라현 이케다(池田) 4호분 출토품과 유사한 것으로 보는 의견도 있다(서현주, 2004, 앞의 논문, 35-70쪽).

개형 분주목기 역시 후쿠오카현 가마츠카고분의 출토품과 유사하다.

이렇듯 분주토기는 주로 영산강유역을 중심으로 분포하고 있다. 장경호형(호형)과 반남형(통A형) 분주토기는 기본적으로 재지세력에 의해 만들어졌다고 생각되며, 원통하니와계(통B형)와 분주목기는 왜계의 영향을 받아 재지의 공인 집단의 의해 만들어진 것으로 보이는데[51], 함평 금산리 방대형고분의 형상하니와는 일본열도의 제작 공인이 직접 참여한 것으로 생각된다.

### (5) 중국

영산강유역에서는 중국자기 가운데 연판문 완, 흑유도기와 시유도기 등이 확인된다. 고창 봉덕리고분군 4호 석곽에서 청자반구호, 3호 석실에서 연판문 호편, 남쪽 주구에서 청자 호편 등이 확인되었다. 함평 금산리 방대형고분에서는 분구 사면에서 연판문 완편과 흑유도기편이 확인되었고, 함평 마산리고분과 해남 용두리고분에서는 시유도기인 전문도기편이 확인되었다(표 28).

일반적으로 학계에서는 백제 중앙에서 지방의 유력자에게 하사한 위세품적인 성격으로 이해한다. 최근에 백제 중국 견사 시 지역 세력자들이 왕실의 중

**표 28 |** 영산강유역 출토 중국자기

| 유적 | 유구 | 유물종류 | 연대 | 비고 |
|------|------|----------|------|------|
| 고창 봉덕리고분군 | 3호 석실 | 연판문 호(병) | 5세기 후반~말 | 금제이식, 개배, 완, 직구소호, 유공광구소호 등 |
| | 4호 석곽 | 청자반구호 | 5세기 중엽 | 금동식리, 청동탁잔, 소호장식유공호, 마구류, 대도 등 |
| | 주구(남쪽) | 청자반구호 | 5세기 후엽 | 개배편 |
| 함평 마산리고분 | 석실 | 시유도기 | 6세기 전엽 | 개배편, 기대편 |
| 함평 금산리 방대형고분 | 분구 | 연판문 완 | 5세기 후엽 | 형상하니와(인물, 마형·계형) |
| | 분구 사면 | 흑유도기 | 5세기 후엽~6세기 전엽 | 원통하니와계 분주토기 |
| 해남 용두리고분 | 석실 내부 함몰토 | 시유도기 | 6세기 전엽 | 개배, 발형기대, 호 등 |

---

51  崔榮柱, 2012,『三國·古墳時代における韓日交流の考古學的研究—橫穴式石室を中心に—』, 立命館大學院博士學位論文.

국 견사에 필요한 물품을 제공함과 함께 견사에도 직접 참여하였고, 중국 현지에서는 백제 왕실의 공식적인 활동과는 별도로 각기 자유로운 상업적인 활동을 통해 필요한 물품을 선택적으로 구입하였을 가능성을 지적하였다[52].

### 2) 금속류

#### (1) 금동관과 금동식리

**금동관**과 **금동식리**가 세트를 이루면서 출토되는 고분은 나주 신촌리 9호분(그림 30-12 · 13)과 고흥 길두리 안동고분(그림 30-1 · 3)이 있으며, 금동식리만 출토되는 고분은 고창 봉덕리고분군 4호 석곽, 나주 복암리 3호분 96석실(그림 31), 나주 복암리 정촌고분 1호 석실에서 확인된다. 금동관과 금동식리는 일반적으로 백제 중앙에서 제작하여 지방의 유력자에게 준 위세품적인 성격이 강한 것으로 이해되고 있다(표 29).

이외에 함평 신덕 1호분에서 광대이산식관廣帶二山式冠으로 추정되는 관편(그림 30-14)이 출토된다. 이것은 점열귀갑문 안에 화문을 압출시키고, 연두색과 청색 소옥 부착한 특징이 보인다. 문양은 전체적으로 나주 복암리 3호분 96석실 출토품과 유사하지만 함께 출토된 초화형이나 수지형 입식에도 형태와 부착방법이 같은 소옥과 영락이 장식되어 금동관일 가능성도 높다[53]. 구마모토현 에다후나야마江田船山고분과 시가현 가모이나리야마鴨稲荷山고분 출토 광대이산식관과 비슷하다.

6세기 후엽에는 **은화관식**이 나주 복암리 3호분 5호(그림 30-27) · 16호 석실(그림 31), 나주 홍덕리고분에서 확인된다. 은화관식은 백제 중앙집권체제와 함께 관등조직과 의관제가 확립되어 나타난 것으로 이해된다.

---

52   임영진, 2012b, 「中國 六朝磁器의 百濟 導入背景」, 『한국고고학보』 83, 4-47쪽.
53   김낙중, 2010a, 앞의 논문, 143-145쪽.

표 29 | 영산강유역 출토 관(식)과 식리

| 유적 | 유구 | 유물종류 | 특징 | 연대 |
|---|---|---|---|---|
| 고창 봉덕리고분군 | 4호 석곽 | 금동식리 | 투조·조금기법, 동못, 스파이크-6각, 18개, 세부문양:측판-육각문(용문·수면·연꽃·당초 등), 바닥판-용문·수면·연꽃·당초 등) | 5세기 후엽 |
| 함평 신덕고분 | 석실 | 광대이산식관? | 타출기법, 점열귀갑문, 화문, 영락 | 6세기 전엽 |
| 나주 신촌리 9호분 | '을'옹관 | 금동관 | 타출기법, 세부문양-당초문·파상문, 보주, 영락 | 5세기 후엽 |
| | | 금동식리 | 타출기법, 동사, 동못, 스파이크-5각, 9개, 세부문양-능형타출, 연꽃 | |
| 나주 복암리 3호분 | 96석실 | 금동식리 | 타출기법, 동사, 동못, 스파이크-5각, 9개, 세부문양-육각, 연꽃, 영락 등 | 5세기 후엽~6세기 전엽 |
| 나주 복암리 정촌고분 | 1호 석실 | 금동식리 | 투조·조금·타출기법, 동못, 스파이크-6각, 24개, 세부문양:육각문(용문·수면·연꽃·당초) | 5세기 후엽 |
| 고흥 길두리 안동고분 | 석곽 | 금동관 | 투조 및 조금기법, 대롱은 상부에 위치, 세부문양-이엽, 삼엽문, 파상문, 영락 | 5세기 중후엽 |
| | | 금동식리 | 투조기법, 동못, 스파이크-5각, 11개, 세부문양:측판-T자형, 바닥판-능형문 | |
| 나주 복암리 3호분 | 5호 석실 | 은화관식 | 꽃봉우리 5개(정:1/가지:4), 고사리형 세부가지 아래, 꽃봉우리-하트형·능형 | 6세기 후엽 |
| | 16호 석실 | 은화관식 | 꽃봉우리 3개(정:1/가지:2), 꽃봉우리-능형 | 6세기 후엽 |
| 나주 흥덕리고분 | 석실 | 은화관식 | 꽃봉우리 3개(정:1/가지:2) | 6세기 후엽 |

(2) 장식대도

**장식대도**는 나주 신촌리 9호분 을관에서 은장단봉문환두대도, 금은장단봉문환두대도, 은장삼엽문환두대도(그림 30-17)가 확인되며, 나주 복암리 3호분 96석실에서 금은장삼엽문환두도(그림 30-18) 등이 확인된다. 이러한 장식대도는 백제 중앙에서 제작하여 지방 유력자에게 분여한 것으로 추정된다.

함평 신덕고분에서는 **꼰환두대도**(녹각제 병두) 1점이 출토된다. 꼰환두대도(그림 30-21)는 5세기 말에서 6세기 초에 기내畿內지역과 그 북쪽 및 후쿠오카, 군마群馬지역에 집중되어 나타난다. 특히 시가현 가모이나리야마고분과 유사하다. 특히 광대이산식관과 꼰환두대도가 같이 부장되는 사례가 일본열도 예에서 많이 보이며, 시가현 가모이나리야마고분과 부장양상과 내용물도 비슷하다. 이것은 신덕고분 피장자와 야마토왕권과의 관계를 보여주는 좋은 자료라고 생각된다[54]. 이외에 나주 대안리 9호분의 경관은 녹각제도검장구가 출토되고 있다.

복암리 3호분 5호 석실(그림 30-32)의 **규두대도**는 오사카부 밋카이치三日市 10호분의 것과 유사하며, 3호분 7호 석실(그림 30-33)의 금은장식규두대도는 사이타마현 오미신칸지小見真観고분과 비슷하다. **귀면문환두대도**는 복암리 3호분 7호 석실(그림 30-34)에서 확인되며, 일본열도의 아오모리현 단고타이丹後平 15호분의 것과 비슷하다. 이러한 규두대도와 귀면문환두대도는 일반적으로 일본과의 교류 관계에서 나타난 것으로 이해되지만 제작기법 상의 전통은 백제계로 보고자 하는 견해[55]도 있다.

### (3) 갑주

**갑주**는 5세기 전반대에 고흥 야막고분에서는 삼각판혁철판갑三角板革綴板甲(그림 30-7), 충각부주(삼각판혁철)(그림 30-6), 경갑, 견갑, 판철, 볼가리개 등이 확인되며, 신안 배널리 3호분에서는 삼각판혁철판갑, 충각부주(그림 30-10) 등이 확인되며, 해남 외도 1호분과 영암 옥야리 방대형고분에서도 삼각판혁철판갑이 출토된다. 시기가 조금 늦은 고흥 길두리 안동고분에서는 장방판혁철판갑長方板革綴板甲(그림 30-5), 차양주(그림 30-4), 경갑, 견갑 등이 출토되고 있다. 대부분 왜계고분에서 왜계 관련 유물들이 주로 출토되며, 갑주는 왜계 갑주로 판단된다. 매장주체시설 안에 동경과 함께 대금식갑주가 부장되는 것은 일본 고분시대 중기의 전형적인 부장관습[56]이다(표 30).

5세기 후엽 이후에는 장성 만무리고분에서 횡장판정결판갑(그림 30-23), 함

---

54  김낙중, 2010a, 앞의 논문, 143-145쪽.

55  김낙중, 2007, 「6세기 영산강유역의 장식대도와 왜」, 『영산강유역 고대문화의 성립과 발전』, 학연문화사, 169-184·191-195쪽.

56  권택장, 2014, 「고흥 야막고분의 연대와 등장배경에 대한 검토」, 『고분을 통해 본 호남지역 대외교류와 연대관』(제1회 고대고분 국제학술대회), 국립나주문화재연구소, 39-53쪽.

평 신덕고분(그림 30-22)과 광주 쌍암동고분, 해남 장고봉고분에서는 찰갑이 확인된다. 가야지역에서는 5세기대에 기승용갑주인 찰갑이 주를 이루면서 대금식판갑과 같이 부장된다. 6세기대에는 대부분 찰갑만 부장되는 양상이다. 일본에서도 6세기대에는 판갑에서 찰갑으로 변화하고 유력수장분에 찰갑이 1벌만 부장된다[57]. 영산강유역에서 찰갑이 부장된 고분의 왜계적인 성격의 매장시설과 유물 등에서 왜와의 관련성이 높다.

**표 30 | 영산강유역 출토 갑주**

| 유적명 | 매장시설 | 매장시설 내부 출토유물 | | | | 연대 |
|---|---|---|---|---|---|---|
| | | 대금식갑주 | | | 기타유물 | |
| | | 판갑 | 투구 | 기타 부속구 | | |
| 고흥 야막고분 | 수혈식석곽 | 삼각판혁철 | 충각부주 (삼각판혁철) | 경갑, 견갑, 판철, 볼가리개 | 사행모, 동경, 조설촉(규두·유엽계) | 5세기 전엽 전반 |
| 신안 배널리 3호분 | 수혈식석곽 | 삼각판혁철 | 충각부주 (삼각판혁철 ·정결) | - | 조설촉, 사행검, 철경 | 5세기 전엽 후반 |
| 해남 외도 1호분 | 수혈식석곽 | 삼각판혁철 | - | - | 사두형 철촉 | 5세기 전반 |
| 영암 옥야리 방대형고분 | 횡구식석실 | 삼각판혁철 | - | - | 분주토기 | 5세기 전반 |
| 고흥 안동고분 | 수혈식석곽 | 장방판혁철 | 차양주 | 경갑, 견갑 | 금동관, 금동신발, 동경, 살포 등 | 5세기 중후엽 |
| 장성 만무리고분 | | 횡장판정결판갑 | | | 고창계토기, 스에키계 TK23 배 | 5세기 말~ 6세기 전반 |
| 함평 신덕고분 | 횡혈식석실 | 찰갑 | 만곡종장판주 | 소찰 | 개배, 마구류 등 | 6세기 전엽 |
| 광주 쌍암동고분 | 횡혈식석실 | 찰갑 | - | - | 발형기대, 광구장경호 등 | 6세기 전엽 |
| 해남 장고봉고분 | 횡혈식석실 | 찰갑 | - | - | | 6세기 전엽 |

### (4) 마구류

영산강유역에서 **마구류**는 많이 확인되지 않는다. 함평 신덕고분에서는 표비鑣轡와 대형운주(그림 30-20)는 백제계로 추정된다. 나주 복암리 3호분에서는

---

57    田中晋作, 2003,「鐵製甲冑の變遷」『考古資料大觀』7(彌生·古墳時代 鐵·金屬製品), 小學館.

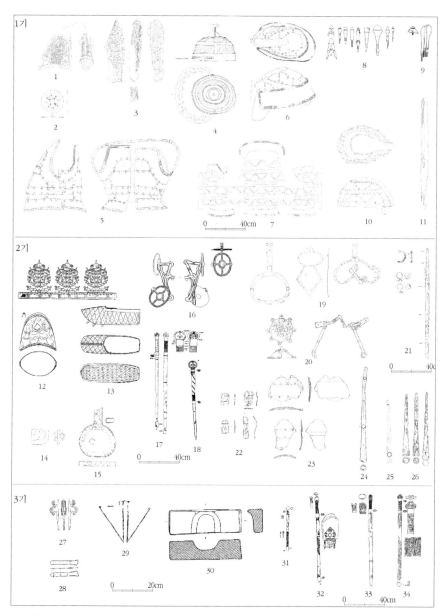

1~5. 고흥 길두리 안동고분, 6~8. 고흥 야막고분, 9. 영암 옥야리 방대형고분, 10 · 11. 신안 배널리 3호분, 12 · 13 · 17. 나주 신촌리 9호분, 14 · 15 · 20 · 21 · 22 · 26. 함평 신덕 1호분, 16 · 18. 나주 복암리 3호분 96석실, 19 · 25. 해남 월송리 조산고분, 23 · 24. 장성 만무리고분, 27~29 · 32. 나주 복암리 3호분 5호 석실, 30. 나주 복암리 3호분 12호 석실, 31 · 33 · 34. 나주 복암리 3호분 7호 석실

**그림 30** | 영산강유역 고분출토 금속기류

심엽형삼엽문 행엽과 십자문심엽형경판 재갈(그림 30-16), 운주 등은 6세기 전엽에 해당하며, 백제적인 요소와 신라적인(대가야 매개) 요소가 결합된 것으로 보인다[58]. 해남 월송리 조산고분에서는 f자형 경판부 재갈과 검릉형 행엽(그림 30-19)이 확인된다. 해남 월송리 조산고분과 나주 복암리 3호분 96석실의 마구 조합은 일본열도에서 유행한 마구 조합과 상통하는 것으로 왜의 마구와도 밀접한 관계가 있다[59].

이처럼 5세기 후엽 이후에 마구가 등장하는 이유는 한성 함락 이후 한반도의 정세가 급변하면서 백제 중앙세력이 영산강유역에 영향을 미치게 되는 상황 속에서 재지세력들은 가야나 왜와의 교류를 통해서 마구를 수용하게 되었다. 이러한 과정에서 마구의 계통이 다양하게 나타나게 된 것으로 보인다.

### (5) 무기류

왜계 **철촉**은 규두·유엽형 철촉(조설촉), 역자유엽형, 역자형 철촉이 대표적이다. 규두·유엽형 철촉이 출토되는데 갑주와 공반되는 사례가 많으며 묶음으로 출토되는 경향이 있다. 고흥 야막고분(그림 30-8), 신안 배널리 3호분 등이 해당하며, 화살대를 제거한 후 건갑 하부에 역자유엽형 철촉과 함께 부장되는 양상이다. 5세기 이후 철촉은 도자형, 사두형이 대부분인데 해남 용두리고분에서 V자형과 광주 월계동 1호분에서 역자형이 출토된다.

신안 배널리 3호분과 고흥 야막고분의 **철모**는 넓은 봉부와 봉부의 능과 관부, 연미형공부 등의 속성을 보아 가야계로 추정되며, 시기는 5세기대로 편년된다. 참고로 고흥 야막고분에서는 사행모가 확인되며, 신안 배널리 3호분에서는 사행검(그림 30-11)이 출토된다.

철모 중에 공부가 팔각형인 것은 해남 월송리 조산고분(그림 30-25), 함평 신

---

58    김낙중, 2010b,「榮山江流域 古墳 出土 馬具 硏究」,『한국상고사학보』69, 103-125쪽.
59    김낙중, 2010a, 앞의 논문, 127-150쪽.

덕고분, 장성 만무리고분(그림 30-24)에서 확인된다. 이러한 철모를 대가야계로 추정[60]되기도 하지만 영산강유역에서는 공부 다각형철모가 직기형이기 때문에 대가야(연미형)에서 직접 유입된 것이 아니라 백제와 왜의 교류에서 유입된 것으로 파악된다[61]. 함평 신덕고분의 철모는 은장철모(그림 30-26)로 무령왕릉, 고령 지산동 45-1호 석실, 합천 옥천 M3호분 등 왕묘나 지역 수장층묘에서 출토되어 위세품적인 성격[62]이 강하다.

### (6) 동경

**동경**은 고흥 야막고분과 길두리 안동고분에서 확인된다. 고흥 야막고분 동경은 위지삼공경位支三公鏡으로 중국 낙양을 중심으로 서진묘에서 주로 출토된다. 고흥 길두리 안동고분의 동경(그림 30-2)은 중국 후한대 연호문경으로 '明如日月位至三公'이란 명문이 있으며, 중국 섬서성 장안 삼리촌묘 출토품과 비슷하다[63]. 시기는 2세기 2/4분기에 해당하는데 모두 전세품에 해당한다. 신안 배널리 3호분에서는 철경이 확인되며 고구려나 중국의 영향으로 나타난 것으로 이해된다.

5세기대 이후 동경은 담양 제월리고분에서 주문경珠文鏡·변형육수경変形六獸鏡, 광주 쌍암동고분에서 주문경, 해남 조산고분에서 변형주문경이 출토된다. 일본열도의 주문경은 4~6세기대까지 분포하고 있으며, 주문의 수가 2조 및 3조로 둘러진 것이 주류이며, 외구外区의 문양은 5세기 후엽경에 거치문鋸波文, 절파문櫛波文, 절절문櫛櫛文이 주류이다. 육수경에서도 주문경과 같은 변화 양상이 있으며, 6세기 전반까지 계속되고 있다. 한반도의 동경은 주문의 배열이 불규

60   朴天秀, 2004, 「大加耶と倭」, 『國立歷史民族博物館研究報告』第110集, 國立歷史民族博物館, 461-480쪽.
61   김낙중, 2010a, 앞의 논문, 127-150쪽.
62   김길식, 2004, 「백제의 무기」, 『백제문화의 특성 연구』, 서경.
63   전남대학교박물관, 2015, 『고흥 길두리 안동고분』.

칙하며, 외구의 문양이 거치문·절파문으로 6세기 전엽에 해당한다[64].

### 3) 기타

**석제모조품**은 부안 죽막동의 제사유적에서 출토되는데 왜의 석제모조품은 5세기대에 제사 유물로 많이 사용되고 있으며, 부안 죽막동은 5세기 후반에 해당하며 왜의 해상세력에 의해 제사가 행해지고 있었다. **모자곡옥**은 주거유적에서 출토되며 제사와 관련된 유물로 생각된다. **고호우라 조개팔찌**는 해남 월송리 조산고분·만의총에서 출토되며 북부·중부규슈지역과의 교류관계에서 출현한다. 석침은 나주 복암리 1호분 1호, 3호분 6·7호(그림 31)·12호(그림 30-30) 석실 등에서 출토된다. 6세기 중엽 이후에 해당하는 것으로 7호 석실(그림 6)에서는 귀면문환두대도, 규두대도, 금속 장신구, 관모테 등이 함께 출토되고 있어 백제적인 성격과 왜적인 성격이 같이 보이고 있다.

---

64   서현주, 2004, 앞의 논문, 35-70쪽.

# Ⅲ. 영산강유역 마한세력의 대외교류

## 1. 마한세력 대외교류의 변화양상

앞에서 살펴본 고분 부장품들을 바탕으로 영산강유역 마한세력의 대외교류의 변화과정을 시기적으로 검토해보고, 그 배경과 역할에 대해서 살펴보고자 한다.

### 1) 1기(3세기 중엽~5세기 중엽)

이 시기 영산강유역은 옹관묘와 제형의 분구묘가 성행하는 시기로 토기류는 전반에는 범마한양식이 유행하였고, 후반에는 영산강유역양식이 성립된다. 금속류는 소량의 무기류와 소형농공구 등이 확인된다. 5세기 전반경 왜계 고분에서는 왜계 갑주와 무기류 등이 다량으로 확인된다.

영산강유역에서는 이른 시기에 백제계 기종인 평저광구호와 평저직구광견호 등과 함께 소형농공구류, 무기류 등이 확인된다. 이러한 토기들은 백제의 지역 세력들과의 철기류를 매개로 한 교류를 통해서 수용된 것으로 보인다. 5세기 중후엽에는 고흥 길두리 안동고분에서 금동관과 금동식리 등이 확인된다.

가야계 토기는 대체로 아라가야(금관가야) → 소가야 → 대가야 순으로 확인되며, 이러한 토기는 반입된 이후 그 기종이나 형식이 재지화가 되는 양상을 보인다. 4세기 후엽경에는 아라가야계 토기인 광구소호와 장경소호 등이 확인되며, 5세기 전반경에는 소가야계 토기인 개, 삼각투창고배, 파수부배, 파수부호, 광구호, 수평구연호 등이 광주 동림동유적에서 다량으로 출토된다.

5세기 전반경에는 수혈식석곽이 매장주체시설인 원형의 왜계고분이 남해안 연안을 따라서 고흥 야막고분, 고흥 길두리 안동고분, 해남 외도 1호분, 해남 신월리고분, 신안 배널리 3호분, 무안 신기고분 등이 확인된다. 이러한 왜계고분에서는 왜계 갑주와 무기류 등이 다량으로 확인된다. 이외에 5세기 중엽부터 스에키게 개배와 제병 등이 확인된다.

중국계 자료는 청자반구호와 동경이 있다. 청자반구호는 고창 봉덕리 1-4호 석곽에서 확인되며, 동경은 고흥 야막고분과 길두리 안동고분에서 확인되는데 모두 전세품에 해당한다.

이 시기 영산강유역은 독자적인 매장주체시설과 분형으로 발전하며, 범마한양식 토기가 유행하고 이어서 영산강유역양식이 성립한다. 영산강유역 마한세력은 백제와 가야의 교류를 통해서 일부 기종을 받아들여 영산강유역양식 토기로 재지화하거나 발전시킨다. 특히 광주 동림동유적은 소가야계 이주민이 거주한 것으로 추정되기도 한다. 왜와의 교류관계는 왜계고분이 확인된 경우로 영향관계가 강한 것으로 생각된다. 따라서 백제와 왜의 교류관계 속에서 영산강유역의 마한세력은 중개자로서 정치·경제적인 실리를 취한 것으로 판단된다.

### 2) 2기(5세기 후엽~6세기 전엽)

이 시기 영산강유역은 분구가 고대화되어 원대형(옹관)·방대형(옹관·규슈계석실)·장고분(규슈계석실)의 고총고분이 성행하는 시기로, 토기류는 영산강유역양식이 성행하고 절정기를 보이며, 금속류는 장식성 위세품과 장식 마구류와 무기류가 등장하고 부장량이 급증한다. 특히 장고분에서 왜계 분주물과 토기류, 무기류 등이 확인된다.

영산강유역에서 백제의 영향력이 확대되면서 개배·고배, 삼족토기·광구장경호·기대·병형토기·대부직구소호 등의 토기류와 장식성이 높은 위세품적 금동관과 금동식리, 환두대도와 마구류 등이 확인된다. 특히 백제 전형적인 토기인 삼족토기나 기대, 병형토기 등의 출현 빈도수가 높아지며, 개배에서는 백제와 왜의 영향으로 만들어진 지역양식이 성행한다.

가야계 토기는 대체로 소가야와 대가야 토기만 확인된다. 남원지역 대가야 세력과의 관계 속에서 대가야 토기들이 주로 확인되며, 마구류 등이 확인된다.

표 31 | 영산강유역 대외교류의 변화양상

| 유물 | 단계 | 1기<br>(3세기 중엽~5세기 중엽) | 2기<br>(5세기 후엽~6세기 전엽) | 3기<br>(6세기 중엽~7세기 전반) |
|---|---|---|---|---|
| 토기류 | 백제 | 평저광구호, 평저지구광견호 등 | 개배, 고배(백제 영향력 확대), 삼족토기, 광구장경호, 기대, 병형토기, 대부직소호 등 | 백제식 개배, 삼족토기, 병형토기, 대부완, 전달린토기, 벼루 등 |
| | 가야 | 아라가야-광구소호(경배), 장경소호, 양이부단경호, 통형고배, 이단일렬투창고배, 대부파수부배 | 대가야-개, 대부유개장경호, 양이부호, 병 등 | |
| | | 금관가야-광구소호 | | |
| | | 소가야-개, 삼각투창고배, 파수부배, 파수부호, 광구호, 수평구연호, 기대 | 소가야-고배 | |
| | 신라 | | 개, 장경호, 대부직구단경호, 서수형토기 | 부가구연대부장경호 |
| | 왜 | 스에키(계)-개배, 제병 등 | 스에키(계)-개배, 유공광구소호, 고배, 횡병 등<br>토제-원통·나팔꽃형하니와계, 형상하니와<br>목제-이와미형·가사형·봉형 | |
| | 중국 | 청자반구호 | 연판문 완, 청자반구호, 흑유도기, 시유도기 | |
| 금속류 | 백제 | 금동관, 금동식리 | 금동관, 금동식리, 장식대도, 은장철모, 마구류(표비·운주) | 은화관식, 관모테 |
| | 가야 | | 마구류(?) | |
| | 신라 | | 마구류(행엽·재갈·운주) | |
| | 왜 | 갑주(대금식판갑-삼각·장방판혁철판갑, 충각부주·차양주, 견갑·경갑), 철촉(규두·유엽형), 철모 | 광대이산식관, 꼰환두대도, 갑주(횡장판정결판갑·찰갑·만곡종장판주), 철모(단면-팔각형), 동경 | 장식대도(규두대도·귀면문환두대도) |
| | 중국 | 동경 | | |
| 기타류 | | 고호우라 조개팔찌, 석제모조품, 모자곡옥 | 석침 | |

　　영산강유역에서 신라계 토기와 금속류는 많지는 않다. 나주 영동리고분군과 해남 일대의 용일리 3호분과 만의총 1호분 등에서 개배, 직구소호, 대부직구단경호 등이 확인된다. 나주 복암리 3호분 96석실에서의 행엽과 운주 등의 마구류가 확인된다. 이러한 신라계 유물은 남해안을 따라 확산되다가 소가야나 대가야를 매개로 하여 유입된 것으로 보인다.

　　5세기 후엽부터 규슈계 횡혈식석실이 방대형분과 장고분의 매장주체시설로 사용된다. 이러한 고분에서는 스에키(계) 개배, 고배, 유공광구소호, 횡병 등이 확인되며, 분구와 주구에서 분주물(분주토기·분주목기)이 확인된다. 특히 함평 금산리 방대형고분에서는 분주토기와 함께 형상하니와가 확인된다. 금속류는 광대이산식관과 꼰환두대도, 갑주와 철모, 동경 등이 확인되며, 이외에 고호우라 조개팔찌, 석제모조품, 모자곡옥 등이 확인된다.

중국계 자료는 자기류로 연판문 완, 청자반구호, 흑유도기와 시유도기가 확인된다. 고창 봉덕리고분군에서 연판문 완과 청자반구호, 함평 금산리 방대형 고분에서 연판문 완과 흑유도기, 함평 마산리고분과 해남 용두리고분에서 시유도기가 확인된다.

이 시기 영산강유역은 고총고분이 성행하는데, 그 중에 왜계의 장고분과 횡혈식석실을 받아들여 독특한 고분문화를 만들었으며, 독자적인 토기문화도 유행했다. 영산강유역 마한세력은 백제의 영향력 확대과정에서 백제양식 토기를 수용하게 되며, 금동관과 금동식리와 같은 위세품을 받아들이면서 재지에서 영향력을 확대했다. 가야와의 관계는 문물의 교류적인 측면을 벗어나 정치적인 영향력 확대과정에서 대가야 관련 자료들이 확인된다. 왜와의 교류관계는 장고분(규슈계 횡혈식석실), 스에키(계), 분주물(분주토기·형상하니와·분주목기), 장식금속류와 같은 왜계 색채가 강한 자료들이 주로 확인된다. 영산강유역 마한세력은 앞 시기의 왜계고분처럼 정치·경제적인 실리를 취하는 중개자적인 역할에 더해 독자성을 확고하게 하면서 문화를 발전시킨 것으로 생각된다. 이 와중에 중국과의 교류관계에서 자기류를 선택적으로 구입했을 것으로 판단된다.

## 3) 3기(6세기 중엽~7세기 전반)

이 시기 영산강유역은 백제계 석실이 매장주체시설인 원형의 고분이 성행한 시기로, 토기류는 백제양식 토기로 전환되며, 금속류는 관등제를 나타내는 은화관식과 왜계의 장식대도와 석침 등이 일부 확인된다.

영산강유역에서는 백제에 완전히 병합된 이후, 사비기 백제토기인 대부완·전달린토기·벼루 등과 함께 개배·삼족토기·병형토기 등이 확인된다. 개배와 삼족토기는 배신의 형태가 납작해지는 사비기의 전형적인 백제양식 토기가 확인된다. 금속류는 관등제를 상징하는 은화관식과 관모테가 확인된다. 이는 영산강유역 마한세력이 완전히 백제의 지배권에 들어간 것을 보여주는 자료이다.

나주 복암리 3호분에서는 백제계 석실이 만들어지고 그 내부에서 규도대도나 귀면문환두대도 등의 장식대도와 함께 석침이 확인된다. 이는 왜계 색채가 강한 것으로 백제화가 된 이후에도 복암리집단은 왜와의 교류과정에서 주도적인 입장을 취하고 있는 점이 주목된다.

이 시기 영산강유역은 백제식 석실분으로 일원화된다. 마한세력은 백제에 완전히 병합되어 사비기 백제양식 토기가 출토되며, 은화관식으로 대별되는 관등제의 확립이 이루어진다. 왜계 자료는 장식대도와 석침이 있는데 특히 석침은 왜계 매장방식을 채용한 점이 특징이다[65]. 영산강유역 마한세력은 완전히 백제화가 되어 독자성은 사라졌지만 왜와의 교류에서 주도적인 입장을 보이는 것은 앞 시기의 전통과 특색을 살려 그들의 문화가 잔존된 것으로 생각된다.


## 2. 마한세력 대외교류의 배경과 역할

영산강유역 마한세력의 대외교류는 크게 5세기 전반과 5세기 후엽~6세기 전엽으로 나누어서 그 배경과 역할에 대해서 살펴보고자 한다.

### 1) 5세기 전반 대외교류의 배경과 역할

5세기 이전, 영산강유역 마한세력의 대외교류는 미미한 수준에 불과하다. 영산강유역에서는 백제 토기, 아라가야, 소가야 토기가 일부 확인되는데, 이것

---

65  김낙중, 2016, 「석실로 본 나주 복암리 세력과 주변 지역의 동향」, 『文化財』 49-1, 국립문화재연구소, 44-67쪽.

은 대체로 철소재류를 매개로 지역 간 문물교류의 현상으로 파악된다. 5세기에 들어가면서 활발한 교류양상들이 나타나기 시작한다. 대표적인 세력이 왜와 소가야를 들 수 있다. 이러한 교류양상이 나타나게 되는 배경에 대해서 간단히 살펴보고자 한다.

먼저, 고구려의 낙랑군과 대방군의 병합으로 백제와 국경이 접하게 되어 고구려와 백제는 잦은 전쟁을 치르게 된다. 이러한 일련의 사건 중에 근초고왕의 평양 공략 등이 있으며, 역으로 4세기 말경에는 고구려의 한성 공략 등이 있다. 이로 인해 백제는 위기감을 느끼게 되어 왜와의 교섭·교류관계를 확대시킬 필요가 있었다. 백제는 왜에게 선진문물을 사여한 대가로 군사적인 지원과 교섭활동을 요청한 것으로 추정된다[66]. 또한 고구려의 남하정책의 일환으로 금관가야가 쇠퇴하게 되고, 역으로 신라가 낙동강유역을 진출하게 되면서 낙동강 하구역과 현해탄 중심의 무역이 변화하게 된다.

이런 상황에서 왜는 새로운 교역루트에 관심을 가질 수밖에 없는 현실에 백제의 요청은 매우 좋은 기회였을 것이다. 이렇게 하여 백제-영산강유역(서남해안 연안지역)-소가야지역(경남 남해안)-왜(북부규슈지역-야마토정권)에 이르는 새로운 교역 루트가 개척된 것으로 보인다[67]. 여기에 남해안 연안의 소가야지역은 매우 중요한 위치를 점하고 있어 항해 초반에 왜인들의 안내를 담당했을 것이

---

66   김낙중, 2013, 앞의 논문, 157-203쪽.

67   백제-야마토 교류망과 구분되는 별도의 영산강유역-북규슈 교류망이 운영되고 있었던 것으로 보기도 한다(임영진, 2007, 「장고분(전방후원형고분)」『백제의 건축과 토목』, 충남역사문화연구원, 352-398쪽). 3~5세기에는 영산강유역과 북규슈 사이에 문화적·사회적·정치적 관계가 밀접하였던 것에 비해 한성 백제와 야마토 정권의 관계는 약했었다고 보는 견해(吉井秀夫, 2003, 「토기자료를 통해 본 3-5세기 백제와 왜의 교류관계」『한성기 백제의 물류 시스템과 대외교류』(한신대학교 학술원), 학연문화사, 191-216쪽)가 있다. 이러한 견해들은 영산강유역의 제집단과 북규슈세력이 직접적인 교류의 당사자이기 때문에 많은 물적 자료가 출토되는 경향이 강한 편이다. 반면에 5세기 전반경 백제와 왜의 야마토정권과의 교류는 정치적인 상호이익을 위한 목적으로 이루어지다가 5세기 후반경에 국제 정세(한성 함락)가 급변하면서 양국 간의 교류는 실질적인 측면으로 이루어지는 경향이 강해지면서 많은 물적 자료를 남기게 된다.

고, 이를 통해 소가야계 토기가 영산강유역에 다량으로 출토된 것으로 판단된다. 그들은 준구조선을 이용하여 연안을 따라 남해안-서남해안-중서부해안 지역[68]을 타고 올라갔을 것으로 추정된다. 남해안과 서남해안은 다도해로 수심이 얕고, 암초가 많으며, 유속이 빠른 곳이 많아서 현지 집단의 도움이 절실히 필요했을 것으로 보인다. 그래서 그들은 현지 집단과의 우호적인 관계를 유지시킬 필요가 있었으며, 그들로 하여금 물자의 보급과 휴식처를 지원받았을 것이다.

한편으로 영산강유역 마한세력은 백제와 왜의 교류루트 중에 왜인들의 서남해안 연안지역을 안내하고, 그에 상응하는 대가로 백제와 왜로부터 위세품인 금동관과 금동식리, 왜계 무구류와 무기류 등을 받았으며, 이를 현지에서 정치적 이용과 경제적 이익을 추구하여 성장했을 것으로 추정된다[69].

이러한 교류 과정 중에 서남해안지역에 왜계고분이 축조된다. 왜계 집단은 항행상의 요충지에 일정기간 체재하면서 재지의 집단과 잡거했을 가능성이 충분하며, 이런 상황에서 왜계고분이 만들어진 것으로 보는 견해[70]도 있다. 하지만 기항지로 활용된 항구 주변에서 왜계 집단이 잡거했을 생활유적은 아직 발견되지 않고 있다. 따라서 왜계고분은 교역루트 상의 주요한 관측지점에 위치한 상징적인 대상이면서 우호의 상징물로 현지 집단의 조력자나 왜인의 무덤으로 추정된다.

이 시기 일본열도의 정세를 보면 규슈세력의 확대 현상을 들 수 있다. 규슈계통의 매장시설이나 관에 관한 제요소가 4세기 후엽에서 5세기 전반경에 일본열

---

68  중서부지역에서는 천안 도림리 3호 석곽묘, 청주 신봉동고분군, 연기 송원리 KM-094호묘 등에서 왜계 철촉 · 갑주 · 철검 · 철모 등 확인되는데 중서부지역까지도 참여가 확산된 것으로 보인다(김낙중, 2013, 앞의 논문, 191쪽). 최근에 천안 구도리유적에서도 고흥 야막고분과 신안 배널리 3호분과 같은 원분에 수혈식석곽묘가 확인되었고 내부에서 삼각판혁철판갑 등이 출토되었다(백제고도문화재단, 2020, 『천안 구도리 백제분묘』).

69  김낙중, 2013, 앞의 논문, 157-203쪽.

70  高田貫太, 2014a, 「5 · 6세기 한반도 서남부 '왜계고분'의 조영 배경」, 『영산강유역 고분 토목기술의 여정과 시간을 찾아서』(2014 하반기 국제학술대회), 대한문화재연구원, 105-128쪽.

도 동쪽인 카와치, 키비, 이세, 와카사 등 지역으로 확산된다. 왜 왕권의 동요기에 아리아케카이有明海의 수장연합을 중심으로 급속하게 세력을 강화하고 독자적으로 각 방면에 세력을 확대한 것으로 추측된다[71]. 이러한 규슈세력의 확대 현상 중에 한반도에도 영향을 미쳐 왜계고분이 등장한 것으로 파악된다[72].

이렇듯 영산강유역 마한세력은 5세기대 백제와 왜의 교류과정 중에 중개자로서 정치적·경제적 실리를 추구하면서 성장한 것으로 파악되며, 그 증거가 왜계고분으로 표출된 것으로 판단된다.

### 2) 5세기 후엽~6세기 전엽경 대외교류의 배경과 역할

5세기 후엽부터 영산강유역 마한세력의 대외교류는 활발하게 전개된다. 주요 대상세력은 왜와 백제를 들 수 있다. 이러한 교류과정에서 나타나게 되는 배경에 대해서 간단히 살펴보고자 한다. 앞 시기에 이어서 고구려의 남하 정책으로 인해 5세기 후엽경의 백제는 한성지역을 잃고, 웅진으로 천도하게 된다. 웅진기 백제는 이러한 상황을 타개하기 위해 이전 시기(5세기 전반경)부터 맺어온 왜와의 관계(백제→왜:선진문물 사여, 왜→백제:군사적 지원과 교섭활동)를 더욱 진전시킬 필요가 있었다.

이런 와중에 영산강유역 마한세력의 입지가 더욱 중요하게 된다. 5세기 전반부터 이어져 온 백제와 왜 양자의 중개자적인 입장에서 벗어나 독자적인 입지를 구축하고자 했던 것으로 추정된다. 특히 백제가 웅진으로 천도한 후, 남쪽으로 영향력을 확대하는 과정에서 나타난 위세품과 백제계 토기류 등을 통해 알 수 있듯이 영산강유역 마한세력은 백제의 영역화에 거부감이 있어 백제 왕권과 정치적인 거리를 유지할 필요가 있었다. 한편으로는 그들은 백제의 새

---

71    和田晴吾, 2004, 「古墳文化論」, 『日本史講座』, 第1券(歷史学研究会・日本史研究会編), 東京大学出版会, 57-91쪽.

72    최영주, 2015, 「마한방대형·원대형 분구묘의 등장배경」, 『백제학보』14, 85-105쪽.

로운 우위적 파트너가 되기 위해 내부적으로 경쟁하면서도 직접지배는 거부했을 것으로 보인다[73].

이러한 상황에서 왜계 횡혈식석실과 장고분을 수용하게 된다. 우선 북부규슈지역의 묘제인 횡혈식석실[74]을 수용하는 것은 앞 시기인 5세기 전반경 왜계고분의 수용처럼 자연스럽게 영산강유역 제형분구묘(옹관)가 고대화되는 과정에 도입되어 축조된 것으로 생각된다. 이러한 초기 횡혈식석실은 현지 집단의 내부 경쟁력 확보와 나주 복암리 정촌고분처럼 내륙지역 교역루트(영산강) 상의 주요 거점지역의 표식물이면서 우호의 상징물로서 적극적으로 수용된 것으로 생각된다.

장고분의 출현배경은 앞 시기부터(5세기 전반경) 왜와 영산강유역의 교섭이 지속되면서 왜계 집단에 의해 장고분과 관련된 물자·기술·정보(매장시설·관, 외표시설, 부장품)가 들어왔으며, 특히 중·북부규슈지역의 횡혈식석실 구축에 종사한 집단과의 관계[75]가 상정된다.

장고분의 축조는 왜에 대해서 對한반도 교섭의 우선적 파트너임을 표상하는 행위의 일종으로, 기존의 묘역에서 벗어난 지역이나 고분이 존재하지 않던 지역에 축조된 것은 이러한 상징성의 극대화와 관련된 현상일 가능성[76]도 있다. 이렇듯 장고분은 영산강유역 마한세력과 왜의 지역 세력과의 정치적인 유대의 상징물로 활용되거나 백제 왕권과의 정치적 거리 유지의 표상으로 축조되

73  김낙중, 2013, 앞의 논문, 195-197쪽.
74  규슈계 석실의 전파와 확산은 전파의 계기와 방법, 전파한 곳과 받아들인 집단의 정치·사회적 관계 등 여러 가지 요인에 의해 지역별로 아주 다양한 양상을 보이고 있다(杉井健編, 2009, 『九州系横穴式石室の伝播と拡散』, 北九州中國書店). 이러한 양상은 남해안 연안, 영산강유역과 유사하다(김낙중, 2013, 앞의 논문, 195-197쪽).
75  高田貫太, 2014b, 「5·6세기 백제, 영산강유역과 왜의 교섭-'왜계고분'·전방후원분의 조영배경을 중심으로」, 『전남 서남해지역의 해상교류와 고대문화』(전남문화재연구소 연구총서1), 혜안, 179-216쪽.
76  김낙중, 2013, 앞의 논문, 195-197쪽.

었을 것으로 추정된다. 이처럼 영산강유역 마한세력은 대외교류를 주도하였던 것으로 보이는데 중국자기를 선택적으로 구입한 것도 그러한 예로 볼 수 있다고 생각된다.

5세기 전반부터 시작된 남해안-서남해안-중서부해안의 연안항로 상에서 소가야세력은 성장하게 된다. 소가야는 왜인들에게 남해안 연안항로를 안내하면서 왜계고분(수혈식석곽, 횡혈식석실)을 수용하고, 영산강유역 마한세력과의 교류를 통해 분구묘를 수용하게 된다. 이러한 과정 중에 경제적인 이익을 취하게 되면서 성장하게 된다. 특히 5세기 후엽 이후 고성 송학동고분군으로 표출된다.

한편 일본열도 고분시대 후기는 대수장층의 고분이 사라지고, 중소수장층의 고분군도 쇠퇴·소멸한다. 이는 중기에 집권한 대수장이나 중소수장은 급속히 몰락하고, 신흥의 중소수장이 대두되는 동시에 처음으로 공동체의 가장층家長層이 왕권의 질서 속에 편입되는 것으로 보인다. 이러한 현상은 고구려의 남하나 신라의 확장에 의한 한반도 정세의 긴박화에 대처하고 강력한 국가를 지향하기 위한 왕권에 의해 수장층의 재편과 민중의 편성을 목적으로 한 정책의 결과로 이해된다[77].

이러한 상황에서 영산강유역 마한세력은 백제와 왜 왕권 사이에서 실리를 취하는 방법을 적극적으로 모색하였다. 그것이 북부규슈계 횡혈식석실과 장고분으로 나타난 것으로 생각되며, 정치적으로 극대화시킨 것으로 생각된다. 당시 백제—영산강유역 마한세력(복암리집단)—소가야(송학동집단)—중북부규슈세력(이와이)—왜왕권(계체왕)으로 이어지는 교류 흐름 속에서 영산강유역의 마한세력과 북부규슈세력이 차지하는 정치적, 경제적 비중은 매우 컸을 것으로 생각된다[78]. 특히 영산강유역의 마한세력은 적극적으로 중·북부규슈세력

---

77　和田晴吾, 1998,「古墳時代は国家段階か」,『古代史の論点4—権力と国家と戦争』, 小学館, 142-162쪽.

78　崔榮柱, 2012, 앞의 논문.

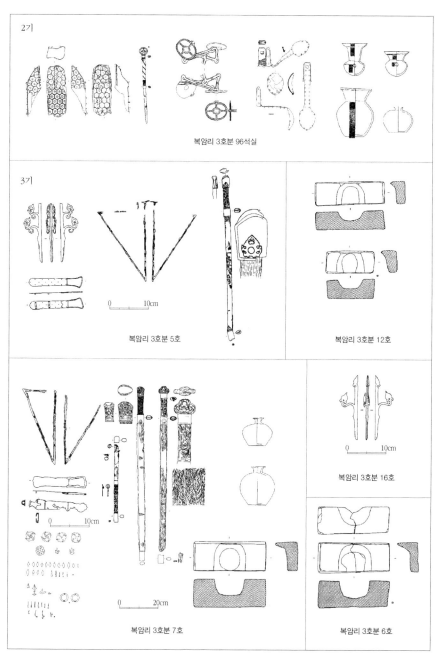

2기

복암리 3호분 96석실

3기

복암리 3호분 5호

0    10cm

복암리 3호분 12호

복암리 3호분 16호

0    10cm

복암리 3호분 7호

0    10cm

0    20cm

복암리 3호분 6호

**그림 31** | 나주 복암리 3호분 출토품

의 문화를 받아들이면서 장고분과 횡혈식석실을 축조하게 된다.

그 가운데 나주 복암리집단이 주도적으로 영산강유역의 여러 지역집단을 이끈 것으로 추정된다. 그들은 5세기 후엽부터 내륙수운을 통해 경제적인 이익과 초기 횡혈식석실과 같은 정치적인 이용을 통해 영산강유역 내부에서 대수장으로 성장한 것으로 생각된다. 나주 복암리집단은 백제화가 된 6세기 중엽 이후에도 백제 왕권과의 친밀성(사비식석실·은화관식·사비기 백제토기·목기·기와·제철관련 유물 등)을 유지하고, 왜와의 교류에서 우선적 파트너(왜계 장식대도·석침 등)로서 활동하고 있다.

이와 같이 영산강유역 마한세력이 적극적으로 왜계 묘제(수혈식석곽·횡혈식석실·장고분)와 매장의례(매장방식(상자식석관·석침), 부장품:스에키·분주물 등)를 도입하는 것은 작은 지역집단의 수준에서 문화적 정체성(백제 왕권과의 정치적 거리 유지, 왜와의 정치적인 유대관계 유지)에 대한 변화를 모색하는 중요한 사회적 전략으로 이해할 필요가 있다.

# Ⅳ. 맺음말

영산강유역이 위치한 서남해 연안지역은 백제-가야-왜의 교류에서 중요한 길목에 해당한다. 이와 관련된 유적(고분)과 유물이 많이 확인된다. 영산강유역 마한세력의 대외교류를 고분 부장품(토기류·금속류)을 통해 백제·가야·신라, 왜·중국과의 관계를 시기적으로 파악하고, 그 배경과 역할에 대해서 살펴보았다.

영산강유역 마한세력의 시기별 변화양상은 다음과 같다. 1기 가운데, 5세기 이전 영산강유역 마한세력의 대외교류는 미미한 수준에 불과하다. 백제토기와 가야토기(아라·소)가 일부 확인되며, 대체로 철소재류를 매개로 지역 간 문물교류의 현상으로 파악된다. 5세기 이후 영산강유역 마한세력은 백제와 가야토기를 받아들여 영산강유역양식 토기로 재지화가 된다. 왜와의 관계는 왜계 고분과 왜계 갑주, 스에키 등을 통해 그 영향관계가 강한 것으로 생각된다.

2기 영산강유역 마한세력은 백제의 영향력 확대과정에서 백제양식 토기를 수용하며, 금동관과 금동식리와 같은 위세품을 받아들이면서 재지에서 영향력을 확대했다. 가야와의 관계는 문물의 교류적인 측면을 벗어나 정치적인 영향력 확대된다. 왜와의 관계는 장고분(횡혈식석실), 스에키(계), 분주물(분주토기·형상하니와·분주목기), 장식금속류 등이 확인된다. 이 와중에 중국과의 관계에서 자기류를 선택적으로 구입했다.

3기 영산강유역의 마한세력은 백제에 완전히 병합되어 사비기 백제양식 토기가 출토되며, 은화관식으로 대별되는 관등제의 확립이 이루어진다. 왜계 자료는 장식대도와 석침(왜계 매장방식)이 확인된다. 영산강유역 마한세력은 완전히 백제화가 되어 독자성은 사라졌지만, 왜와의 교류에서 주도적인 입장을 보인다.

영산강유역 마한세력의 시기별 변화양상에 대한 배경과 역할은 다음과 같다. 5세기대 영산강유역 마한세력은 백제와 왜의 교류과정 중에 중개자로서 정치적(백제-금동관 금동식리, 왜-갑주 등)·경제적 실리(교역품 등)를 추구하면서 성장한 것으로 파악되며, 그 증거로 왜계고분을 들 수 있다.

6세기대 영산강유역 마한세력은 백제와 왜 왕권 사이에서 실리를 취하는 방법을 적극적으로 모색하였고, 그것이 북부규슈계 횡혈식석실과 장고분으로 표출되었다. 당시 백제-영산강유역 마한세력(복암리집단)-소가야(송학동집단)-중북부규슈세력(이와이)-왜왕권(계체왕)으로 이어지는 교류에서 영산강유역 마한세력이 차지하는 정치적, 경제적 비중은 매우 컸다.

이와같이 영산강유역 마한세력이 적극적으로 왜계 묘제와 매장의례의 도입하는 것은 지역집단의 문화적 정체성에 대한 변화를 모색하는 중요한 사회적 전략에 해당한다.

(「고분 부장품을 통해 본 영산강유역 마한세력의 대외교류」, 『백제학보』 20, 2017)

# 제 7 장
# 전남지역 마한과 가야 세력과의 관계변화와 의미

---

# Ⅰ. 머리말

고대 전남지역은 마한 문화를 기반으로 연안과 근해항로 상에 위치하여 여러 정치 세력들과의 상호관계(교류·교섭)를 통해 다양한 물적 증거 자료들을 남겼다. 기원전 2세기 이후부터 서남해안 연안지역의 여러 유적에서 중국 관련 화천·오수전, 낙랑토기 등과 일본 관련 야요이토기편·우각형동기 등의 자료를 통해 두 지역과 활발한 교류 흔적[1]이 확인된다. 기원후 3세기대 이후에도 중국 자료(동경, 연판문완·청자반구호·흑유도기·시유도기 등), 왜계 자료(무구류, 스에키·하니와, 장식대도, 석침 등) 등이 확인되어 지속적인 교류관계[2]가 이루어지고 있다.

한반도 내에서 전남지역 마한세력은 3세기대 이후 백제, 가야, 신라 등의 정치체와 지속적인 교류관계를 맺어 왔다. 백제가 마한세력권 내에 지속적인 영향력을 확대하는 과정(제형분 단계·고총고분 단계)과 병합하는 과정(백제석실분 단계)에서 다양한 자료가 시기별로 확인된다. 가야지역 제 세력인 금관·아라·소·대가야 등과는 단순한 교류관계에서 정치적 교섭관계로 발전되는 과정에서 다양한 자료가 확인된다. 특히 가야토기가 분묘와 생활유적을 중심으로 전남 동부지역에 다량으로 확인되며, 일부는 가야토기의 영향으로 재지화되는 모습도 확인된다. 한편 신라와의 교류 흔적이 많지는 않지만 고총고분 단계에 신라토기와 마구류 등이 일부 확인되는 정도이다[3].

그 가운데 전남지역과 가야지역과의 상호관계에 관심을 가질 필요가 있다.

---

1   金京七, 2009,『湖南地方의 原三國時代 對外交流』, 학연문화사, 129-133쪽.
2   최영주, 2017a, 「고분 부장품을 통해 본 영산강유역 마한세력의 대외교류」, 『百濟學報』 20, 158-166쪽 ; 최영주, 2019a, 「고고자료로 본 영산강유역과 규슈지역과의 교류관계」, 『歷史學研究』 74, 31-51쪽.
3   최영주, 2017a, 앞의 논문, 145-147쪽.

이 두 지역 제 세력들은 고대국가 단계로 성장하지 못하고, 백제와 신라에게 각각 병합되는 공통점을 가지고 있다. 2000년대 이후 전남지역의 분묘와 생활 유적에서 가야계 유물들이 보고되기 시작하였다. 전남지역에서 가야계 유물은 서부지역과 동부지역을 중심으로 집중된 양상을 보인다. 그 가운데 동부지역은 섬진강을 끼고 마주한 경남 서남부지역과 인접해 관련 자료들이 집중된 양상을 보인다. 반면 서부지역은 동부지역에 비해 분산되어 넓게 분포하는 모습을 보이고 있어 대비되는 양상이다. 이러한 가야계 관련 자료의 출토 양상을 분석한 연구는 전남 서부지역과 동부지역으로 구분하여 연구가 진행되었다.

전남 서부지역에서는 취락과 분묘 관련 논문을 정리하는 과정에서 가야계 토기를 간단히 언급[4]하거나 개별 기종에 대한 연구를 하면서 가야계 토기와의 관계를 다루는 수준의 연구[5]가 진행되었다. 전남 동부지역에 집중된 가야계 토기의 출토양상을 통해 시기별 교류관계와 역사적인 의미에 대해서 연구가 이루어졌다[6]. 이후 순천 운평리고분군의 발굴 성과를 통해 동부지역이 대가야 연맹체의 일부[7]이거나 대가야의 영역[8]으로 이해하기도 하였다. 이후 양 지역의 관련 자료를 통해 교류관계를 종합적으로 연구하였다[9]. 또한 전남 서부지

4    이영철, 2001, 「영산강유역 옹관고분사회의 구조 연구」, 경북대학교대학원 석사학위논문 ; 윤효남, 2003, 「전남지방 3~4세기 분구묘에 대한 연구」, 전북대학교대학원 석사학위논문.
5    徐賢珠, 2006, 『榮山江流域 古墳 土器 硏究』, 學硏文化社 ; 강은주, 2009, 「영산강유역 단경호의 변천과 배경」, 『호남고고학보』31, 5-38쪽.
6    이동희, 2004, 「전남동부지역 가야계 토기와 역사적 성격」, 『한국상고사학보』46, 71-112쪽 ; 이동희, 2005, 『全南東部地域 複合社會 形成過程의 考古學的 硏究』, 성균관대학교대학원 박사학위논문.
7    이동희, 2008, 「全南東部地域의 伽倻文化-순천 운평리 유적을 중심으로-」, 『전남동부지역의 가야문화』(제36회 한국상고사학회 학술발표대회) ; 이동희, 2010, 「全南東部地域 加耶文化의 起源과 變遷」, 『호남동부지역의 가야와 백제』(제18회 호남고고학회 학술대회), 117-164쪽 ; 이동희, 2011, 「全南 東部地域 加耶文化의 起源과 變遷」, 『百濟文化』45, 5-39쪽.
8    박천수, 2007, 『새로 쓰는 고대 한일교섭사』, 사회평론, 230·231쪽.
9    홍보식, 2007, 「신라·가야권역 내의 마한·백제계 문물」, 『4~6세기 가야·신라 고분 출토의 외래계 문물』(제16회 영남고고학회 학술발표대회), 26-32쪽 ; 홍보식, 2008, 「문물로 본 가야와 백제

역에서 확인된 가야계 토기의 출현과 토착화 양상을 통해 가야지역과의 다각적인 교류관계에 대한 연구가 진행되었다[10]. 최근에는 전남지역에 출토된 가야계 토기를 중심으로 전반적인 교류관계를 다루면서 특히 동부지역과 소가야·대가야의 관계에 대해서 집중적인 검토가 이루어졌다[11]. 또한 호남지역에 출토된 가야계 자료에 대한 정리를 통해 교류관련 연구 활동에 도움을 주고 있다[12]. 이러한 연구 성과를 바탕으로 2019년 제27회 호남고고학회 정기학술대회에서는『마한·백제 그리고 가야』라는 주제로 호남지역에서 확인된 가야 관련 취락·고분, 일상토기·부장품, 마구류·무기류, 고분 축조기술 등 다양한 분야를 검토하여 가야와의 상호관계에 대해서 다루었다[13]. 앞선 발표 주제는 전남지역과 가야의 상호관계를 분야별로 또는 지역별로 치중된 연구로 종합적인 검토가 이루어지지 못한 점이 아쉽다.

본고에서는 전남지역과 가야지역과의 상호관계를 파악하기 위해서 문물자료인 생활과 분묘유적, 일상토기와 부장품을 중심으로 종합적인 검토가 필요하다. 따라서 본고에서는 전남 서부와 동부지역으로 나누어 단계별(제형분→고총고분→백제석실분)[14]로 전남지역과 가야지역 간 상호관계 양상을 살피고자 한다.

의 교섭과 교역」,『호서고고학』18, 117-148쪽 ; 박천수, 2010,『가야토기-가야의 역사와 문화-』, 진인진.

10    서현주, 2012,「영산강유역권의 가야계 토기와 교류 문제」,『호남고고학보』42, 159-189쪽.

11    박성배, 2016,「湖南東部地域 伽倻土器의 流入과 變遷」, 경상대학교대학원 석사학위논문 ; 하승철, 2018,「전남지역 마한·백제와 가야의 교류」,『호남고고학보』58, 126-145쪽 ; 조근우, 2019,「섬진강유역 가야문화의 형성과 발전-호남 동부지역을 중심으로-」,『호남과 영남 경계의 가야』(2019년 가야사기획학술심포지엄), 국립나주문화재연구소·국립가야문화재연구소, 51-75쪽.

12    국립가야문화재연구소, 2018,『가야 발굴조사 자료편 IV』(가야자료총서 06).

13    호남고고학회, 2019,『마한·백제 그리고 가야』(제27회 호남고고학회 정기학술대회).

14    전남 동부지역의 고분의 변천양상은 서부지역과는 다른 모습을 보인다. 제형분 단계는 3세기 중엽에서 5세기 2/4분기로, 서부지역에서는 제형이면서 목관(곽)과 옹관이 사용하고, 동부지역에서는 분구가 없는 토광묘와 목관(곽)묘가 확인된다. 고총고분 단계는 5세기 3/4분기에서 6세기 전엽 경으로, 서부지역에서는 방대형·원대형·장고형에 영산강식 석실이 사용되며,

# Ⅱ. 단계별 교류 양상

## 1. 제형분 단계

### 1) 전남지역에서 확인된 가야계 자료

제형분 단계에 전남지역에서는 금관가야, 아라가야, 소가야 관련 자료가 확인되는데 가야계 고분과 취락 등의 유구보다는 가야계 토기와 철정 등의 유물이 주로 확인된다. 그 가운데 고흥 장덕리 장동유적은 제형분으로 매장시설이 목곽묘가 확인되며, 이 목곽묘는 가야계 장방형 목곽묘처럼 폭이 넓은 형태를 보인다. 또한 금관·아라·소가야계·마한계 토기 등 계통이 다원적인 자료 및 철정·농공구류·무기류 등도 확인되어 가야와의 교류에 중추적인 역할을 한 것으로 보인다. 가야계 주거지는 원형계(타원형 포함)로 벽주식 구조이면서 내부의 부뚜막과 구들은 점토를 사용하였는데 평면형태에 의해 C자형에 가깝다. 주거지에서는 마한계 일상용토기에 횡방향 태집선이나 내박자가 있는 경우가 많아지다가 가야계 토기인 승문이 타날된 양이부호·단경호와 광구소호·파배·완형무투창고배 등이 확인된다[15].

**금관가야계** 관련 자료가 전남 서부지역에서는 함평 성남유적과 국산유적의 토광묘에서 원저광구소호가 확인되며 금관가야에서 반입된 것으로 보인다. 나주 용호고분군 12호묘에서 철정이 확인되며 판상철부 형태로 부산 복천동

---

동부지역에서는 원형이면서 가야계 석곽묘와 석실묘가 확인된다. 백제석실분 단계는 6세기 중엽에서 7세기 전반경으로, 서부지역에서는 원형(반구형)에 사비기 석실이 사용되며, 동부지역에서는 원형에 백제계 횡구식석실이 확인된다. 이렇듯 전남 서부지역과 동부지역은 고분의 변천양상에서 약간의 차이를 보이지만 변천의 획기는 일치하고 있어, 편의상 서부지역의 고분 변천 단계를 사용하고자 한다(전남 동부지역 관련 내용은 이동희(2005, 앞의 논문)와 오재진(2019, 「고분 부장유물 비교분석을 통한 마한·백제 그리고 가야-순천지역을 중심으로-」, 『마한·백제 그리고 가야』(제27회 호남고고학회 정기학술대회), 99-113쪽)을 참고하였다.

15    김재훈, 2019, 「광양만권 1~6세기 주거지에 관한 연구」, 순천대학교대학원 석사학위논문.

38호묘 출토품과 유사하다[16]. 대체로 4세기 후엽경으로 편년된다.

전남 동부지역에서는 고흥반도 초입의 여자만과 득량만이 만나는 곳인 고흥 장동유적(그림 32-2)과 신촌유적이 확인된다. 이곳은 남해안이 육지로 깊숙이 올라와 닿는 곳으로 해양 교류의 거점 취락이 입지하기 좋은 환경이다. 고흥 장동유적 M2-1호묘의 유개대부파수부소호는 김해 대성동 1호분 출토품과 유사하며, 고흥 신촌유적 9호 토광묘와 장동유적 M2-2호묘의 원저광구소호는 부산 복천동 48호묘와 118호묘 출토품과 유사하여 금관가야에서 반입된 것으로 보인다. 대체로 4세기 후엽으로 편년된다[17].

**아라가야계** 관련 자료는 4세기 후반부터 5세기 전반에 집중적으로 서부와 동부지역 등의 서남해 연안지역에 고르게 분포한다. 대표적인 아라가야계 토기는 평저광구소호 · 양이부단경호 · 통형고배 · 화염형투창고배 · 노형기대 · 발형기대 등이 있으며, 아라가야계 철정도 일부에서 확인된다. 전남 서부지역에서는 평저광구소호는 함평 만가촌유적 14-3호 목관묘, 영암 만수리유적 4-5호 목관묘, 해남 군곡리유적, 장흥 상방촌 B유적의 8호 토광묘 등에서 출토되며 대체로 4세기 후엽으로 편년된다. 양이부단경호는 해남 신금 55호 주거지, 강진 양유동유적의 6호 주거지 등에 승문이 타날된 것이 확인되었는데 함안 황산리 44호 목곽묘 출토품과 유사하다. 이외에도 승문이 타날된 단경호는 영암 만수리유적 1-1호 목관묘, 해남 신금유적의 18호 주거지, 해남 분토유적에서 1-4호 · 3-1호 · 4-1호 토광묘, 강진 양유동유적 10호 주거지, 장흥 상방촌 A유적의 1-11호 주거지 등에서 확인된다. 양이부단경호와 단경호는 대체로 4세기 후엽으로 편년된다. 철정은 영암 만수리유적 10 · 11호 목곽묘, 해남 신월리 고분, 해남 원진리 농암유적 1호 옹관묘, 신금유적 옹관묘, 장흥 상방촌 A유적

---

16 홍보식, 2008, 앞의 논문, 126쪽 ; 복천박물관, 2015, 『가야와 마한 · 백제 1,500년만의 만남』, 84 · 85쪽.
17 하승철, 2018, 「전남지역 마한 · 백제와 가야의 교류」, 『호남고고학보』, 58, 127쪽.

의 1-11호 · 24호 · 2-19호 주거지, 상방촌 B유적의 7-1호 토광묘 등에서 확인된다. 이외에도 노형기대 · 발형기대 · 단경소호 · 고배 등이 약간 확인된다.

동부지역에서는 분묘유적보다 생활유적에서 아라가야 관련 자료가 더 많다. 통형고배는 광양 용강리 기두유적의 2호 수혈, 순천 성산유적의 63호 주거지, 여수 둔전유적의 24호 주거지, 여수 죽림리 차동유적의 6호 토광묘 등에서 출토되며 대체로 4세기 후엽으로 편년된다. 장각의 고배는 광양 도월리유적의 10호 수혈, 순천 덕암동유적, 여수 장도유적의 22호 주거지, 보성 도안리 석평유적의 19호 주거지, 고흥 한동유적의 34호 주거지, 방사유적 18호 주거지 등에서 출토되었다. 화염형투창고배는 광양 용강리 기두유적의 2호 수혈, 고흥 한동유적의 1호 수혈에서 확인된다. 이 가운데 광양 용강리 출토품은 함안 도항리 10호분 출토품과 유사하여 5세기 전엽에 해당한다[18]. 금관가야 관련 자료가 확인된 고흥 신촌유적의 1호 토광묘에서 평저광구소호, 9호 토광묘에서 철정이 확인되며, 고흥 장동유적의 M2-2호 목곽묘에서 평저광구소호, M2-2호 · 3호 목곽묘에서 철정 등이 확인되었다. 이 두 곳을 제외한 곳에서는 철정과 평저광구소호가 확인되지 않고 있다. 이외에 생활과 분묘유적에서 주로 승문이 타날된 양이부단경호, 단경호 등이 확인되며 대체로 4세기 후엽으로 확인된다.

**소가야계** 관련 자료는 서부지역과 동부지역에서 출토된 시기와 분포양상에서 다르게 나타난다. 서부지역에서는 대체로 5세기 전반에 집중되어 광주 동림동유적 일대에서 확인되는 양상을 보인 반면에 동부지역에서는 4세기부터 6세기대까지 넓게 여러 유적에서 출토되는 점이 다르다. 서부지역에서는 광주 동림동유적의 주거지와 구, 수혈 등에서 5세기대의 개 · 고배 · 파수부배 · 삼각투창고배 · 수평구연호 · 파수부호 등이 다량으로 확인되었다(그림 32-1). 인근의 하남동유적에서도 구에서 발형기대 · 대부직구호 등이 확인되었다. 해남

---

18   하승철, 2018, 앞의 논문, 129쪽.

신금유적 주거지에서 4세기 전엽경의 완형무투창고배, 분토유적에서 발형기대가 확인되었다. 장흥 상방촌A유적과 지천리유적의 주거지에서 삼각투창고배·파수부배·타날문단경호·개 등이 확인되었다.

　동부지역에서는 분묘유적보다는 생활유적 중심으로 확인된다. 생활유적인 광양 성산리 성산유적과 칠성리유적에서 4세기 전엽경의 완형무투창고배, 용강리 석정유적의 주거지에서 통형고배·파수부배 등이 확인되었다. 그 가운데 광양 도월리유적의 주거지에서 4세기~6세기대의 완형무투창고배·파수부배·개·고배·기대 등이 지속적으로 확인되기도 하였다. 여수 화장동유적에서 단경호와 개, 둔전유적에서 개·고배, 죽림리 차동유적 3지구 10호·15호 주거지에서 무투창고배, 개 등이 확인되었다. 특히 여수 둔전과 차동유적에서는 마한계 일상용기를 기본으로 소가야계 토기와 왜계 자료 등이 복합적으로 확인된다. 순천 성산리 대법유적에서 고배와 기대가 확인되었다. 분묘유적으로는 여수 죽림리 차동유적 2지구 토광묘에서 통형고배·파수부배·광구호, 순천 운평리유적 토광묘에서 수평구연호·광구호, 고흥 장덕리 장동유적 M1·1-1호 목곽묘과 한천리 신촌유적의 토광묘에서 수평구연호·파수부배 등이 확인되었다. 대체로 4세기 후엽에서 5세기 전엽에 해당한다(그림 32-2).

　이외에도 창녕계 토기가 서부지역에서는 해남 일평리토성, 장흥 상방촌 A유적, 광주 동림동유적 등에서 고배와 개 등이 확인된다. 동부지역에서는 순천 덕암동 구암 75-3번지 2호 주거지, 여수 화장동 나-3호 주거지, 여수 둔전 12호 주거지, 광양 목성리 C-4호 주거지 등에서 개가 확인되며 5세기 전반경으로 편년된다.

**표 32 |** 단계별 양 지역간 교류양상

| 단계 | | 지역 | 전남지역 출토 가야계 자료 | | | | 가야지역 출토 마한계 자료 | |
|---|---|---|---|---|---|---|---|---|
| | | | 서부지역 | | 동부지역 | | 유구 | 유물 |
| | | | 유구 | 유물 | 유구 | 유물 | | |
| 제형분 단계 | 생활 | 금관 | 마한계 생활유구 (주거지·구) | 원저광구소호 | 마한계 생활유구 (주거지·수혈) 가야계 생활유구 | 외절구연고배·소형기대 | 마한계 생활유구 (주거지) | 이중구연호·양이개, 시루·심발·천발·장란형토기·주구토기·대호·단경호, 토제연통 |
| | | 아라 | | 평저광구소호·양이부단경호·단경호·개·통형고배·발형기대 | | 노형기대·통형고배·화염형투창고배·단경호·사이호·대부직구호·양이부단경호·개 | | |
| | | 소 | | 완형무투창고배·고배·삼각투창고배·파수부배·개·파수부호·발형기대·대부직구호 | | 완형무투창고배·통형고배·대부직구소호·파수부배·단경호 | | |
| | | 창녕 | | 개·고배 | | 개 | | |
| | 분묘 | 금관 | 마한계 분묘유구 (제형분: 토광묘·목관묘·옹관묘) | 원저광구소호 철정(판상철부) | 마한계 분묘유구 (제형분: 토광묘·목관묘·옹관묘) 가야계 목곽묘 일부 | 광구소호·외절구연고배·양이부호·유개대부파수부소호 | 마한·백제계 주구부목곽묘 석곽묘 | 직구단경호·평저호·단경호·양이부호·완·조형토기 |
| | | 아라 | | 평저광구소호·단경호·장경소호·단경소호·대부직구호·발형기대 철정 | | 통형고배·양이부단경호·광구소호·단경호 철정 | | |
| | | 소 | | - | | 통형고배·광구호·파수부배·수평구연호·삼각투창고배 | | |

| 지역<br>단계 | | | 전남지역 출토 가야계 자료 | | | | 가야지역 출토<br>마한계 자료 | |
|---|---|---|---|---|---|---|---|---|
| | | | 서부지역 | | 동부지역 | | 유구 | 유물 |
| | | | 유구 | 유물 | 유구 | 유물 | | |
| 생활 | | 아라 | 마한계<br>생활유구<br>(주거지·<br>수혈·구) | 평저광구소호·<br>이단일렬투창고<br>배 | 마한계<br>생활유구<br>(주거지·수혈)<br><br>가야계<br>생활유구 | 고배 | 가야계<br>생활유구<br>(주거지) | 시루 |
| | | 소 | | 삼각투창고배·<br>파수부배·단경<br>호 | | 삼각투창고배·<br>개·고배·수평<br>구연호·발형기<br>대·<br>파수부배 | | |
| | | 대 | | - | | 장경호·개·직<br>구소호·양이대<br>부직구소호 | | |
| | | 신라 | | 대부호 | | 고배·개·장경<br>호 | | |
| 고총고분 단계 | 분묘 | 아라 | 마한계<br>분묘유구<br>(토광묘<br>·옹관묘)<br><br>가야계 석곽묘<br><br>백제계 석실묘<br><br>왜계<br>석실묘 | 평저광구소호 | 가야계 석곽묘·<br>석실묘 | - | 가야계<br>석곽묘<br><br>왜계<br>석실묘<br><br>마한계<br>분구묘 | 개배·유공광구소<br>호·장경호·배부<br>조족문단경호<br><br>백제계 위세품(금<br>동관모·대금구·<br>장식대도·살포·<br>청동완) |
| | | 소 | | 개·수평구연호<br>·발형기대<br>·대부직구호 | | 대부직구호·발<br>형기대 | | |
| | | 대 | | 개·대부장경호<br>·양이부호<br>·장경호<br>무기류(모) | | 개·고배·장경호<br>·발형기대·통형<br>기대·대부파수<br>부완·단경호<br>금제이식 | | |
| | | 신라 | | 발형기대·개배<br>·직구소호<br>·장경호·대부<br>장경호·유공서<br>수형토기<br>·대부직구단경호<br>마구류(행엽·<br>재갈·운주) | | 대부완·고배<br>금제이식 | | |

| 지역<br>단계 | | | 전남지역 출토 가야계 자료 | | | | 가야지역 출토<br>마한계 자료 | |
|---|---|---|---|---|---|---|---|---|
| | | | 서부지역 | | 동부지역 | | 유구 | 유물 |
| | | | 유구 | 유물 | 유구 | 유물 | | |
| 백제석실분단계 | 생활 | 대 | - | - | 백제계<br>생활유구<br>(산성·구상유구<br>·주거지) | 개·완·장경호·<br>직구소호 | - | - |
| | | 신라 | | | | 대부파수부완 | | |
| | 분묘 | 소 | | | 가야계<br>분묘유구<br>(석곽묘<br>·석실묘) | 고배·파수부배<br>·개·대부직구<br>호·광구소호 | 가야계<br>석실묘 | 백제계 위세품<br>(금제이식, 관 부<br>속구류<br>-과관장식·고리·<br>관못) |
| | | 대 | - | - | | 장경호·고배·<br>기대·대부파수<br>부완 | | |
| | | 신라 | 백제계<br>석실묘 | 부가구연대부장<br>경호 | 옹관묘 | 고배 | | |

## 2) 가야지역에서 확인된 마한계 자료

가야지역에서 확인된 마한계 자료는 고분과 취락, 취락에서 일상용토기 등이 확인된다. 고분 중 하동 우복리유적 10호분은 주 매장시설이 목곽묘이며 주위를 주구로 감싸는 형태를 보인다(그림 32-3)[19]. 가야지역에서는 매장시설 주위에 주구가 돌아간 형태는 보이지 않는 것으로 보아 마한·백제지역의 저분구묘와 주구토광묘의 영향[20]으로 추정된다. 우복리유적 10호분은 목곽묘가 능선 등고선에 나란하게 위치하고 목곽묘 바닥이 지면 아래에 있는 것으로 보아 영산강유역의 저분구묘의 영향보다는 마한·백제지역의 주구토광묘에 가까운 형태를 보인다. 고분에서는 저부에 격자문이 타날된 직구단경호, 승석문이 타날된 평저호, 평행문이 타날된 원저호 등이 확인되어 마한·백제지역과의 연관성이 높다고 생각된다. 통영 남평리유적 10호분은 분구묘로 분구 주위에 주구가 돌아가며 분구 안에 4기의 목곽묘가 확인된다(그림 32-4). 목곽묘와 주

19  경상대학교박물관, 2003, 『하동 우복리유적』.
20  홍보식, 2007, 앞의 논문, 25쪽.

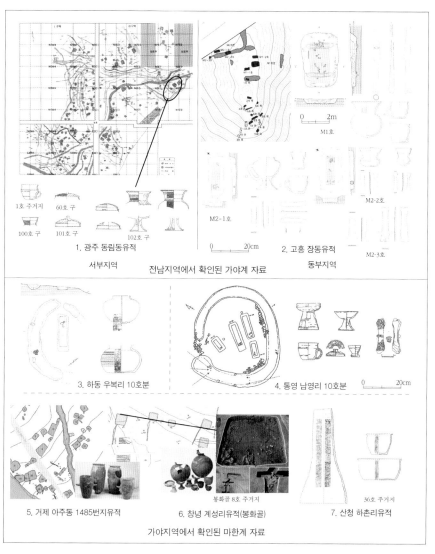

1호 주거지  60호 구

100호 구  101호 구  102호 구

1. 광주 동림동유적

M2-1호

서부지역

0     20cm

전남지역에서 확인된 가야계 자료

0    2m

M1호

M2-2호

2. 고흥 장동유적

M2-3호

동부지역

3. 하동 우복리 10호분

4. 통영 남영리 10호분

0     20cm

봉화골 8호 주거지

5. 거제 아주동 1485번지유적

6. 창녕 계성리유적(봉화골)

36호 주거지

7. 산청 하촌리유적

가야지역에서 확인된 마한계 자료

**그림 32 |** 제형분 단계의 교류관계

구에서는 소가야 토기와 신라계 토기가 출토된다[21]. 특히 목곽묘에서 출토된 철정은 고흥 신촌과 장동유적의 목곽묘에서 출토된 철정과 매우 유사한 형태를 보인다[22].

이외의 분묘유적인 김해 구지로 18호·51호 목곽묘, 양동리 318호 토광묘, 부산 노포동 다지구 7호 토광묘, 부산 내성 3호 목곽묘, 봉황대유적 등에서는 동체에 승석문, 저부에 격자문이 타날된 원저단경호, 양이뚜껑 등이 확인되며 부산 동래 패총 F피트에서는 이중구연호편은 구연 아래 동체에 거치문이 돌아가고 있으며 동체에는 승석문이 타날되어 있는데 장흥 신풍 53호 토광묘 출토품과 유사하다. 이외에 김해 대성동 78호 목곽묘와 양동리고분군 280호·299호 목곽묘에서 출토된 양이부호 무문으로 양이가 약간 세워진 형태로 고창 만동 9-3호 옹관묘 출토품과 유사하다. 기장 청강·대라리유적의 Ⅱ-4호 주거지에서 조형토기가 확인된다.

취락유적인 진해 용원유적 1호와 34호 주거지에서는 마한계 일상용토기인 시루·발·장란형토기 등이 확인되는데 모두 동체에 격자문이 타날되어 있다. 거창 대야리유적의 6호·12호·16호 주거지에서는 마한계 일상용토기인 시루·주구토기·옹 등이 확인되고 있다. 이 두 유적은 모두 원형계 주거지에서 마한계 토기가 교류를 통해서 확인된 것으로 이해된다. 이렇듯 가야지역에서 마한계 자료는 3~4세기대에는 낙동강 하류와 그 주변 지역에 분포하며 전남지역 마한과의 교류를 통해서 출현한 것으로 보인다.

5세기대에 들어서면, 가야지역에 살았던 마한계 사람들의 주거지가 확인되기 시작한다. 대표적인 유적으로는 거제 아주동유적, 창녕 계성리유적, 산청 하촌리유적, 함양 우명리유적 등을 들 수 있다. 거제 아주동유적은 해안가의 구릉 사면

---

21  동서문물연구원, 2009, 『통영 남평리유적』.
22  하승철, 2014, 「전남 서남해지역과 가야지역의 교류양상」, 『전남 서남해지역의 해상교류와 고대문화』(전남문화재연구소 학술총서1), 혜안, 285쪽.

부에 위치한다. 41기의 주거지는 방형계이며, 그 가운데 6기(3호·9호·27호·33호·36호·40호)에서 4주식이 확인된다. 대부분 주거지 내부에 점토로 만든 부뚜막시설과 벽주구가 확인되며, 모서리부분에서는 길게 뻗은 배수구가 확인된다. 이러한 특징은 마한계 주거지의 대표적인 특징에 해당한다(그림 32-5). 주거지에서는 마한계 일상용토기인 시루·발·장란형토기 등이 확인되며, 그밖에 증기공을 길게 짼 시루, 양이부단경호·통형고배 등 아라가야계 토기가 확인된다. 이외에 일본열도의 하지키계 고배·옹·발 등이 확인된다[23]. 이 유적은 마한계 주거지에서 마한 사람들이 살면서 가야와 왜 등과 왕래를 한 것으로 보이며, 일본 규슈지역과의 교역 과정 중 중간기착지 역할을 한 것으로 추정된다.

창녕 계성리유적은 낙동강 주변에 좁은 골짜기 사이에 위치한다. 주거지는 큰골 13기, 봉화골 12기, 토기가마 1기가 확인되었다. 대부분 방형계로 25기의 주거지 중 13기는 4주식이 확인되며, 주거지 내부에 점토로 만든 부뚜막시설, 벽주구와 모서리 부분에서 길게 뻗은 배수구가 확인되는 등 마한계 주거지의 대표적인 특징이다. 주거지에서는 마한계 일상용토기인 시루·장란형토기·주구토기·심발·완·단경호, 경질의 대호 등이 확인된다(그림 32-6). 이외에도 창녕계 토기인 고배와 발형기대 등과 함께 일본열도 하지키계 이중구연호가 확인된다[24]. 이 하지키계 이중구연호는 김해와 부산지역에 집중되어 확인되는데 낙동강 하류지역과의 교류과정에서 유입된 것으로 보인다.

산청 하촌리유적과 함양 우명리유적은 남강 상류에 위치한다. 산청 하촌리유적은 남강 상류인 경호강이 시작되는 곳에 자리하며 함양, 거창, 남원 등지로 통하는 교통 요지에 해당한다. 주거지는 88기, 지상식건물지, 수혈, 도랑, 소성유구 등이 확인된다. 주거지 형태는 원형계와 방형계가 확인되며 내부에서는 4

---

23  우리문화재연구원, 2010, 「거제 아주동 1485유적 발굴조사 약보고서」; 우리문화재연구원, 2017, 『거제 아주동 1540-1번지유적』
24  우리문화재연구원, 2008, 『창녕 계성리유적』

주공의 흔적은 없지만 점토로 만든 부뚜막과 구들 등이 확인된다. 주거지에서는 마한계 일상용토기인 시루·주구토기 등이 출토된다. 그 가운데 3호·8호·36호 주거지와 133호 수혈에서는 토제연통이 확인된다(그림 32-7)[25]. 토제연통은 플라스크형으로 파수가 부착되어 있는데 순천 덕암동유적 183호 주거지 출토품과 유사하다. 이 유적은 교통의 요지에 자리하여 전남지역 마한과의 교류를 통해 마한계 주거문화를 수용한 것으로 보인다.

함양 우명리유적은 남강 상류의 남계천의 충적지에 위치한다. 거창에서 산청으로 이어지는 교통로이면서 호남지역으로 가는 길목에 해당한다. 주거지는 대부분 방형계로 11기, 수혈 10기, 구상유구 1기 등이 있다. 내부에는 점토로 만든 부뚜막과 선반 등이 있으며 그 가운데 5기의 주거지에서 4주식이 확인된다. 주거지에서는 시루·장동옹·소옹, 개배 등이 확인되며, 대체로 동체에는 격자문이 타날되었다. 이후 대가야게 개배·파수부완·양이부단경호 등이 확인되어 6세기 전엽까지 확인된다[26]. 이 유적은 산청 하촌리유적처럼 남강 상류에 위치하면서 교통의 요지로서 영산강유역과의 교류를 통한 마한계 주거문화를 수용했거나 일부는 마한계 이주민이 정착했을 가능성도 있다.

## 2. 고총고분 단계

### 1) 전남지역에서 확인된 가야게 자료

고총고분 단계에 들어서면서 전남지역에서 가야게 관련 자료는 폭발적으로 증가한다. 대체로 전남 동부지역에 고분과 토기 등 자료가 집중되는 양상을 보인 반면에 서부지역에서는 가야 관련 토기 자료가 확인되는 정도이다.

---

25   경남문화재연구원, 2011, 『산청 하촌리유적 II』
26   동서문물연구원, 2009, 『함양 우명리유적』

먼저 전남 서부지역에서 대가야 관련 유적으로는 광주 장수동 점등유적을 들 수 있다. 이 유적은 낮은 구릉의 남쪽 사면부에 위치하며 주변으로는 넓은 평야와 영산강이 흐르고 있다. 매장시설은 횡구식석실로 길이 364㎝, 너비 144㎝로 2.53로 세장한 편이며 주위에는 주구가 돌아간다. 매장시설은 등고선에 직교하며 지하식이며 주구가 돌아가는 점으로 보아 백제계로 보인다. 내부에서는 대가야계 대부장경호·장경호·양이부호·광구장경호 등이 출토된다(그림 33-1). 이외에도 백제계 병·직구소호와 함께 철기류인 철겸과 철부가 확인된다[27]. 이 유적은 백제계 횡구식석실에 대가야계 토기와 백제계 토기가 혼재되어 확인되는데 당시 영산강유역 상류의 정치적인 상황을 대변해준다.

전남 동부지역에서는 가야계 석곽묘가 군집을 이루면서 형성되다가 운평리 고분군처럼 고총고분으로 발전하기도 한다. 하지만 대체로 석곽묘가 단독으로 있다가 일부에서 고총화되는 모습을 취한다. 그 가운데 대표적인 고분군으로는 순천 운평리고분군을 들 수 있는데 고분군은 능선의 하단부에 위치하며 주변에는 곡간평지가 펼쳐져 있다. 구릉 능선부에 직경 10-20m 고총이 10여 기 분포한다. 4세기대 목곽묘 단계에는 발달하지 못하다가 5세기 후엽 이후 고총으로 발달된다(그림 33-2). 고분군 중 M1호분 주곽, 1호·4호·5호 석곽묘, M2호분·M4호분은 5세기 말에서 6세기 전엽으로 편년되며, M5호분과 M1호분 2호·3호, M2-1호·2호·3호·5호·8호묘는 6세기 중엽으로 편년된다[28].

여수 죽림리 차동유적은 산기슭에 자리한다. 조사결과 석곽묘 31기, 백제계 횡구식석실 17기가 확인된다. 석곽묘는 등고선과 일치하며 세장방형을 띠며 가야계 석곽 축조 기법을 따르고 있다. 10호 석곽묘에서는 5세기 후엽 경의 소가야계 토기와 신라계 토기가 공반되면서 왜계 대금식판갑이 출토된다. 대체

---

27  호남문화재연구원, 2014, 『광주 가야·점등유적』.
28  순천대학교박물관, 2008, 『순천 운평리 유적Ⅰ』; 순천대학교박물관, 2010, 『순천 운평리 유적Ⅱ』; 순천대학교박물관, 2014, 『순천 운평리 유적Ⅲ』.

로 유물은 소가야계 토기와 함께 마구류와 무구류 등이 일부 확인된다[29].

섬진강 상류지역에 위치하는 구례 용두리고분군은 섬진강 북안에 위치한 낮은 구릉에 위치한다. 3기의 목곽묘가 확인되었는데 대부직구호·고배·파배 등의 여러 가야와 관련된 다양한 문화를 수용한 재지집단의 고분으로 파악된다[30].

이외에 섬진강 상류지역에서 확인된 취락 유적으로는 곡성 구성리유적을 들 수 있다. 이 유적은 섬진강의 상류인 오곡천 인근의 산자락 계곡부에 위치한다. 발굴조사 결과 삼국시대 주거지 30기, 저장수혈 12기, 수혈 4기, 석곽묘 2기 등이 확인되었다. 그 중 주거지는 마한계 주거지와 가야계 주거지가 함께 조사되었다. 평면형은 원형계와 방형계가 확인되는데 원형계에는 점토로 부뚜막과 구들을 만들었고, 방형계는 판석을 이용하여 부뚜막과 구들을 만들었다. 대가야계 관련 유물은 방형계 주거지에서 확인되었다. 이 유물들은 현지에서 모방에서 만든 가야계 토기로 보이지만, 가야 집단의 이주로 추정[31]하기도 하였다. 유적에서는 마한계, 백제계, 가야계 유물들이 혼재되어 있고 시기적인 차이를 보이고 있다. 따라서 곡성 구성리유적은 4세기 후반경 마한계 사람들이 살다가 5세기 후반에 가야계로 편입되었다가 6세기를 전후한 시기에 백제에 의해 점유된 것으로 이해된다.

**아라가야계** 관련 자료는 전남 서부지역을 중심으로 집중적으로 확인되나 동부지역에서는 미비한 수준이다. 이는 소가야계와 대가야계 토기 자료가 동부지역에 집중되면서 나타난 현상으로 보인다. 전남 서부지역에서 아라가야계 토기는 생활유적을 중심으로 확인된다. 광주 하남동유적 14호 구에서 광구소호, 1호 구에서 대부직구호, 72호 주거지의 파배, 269호 주거지에서 평저광구소호 등이 5세기 중후엽, 광주 동림동유적 39호 구에서 평저광구소호, 풍암동

---

29   마한문화연구원, 2011, 『여수 죽림리 차동유적Ⅱ-분묘-』.
30   마한문화연구원, 2017, 「구례 용두리고분 긴급발굴조사 약보고서」.
31   가경고고학연구소, 2016, 『곡성 구성리유적』.

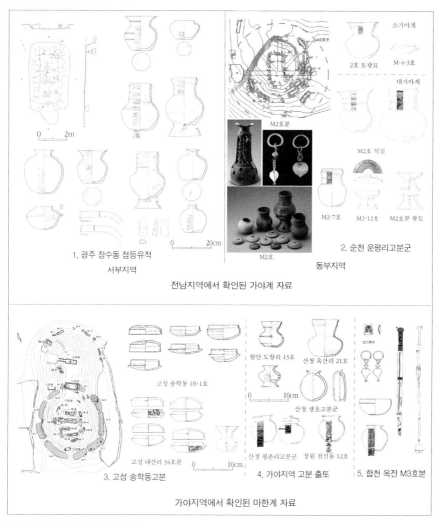

1. 광주 장수동 점등유적
서부지역

2. 순천 운평리고분군
동부지역

M2호분

2호 토광묘    M-4-3호.    소가야계

M2호 석실    대가야계

M2-7호.    M2-12호.    M2호분 봉토

M2호

전남지역에서 확인된 가야계 자료

함안 도항리 13호.    산청 옥산리 21호.

고성 송학동 1B-1호.

산청 생초고분군

고성 내산리 34호분    산청 평촌리고분군    창원 천선동 12호.

3. 고성 송학동고분    4. 가야지역 고분 출토    5. 합천 옥전 M3호분

가야지역에서 확인된 마한계 자료

**그림 33 |** 고총고분 단계의 교류관계

2호 주거지에서 파배와 발형기대 등은 5세기 후엽으로 편년된다. 분묘유적으
로는 나주 장등유적의 평저광구소호와 영암 수산리 조감고분의 대부직구호,
해남 분토유적 1-4호 토광묘 평저광구소호는 5세기 중엽으로 해남 가좌리 수
습품 대부직구호는 5세기 후엽으로 편년된다. 전남 동부지역에서는 고흥 방사

유적 18호 주거지에서 고배, 30-4호 주거지의 대부직구호 등은 5세기 후엽으로 편년된다.

**소가야계** 관련 자료는 전남 서부지역에서는 생활유적보다는 분묘유적을 중심으로 확인된다. 생활유적으로는 광주 신완유적의 수혈에서 파배는 5세기 후엽, 장흥 지천리유적 나-13호 주거지에서 삼각투창고배 · 파수부배 · 단경호 등은 5세기 중엽으로 편년된다. 분묘유적으로는 장성 영천리고분 석실에서 개, 나주 복암리 3호분 1호 석실에서 수평구연호편, 해남 월송리 조산고분 석실에서 대부직구호는 6세기 전엽으로 편년된다. 나주 가흥리 신흥고분 주구에서 발형기대는 5세기 중엽으로 진주 무촌 2지구 85호 목곽묘 출토품과 매우 유사하다. 나주 장등유적 2호분 주구에서 삼각투창고배가 확인된다.

전남 동부지역은 광양지역의 생활유적을 중심으로 확인된다. 광양 점토 · 원적유적 폐기장에서 삼각투창고배는 5세기 중후엽, 광양 칠성리유적 주거지에서 개 · 일단장방형투창고배는 5세기 후엽, 광양 용장유적 6호 · 22호 주거지에서 고배 · 개는 5세기 중엽, 광양 목성리유적 주거지와 구에서 발형기대 · 고배는 5세기 후엽으로 편년된다. 이 가운데 많은 양의 소가야 관련 자료가 확인된 곳은 광양 도월리유적이다. 이 유적 중 Ⅰ-2호 주거지에서 수평구연호, 3호 · 21호 · 22호 · 30호 · 33호 · 39호 · 42호 대大수혈에서 개 · 고배 · 기대 · 수평구연호 · 파수부배는 5세기 후엽, 6호 · 17호 · 26호 중中수혈에서 개 · 고배 · 기대는 5세기 후엽, 36호 중中 수혈 개 · 기대는 6세기 전엽, Ⅱ-11호 주거지에서 기대는 6세기 전엽, 33호 주거지에서 개, 42호 주거지에서 개배는 6세기 전엽, 폐기장에서 개 · 고배는 6세기 전엽으로 편년된다. 이외에도 여수 고락산성 건물지, 집수정, 구상유구에서 기대 · 개 · 고배 · 파배 등 6세기 전엽, 여수 돌산 죽포리유적에서 수평구연호는 5세기 중엽, 순천 덕암동 구암 75-3번지유적 2호 주거지에서 기대 · 개는 5세기 말에서 6세기 전엽, 순천 성산 · 송산유적의 주거지에서 개배 · 고배는 6세기 전엽, 2호 수혈에서 일단장방형투창고배는 6세기 전엽, 보성 조성리유적의 구상유구에서 발형기대 · 삼각투창무개식고배는 5세기 후엽으로 편년된다. 분묘유적으로는 여수 죽림리 차동유적 2지구 10호 석곽묘에서 대부직구호, 미평동 양지유적 1호 석실묘에서 기대편, 순천 덕암동유적 6호 석곽묘에서 대부장경호, 지표에서 통형기대는 6세기 전엽으로 편년된다.

**대가야계** 관련 자료는 전남 동부지역에 집중된 양상을 보인다. 전남 서부지역에서는 분묘유적인 광주 장수동 점등유적에서 대부장경호·장경호·양이부호·광구장경호 등이 출토되는데 대부장경호는 산청 생초 52호 석곽묘 출토품과 유사하다. 광주 명화동 석실에서 개는 6세기 전엽에 해당한다(그림 33-1).

전남 동부지역에서도 분묘유적을 중심으로 확인된다. 대가야 관련 대표적인 유적은 순천 운평리유적을 들 수 있다. 유적에서는 석곽묘와 석실묘 등에서 개배·장경호·발형기대·통형기대·대부파수부완·단경호, 이식 등이 확인되었고 5세기 후엽에서 6세기 전엽으로 편년된다. M2호분 출토 금제이식 1점은 사슬형의 연결금구와 공 모양 중간 장식을 조합한 것으로 합천 옥전 91호 출토품과 유사하다. M2호분 봉분 출토 통형기대는 지산동 30호와 44호 출토품과 유사하다(그림 33-2). 순천 죽내리 성암유적의 석곽묘에서 장경호, 순천 쌍암유적 1호·7호·8호 석곽묘에서 대부장경호·고배, 순천 회룡리고분군에서 장경호 등은 6세기 전엽으로 편년된다. 섬진강 상류지역인 곡성 방송리고분에서 장경호, 세환이식, 용두리고분군 3호 토광묘에서 장경호·고배·파배 등은 6세기 전엽으로 편년된다. 생활유적으로는 순천 성산리 성산유적 17호 수혈에서 장경호는 5세기 후엽, 곡성 구성리유적 주거지와 수혈에서 장경호·개·양이대부직구소호는 5세기 후엽에서 6세기 전엽으로 편년된다.

**신라계** 관련 자료는 전남지역에서 고총고분 단계부터 본격적으로 확인되기 시작한다. 전남 서부지역은 대부분 분묘유적에서 확인된다. 나주 영동리고분군 3호분에서 개배·직구소호, 나주 복암리 3호분 96석실의 행엽·재갈·운주 등의 마구류 등은 5세기 후엽에서 6세기 전엽에 해당한다. 영암 신연리 9호분 3호 옹관묘에서 장경호는 5세기 후엽, 해남 월송리 조산고분 석실에서 대부장경호, 용일리 용운 3호분에서 장경호, 해남 만의총고분 1호분의 유공서수형토기, 3호분의 대부직구단경호 등은 6세기 전엽에 해당한다. 생활유적으로는 광주 산정동유적 33호 구에서 대부호, 해남 현산초등학교 수습품 대부장경호 등은 6세기 전엽에 해당한다.

전남 동부지역에서는 생활유적인 광양 도월리유적 42호 주거지에서 고배, 여수 둔전유적 12호 주거지에서 개 등은 6세기 전엽에 해당하며, 고흥 방사유적의 대부파수부완, 한동유적 15호 주거지에서 장경호 등은 5세기 후엽에 해당한다. 분묘유적으로는 순천 운평리유적 M2호분 주곽에서 금제이식이 5세기 후엽, M2-3호분에서 고배는 6세기 전엽에 해당한다. M2호분 주곽에서 확인된 금제이식은 세환이며 둥근 고리를 여러개 덧붙여 만든 중간 장식을 가진 것이 특징으로 경산 임당 7C-1호 목곽묘, 성주 성산동 1호묘 출토품과 유사하다(그림 33-2). 여수 죽림리 차동유적 10호 석곽묘의 대부완은 6세기 전엽으로 편년된다. 이외에 구례 대산리유적에서 장경호 등이 확인되었다.

### 2) 가야지역에서 확인된 마한계 자료

고총고분 단계에 가야지역에서 확인된 마한계 자료는 고성지역의 마한계 분구묘가 다수 확인되며, 가야계 석곽묘에서 마한계 토기 등이 확인된다. 하지만 앞 시기처럼 마한계 취락은 확인되지 않고 일부 취락에서 마한계 일상용기가 확인되는 정도이다.

고성지역에서는 마한계 분구묘가 다수 확인된다. 대표적인 송학동고분군, 내산리고분군, 율대리고분군, 연당리고분군 등이 해당한다. 이 고분군은 고분의 마운드를 먼저 쌓은 다음에 매장시설을 안치하는 것이 특징으로 일반적인 가야계의 봉토묘와는 다른 특징을 보인다. 그 가운데 송학동고분군은 선축된 1A호분은 영산강유역의 분구묘를 도입하여 다곽분을 기획하고, 이후 1B호분을 연접하여 조성하는 과정에서 전방후원형(장고형) 고분을 의도했으며, 1C호분은 연접 부분을 굴착하여 조성하였다[32]. 송학동 1B-1호분 석실은 왜계 석실로 마한계 개배·유공광구소호와 가야계, 신라계, 왜계 자료가 혼재되어 출토되었다. 이외에도 내산리 34호분 주·21-5호 석곽묘·60호 석곽묘, 율대리고분군, 연당리고분군에서도 마한계 개배·고배·유공광구소호 등이 출토되었다(그림 33-3).

또한 하동 고이리 나-12호 석곽묘와 창원 천선동 12호 석곽묘, 산청 평촌리 Ⅱ-189호 석곽묘에서 조족문단경호가 출토되었다. 하동 고이리 나-15호 석곽묘, 함안 도항리고분군 13호 석곽묘에서 유공광구소호가 확인되었다. 특히 산청지역의 고분군에서 마한계 토기가 다수 확인된다. 산청 평촌리유적 Ⅱ-114호 석곽묘에서 조형토기, 산청 명동유적에서는 눈썹형 주구가 있는 석곽묘가 확인되며[33], 12-2호 석곽묘에서 장경호·유공광구소호, 산청 생초고분군 M22-3호 석곽묘에서 대부유공광구소호 등의 마한계 토기가 집중되어 확인된다. 조족문단경호는 마한계 토기의 대표적인 문양의 기종으로 마한의 정체성을 대표한다. 유공광구소호는 서부 경남지역을 비롯한 영산강유역에 걸쳐 집중되어 분포하는데 어느 정도의 양식을 공유한 것으로 보인다. 생활유적은 극히 적은데 산청 옥산리 137호 주거지에서 단선횡주집선문이 타날된 시루가 확인되는데, 나주 반남고분군에서 출토품과 매우 유사하다(그림 33-4).

이외에도 산청 평촌리유적 167호에서 직구호, 202호에서 단경호, 산청 생초고분군 48-4호 석곽묘에서 배부토기, 산청 옥산리고분군에서는 광구장경호·소호, 253호 석곽묘에서 장군(연질), 하동 흥룡리 13호·15호·21호 석곽묘에서 단경호, 합천 창리 80-E호에서 삼족기, 합천 반계제 다A호 석곽묘에서 장군 등의 백제계 토기도 함께 출토되고 있다. 특히 합천 옥전 M3호에서는 용봉문

---

32  하승철, 2014, 앞의 논문, 286쪽.
33  여기서 눈썹형 주구가 있는 고분은 모두 석관계 석곽묘가 매장주체시설로 소가야계 묘제의 특징으로 이해된다(이동희, 2004, 앞의 논문, 88쪽).

환두대도, 동제완, 귀면문대금구, 살포 등의 백제계 위세품이 집중적으로 확인된다(그림 33-5).

## 3. 백제석실분 단계

### 1) 전남지역에서 확인된 가야계 자료

백제석실분 단계에 전남지역에서 확인된 가야계 자료는 극히 일부로 전남 동부지역에서 소가야계와 대가야계 토기 자료만 확인되며, 신라계 자료가 일부 확인된다. 이 시기는 서부와 동부지역 모두 백제의 직접지배를 받게 되면서 백제계 분묘유적과 유물 등이 백제계 일색으로 변모된다(그림 34-1 · 3). 하지만 전남 동부지역에서는 6세기 중엽 경에 대가야와 소가야 관련 분묘유적 등이 일부 확인되며, 6세기 후엽이 되면 완전히 사라지게 된다.

순천 왕지동고분은 낮은 구릉의 사면에 석곽묘 8기가 확인되었다. 석곽묘는 등고선에 나란하게 자리하고 있으며 장방형을 띤다. 내부에서는 대가야계 통형기대 · 파수부완 · 장경호 · 대부호 등이 출토되었다. 유물은 반입품보다는 현지에서 제작한 것으로 보인다[34]. 순천 덕암동유적은 단독 구릉에 입지한다. 여기서는 주거지 240기 등 대규모 취락지에 석곽묘 8기가 확인된다. 석곽묘는 등고선과 일치하거나 직교하는 것이 있다. 6호 석곽묘는 부곽이 설치되어 있고 나머지는 단독곽을 이루고 있다. 석곽묘에서는 소가야계 토기가 주류를 이루고 대가야계 토기는 일부가 확인된다[35].

순천 죽내리유적은 순천에서 남원으로 가는 교통로 상의 기슭에 위치한다. 7기의 석곽묘 중 대부분 백제계 석곽묘인데 6호 석곽묘는 등고선과 나란히 입

---

34  마한문화연구원, 2009,『순천 왕지동고분군』.
35  마한문화연구원, 2018,『순천 덕암동유적 I -분묘-』.

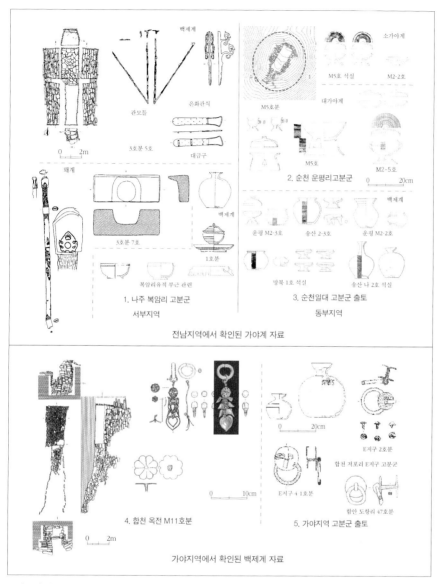

**그림 34 |** 백제석실분 단계의 교류관계

지하면서 장축은 세장방형으로 가야계 석곽묘 축조방법을 따르고 있다. 유적
에서는 대부직구호 · 개 · 장경호 등 소가야계 토기가 일부 확인되며, 나머지는

백제계 토기가 확인된다[36]. 순천 용당동 망북유적의 석곽묘도 죽내리 6호 석곽묘와 같은 특징을 보이지만 주변의 구에서 소가야계 토기가 확인되며, 매장시설에서는 현지에서 제작한 모방한 가야계 토기 등이 확인된다[37].

**소가야계** 관련 자료는 동부지역에서만 확인된다. 동부지역에서는 분묘유적인 순천 운평리유적 M5호분에서 고배, 순천 용당동 망북유적 1호 석실과 구에서 파수부배·고배·개, 순천 죽내리유적 6호 석곽묘에서 대부직구호·광구소호 등이 확인되며, 6세기 중엽에 해당한다(그림 34-2·3).

**대가야계** 관련 자료는 동부지역에서 분묘유적을 중심으로 확인된다. 동부지역에서는 순천 덕암동유적 6호묘에서 장경호, 순천 왕지동고분군 2호묘에서 기대·장경호·고배, 순천 검단산성의 개·완, 순천 성산·송산유적 5호·11호 주거지에서 장경호·개, 광양 비평리유적에서 장경호, 여수 죽림리 차동유적 15호묘에서 대부파수부완, 여수 미평동 양지유적의 장경호·단경호, 여수 고락산성의 구상유구에서 개·완·장경호·직구소호 등은 6세기 중엽에 해당한다(그림 34-2·3).

**신라계** 관련 자료는 전남 서부지역에서는 나주 영동리고분군 1호분 6호 석실에서 부가구연대부장경호가 확인되며 6세기 후엽에 해당한다. 동부지역에서는 순천 운평리유적 M2-1호 옹관묘에서 고배, 여수 죽림리 차동유적 15호 주거지에서 대부파수부완 등은 6세기 중엽에 해당한다.

### 2) 가야지역에서 확인된 마한계 자료

백제석실분 단계에 가야지역에서 확인된 마한계 자료는 보이지 않고, 백제계 위세품과 관 부속구류가 확인되는 정도이다. 석실묘 등에서 백제계 위세품인 금제이식, 관 부속구류인 화형관장신구·과판장식·관고리·관못 등이 확

---

36    조선대학교박물관, 2000,『순천 죽내리유적』
37    순천대학교박물관, 2001,『순천 용당동 망북유적』

인된다. 6세기 중엽 이후의 옥전 M11호의 금제이식은 중간 장식과 드리개를 연결하는 고리의 형태, 유리옥을 박아넣은 중간 장식 등은 무령왕릉에서 출토된 왕비의 이식과 유사하다(그림 34-4).

합천 옥전 M11호에서는 금동화형 관 장신구와 관못, 합천 저포리 E지구 고분군에서 과판과 관고리, 의령 운곡리 4호 석실에서 과판과 관고리, 함안 도항리 47호 석실에서 관고리 등이 출토되었다. 특히 옥전 M11호 금동화형 관 장신구는 무령왕릉 출토품과 유사하다(그림 34-5).

## Ⅲ. 관계변화와 의미

### 1. 제형분 단계

제형분 단계에 전남지역에서는 가야계 관련 자료가 분묘와 생활유적보다는 토기와 철정 등의 유물이 집중 분포한다. 대체로 가야계 자료는 금관→아라→소가야 자료 순으로 확인된다.

먼저 금관가야와의 교류가 서부지역과 동부지역 모두 출토 수량과 분포에서 활발하게 이루어지지 않았다. 서부지역에서는 토광묘에서 원저광구소호와 철정 등이 확인되는 정도이고, 동부지역에서는 주거지, 토광묘와 목곽묘에서 외절구연고배·원저광구소호·유개대부파수부소호 등이 확인된다. 특히 동부지역에서는 고흥반도 초입에 위치하는 장동유적과 신촌유적에서 금관가야 관련 유물이 집중되어 출토되는데 해양 교류의 거점지에 해당한다.

아라가야와의 교류는 출토 수량과 분포양상을 통해서 보면 금관가야에 비해 활발하게 이루어졌다. 서부와 동부지역 모두 넓게 분포하고 있는데 동부지역은 생활유적에서 관련 자료가 집중되는 양상을 보인다. 서부지역인 해남반도와 탐진강유역인 장흥지역에서 아라가야계 자료가 다수 분포하는데 그 중 철정이 집중되는 모습을 보인다. 양 지역 모두 남해안 연안항로 상에 위치한 곳에 유물이 집중되는 양상을 보인다.

소가야 관련 자료는 서부지역에서는 5세기 전반에 광주천 일대의 거점 취락을 중심으로 집중 분포하고 있으며, 남해안의 해남과 장흥지역에서도 확인된다. 동부지역에서는 생활유적 중심으로 분포한다. 그 중에서도 광양과 여수지역 취락유적에서 많은 양의 소가야계 토기 등이 확인되며, 특히 광양 도월리유적에서 집중적으로 확인된다.

전남 서부지역의 광주 동림동유적에서는 소가야계 토기가 기종 구성이 다양하고 시간성을 보이며, 소가야계 토기와 왜의 스에키를 모방하거나 절충한 것이 다량으로 확인된다. 이러한 특징은 소가야인들과 왜인들이 공동으로 거주했을 것으로 추정되며, 동림동유적에 거주한 소가야인과 왜인들은 교역을 종사했을 것으로 추측된다[38]. 또한 인근의 산정동유적과 하남동유적에서도 스에키계, 소가야계 토기가 출토되는 것으로 보아 광주천일대 동림동유적은 교역의 거점 취락이 형성되었을 가능성이 높다. 동부지역에서도 5세기 전반에 소가야계 토기가 집중적으로 분포되기 시작하면서 광양과 여수, 순천지역의 취락유적에서 스에키계 토기가 출토된다[39]. 이러한 양상으로 보면 전남 서부와 동부지역 모두 소가야와의 교류 과정에서 왜와의 교류가 확대되는 모습을 볼 수 있으며, 이러한 양상이 고총고분 단계에도 이어져서 고성지역에 다수의 마한계 분구묘가 축조된 것으로 이해된다.

전남 서부와 동부지역의 경계에 위치한 고흥 장동유적은 주구를 두르고 내부에 복수의 목곽을 설치한 제형분으로 이해되며 이외에도 10기의 단독의 목곽묘가 확인된다. 장동유적에서는 금관가야계의 유개대부파수부소호와 원저광구소호, 아라가야계의 통형고배·양이부단경호·평저광구소호·철정, 소가야계의 수평구연호·파수부배, 영산강유역계 개배와 완·양이부호가 확인된다. 장동유적은 제형분의 분포권에서 동쪽 한계선(고흥과 보성일대)에 위치하면서 서부지역인 영산강유역과 비슷한 묘제를 사용하지만 친숙성이 약한 것[40]으로 이해하기도 한다. 또한 장동유적 목곽묘에서는 철모·철부·철겸 등 무기류와 농공구류의 부장량이 풍부하고 다량의 철정은 마산 현동유적, 진북 대평리유적, 통영 남영리유적 등 남해안의 가야유적에서 출토되는 철정의 형태와 동

38  하승철, 2014, 앞의 논문, 272·273쪽.
39  조근우, 2019, 앞의 논문, 68쪽.
40  이영철, 2011b, 「高興 掌德里 獐洞에서 확인된 多葬 墳丘墓의 전통의 梯形 古墳 築造 背景과 課題」, 『高興 掌德里 獐洞遺蹟』, 대한문화유산연구센터, 216-219쪽.

일하다. 이것은 장동유적이 아라가야와의 교류를 통해 철의 생산과 유통에 관여한 것으로 이해된다[41]. 따라서 고흥 장동유적과 신촌유적의 위치로 보아 그 조영 집단은 서남해안 연안항로 등의 해상교통을 통해 성장[42]했거나, 해상과 육지를 연결하는 곳에 입지하여 교류의 거점지로 성장[43]했을 것으로 보인다.

한편으로 5세기 전반경에 서남부 연안지역에 왜계고분[44]이 다수 확인되는데 분형은 대체로 원형분으로 수혈식석곽의 매장시설로 한다. 이러한 왜계고분에서 대체로 왜계의 무구류와 무기류가 부장된다[45]. 그 가운데 고흥 길두리 안동고분에서는 금동관과 금동식리, 살포 등이 확인되어 백제와의 밀접한 관계가 상정된다. 따라서 왜계고분의 피장자는 왜계 도래인이면서 백제와 정치적인 관계를 가진 자로, 왜와 백제의 정치적·경제적인 연결을 맺고 있던 '복속성'을 갖춘 인물[46]로 추정되기도 한다.

제형분 단계에 가야지역에서 확인된 마한계 자료는 주구가 있는 고분과 마한계 취락과 일상용기 등이 확인된다. 먼저 하동 우복리유적과 통영 남평리유적의 고분은 주구가 돌아가는 점은 같지만 우복리유적은 주구토광묘(봉토묘)적인 성격이 강한 반면에 남평리유적은 분구묘적인 성격이 강하다. 또한 거기서 출토된 유물의 계통이 다른 측면이 있다.

한편으로 3~4세기대에는 김해와 부산지역 등의 낙동강 하류지역 마한계 자료가 집중되는 양상을 보인다. 이러한 양상은 전남지역에서 비슷한 시기에 금

---

41  하승철, 2014, 앞의 논문, 130쪽.

42  高田貫太, 2014a, 「5・6세기 한반도 서남부 '왜계고분'의 조영 배경」, 『영산강유역 고분 토목기술의 여정과 시간을 찾아서』(2014 하반기 국제학술대회), 대한문화재연구원, 117쪽.

43  하승철, 2014, 앞의 논문, 127쪽.

44  대표적인 왜계고분으로는 무안 신기고분, 신안 배널리 3호분, 목포 옥암동 초당산고분, 해남 외도 1호분, 해남 신월리고분, 완도 청산도 당락고분, 고흥 야막고분, 길두리 안동고분, 마산 대평리 M1호분 등이 확인된다(최영주, 2019a, 앞의 논문, 33쪽).

45  김낙중, 2013, 「5~6세기 남해안지역 倭系古墳의 특성과 의미」, 『호남고고학보』 45, 160-184쪽 ; 최영주, 2017a, 앞의 논문, 154-157쪽.

46  高田貫太, 2014a, 앞의 논문, 118쪽.

관가야계 자료가 집중되는 양상과 같다.

5세기대에 들어서면, 남해안 연안 항로 상의 마한계 취락이 집중적으로 확인되기 시작한다. 유적으로는 거제 아주동유적을 들 수 있다. 유적은 방형계에 4주식 구조, 부뚜막과 벽주구, 배수구가 확인되는 등의 전형적인 마한계 주거지 형태를 보인다. 또한 주거지에서 마한계 일상용기와 아라가야계 토기, 스에키계 토기가 확인된다. 여기서는 마한계 사람들이 아라가야지역과 왜, 그리고 전남지역 마한과의 교류과정에 관여한 것으로 보인다. 낙동강 연안에 위치한 창녕 계성리유적도 방형계에 4주식 구조, 부뚜막과 벽주구, 배수구가 확인된다. 주거지에서는 마한계 일상용기에 창녕계 토기, 하지키계 토기가 확인되는데 낙동강 하류지역과의 교류과정에서 출현한 것으로 이해된다.

낙동강 수계 중 남강유역의 산청 하촌리유적과 함양 우명리유적은 내륙지역으로 연결된 교통의 요지에 위치한다. 산청 하촌리유적은 전남지역에서 다수 확인된 토제연통과 함께 마한계 일상용기 등이 확인된 점이 특징이다. 함양 우명리유적은 방형계에 4주식 구조로 마한계 일상용기 등이 확인된다. 이 유적들은 내륙으로 통하는 교통의 요지에 입지하면서 전남지역 마한과의 교류를 통해 마한계 주거문화를 수용한 것으로 이해된다.

이렇듯 제형분 단계에 전남의 서부지역과 동부지역에서 확인된 금관가야계, 아라가야계, 소가야계 관련 자료는 서남해 연안지역에 육지와 해상을 연결하는 지점에서 주로 확인된다. 그 중에서도 소가야계 관련 자료는 왜계 자료와 함께 출토되는 양상이 강하다. 가야지역에서는 남해안 연안지역을 따라 마한계 분구묘와 취락유적, 일상용기 등이 집중되며, 일부는 낙동강 수계 인근에 마한계 취락이 확인된다. 이러한 양상으로 보면 전남지역의 마한세력들과 가야의 제 세력들은 제형분 단계에 연안항로 상에 물적 자료를 중심으로 교류가 활발하게 이루어졌다. 그러한 교류과정에서 전남의 서남해와 서부 경남지역의 왜계고분 등이 출현하게 되는 계기가 된 것으로 이해되며, 가야지역에서는 마한과 가야, 왜와의 교류에 중개자적인 역할을 했던 마한계 사람들이 거주했었을 것으로 추측된다.


## 2. 고총고분 단계

고총고분 단계에 전남지역에서는 아라가야계 자료는 일부가 확인되며, 소가야계와 대가야계, 신라계 자료가 집중적으로 출토된다. 아라가야계 자료는 전남 서부지역에서 광주천일대 취락에서 일부 확인되며, 영산강유역 수계에서 소량 확인되며, 동부지역에서는 고흥지역에서 극소수 확인되는 정도로 교류의 증거는 급격히 사라지는 양상이다.

소가야계 자료는 전남 서부지역에서는 생활유적보다는 분묘유적을 중심으로 확인된다. 분묘유적은 영산강유역 수계에서 확인된 왜계 석실에서 대체로 확인되는 양상을 보인다. 동부지역에서는 분묘유적보다는 생활유적에서 집중적으로 확인된다. 특히 광양을 중심으로 여수와 순천지역의 취락에서 집중적으로 확인된다. 다시 말해 전남 서부지역은 분묘, 동부지역은 생활유구에서 소가야계 자료가 집중되는 양상은 양 지역간 소가야와의 관계 설정에서 미묘한 입장 차이가 있음을 알 수 있다. 전남 서부지역에서는 지역의 제 세력들이 독자성을 강화하는 과정에서 소가야와 정치적인 교섭관계로 발전시켰으며, 반대로 동부지역에서는 소가야와의 교류의 확대를 통한 제 세력의 성장 동력으로 삼고자 한 것으로 판단된다.

대가야계 자료는 전남 동부지역에서 고총고분군 등에 고분과 관련 유적에 집중적으로 확인된다. 그 가운데 순천 운평리고분군은 구릉 정선부를 선점하여 고총고분을 축조하는 양상은 대가야 수장층의 영향을 받은 것으로 이해된다. 이 고총고분은 주곽을 중심으로 다수의 석곽묘가 에워싸는 방식으로, 대가야권 고총고분의 주곽과 부곽, 순장곽, 배장곽 등이 상호 결합되는 방식과는 차이를 보인다. 또한 소가야와 관련 깊은 장방형 석실을 일부 고분군(M2·M5호분)에서 채용하고 있으며, 주곽과 주변 석곽의 배치 상태는 고성 내산리고분군과 유사하다. 특히 M5호분의 석실구조는 고성 송학동1C-1호분과 유사하며, 후벽쪽에 유물을 부장하고 2기의 목관을 안치하는 것은 송학동 1B-1호분 석실과 공통된다[47]. 이렇듯 운평리고분군은 대가야의 고총 및 문물의 출현에서 영향을 많이 받았지만, 세부적으로는 소가야적인 특징이 다수 확인된다. 이를 통해 운평리고분군 축조 집단은 대가야에 한정하지 않고 소가야 등의 다각적인 교류를 펼쳤던 것으로 보이며, 이러한 경향이 성장의 동력으로서 유력 고분군을 축조하게 되었을 것으로 보인다.

신라계 자료는 전남에서 수량은 많지 않지만 서부지역에서 분묘유적를 중심으로 확인되는데 그 가운데 왜계 석실에서 마구류와 토기 등이 집중된다. 동부지역에서는 순천 운평리 M2호분 주곽에서 금제이식이 확인된다. 이 당시 전남지역 제 세력들은 상호(교류·교섭)관계를 맺는 정치체를 다변화하여 성장의 동력으로 삼고자 한 것으로 이해된다.

고총고분 단계에 가야지역에서는 고성지역을 중심으로 영산강유역에서 유행한 분구묘가 집중적으로 분포한다. 이는 5세기 전반부터 시작된 백제와 왜의 교류 과정 중에 남해안-서남해안-중서부 해안으로 이어진 연안 항로 교류에서 소가야세력은 성장하게 된다. 소가야 세력은 왜인들에게 남해안 연안항로를 안내하면서 왜계고분(수혈식석곽, 횡혈식석실)을 수용하고, 영산강유역 마한 세력과의 교류를 통해 분구묘를 수용하게 된다. 이러한 과정 중에 경제적인 이익을 취하게 되면서 성장하게 된다[48]. 특히 5세기 후엽 이후 고성 송학동고분군을 비롯한 내산리·율대리·연당리고분군 등의 고총고분군(분구묘)으로 표출된다. 이는 영산강유역 마한세력과 고성지역의 소가야 세력과의 교류의

---

47   하승철, 2014, 앞의 논문, 142쪽.
48   최영주, 2017a, 앞의 논문, 167쪽.

네트워크가 형성되어 있어 나타난 것으로 보인다[49].

대가야는 순천 운평리고분군을 중심으로 한 동부지역에 대가야계 고총고분 군을 조성하는 등 집중적인 지원을 통해 현지 세력이 성장하게 하였다. 이를 교두보로 삼아 남원·장수 등 전북지역으로 진출한 대가야는 섬진강을 따라 남해안으로 진출할 의도를 가진 것으로 파악된다[50]. 운평리집단을 비롯한 동부지역 현지 세력들은 적극적으로 대가야의 고총고분 문화와 문물을 받아들이면서 성장의 계기를 삼았고, 또한 소가야나 신라와의 교섭관계를 통한 다변화도 모색하여 성장의 동력으로 활용한 것으로 이해된다.

한편으로는 산청지역 등 내륙지역에도 마한계 토기(조족문단경호·유공광구소호) 등이 집중 분포하는 동시에 백제계 자료(위세품-용봉문황두대도·귀면문대금구·동제완·살포, 토기류-직구호·단경호·배부토기·광구장경호·장군·삼족기 등)가 급증하는 모습을 보인다. 따라서 이 단계부터 전남지역 마한세력과 가야지역의 제 세력만의 교섭관계만이 아니라 백제가 전남과 가야지역에 직접적인 영향력을 미쳐, 교류·교섭관계에 직접적으로 나서기 시작하는 양상을 보인 것으로 이해된다.

이렇듯 고총고분 단계에 전남지역의 제 세력들과 소가야와의 관계는 앞 단계부터 행해진 교류관계에서 벗어나 정치적인 교섭관계로 발전시켜 제 지역에 대한 지배력을 강화하고 성장의 동력으로 삼고자 한 것으로 이해된다. 한편 전남 동부지역 세력들은 대가야와 소가야의 고총고분 문화를 수용하고 저변을 확대하는 과정을 통해 성장하고 현지 지배력을 강화하고자 한 것으로 이해된다. 또한 그들은 신라와의 교섭관계를 통한 정치체의 다변화, 내부적인 성장과 독자성을 확보하고자 한 것으로 이해된다. 가야지역에서는 고성지역을 중

---

49  백제와 왜를 새롭게 연결하는 연안항로인 백제-영산강유역 마한세력(복암리세력)-서부경남 지역(소가야세력)-중북부규슈지역(이와이세력)-야마토 왕권(계체왕)으로 이어지는 교섭관계를 통하여 전남지역과 가야지역의 제 세력은 적극적으로 새로운 문물과 묘제를 도입하면서 내부적인 성장과 독자성을 추구하고자 하였다(최영주, 2017a, 앞의 논문, 163-166쪽).

50  하승철, 2014, 앞의 논문, 142쪽.

심으로 한 마한계 분구묘의 축조는 단순 교류관계에서 벗어나 정치적인 관계로 발전시켜 성장하였다. 또한 대가야 세력은 동부지역에 영향력을 행사하여 순천지역에 고총고분군을 축조하는 등 정치적 관계를 모색하고 백제와의 교섭관계를 통한 다변화하여 성장의 동력으로 삼고자 한 것으로 이해된다. 따라서 양 지역은 앞 시기의 단순 교류관계에서 벗어나 정치적 교섭관계로 발전시킴으로서 각 지역세력들의 성장을 도모한 것으로 이해된다.

## 3. 백제석실분 단계

백제석실분 단계에 들어서면 전남 서부와 동부지역은 백제의 완전한 영역화가 되어 백제계 분묘와 생활유적과 함께 백제계 토기 등의 백제계 일색으로 일반화되는 모습을 보인다. 6세기 중엽 이후 전남 서부지역은 백제에게 완전히 복속된 모습을 보인다. 당시 중핵지역인 나주 복암리일대 고분군에서 백제 후기형 석실의 영향으로 소형화·정형화된 석실들이 등장한다. 하지만 전형적인 능산리형 석실이 보이지 않고 왜계 석실의 영향을 받은 복암리유형 석실들이 확인된다. 이러한 고분에서는 왜계 장식대도와 석침(열린 관)이 확인되어 백제화가 된 이후에도 왜의 고분 장송의례 등을 도입하는 등 對왜 교섭관계에서 주요한 역할을 한 것으로 보인다. 또한 고분에서는 백제의 신분표상품인 은화관식과 관모틀, 대금구 등이 확인되어 백제의 중앙집권체제에 편입된 이후에도 기존 재지세력이 지위를 인정받은 것으로 이해된다. 이처럼 영산강유역 중핵지역인 복암리세력은 백제화된 이후에도 백제 중앙과의 친밀성을 유지하고, 對왜 교섭관계에서 우선적 파트너로 활동한 것[51]으로 보인다.

---

51    최영주, 2017a, 앞의 논문, 166쪽.

동부지역에서는 순천지역의 석곽묘 등에서 6세기 중엽경에 해당하는 소가야계와 대가야계 관련 자료가 확인되는데 가야계 토기문화가 토착화되면서 지속된 것으로 이해된다. 6세기 중엽 이후 가야계 토기 등은 사라지고, 백제계 토기 일색으로 변화하며, 백제 횡구식석실에 관못과 관고리가 다수 확인되는 등의 백제화가 완전히 이루어진 것으로 보인다. 한편으로는 여수 고락산성과 순천 검단산성 등 백제 산성의 축조로 백제가 직접적인 지배체제를 확립한 것으로 이해된다. 이러한 양상은 동부지역 세력들이 가야계 세력들과 교섭관계를 통해서 성장을 도모하다가 백제의 의해 동부지역이 완전히 편입되어가는 모습이 표출된 것으로 이해된다.

　백제석실분 단계에 가야지역에서는 마한계 관련 자료는 보이지 않고, 합천 옥전고분군을 중심으로 6세기 중엽경 석실묘에서 백제계 위세품과 관 부속구류(관못·관고리 등) 등이 집중적으로 출토되는 양상을 보인다. 이것은 백제가 전남 서부와 동부지역 등 전체 지역을 영역화한 다음에 가야세력 중 대가야세력에 대한 영향력을 확대하는 과정에서 합천 등의 지역에서 백제계 자료가 집중적으로 확인된 것으로 이해된다.

　이렇듯 백제석실분 단계에 전남 서부와 동부지역은 백제에게 완전히 복속되어 가야와의 관계를 언급하기가 어려운 정도이다. 전남 서부지역 중 복암리 세력은 백제 중앙과의 친밀성 유지와 대왜 교섭관계에 역할을 하면서 세력을 어느 정도 세력을 유지한 것으로 이해된다. 전남 동부지역은 백제와 대가야 세력의 각축 과정에서 백제 산성 및 분묘와 토기 등으로 대체되면서 백제에게 완전히 복속된 것으로 이해된다. 가야지역에서는 대가야권 세력에 백제가 영향력을 행사하면서 백제계 위세품과 고분문화가 전파된 것으로 보인다. 이러한 양상으로 보아 전남지역의 주체는 마한에서 백제로 교체되고, 가야와의 교류 주체도 역시 백제이며, 이후 가야지역에 백제가 영향력을 행사하면서 영역화를 추진하다가 신라에 의해 대가야가 복속되면서 백제와 가야와의 관계는 멈추게 된다.

표 33 | 양 지역간 교류관계 변화

| 지역 \ 단계 | 전남지역 | | 가야지역 | 관계 |
|---|---|---|---|---|
| | 서부지역 | 동부지역 | | |
| 제형분 단계 | 연안항로를 통한 교류관계 | 연안항로를 통한 교류관계 (문화적 동질성) | 중개자적인 교류관계 | 교류 단계 |
| 고총고분 단계 | 독자성 확보를 위한 정치적 교섭관계 | 성장의 동력으로서 정치적 교섭관계 | 영역 확장 및 성장의 동력으로서 교섭관계 | 교섭 단계 |
| 백제석실분 단계 | 백제에게 병합 | 백제에게 병합 | 백제 영향력 확대 신라에게 병합 | 백제-가야 교섭관계로 대체 |

이상으로 전남지역 마한과 가야지역의 제 세력과의 시기별 관계 양상과 변화의 배경에 대해서 간단히 살펴보았다. 제형분 단계에 전남지역의 마한세력들과 가야의 제 세력들은 연안 항로를 통해 물적 자료를 중심으로 교류관계가 이루어졌다. 특히 가야는 백제-왜 사이의 중개자적인 입장의 교류관계를 중시하였던 것으로 이해된다. 이러한 교류관계에서 서남해 연안지역에 왜계고분 등이 출현하게 된다. 고총고분 단계에 전남 서부지역 세력들은 소가야와의 정치적인 교섭관계를 통해 독자성과 현지에 대한 지배력을 강화했으며, 동부지역 세력들은 대가야·소가야, 신라와의 정치적인 교섭관계를 통해 성장의 동력으로 삼았다. 가야지역에서도 전남 서부(분구묘)와 동부지역(고총고분군)과의 정치적 교섭관계를 통해 영역 확장 및 성장의 동력으로 삼았다. 백제석실분 단계에 전남 서부와 동부지역은 백제에게 완전히 복속되어 가야와의 관계는 백제가 주도하게 되었다. 가야지역에서는 백제가 대가야권 세력에 영향력을 행사하면서 영역화를 추진하다가 신라에 복속되면서 지역간 관계는 역사 속으로 사라진다.

# Ⅳ. 맺음말

본고에서는 전남 서부와 동부지역으로 나누어 가야지역과의 시기별 교류 양상과 그에 따른 관계 변화와 의미에 대해서 살펴보았다.

제형분 단계에 전남에서 확인된 금관가야계, 아라가야계, 소가야계 관련 자료는 서남해 연안지역에 육지와 해상을 연결하는 지점에서 주로 확인된다. 그중에서도 소가야계 관련 자료는 왜계 자료와 함께 출토되는 양상이 강하다. 가야지역에서는 남해안 연안지역을 따라 마한계 분구묘와 취락유적, 일상용기 등이 집중되며, 일부는 낙동강 수계 인근에 마한계 취락이 확인된다. 이러한 양상으로 보면 전남지역의 마한세력들과 가야의 제 세력들은 제형분 단계에 연안 항로 상에 물적 자료를 중심으로 교류가 활발하게 이루어졌다. 그러한 교류과정에서 전남의 서남해와 서부 경남지역의 왜계고분 등이 출현하게 되는 계기가 된 것으로 이해되며, 가야지역에서는 마한과 가야, 왜와의 교류에 중개 자적인 역할을 했던 마한계 사람들이 거주했었을 것으로 추측된다.

고총고분 단계에 양 지역간 관계는 앞 단계부터 행해진 교류관계에서 벗어나 정치적인 교섭관계로 발전시켜 재지 지역에 대한 지배력을 강화하고 성장의 동력으로 삼았다. 전남 동부지역 세력들은 대가야·소가야의 고총고분 문화를 수용과 신라와의 교섭관계를 확대하는 과정을 통해 성장하였다. 가야지역에서는 고성지역을 중심으로 한 마한계 분구묘 문화 수용은 정치적인 교섭관계로 발전시킴으로서 성장하였다. 또한 대가야 세력은 동부지역에 고총고분군을 축조하는 등 정치적 행위와 백제와의 교섭관계를 통한 다변화하여 성장의 동력으로 삼았다. 따라서 양 지역은 앞 시기의 단순 교류관계에서 벗어나 정치적 교섭관계로 발전시킴으로서 각 지역세력들의 성장을 도모한 것으로 이해된다.

백제석실분 단계에 전남 서부와 동부지역은 백제에게 완전히 복속되어 가야와의 관계는 백제가 주도하였다. 전남 서부지역 중 일부 집단은 어느 정도 세력을 유지한 것으로 보이지만, 동부지역은 백제와 대가야 세력의 각축 과정에서 백제 산성 및 분묘와 토기 등으로 대체되면서 백제에게 완전히 복속된 것으로 이해된다. 가야지역에서는 백제가 대가야권 세력에 영향력을 끼치면서 백제계 위세품과 고분문화를 수용한 것으로 보이며, 이후 영역화를 추진하다가 신라에게 복속되면서 백제와 가야와의 관계는 멈추게 된다.

이상으로 전남지역 마한과 가야 제 세력들은 교류와 교섭 관계를 통해 정치적·문화적으로 성장하였다. 이는 작은 지역 집단의 정체성과 성장을 위해서 필연적으로 선택하고 행할 수밖에 없는 사회적 전략이다. 이들은 안타깝게도 고대국가로 성장하지 못하고 백제와 신라에게 병합되어버리는 운명을 맞게 된다.

(「전남지역 마한과 가야 세력과의 관계변화와 의미」, 『역사학연구』76, 2019)

제 8 장

# 일본 긴키지역의 생산유적으로 본 백제계 도래인의 정착양상

.

# I. 머리말

일본열도 긴키지역[1]은 4세기부터 마한・백제지역과의 상호 교류(교역)가 이루어지다가 5세기대에 들어서면서 도래인 관련 취락과 문물이 급증한다. 이는 4세기 후반 고구려의 남하정책으로 인해 경기도와 강원도 서부지역의 수많은 마한・백제계 유민들이 발생하고 그들 일부가 바다를 넘어(이주) 왜로 건너갔을 것으로 보이며[2], 이들이 남긴 물적 자료에 해당한다. 마한・백제지역에서 이주한 사람들은 상류층인 왕족・귀족・지방수장, 일반 백성 등 다양했으며, 그 목적도 제각각이었다. 이렇게 왜로 이주한 고분시대 백제계 도래인은 왜 정권의 기술 혁신과 지배구조에 결정적인 영향을 준 것으로 이해되어 왔다.

이 도래인 집단은 크게는 기술계, 지식계, 토목계 등의 직능 집단으로 분류된다. 기술계는 토기・철기・옥 등의 수공업 생산, 지식계는 항구 관리와 말의 사육, 토목계는 충적지의 치수나 관개 등의 개발과 관련되어 확인된다. 여기서 왜 정권에 기술 혁신과 관련된 생산유적은 대부분 기술계 도래인 집단과 관련된 것으로 토기・철기・옥 생산을 담당했으며, 왜인들을 지도하면서 생산을 주도했다고 생각된다. 이외에 본고에서는 말의 사육을 전담한 지식계 도래인 집단의 정착양상이 기술계 도래인 집단과 유사하여 함께 검토하고자 한다.

따라서 본장에서는 기술 관련 백제계 도래인들이 왜인들을 지도하면서 생활한 유적들을 중심으로 그들이 어떤 모습으로 긴키지역에서 정착해 가는지에

---

1   일본 긴키지역 중 야마시로(山城), 야마토(大和), 가와치(河內), 셋츠(摂津), 이즈미(和泉) 등의 기나이의 5국은 당시 중심지로서 한반도와 상호 교류・교섭 관계가 이루어졌던 곳이기 때문에 이 지역을 대상으로 분석하고자 한다. 현재 기나이 5국은 교토부 남부, 나라현, 오사카부 동부, 오사카 북부와 효고현 동부, 오사카 남서부에 해당한다.
2   권오영, 2017, 「긴키지역의 백제관련 고고자료」, 『일본 속의 백제-긴키지역 Ⅰ(유적・유물 개관편)』(해외백제문화재자료집2), 15쪽.

대해서 알아보고자 한다. 먼저 도래인 관련 생산유적에 대해서 검토하고, 생산유적의 특징을 통해서 백제계 도래인의 정착과정에 대해서 살펴보고자 한다[3].

---

3  이 글은 필자가『일본 속의 백제-긴키지역 Ⅰ(유적·유물 개관편)』가운데「생산유적」에 수록된
   내용을 대폭 수정하여 일본열도에서 확인된 생산유적의 물적 자료를 통해 백제계 도래인의 정
   착 양상에 중점을 두고 살펴보았다.

# II. 긴키지역의 생산유적의 실례

## 1. 토기 생산유적

### 1) 스에무라(陶邑) 토기 가마 유적(그림 35-1~4)

오사카부 남부의 사카이시堺市를 중심으로 센보쿠泉北 구릉지역의 일대에 분포하는 가마터군으로 동서 15㎞, 남북 9㎞에 이르는 일본열도 최대의 스에키 생산유적이다. 지형상으로 8개의 지구로 나누어 있으며, 확인된 가마는 854기에 이른다[4]. 그 가운데 가장 이른 시기의 것으로 추정되는 대표적인 가마에 대해서 살펴보고자 한다.

#### (1) 도가 231호 · 232호 가마(TG231 · 232)[5]

도가 231호 가마유적은 후대에 삭평되어 온전한 형태는 아니지만 회원에서 재 · 숯과 함께 다량의 스에키가 출토되었다. 회원은 최대 길이 5.0m, 하단 폭 10.0m, 최대 두께 0.5m이며 부채꼴로 펼쳐져 있었다. 출토된 유물은 파수부완 · 개 · 고배 · 유개각부발 · 소형호 · 유공광구소호 · 기대 · 호 · 대형옹 등이 확인되었다.

---

4  스에무라유적군은 지형상으로 6개의 지구로 나누어 도키야마(陶器山)지구(약칭 MT), 다카쿠라데라(高蔵寺)지구(TK), 도가(栂)지구(TG), 코묘이케(光明池)지구(KM), 오노이케(大野池)지구(ON), 다니야마이케(谷山池)지구(TN)로 구분되었다가 후에 도미쿠라(富蔵)지구(TM), 사야마이케(狭山池)지구(SY)가 추가적으로 설정되어 현재 8개 지구로 구분되어 있다. 현재 확인된 가마는 854기로 MT지구에서 약 160기, TK지구에서 198기, TG지구에서 122기, KM지구에서 150기, ON지구에서 90기, TM지구에서 6기, SY지구에서 24기 등이 확인되었다(大阪府教育委員会 · 大阪府埋蔵文化財協会, 1995,『陶邑 · 大庭寺遺跡Ⅳ』; 大阪府教育委員会 · 大阪府文化財調査研究センター, 1996,『陶邑 · 大庭寺遺跡Ⅴ』; 中村 浩, 2006,『泉北旧丘陵に広がる須恵器窯 陶邑遺跡群』新泉社, 2006).

5  大阪府教育委員会 · 大阪府埋蔵文化財協会, 1995 · 1996, 앞의 보고서.

도가 232호 가마는 아궁이와 소성부의 일부가 남아있다. 회원은 아궁이부에서 아래쪽으로 폭 약 5.6m, 두께 0.7m 정도로 숯과 재의 퇴적보다 유물이 압도적으로 확인된다. 유물은 약 600개체 이상의 대옹이 확인되며, 대옹 이외에 발형기대·통형기대·무개고배·유개고배·호·파수부발·배·유공광구소호 등이 확인되었다(그림 35-2).

### (2) 다카쿠라데라 73호 가마(TK73)[6]

다카쿠라데라 73호 가마유적은 아궁이부에서 연도부까지 온존하다. 길이 11.4m, 최대 폭 2.4m의 규모로 소성부는 바닥 경사각 19° 정도이며 중앙부는 바닥이 5중으로 확인된다. 소성부 바닥면의 경사는 곡선으로 되어 있으며 여기에 연통부가 연결되어 있다. 전 단계에 비해 전체적으로 곡선형을 띠는 것이 특징이다. 출토된 유물은 개배·고배·발·기대·완·유공광구소호·유공장군·호·대옹 등이 확인되지만 대다수는 대옹이 차지한다(그림 35-3·4).

### (3) 오노이케大野池 231호 가마(ON231)[7]

오노이케 231호 가마는 회원에 대한 발굴조사가 이루어졌으며 대량의 스에키가 출토된다. 회원은 남북 6m, 동서 15m 정도로 펼쳐져 있었고, 그 두께는 40~70㎝ 정도이다. 출토된 유물은 개배·유개고배·무개고배·파수부완·발·시루·유공광구소호·유공장군·통형기대·각대부유개호·직구호·호·대옹 등이 있으며, 아궁이테가 출토되었다.

---

6    大阪府教育委員会, 1978, 「一須賀古窯跡出土遺物について」, 『陶邑Ⅲ 大阪府文化財調査報告書』第30.
7    大阪府教育委員会·大阪府埋蔵文化財協会, 1994, 『野々井西·ON231号窯跡』.

1. 스에무라(陶邑) 토기 가마유적군

2. 오바데라(大庭寺)유적과 TG 232호·231호 가마

3. 다카쿠라데라(TK) 73호 가마

4. TK 73호 가마

5. 스이타(吹田) 32호 가마

6. 데아이(出合) 가마유적

**그림 35 |** 토기 가마유적

(4) 다카쿠라데라高蔵寺 13호 가마(TK13)[8]

다카쿠라데라 13호 가마는 연도에서 전정부前庭部까지 길이 14m 정도로 잔존 상태는 양호하다. 출토된 유물은 개배·무개고배·유공광구소호·유공장군·시루·편병·발형기대·통형기대·호·옹 등이 있다. 이 유적은 TK216형식과 병행된 것으로 그 중에서도 편병은 현재 알려진 것 중 가장 오래된 자료에 해당한다.

(5) 니고리이케濁り池窯 가마[9]

니고리이케 가마는 오사카부 이즈미시 츠루야마다이鶴山台에 소재하며 연소부에서 연도까지 잘 남아 있으며 반지하식 구조이다. 길이 8.53m, 최대 폭 1.9m 정도로 바닥면의 경사각은 연소부 부근에서 15°로 완만하다가 연도 부근에 이르러 34°정도로 증가한다. 가마 본체 좌우에 배수구가 있으며 가마의 아래쪽으로는 길이 13.5m, 폭 13m 정도의 회원이 펼쳐져 있었다. 유물은 개배·고배·유공광구소호·유공장군·완·시루·기대·호·옹 등이 확인되었다. 그 가운데 시루는 동체 중앙에 침선이 돌아가고 그 위치에 파수를 붙이고 증기공은 저부 중앙에 하나, 그 주위에 6개의 구멍을 뚫는 다공의 형태로 마한·백제 지역에서 확인되는 것과 유사하다.

(6) 우에다이上代 가마[10]

우에다이 가마는 오사카부 이즈미시 우에다이죠에 소재하며 가마 본체는 잔존 상태가 좋지 않다. 잔존 길이 약 5m, 최대 폭 1.7m 정도이며 바닥 경사각

8    大阪府教育委員会, 1995,『陶邑窯跡群発掘調査概要「大阪こどもの城(仮称)」建設にともなう高蔵寺13号窯他の調査』.
9    信太山遺跡調査団, 1999,『濁り池須恵器窯址』.
10    和泉市教育委員会, 1984,『府中遺蹟群発掘調査概要Ⅳ』.

은 약 15°이다. 유물은 가마 본체에서 개배·고배·유공광구소호·호·옹 등이 확인되었다.

### 2) 이치스카一須賀 2호 가마[11]

오사카부 미나미카와치군南河内郡 가난죠河南町 히가시야마東山에 위치한 가마터로 복수의 가마가 확인되며, 그 중 발굴조사가 실시된 것은 2호 가마이다. 2호 가마는 지반을 파고 구축한 길이 9.0m, 폭 2.0m, 높이 1m 정도로 뒷벽과 연도, 천장부의 일부가 잔존하고 있다. 측벽은 여러 차례의 덧댄 흔적이 확인된다. 회원은 두께 30㎝ 정도로 10m 남짓의 범위에 퍼져 있었다. 유물은 옹 동체부 파편이 많고, 고배·기대·호 등이 확인되었다.

### 3) 우에마치다니上町谷 1·2호 가마[12]

우에마치다니 1·2호 가마는 오사카시 중앙구 우에마치 1죠메에 소재하며 우에마치다니의 곡부 입구에 위치한다. 가마는 경사면에 동서 2기가 병렬되어 위치한다. 1호 가마는 처음에 지하 굴착식의 등요였다가 나중에 반지하 천장가구식으로 보수되었다. 가마 본체는 최소한 2번의 수리와 3회 이상 조업이 이루어진 것으로 생각된다. 2호 가마도 1호 가마처럼 지하를 굴착한 형식에서 반지하 천장가구식으로 보수되었는데 최소 4번의 수리와 5회 이상의 소성이 이루어진 것으로 생각된다. 출토 유물은 무개고배·기대·호·옹·시루 등의 스에키, 연질토기, 하지키가 확인되었다. 유물의 특징으로 보아 TK73형식의 범주에 들어간다.

---

11    大阪府教育委員会, 1978, 앞의 논문.
12    大阪朝鮮考古学研究会, 2010,「上町谷1·2号窯」『地域発表及び初期須恵器窯の諸様相』.

### 4) 스이타吹田 32호 가마[13]

스이타 32호 가마는 긴키지역의 중앙부인 미시마三島지역의 센리千里구릉에 위치한다. 가마의 규모는 길이 4.5m, 폭 1.3~1.4m 소형의 스에키 가마터이다. 이 가마는 소성부가 장방형이고, 장방형 천장에 개구부를 가진 연도가 긴 형태의 지하식 구조이다. 바닥면의 경사각은 평균 20°로 측정된다. 가마 내에서 출토된 스에키는 대부분 옹이며 일부 기대가 확인된다. 옹의 성형에는 박자와 목판긁기가 보이며 외면에 평행타날, 내면에 동심원 박자흔이 남아있고, 일부에서는 지운 조정이 확인된다(그림 35-5).

### 5) 데아이出合 가마유적

효고현兵庫県 고베시神戸市 서구에 위치한다. 가마는 반지하식 등요로 소성부와 연소부 사이에 단이 있고, 연소부가 깊게 파져(1.1m 정도) 있다. 가마에서는 스에키, 와질토기, 연질계토기, 하지키가 있으며, 기종은 호·옹·천발·심발·시루 등이다. 가마유적은 4세기 말경으로 오사카부 스에무라 가마터군의 TG232 가마보다 이전 단계의 것으로 보이며, 구조적으로는 백제·마한지역의 전남 승주 대곡리 36호 가마터가 가장 유사하다(그림 35-6)[14].

---

13  吹田市教育委員会, 1986, 「吹田32号須恵器窯跡」 『昭和60年度 埋蔵文化財緊急発掘調査概報』
14  亀田修一, 2008, 「播磨出合窯跡の検討」 『岡山理科大学埋蔵文化財研究論集』 岡山理科大学 埋蔵文化財研究会, 175쪽.

## 2. 철기 생산 유적

### 1) 난고南郷유적군 철기 생산 유적[15]

나라현奈良県 고세시御所市로 나라 분지의 남서부 곤고산 기슭에 위치한 면적은 2km²의 거대한 유적이다. 유적은 교통의 요충지인 나라분지의 입구에 위치하며 5세기를 중심으로 하는 다양한 유적이 확인된다. 유적군의 중앙부 높은 곳에 위치한 난고카도타유적에서는 철제품·금동제품 등 다양한 제품을 만들었으며, 북동쪽으로 800m 아래에 위치하는 시모차야카마다유적에서는 철기 생산과 옥 제작을 하였다. 이곳에서는 풀무 송풍관과 철재가 출토되었으며 토기의 흔적 등으로 공인들이 살았던 곳으로 보인다. 이외에 사다유노키유적, 난고센부유적, 와키타유적에서는 수혈주거 유적과 함께 다량의 철재편과 철기류 등이 확인되어 철기 생산이 본격적으로 이루어진 것으로 보인다(그림 36).

### (1) 난고카도타南郷角田유적

유적은 난고유적군의 중앙부 높은 곳에 위치하며 5세기 전반경에 해당한다. 유적에서는 철제품·금동제품·은제품·유리제품·녹각제품 등 다양한 제품을 만들었던 특수 공방이다. 이외에도 수혈주거지를 비롯한 제염토기, 호박제 곡옥, 녹각제, 한식계토기, 스에키 등이 확인되었다. 특히 송풍관 40점, 철재 등 많은 양의 철기 생산관련 유물이 확인되었다(그림 36-2).

---

15    奈良県立橿原考古学研究所, 1996,『南郷遺跡群Ⅰ』; 奈良県立橿原考古学研究所, 1997,『南郷遺跡群Ⅱ』; 奈良県立橿原考古学研究所, 1998,『南郷遺跡群Ⅲ』; 奈良県立橿原考古学研究所, 1999,『南郷遺跡群Ⅳ』; 奈良県立橿原考古学研究所, 2000,『南郷遺跡群Ⅴ』; 坂靖・青柳泰介, 2011,『葛城の王都 南郷遺跡群』新泉社.

(2) 시모차야카마다下茶屋カマ田遺跡유적

유적은 난고유적군 중앙에서 북동쪽에 치우쳐 위치하며 5세기대에 해당한다. 유적에서는 수혈주거 15기, 굴립주건물 6기, 구, 토갱 등이 확인되며, 송풍관과 철재는 단야 관련 생산에 사용되었다. 철기 생산 활동과 관련된 주거는 3기가 확인된다. 이외에 도제의 육각형 방추차, 토제연통이 확인되어 마한·백제지역 도래인과 관련된 것으로 보인다. 옥 생산 관련 주거 2기에서 산인山陰지방의 녹색응회암, 녹편·관옥 등의 미완성품이 출토되었고, 주변의 구와 토갱에서도 옥의 미완성품이 발견되어 옥 생산도 했던 것으로 보인다(그림 36-3).

(3) 사다유노키佐田柚ノ木유적

유적은 골짜기가 형성된 협소한 지역에 위치하며 5세기에서 6세기 전반에 해당한다. 유적에서는 수혈주거 14기, 굴립주건물 13기, 대벽건물 1기 등 확인되었고, 송풍관 2점, 철재, 미니어처 철부, 모자곡옥, 제염토기, 유리소옥의 용범 등이 출토되었다.

(4) 난고센부南鄕千部유적

유적은 난고유적군 중앙에 위치한다. 대형(한 변 7m 정도)의 수혈주거가 1기 있고, 그 아래에 수혈 주거(한변 3~4m 정도)가 3기가 확인되었다. 대형 수혈주거에서는 미니어처 철부가 확인되는데 단야를 한 시제품으로 추정된다. 이외에 송풍관 1점, 철재가 출토되었다.

(5) 와키타脇田유적

오시미忍海지역에 위치한 유적은 5세기 전반~7세기대에 해당한다. 유적에서는 동편, 동재가 출토되어 금공제품·동제품을 이용한 철제품 제작한 것으로 보인다. 유적 주변에서는 단야구, 철재가 부장된 고분이 존재한다.

1. 난고(南鄕)유적군 철기 생산 유적

2. 난고카도타(南鄕角田)유적

3. 시모차야카마다(下茶屋カマ田遺跡)유적

**그림 36** | 난고유적군

## 2) 마키무크纒向유적[16]

유적은 나라현 사쿠라이시 나라분지 남동부에 위치한다. 단야관련 유물은 가츠야마勝山고분의 주변 102차 조사에서 4세기를 전후한 시기의 토광 SK-04에서 송풍관, 철재, 단조박편, 절단철편, 지석 등이 출토되었다. 주변에서(42차·57차) 도 토기와 함께 송풍관, 철재, 지석, 도질토기 등이 출토되었다. 이 유적은 고온

---

16　桜井市教育委員会, 1981,『纒向遺跡』.

을 사용한 본격적인 단조 설비유적으로 보인다(그림 37-1).

### 3) 후루布留유적[17]

유적은 나라현 덴리天里시 나라분지 북동부에 위치하며 4세기 후엽에서 5세기 중엽에 해당한다. 소마노우치杣之內지구에서는 4세기 후엽~6세기 중엽경의 구에서 송풍관, 철재, 유리소옥 용범과 함께 한식계토기가 출토되었고, 미시마三島지구의 유로에서는 목제 도검장구의 제품, 송풍관과 다량의 철재가 출토되었다(그림 37-2).

### 4) 신도新堂유적[18]

유적은 나라현 가시하라시橿原市 남단을 북으로 흐르는 소가천과 가츠라기천의 사이에 형성되었다. 취락 내에서 초기스에키, 하지키, 도질토기, 한식계토기, 목기, 토제품, 석제품, 송풍관, 철재 등 다양한 유물이 확인되었다. 특히 송풍관, 철재, 제염토기가 출토되어 단야 관련된 공방이라고 생각된다. 이외에도 도래인과 관련된 도질토기(화염형투창고배 · 컵형토기), 한식계토기, 다량의 원통하니와, 초기스에키, 하지키 등이 확인되었다(그림 37-3).

### 5) 나이젠內膳 · 키타야기北八木유적[19]

유적은 나라현 가시하라시 중앙부에 위치한다. 구에서는 5세기 중엽경의 스에키, 하지키, 한식계토기, 제염토기, 목기, 송풍관, 지석, 철재, 슬래그가 확인되었고, 토갱에서는 철재가 출토되었다. 토갱은 공방의 한 부분이며, 구는 철

---

17　布留遺跡天理教発掘調査団, 1981,『布留遺跡』.
18　橿原市教育委員会, 2015,「新堂遺跡」,『橿原市埋蔵文化財調査報告』第12冊 ; 橿原市教育委員会, 2018,「新堂遺跡Ⅱ」『橿原市埋蔵文化財調査報告』第14冊.
19　橿原市考古学研究所付属博物館, 2006,『秋季特別展　海を越えたはるかな交流─橿原の古墳と渡来人』(橿原市制50周年記念).

기 생산에 관련된 것으로 보인다.


### 6) 나가하라長原유적[20]

유적은 오사카부 오사카시에 위치하며 도래인이 정주한 대표적인 취락유적이다. 유적은 고분군을 중심으로 동쪽과 서쪽으로 취락이 나누어져 운영되었는데 동쪽 취락은 5세기 전엽~중엽, 서쪽 취락은 5세기 후엽~6세기 전엽에 해당한다. 동쪽 취락에서는 부뚜막이 있는 수혈주거지와 대벽건물, 백제와 가야 지역의 한식계토기 등이 다량으로 출토되며, 단야공방과 말의 매장이 확인된다. 서쪽 취락에서는 소단위로 분산되어 있는데 도래인과 왜인이 같이 생활한 것으로 생각된다(그림 37-4).


### 7) 오가타大県유적[21]

유적은 오사카부 가시와라시柏原市 이코마生駒산 서쪽 남단부에 위치한다. 야마토가와大和川 북쪽에 위치하는 대규모 철기 생산유적으로 오가타유적, 오가타미나미大県南유적, 다이헤이지太平寺유적 등이 포함된다. 본격적인 생산은 6세기 이후부터 8세기까지 지속된다. 유적에서는 단야로, 송풍관, 철 슬래그, 지석 등 다량으로 확인되었다. 그 가운데 수혈에서는 5세기 후반의 도질토기, 시루, 지석, 철제품 등이 출토되었다(그림 37-5).


### 8) 모리森유적 · 기사베미나미私部南유적[22]

유적은 오사카부 가타노시交野市 이코마산 북서부에 위치한다. 모리유적은 직경 500m의 범위 내에서 24기의 단야로, 철재, 송풍관이 출토된 정련 단야유적

---

20  大阪市文化財協会, 1982, 『長原遺跡発掘調査報告』

21  柏原市教育委員会, 1985, 「大県遺跡, 太平寺 · 安堂遺跡」 『柏原市所在遺跡発掘調査概報』

22  大阪府立近つ飛鳥博物館, 2006, 『河内湖周辺に定着した渡来人—5世紀の渡来人の足跡—』

이다. 기사베미나미유적은 모리유적에서 북쪽으로 500m에 위치하기 때문에 모리유적과 관련된 유적으로 생각된다. 두 유적은 지하식과 지상식 구조 단야로와 송풍관은 절두원추형, '팔八'자형이 5~6세기에 걸쳐 사용되었다(그림 37-6).

## 3. 옥 생산유적

### 1) 소가曽我 유적[23]

유적은 5세기 후반~6세기 전반에 걸친 대규모의 옥 공방터이다. 유적 내에서는 5세기대를 중심으로 한 활석제 모조품을 생산하는 지구와 6세기 전반의 옥 생산을 하는 지구로 나뉘어져 분업화가 이루어졌다. 또한 공인들의 주거와 공방은 분리되어 있는 대규모 옥 제작 전업의 취락이다. 출토유물은 도질토기를 비롯한 한식계토기가 확인되며, 옥의 미완성품ㆍ완성품, 각 종의 원석, 지석 등이 있다. 옥의 석재는 활석, 벽옥, 녹색응회암, 호박, 수정 등으로 각지에서 원석을 운반해 와서 집중적으로 옥 생산을 한 것으로 보인다.

이러한 소가유적 이외에도 난고유적군 내의 시모차야카마다유적과 사다유노키유적, 나라현 덴리시 후루유적에서도 철기 생산과 함께 옥을 생산한 것으로 보인다. 하지만 난고유적군 내의 유적들은 소가유적처럼 옥만을 제작한 전업 집단은 아니고 다양한 제품을 생산한 수공업 집단으로 보인다(그림 37-7).

---

23    奈良県立橿原考古学研究所, 1989,『曽我遺跡』, 奈良県史跡名勝天然記念物調査報告 第55册.

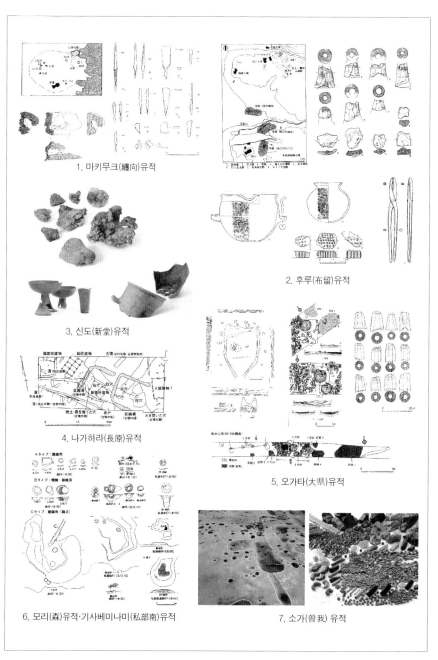

1. 마키무크(纏向)유적

2. 후루(布留)유적

3. 신도(新堂)유적

4. 나가하라(長原)유적

5. 오가타(大縣)유적

6. 모리(森)유적·기사베미나미(私部南)유적

7. 소가(曽我) 유적

**그림 37 |** 철기와 옥 생산유적

## 4. 말 사육 관련 유적

### 1) 시토미야키타蔀屋北유적[24]

오사카부 시조나와테시 가와치호 북동부에 위치한 유적이다. 이코마산과 가와치호가 만든 자연 환경은 말의 사육에 적합하여 말의 사육에 종사하던 집단이 살았다. 유적은 얕은 계곡이나 도랑에 의해 5개 구역으로 구분되었고, 수혈주거지, 지상건물, 우물, 토광 등이 확인되었다. 특히 마구류(목제등자·안장·재갈), 말이 매장된 토갱, 소금을 굽던 제염토기 등이 다량으로 확인되어 말의 사육을 전담했던 것으로 보인다. 이외에도 철제품, 목제품, 골각제품, 옥류, 석제품, 토제품 등이 다량으로 확인되어 말 사육 관련 수공업 생산도 했던 것으로 생각된다.

유적에서는 마한과 관련된 5세기 전반에서 6세기 후반경의 유구와 유물(조족문토기·시루·아궁이테 등)이 검출되어 도래인의 의해 말 사육을 했던 것으로 보이며, 이외에도 단야 관련 철기 생산과 토기 제작도 했던 것으로 생각된다. 이 유적에서 북쪽으로 150m 정도로 떨어진 사라군죠리讚良郡条里유적에서도 시토미야기타유적과 비슷한 양상의 취락유적이 확인되는데 말의 사육을 했던 것으로 보인다. 또한 선박의 부재가 우물의 부재로 재사용된 것으로 보아 마사 집단들은 한반도와의 교류에도 직접적으로 담당했을 것으로 생각된다. 이렇듯 가와치호 주변에는 한반도 관련 취락유적이 다수 확인되고 있어 오사카 평야지대를 개발하는 과정에서 수많은 도래인들이 참여한 것으로 추정된다(그림 38)[25].

---

24  大阪府教育委員会, 2009, 『蔀屋北遺跡Ⅰ－なわて水みらいセンター建設に伴う発掘調査－』 ; 大阪府教育委員会, 2010, 『蔀屋北遺跡Ⅰ』; 大阪府教育委員会, 2012, 『蔀屋北遺跡Ⅱ』

25  가와치호 주변으로는 시토미야기타유적처럼 비슷한 성격의 취락이 많이 분포한다. 대표적인 유적으로는 나라이(奈良井)유적, 나카노(中野)유적, 미나미노코메사키(南野米崎)유적, 가마다(鎌田)유적, 쿠스노키(楠)유적, 죠호지(長保寺)유적 등이 분포한다.

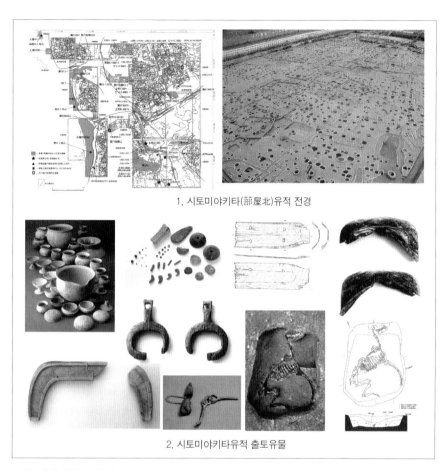

1. 시토미야키타(蔀屋北)유적 전경

2. 시토미야키타유적 출토유물

**그림 38 |** 말 사육 관련 유적

## 2) 모리가이토森垣外유적[26]

교토부 남부의 야마시로山城지역에 위치하며, 가와치호 일대와 유사한 취락 형태를 보인다. 유적에서는 사주식 수혈주거지, 지상건물지, 대벽건물, 말의 치아를 매납한 토갱 등이 확인되었다. 특히 유적에서는 한식계토기, 도질토기,

---

26  京都府埋蔵文化財調査研究センター, 2001,「森垣外遺跡4・5次發掘調査槪要」,『京都府遺跡調査槪報』96.

초기스에키, 미니어처 토기, 송풍관, 철재, 단야공구, 활석제 석제품, 제염토기 등이 출토되었다. 이 유적은 5세기 후엽부터 마한·백제계 도래인이 살면서 단야공방, 석제품 생산, 말의 사육을 전담한 것으로 보이며, 가와치호 주변의 시토미야기타유적과 비슷한 취락 형태를 보인다.

# III. 생산유적의 특징과 백제계 도래인의 정착양상

## 1. 생산유적의 특징

일본열도에서 고분시대 문화의 발전은, 중기(4세기 후엽~5세기 중엽)에 새로운 도래문화의 영향이 매우 중요한 역할을 했다. 그 가운데 수공업 생산에서는 스에키와 철 생산을 중심으로 시작되었고, 나중에 습지 개발과 토목기술(토목계), 생업 및 말 사육(지식계) 등의 다양한 측면에서 도래인들의 주도적인 역할이 있었다. 이 중에서 토기·철기·옥 생산, 말 사육을 담당했던 백제계 도래인 관련 유적들의 특징을 살펴보고자 한다.

### 1) 토기 생산유적

긴키지역에서 스에키의 본격적인 생산은 4세기 말(TG232형식 단계)에 시작한다. 한반도에서 도래한 공인에 의해서 긴키지역의 스에무라, 센리, 우에마치다니, 이치스카—須賀 등지에서 생산이 시작한다. 긴키지역 이외의 규슈지역의 아사쿠라朝倉, 구마니시오다隈西小田, 이야시키居屋敷와 쥬코쿠中國지역인 오쿠가야奥ヶ谷 등지에서도 스에키 생산이 시작한다. 이러한 분산적인 상황은 야마토정권과 한반도의 교섭에 직접적으로 관여한 지방호족 또는 관계자가 그들의 본거지에서 도래인을 직접적으로 초빙하거나 수용해서 일찍 생산을 시작한 것으로 생각된다[27].

스에키 생산이 본격화되기 이전의 가마인 효고현 고베시 데아이 가마유적은 반지하식 등요로 구조적인 특징으로 보아 한반도의 진천 삼룡리, 산수리 가마

---

27  植野浩三, 2005,「渡来人と手工業生産の展開 - 陶邑窯を中心として -」『ヤマト王権と渡來人』サンライズ出版, 203쪽.

군, 익산 사덕유적, 광주 효천2지구 가마, 순천 대곡리 36호 가마 등이 유사하다. 그 중에서도 구조적으로는 순천 대곡리 36호 가마와 가장 유사하여 마한·백제지역에 그 원류를 찾을 수 있다. 가마에서 출토된 스에키, 와질토기, 연질계토기, 하지키 등으로 호·옹·천발·심발·시루 등이 있으며, 도제 무문 박자도 마한·백제지역의 여러 유적에서 확인된 것과 유사하다. 한편 이치스카 2호 가마와 스이타 32호 가마가 만들어지면서 도래인에 의한 직접적인 조업이 이루어진 것으로 확인되는데 스에무라 가마유적처럼 대규모로 이루어지지 않았다.

스에키 생산이 본격화되는 스에무라 가마유적 중 초현기 가마인 TG231·232호 가마는 도래한 공인들이 직접 관여한 것으로 추정되지만 그 계보에 대해서는 아직 한반도에서 찾지는 못하고 있다. 이 시기의 가마를 도래형으로, 도래인들이 스에키 생산에 직접 관여하면서 시작되었으며, 일부 기종에서 하지키적인 기술이 확인되면서 왜의 공인들의 참여도 확인된다[28].

가마의 형태에서도 초현기의 도래형으로서 특색이 확인된다. 스에무라 가마유적인 TG231·232호 가마는 잔존상태가 좋지 않아 가마의 구조적인 특징을 알 수가 없다. 초기 스에키 가마의 특징은 데아이 가마와 스이타 32호 가마의 통해 유추가 가능한데 직선적인 평면에 규모가 작은 편이다. 가마 길이는 10m 미만, 폭은 2m 미만으로 연통부는 소성부에서 단을 이루어 연결되는 '직선형'으로 초현기의 특색이다. 이외에 초현기의 가마인 이치스카 2호와 오쿠가야 가마 등에서 비슷한 형태를 보인다. 후속하는 TK73호 가마에서는 길이가 10m이상, 폭이 2m 이상으로 커지면서 바닥면 경사도가 곡선을 이루면서 직접적으로 연통부에 연결되는 것은 앞 시기의 가마와는 다른 점이다. 이 단계의 가마는 전체적으로 대형화되고, 곡선화된 것이 특징(곡선형)이다. 앞 시기의 가마를 개량화하는 과정에서 나타난 것으로 추측된다[29]. 이후 TK73호 가마

---

28  植野浩三, 2005, 앞의 논문, 204쪽.
29  植野浩三, 2005, 앞의 논문, 204·205쪽.

는 후대 가마의 조형으로 남게 된다.

스에키의 제작기법과 기종에서 도래계적인 요소가 강하게 나타난다. 호와옹에서는 평행문·격자문·사격자문·승석문 등의 타날문을 많이 사용하고 있으며 일부에서 타날 후에 지우는 기법도 확인된다. TK73형식 단계까지도 앞의 특징이 나타나다가 격자문·승석문 등을 타날하지 않고 물손질로 지우는 기법 등을 통해 간소화, 단순화 방향으로 변화하는데 이는 스에키가 정형화되는 것이다[30]. 특히 TK73 가마의 기종 조합이 스에키 생산 체제 후보로 선택된 이후 스에키의 모체로서 일본화가 진행되어 스에키로의 모습이 확립되어 간다. 이후 일본화가 가장 완비된 형태로 보이는 것이 TK208형식 단계이다[31].

이렇듯 스에키 생산 기술은 일본열도에 정착(4세기 말~5세기 전엽)된 이후 각지에서 전개되고, 5세기 중엽(TK208형식 단계) 이후에는 정형화된다. 5세기 후엽(TK23형식 단계) 이후에는 각지에서 스에무라 가마를 모델로 한 스에키가 활발히 생산되어 지방 가마의 성행기를 맞이하게 된다. 이 시기의 지방 가마의 제품은 약간의 지역색은 보이지만 전체적으로 스에무라 가마와 기종 조성과 기형에 큰 변화는 보이지 않는다.

### 2) 철기 생산유적

일본열도 긴키지역 중에서 야마토지역과 가와치지역에서 철기 생산과 관련

---

30  植野浩三, 2005, 앞의 논문, 207쪽.
31  스에키 생산 도입기에 다양한 계보를 가진 토기가 생산되는 것은 초기 단계의 양상을 보여준다. 이 다양한 기종과 기형 중에서 선택적으로 수용된 스에키로서 정형화된 것으로 생각된다. 스에무라 가마에서 초기스에키의 기종으로 일반적으로 생산되는 유공장군·시루·솥·파수부완·통형기대 등은 각각 그 생산 기간의 성쇠에 차이는 있지만, 거의 5세기대에 소멸되어 생산을 종료한다. 이것도 일본적인 기종으로 순차적인 선택이 진행·도태되어 간 결과라고 생각되며, 결국 버려지는 기종이다. 결국 정형화가 확립된 TK208형식 단계에 이르러 기종 조성이 거의 완성되었다고 할 수 있다(木下亘, 2018, 「일본열도의 초기스에키 생산」, 『가야고분군 IV』(가야고분군 연구총서5), 266쪽).

된 유적들이 확인된다. 야마토지역에서는 철기 생산을 비롯한 복합적인 공방이 거점 취락에 집중하여 존재하는 반면에 가와치호 주변의 평야지역은 전업의 철기 생산 공방이 대규모의 형태로 존재하는 점이 다르다.

야마토지역 가운데 거점취락 내에 복합적인 공방으로 유명한 가츠라기지역의 난고유적군, 텐리지역의 후루유적, 사쿠라이지역의 마키무크유적 등에서 대규모의 생산이 이루어졌다. 가와치 평야지역은 왜 정권에 의해 5세기대에 적극적으로 평야지역 개발과 대규모 수공업의 생산 공방을 설치하였는데 가와치호 남쪽의 오가타유적과 나가하라유적, 북쪽의 모리유적 등이 해당한다. 이러한 양 지역은 도래인들이 철기 생산에 관여한 것으로 보이며 취락 내에 거주하면서 일본인을 지도한 것으로 생각된다.

이러한 철기 생산유적과 관련된 단야로는 6가지 형태[32]로 분류되는데 단야로 A류와 B류는 야요이시대에 유행해서 고분시대까지 지속되며, 지상식인 D류와 E류는 오사카부 오가타유적 85-2차 단야로 3은 6세기대이다. 최근 조사에서 다량의 철재, 단조박편, 입상재 등이 확인됨에도 단야로가 확인되지 않은 이유는 지상식 단야로이기 때문이다. 오사카부 모리유적 00-1차로, 기사베미나미유적 06-2차로, 07-1차로 등이 기저부만 확인된다. 이외에 나라현 난고유적군도 여기에 해당한다. 이러한 지상식 단야로는 긴키지역에서 확인된 반면에 다른 지역에서는 확인되지 않는다[33].

---

32    무라카미 야스유키(村上恭通)의 분류 안은 다음과 같다(2007, 『古代国家成立過程と鉄器生産』, 青木書店). 일본열도 단야로는 바닥을 판 A류, 평탄한 B류, 지하구조를 가진 C류, 노 주변에 벽을 세운 D류, 성토 위에 지상로를 만든 E류 등이 확인된다. F류는 일본열도에서 확인되지 않는다(A류:바닥면을 파고 그 내부를 노로 사용. 노 직경이나 길이가 깊이보다 긴 것, B류:바닥면을 파지 않고 노 바닥으로 사용, C류:노를 설치하는 장소를 재차 굴착, D류:공방 바닥면에 벽을 세우고, 지하에 얕은 방습구조를 갖춘 것, E류:공방 바닥면에 성토 등을 하여 노 바닥을 높이고 지하에 얕은 방습구조를 갖춘 것, F류:토광을 설치하며, 원료·연료 삽입구를 제외하고, 점토로 천정을 쌓아, L자형의 대구경 송풍관을 천장부분에서 삽입한 것).

33    龜田修一, 2016, 「4·5世紀の日本列島の鉄器生産集落 - 韓半島との関わりを中心に - 」, 『日韓 4~5世紀の土器·鉄器生産と集落』(第3回共同研究会 日韓交渉の考古学 - 古墳時代), 327쪽.

송풍관은 '팔八'자형이 많으며, 나라현 난고유적군의 시모차야카마다유적ㆍ
와키타유적, 후루유적, 오사카부 모리유적 등에서 출토되었다. '팔八'자형 송풍
관은 5세기대에 등장하기 시작하는데 대부분 한반도계 자료로 보인다. 이와
비슷한 형태는 창원 여래리유적에서 확인된다. 이보다 이른 시기인 경기 삼곶
리유적, 충남 지산리유적 등도 확인되고 있어 긴키지역의 '팔八'자형 송풍관은
한반도와 관련된 것으로 보인다. 이외에 단야 관련 자료는 집게ㆍ망치 등이 있
는데 대부분 철기와 관련된 생산유적 주변지역의 고분에서 확인된다.

### 3) 옥 생산유적

옥 생산유적은 아스카지역의 소가유적이 대표적이다. 이 유적은 옥이라는
특정 품목을 대규모로 생산하는 것이 특징이다. 주변유적으로는 난고유적군
(시모차야카마다유적 등)이 5세기 후반대, 후루유적과 소가유적은 6세기 전반대
가 절정기를 이루다가 이후에는 생산이 축소되는데 생산 체제가 새롭게 재편
된 것으로 이해된다. 아스카지역과 야마토 동남부지역에서는 6세기 후반의 소
규모 생산이 이루어지는 복합 생산체제가 행해지다가 이러한 체제는 7세기대
의 아스카지역에서 관영공방으로서 복합적인 대규모 생산 체제로 변모한 것
으로 이해된다.

### 4) 말 사육 관련 유적

오사카부 가와치호 북쪽 연안의 시토미야키타유적에서는 마한ㆍ백제계 도
래인들에 의해 대규모의 말 사육이 이루어지고 있었다. 또한 말 사육에 관련되
어 철기 생산과 토기 제작도 행해졌다. 인근의 사라군죠리유적과 교토 남부의
모리가이토유적은 시토미야기타유적과 비슷한 양상의 취락유적으로 말 사육
을 전업했다. 당시 말을 생산 관리하는 것은 정치적ㆍ경제적ㆍ군사적으로 매
우 중요한 역할이었으며, 이러한 마사 집단 사람들은 나중에 가와치노우마카

이河內馬飼로 불리는 이들과 깊은 관련성이 확인된다[34].

또한 유적에서 선박의 부재가 확인되어 마사 집단들은 한반도와의 교류에도 직접적으로 담당했을 것으로 보인다. 또한 이와 비슷한 양상의 한반도계 취락유적이 가와치호 주변에서 많이 확인되고 있어 오사카 평야지대를 개발하고 선진 기술을 전파하는 데 많은 도래인들이 참여한 것으로 생각된다.

## 2. 백제계 도래인의 정착양상

이 장에서는 생산유적에서 확인된 백제계 도래인들이 살았던 흔적과 이들이 긴키지역에서 어떻게 정착해 가는지에 대해서 살펴보고자 한다(표 34). 백제계 도래인들이 일본열도 긴키지역에 정착해 가는 모습은 처음으로 일본에 넘어왔을 때에는 '한반도형'을 유지하다가 점차 '일부 일본형'으로 변모하였고, 마지막에는 결국 '일본형'의 생활 모습으로 전환된 것으로 보인다[35].

먼저 긴키지역에서 백제계 도래인의 흔적이 확인되는 이른 시기의 스에무라 가마유적군과 이치스카, 우에마치다니, 스이타, 데아이 가마유적 등이 있다. 그 가운데 스에무라 가마유적에서 생산이 본격화되기 이전의 지방의 가마로서, 데아이 가마유적은 마한 · 백제지역과의 가마 구조와 출토 유물도 유사하여 그 계보를 마한 · 백제지역에서 찾고 있다. 이 유적 주변으로는 마한 · 백

---

34　大竹弘之, 2017, 「취락유적」, 『일본 속의 백제-긴키지역 II (유적 · 유물 상세편)』(해외백제문화재자료집2), 394쪽. 『일본서기』에서는 가와치노오모노키노우마카이 오비토(河內母樹馬飼首御狩)와 가와치노우마카이노 아라고(河內馬飼首苣籠) 등의 인물이 등장한다.

35　백제계 도래인의 정착 유형 중 '한반도형'은 도래인들이 기존 주거 양식(마한 · 백제계)과 토기 양식(마한 · 백제계)을 고수하면서 생활한 형태이다. '일부 일본형'은 기존 주거 양식에 왜계 주거 등이 일부 보이며, 또한 하지키적인 제작기법으로 만든 한식계토기 등을 사용하면서 생활한 형태이다. '일본형'은 왜계 주거에 왜계 토기 등을 사용하면서 생활한 모습으로 완전히 왜계로 동화되어 도래인과 왜인을 구분하기 어려운 생활 형태이다.

제계 관련 토기 등이 출토된 취락이 분포하고 있어 데아이 가마유적을 생산·운영한 집단들이 생활했던 것으로 보인다.

스에무라 가마유적군에서 가장 이른 시기의 도가(TG) 231호·232호 가마유적 주변으로는 오바데라大庭寺유적이 위치하는데 굴립주건물, 수혈건물이 집중되어 확인된다. 이 유적은 백제계 도래인[36]과 왜인 등의 공인이 함께 생활하면서 한식계토기 제작을 지도한 것으로 이해된다(그림 35-2). 인근의 후시오伏尾유적도 오바데라유적과 같은 공인 집단의 취락으로 생각되며, 5세기 후엽 이후에도 주변의 공인들의 취락이 형성되어 운영된 것으로 보인다(그림 39-1). 다른 가마유적에서도 이처럼 도래인이 사용한 한식계토기가 출토된 공인 집단 취락이 유적 주변에서 확인된다.

이러한 토기 가마유적 또는 관련 취락에서는 도래인의 한식계토기와 왜의 하지키가 주로 확인되어 그들은 이주 초창기에 함께 마을을 형성하고 토기를 제작한 것으로 보인다.

한편 앞의 가마유적 주변에서는 가마와 관련된 물류시설 관련 유적들이 확인된다. 스에무라 가마터군과 관련된 물류시설은 스에무라·후카다深田유적[37]으로, 창고 건물지와 토기 불량품이 많이 발견되어 제품의 준별 등도 행했던 것으로 생각된다(그림 39-1). 우에마치다니 1·2호 가마는 가와치호 초입에 해당하는데 이곳에는 거대 물류시설인 창고군이 확인되기도 한다. 이외에도 오사카부 도요나카시의 도쿠라니시利倉西유적[38]은 다양한 물자 공급의 거점 취락

---

36   오바데라유적은 도가 231호·232호 가마를 운영한 사람들이 살았던 곳으로 생각된다. 이 가마에서는 백제계 및 가야계 등 다양한 계보를 가진 유물이 확인되어 어느 한 곳으로 그 계보를 특정할 수 없다. 다시 말해 한반도에서 도래한 사람들이 그들의 토기 제작 및 소성 기술을 사용해서 만든 것으로 이해되기 때문에 다양한 기술 계보가 확인된 것으로 보인다.

37   大阪文化財センター, 1973, 「陶邑·深田」, 『大阪府文化財調査抄報』 第2輯.

38   유적은 오사카부와 효고현의 경계를 흐르는 이나가와(猪名川)의 내측에 형성된 낮은 고지에 위치하며, 야요이시대 후기에서 나라시대에 이르는 각종 유구가 중복된 대규모 취락유적이다. 이 유적은 古 하천 주변에 펼쳐진 습지 지역에 매우 많은 양의 초기스에키가 집적된 상황

으로 확인되며, 나라현 가츠라기시의 타케우치竹内유적[39]은 물류 집적장으로 이해된다. 또한 나라분지 내부에 물품을 받아 집적했던 거점으로 생각되는 북부의 이코마시 이치부미야노마에壱部宮ノ前유적[40]과 남부의 고세시 고세데라巨勢寺하층유적[41] 등이 확인된다. 이렇듯 물류를 집적하고 운반하는 것은 백제계 도래인이 관여해서 구축한 항구 관리와 물류시스템이라고 생각된다.

다음으로 철기 생산유적은 야마토지역인 난고유적군(난고카도타유적·시모차야카마다유적·사다유노키유적·난고센부유적·와키타유적 등), 마키무크유적·후루유적·신도유적·나이젠·키타야기유적, 가와치 남부지역인 나가하라유적·오가타유적, 가와치 북부지역의 모리유적과 기사베미나미유적 등이 확인된다.

난고유적군에서는 구릉지대를 중심으로 수혈주거가 집중된다. 수혈주거 10기 이상이 집중적으로 확인된 시모차야카마다유적·사다유노키유적 등이 있으며, 4~5기로 구성된 난고센부유적·난고다즈南郷田鶴유적 등이 있다. 유적군의 남쪽에 위치한 하야시林유적에서는 온돌(부뚜막+구들) 주거도 검출되었다. 시모차야카마다유적에서 철기 생산 활동과 관련된 주거는 3기가 확인된다. 유적 북쪽에서는 2기의 굴립주건물이 있는데 5세기대로 고상식 창고로 추정되며, 송풍관과 제염토기가 확인된다. 이외에 도제의 육각형 방추차, 토제연통이

---

으로 출토되고 있다. 출토된 스에키는 대부분이 TK73형식에서 TK208형식에 이르는 여러 형식을 포함하며, 기종으로는 개배·고배·유공광구소호·파수부완·기대·통형기대·호·대옹 등이 확인된다(豊中市, 2005, 『新修　豊中市史-考古』第4卷).

39　유적은 나라현 가츠라기시에 소재하며 오사카에서 다케우치 가도를 빠져 야마토분지가 눈앞에 펼쳐지는 산자락에 위치하고 있다. 수차례에 걸친 조사에서는 조사 면적이 좁아 큰 구(溝) 등이 검출되는 정도에 불과하지만 향후 집적지에 관련된 창고군 등 관련 유적의 발견도 기대된다. 검출된 구의 내부에서 초기스에키, 하지키, 제염토기 등이 많이 출토되고 있다. 발견된 스에키는 개배·유개고배·무개고배·파수부완·유공광구소호·유공장군·호·기대·통형기대·대옹 등이 확인된다(奈良県立橿原考古学研究所, 1996, 「竹内遺跡第13次発掘調査概報」, 『奈良県遺跡調査概報1995年度』).

40　奈良県立橿原考古学研究所, 1996, 「壱部宮ノ前遺跡発掘調査概報」, 『奈良県遺跡調査概報1995年度』; 小栗明彦, 2003, 「古墳時代生駒谷の物流拠点」, 『古代近畿と物流の考古学』, 学生社.

41　奈良県立橿原考古学研究所, 2004, 「巨勢寺」, 『奈良県立橿原考古学研究所調査報告』第87冊.

확인되어 마한·백제지역 사람들의 존재가 추측된다.

사다유노키유적의 대벽건물은 유적 중앙에 위치하면서 수혈주거보다 규모가 큰 형태로 단야집단의 지도자층의 집으로 추정된다. 주변의 수공업 생산을 하는 일반주민과 같이 살면서 수공업 기술을 전수하는데 중요한 역할을 담당했던 것으로 추정된다.

난고센부유적은 주변에서 한식계토기가 출토되는데 주로 자비용기로서 하지키적 특징으로 제작된 것으로 보인다. 이러한 소규모 단위의 취락유적은 백제계 도래인들에게 수공업 생산과 관련된 기술을 지도 받은 왜인들의 취락으로 생각된다(그림 39-2~4).

이렇듯 야마토지역의 난고유적군은 고분시대의 대호족인 가츠라기씨 경제권을 뒷받침하는 수공업 생산 단지로 유적군에서는 도검·갑주 등의 철제 무기류·무구류, 금동제품, 옥 제품, 농공구류 등을 주로 생산한 것으로 추정된다. 또한 마한·백제계 토기(육각형 방추차) 등의 백제계 자료와 함께 온돌을 갖춘 주거와 석단 기단부를 가진 대벽건물 등이 확인된다. 대벽건물에서 거주한 도래인들은 주변의 수혈주거에 사는 왜인들에게 철기 생산과 관련된 기술을 지도하고 감독한 것으로 추정된다. 즉 백제계 도래인들은 이주 초기의 '한반도형' 생활방식을 고수한 것으로 보인다.

또한 야마토지역의 후루유적은 도질토기와 연질토기 등의 토기가 출토되어 백제계 도래인들이 관련된 것으로 추정된다. 이 유적은 오래전부터 대호족인 모노노베씨物部氏가 관여한 복합적인 공방으로 도래인과 관련된 것으로 보인다. 나이젠·키타야기유적은 단야관련 유물의 특징과 한식계토기를 통해 도래계의 높은 정련기술을 확인된다. 6세기가 되면 철기 생산 공방의 조업을 멈추고 고분이 형성된다.

가와치 남부지역의 나가하라유적은 동쪽 취락에서 선진 기술을 습득한 도래인에 의해 철제품의 생산이나 말의 사육이 행해진 것으로 보인다. 동쪽 취락은 '한반도형' 생활방식을 고수한 것으로 보인다. 서쪽 취락에서는 소단위로 분

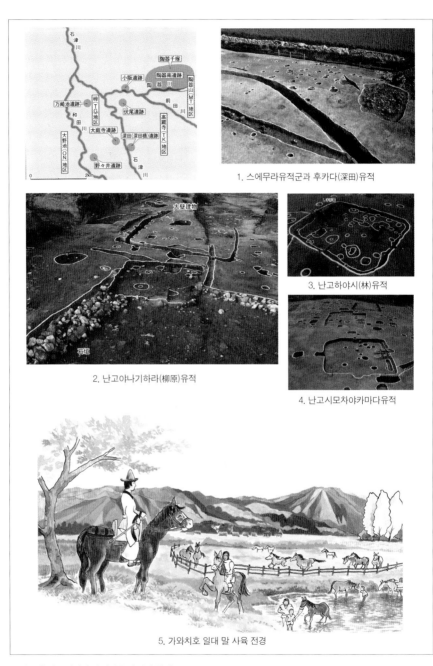

1. 스에무라유적군과 후카다(深田)유적

2. 난고야나기하라(柳原)유적

3. 난고하야시(林)유적

4. 난고시모차야카마다유적

5. 가와치호 일대 말 사육 전경

**그림 39 |** 일본 긴키지역 생산유적 관련 취락

산되어 있는데 한식계토기와 하지키의 제작 기술이 합쳐진 토기가 확인되어 도래인과 왜인이 같이 생활한 것으로 생각되며, '일부 일본형' 생활방식으로 변화되고 있는 모습을 보인다.

오가타유적은 대규모 철기 생산지로 5세기 후반의 한식계 시루와 도질토기 등이 확인되어 도래인과 연관성이 높다. 또한 남동쪽으로 2㎞ 떨어진 다카이다야마高井田山고분은 5세기 후반경 백제계 초기 횡혈식석실로 다리미, 유리옥 등 백제계 자료가 부장되었다. 이 시기 일본열도에서는 아직 보급되지 않은 관 못을 이용한 목관이 매납되어 피장자가 도래인일 가능성이 높은데, 백제에서 온 왕족에 필적하는 인물로 추측된다[42]. 주변의 히라오야마平尾山고분군의 히라노平野・오가타지군에서는 미니어처 아궁이 등 도래계 씨족과 관련된 부장품이 많으며, 철재 등의 단야 관련 유물도 출토된다.

가와치 북부지역의 모리유적・기사베미나미유적은 난고유적군에 비해서 작지만 철기 관련 유구와 유물이 상당량이 존재하며, 추가적으로 증가할 가능성이 높다. 가와치호 일대의 개발에 참여한 도래인 집단으로 추정된다. 이러한 개발에 참여한 집단 중 단야 기술자 집단이 형성한 취락이 중심을 이룬 것은 대량의 철기 생산을 행하고 각지에 철기를 공급하는 역할을 했을 것으로 추정된다.

시토미야키타유적은 가와치호 일대에서 확인된 대규모의 취락으로 말의 사육과 관련된다. 이 유적에서는 조족문토기・시루, 부뚜막 아궁이테 등이 다량으로 확인되어 마한・백제지역의 본향을 둔 도래인들이 관계된 것으로 생각된다. 이 유적에서는 5세기 전엽~중엽의 도래 당시의 '한반도형' 생활방식에서 점차 '일부 일본형' 생활방식으로 변화가 보인다. 또한 5세기 말~6세기 전엽이 되면, 한반도계 토기가 거의 보이지 않고 현지의 토기만 확인되어 일본에 동화

---

42 安村俊史, 1996, 「第7章高井田山古墳をめぐる諸問題」, 『高井田山古墳』, 柏原市教育委員会.

되어 가는 모습이 보인다. 이는 도래인들이 '일부 일본형' 생활방식에서 대부분 '일본형' 생활방식으로 변화한 것으로 생각된다(그림 39-5)[43].

**표 34 | 일본 긴키지역의 백제계 도래인 관련 생산유적 특징과 정착양상**

| 생산유적 | 특징 | 백제와의 관련 | 정착양상 |
|---|---|---|---|
| 토기 생산유적 | 토기가마 '직선형'→'곡선형' 다양한 한반도 계통 기종 한반도계 토기 제작기법 | 한식계토기 굴립주건물 물류시설(창고) | 한반도형 (야마토 · 가와치 · 이즈미 일대) |
| 철기 생산유적 | 지상식 단야로 八단자형 송풍관 단야구 관련 | 대벽건물지 온돌(부뚜막+구들) 주거지 한식계토기 | 한반도형(야마토) 일부 일본형(가와치) |
| 말 사육 관련 유적 | 말 매장 수혈 제염토기 선박 부재 | 부뚜막 주거지 한식계토기 아궁이테, 마구류 | 한반도형→일부 일본형 →일본형(가와치호 일대) |

이상으로 마한 · 백제계 사람들이 일본열도로 건너가서 기술관련(말 사육 포함) 생산유적에 관여하면서 정착해 가는 모습을 확인하였다. 도래 초창기(4세기 후엽~5세기 중엽)에는 토기와 철기 생산유적에서 그 흔적이 확인된다. 먼저 토기 가마유적의 주변에서 '한반도형' 생활방식의 취락을 만들었고, 토기 제작과 유통을 담당했던 것으로 보인다. 특히 야마토지역과 가와치지역의 주요 교통로 상의 길목과 주요 항구에 창고와 관련된 물류 시설이 확인되는데 이 또한 백제계 도래인들이 관리한 것으로 이해된다. 이들 또한 이주 초창기에는 '한반도형' 생활방식을 취했던 것으로 추정된다. 대체로 초기 토기 가마유적과 관련된 도래인의 생활 방식은 여기에 해당한다.

철기 생산유적으로 야마토지역의 난고유적군은 온돌 주거지와 대벽건물지에 백제계 도래인이 마한 · 백제계 토기를 사용하면서 살았던 흔적이 확인된다. 다시 말해 '한반도형' 생활방식을 취했으며, 수혈주거에 생활한 왜인들에게 철기 생산 기술을 지도한 것으로 보인다. 이외의 야마토지역의 마키무크유적 ·

43 亀田修一, 2017, 「일본열도 고분시대의 마한계 취락」, 『마한의 마을과 생활』(2017년 마한연구원 국제학술회의), 147 · 148쪽.

신도유적·후루유적과 가와치호 남쪽의 나가하라 동쪽 취락 등은 난고유적군처럼 이주 초창기의 생활방식을 고수했던 것으로 보인다.

이후 도래 정착기(5세기 후엽 이후)에는 오사카 평야지역의 개발과 가와치호 주변 일대에서 말 사육을 본격적으로 전담한 취락을 형성하였다. 가와치지역의 나가하라유적 서쪽 취락을 중심으로 백제계 도래인들은 '일부 일본형' 생활방식으로 전환되어 가는 모습이 확인된다. 이외에도 오가타유적과 모리·기사베미나미유적도 비슷한 형태의 생활방식을 취한 것으로 생각된다.

말 사육과 관련된 가와치호 주변의 유적인 시토미야기타유적에서도 5세기 전엽의 이주 초창기에는 '한반도형' 생활방식이 확인되다가 중엽경에는 점차 '일부 일본형' 생활방식으로 변화되며, 6세기를 기점으로 왜의 생활방식에 동화되어 대부분 '일본형' 생활방식으로 변화한 것으로 생각된다. 이러한 양상은 가와치호 주변의 백제계 도래인 관련 대규모 취락에서 대부분 확인된다.

이렇듯 기술 관련 백제계 도래인들은 도래 초창기에는 기존 생활방식(한반도형)을 유지하지만, 도래 정착기에는 대부분 왜의 생활방식으로 빠르게 전환된 모습을 보이며, 실제로 유적과 유물을 통해 구별하기가 어려운 정도이다. 그만큼 백제계 도래인은 빠르게 일본 생활에 적응하여 고대 일본문화의 토대 마련과 문화를 발전시키는데 지대한 영향을 끼친 것으로 보인다.

# Ⅳ. 맺음말

이상으로 일본열도 긴키지역에서 확인된 백제계 도래인 관련 생산유적을 통해 그들의 정착양상에 대해서 살펴보았다.

도래 초창기(4세기 후엽~5세기 중엽)에 백제계 도래인들은 지방의 유력 수장층의 비호 속에서 토기 제작과 철기 생산을 한 것으로 이해된다. 이른 시기의 토기 가마유적 주변에서 '한반도형' 생활방식의 취락을 형성하고 토기 제작과 유통을 담당했던 것으로 보인다. 특히 백제계 도래인은 야마토지역과 가와치호 일대 주요 교통로 상의 물류 시설과 주요 항구 관리를 담당했던 것으로 보인다. 이러한 시설 주변으로도 '한반도형' 생활방식의 취락이 형성되었을 것으로 추정된다.

철기 생산유적으로는 야마토지역의 난고유적군에서 백제계 도래인이 온돌주거지와 대벽건물지('한반도형')에 생활하면서 수혈주거에 생활한 왜인들에게 철기 생산 기술을 지도하였다. 이외의 야마토지역의 철기 관련 유적과 가와치호 일대에서도 난고유적군처럼 '한반도형' 생활방식을 유지했던 것으로 보인다.

도래 정착기(5세기 후엽 이후)에 백제계 도래인들은 오사카 평야지역의 개발과 가와치호 주변 일대에서 말 사육을 본격적으로 전담하게 된다. 가와치호 일대의 취락유적에서는 백제계 도래인들은 '일부 일본형' 생활방식으로 전환되어 가는 모습이 확인된다. 특히 말 사육이 확인된 시토미야기타유적에서는 5세기 전엽의 도래 초창기에는 '한반도형' 생활방식에서 5세기 중엽에 '일부 일본형' 생활방식으로, 6세기에 대부분 '일본형' 생활방식으로 변화된다. 이러한 양상은 가와치호 주변의 백제계 도래인 관련 취락에서 대체로 확인된다.

이렇듯 백제계 도래인들은 도래 초창기에는 기존 생활방식(한반도형)을 유지하지만, 도래 정착기에는 대부분 왜의 생활방식으로 빠르게 전환된 모습을 보이며, 실제로 유적과 유물을 통해 구별하기가 어렵다. 그만큼 백제계 도래인은 빠르게 일본 생활에 적응하여 고대 일본문화의 토대 마련과 문화를 발전시키는데 지대한 영향을 끼친 것으로 보인다.

6세기대 이후 왜 왕권은 각지의 수공업 생산자 집단을 장악하고 재편성해서 특정 품목의 특정 공방에서 집중 생산이 이루어지도록 하였다. 이런 과정에서 도래인들은 도래계 씨족을 형성하여 성장하였고, 이들은 아스카시대의 주요 도래계 씨족과도 무관하지 않다고 생각된다. 이러한 수공업 생산체제는 7세기대의 아스카지역에서 관영공방으로 운영되면서 복합적이고 대규모 생산체제로 변모한 것으로 이해된다.

(「일본 긴키지역의 생산유적으로 본 백제계 도래인의 정착양상」, 『역사학연구』 77, 2020).

# I. 머리말

영산강유역은 서남해 연안지역으로 선사시대로부터 대륙과 섬을 연결하는 중요한 길목에 해당한다. 따라서 영산강유역에서는 많은 유적과 유물이 확인되는데 마한 초현기부터 집중적으로 나타나기 시작한다. 기원전 2세기 이후부터 해남 군곡리 패총, 나주 낭동유적, 광주 복용동유적, 여수 거문도 등에서 중국 화폐인 화천과 오수전, 광주 신창동유적과 함평 신흥동유적에서 낙랑토기 등이 출토되어 낙랑을 경유하여 중국지역과 교류한 흔적[1]이 확인된다. 또한 광주 신창동유적과 해남 군곡리패총, 함평 소명동유적 등에서 야요이토기편, 나주 구기촌유적에서 우각형동기 등을 통해 왜와의 교류도 확인된다.

영산강유역 마한은 3세기대 이후 백제와 관계 속에서 다른 정치체와의 교류(교섭) 등의 상호작용이 확인된다. 고구려의 남하 정책으로 인해 금관가야가 쇠퇴하게 되어 기존 교역루트인 낙동강 하구역과 현해탄 중심의 무역이 약화되었다. 이로 인해 백제—영산강유역(서남해안 연안지역)—소가야지역(경남 남해안)—왜(북부규슈지역-야마토정권)에 이르는 새로운 교역 루트가 개척된 것[2]으로 보인다. 그러한 교류루트 속에서 영산강유역에 왜계고분(고총고분·횡혈식석실·장고분)과 왜계 유물(하지키·스에키·하니와·무구류·마구류·무기류 등) 등이 출현하게 되었다.

지금까지 한반도와 일본열도와의 교류에 대한 종합적인 연구는 유물을 중심으로 가야지역권을 중심으로[3] 이루어지다가 이후 백제지역에 새로운 자료

---

1  金京七, 2009, 『湖南地方의 原三國時代 對外交流』, 학연문화사, 129-133쪽.
2  최영주, 2017a, 「고분 부장품을 통해 본 영산강유역 마한세력의 대외교류」, 『百濟學報』20, 162쪽.
3  朴天秀, 2002, 「考古資料를 통해 본 古代 韓半島와 日本列島의 相互作用」, 『한국고대사연구』 27, 53-110쪽 ; 홍보식, 2006, 「한반도 남부지역의 왜계 요소-기원후 3~6세기대를 중심으로」, 『한국고대사연구』44, 21-58쪽.

(고분·유물 등)가 발견되면서 백제지역(영산강유역 포함)과 일본열도와의 교류관계를 주요 유적과 유물을 중심으로 연구[4]가 활발해졌다. 하지만 이러한 연구는 백제-왜의 교류과정에서 직접적인 교류의 당사자인 영산강유역 마한과 일본열도 규슈지역 세력과의 세부적인 상호작용에 대한 연구는 부족한 편이다.

따라서 본 장에서는 영산강유역 마한의 발전과정 단계에서 일본열도 규슈지역과의 상호작용에 대해서 유구와 유물을 중심으로 검토하고자 한다. 해당 고고자료 중 유구는 생활유구와 분묘유구 등이 있으며 유물로는 토기류·금속기류 등이 있다. 영산강유역 마한은 제형분 단계 → 고총고분 단계 → 백제석실분 단계로 변천되는데 각 단계별로 규슈지역과의 교류·교섭의 흔적이 확인된 고고자료를 중심으로 살펴보고자 한다. 또한 각 단계별 교류의 주체에 대해서 살펴보고 그 배경에 대해서도 검토하고자 한다.

---

4　서현주, 2004, 「4~6세기 百済地域과 日本列島의 関係」, 『湖西考古学』 11, 35-71쪽 ; 崔榮柱, 2012, 『三國·古墳時代における韓日交流の考古學的研究—橫穴式石室を中心に—』, 立命館大學院博士學位論文, 160-203쪽.

# Ⅱ. 단계별 교류양상

## 1. 영산강유역 마한의 단계별 특징〈표 35〉

영산강유역 마한세력의 발전단계로 보면 제형분 단계 → 고총고분 단계 → 백제석실분 단계로 변천된다. 제형분은 두 단계로 구분된다. 1단계는 방형·마제형·단제형의 분형이며 매장시설은 목관 단독으로 사용되다가 주구와 대상부에 옹관(1·2형식)이 사용된다. 취락은 방형계에 사주식과 무주식 형태이며 주거지 내부의 부뚜막과 구들은 점토를 사용한 마한취락이다. 생활유적에서 하지키(계)가 소량으로 확인된다. 부장품 중 토기류는 범마한양식이 유행하는 시기이며, 금속류는 소형농공구·철정, 소량의 무기류 등이 확인된다. 제형분 2단계는 분구가 수평으로 확장되면서 장제형의 분형을 보이며 매장시설은 목관(곽)·옹관(3A형식)이 병행하여 확인된다. 서남해안 연안지역에는 원형의 분구에 수혈식석곽을 매장시설로 한 왜계고분이 확인된다. 여기서 왜계 무구류와 무기류 등이 확인된다. 취락은 앞 시기와 비슷한 형태를 보이지만 주거지 수가 급증하고 취락 내 군집 간, 취락 간 상·하위 등의 위계관계가 보이기 시작한다. 부장품 중 토기류는 영산강유역 양식이 성립하는 시기이며, 금속류는 앞 시기의 철제품에 단야구 등이 추가된다.

고총고분 단계로 분구가 수직으로 확장되면서 방대형과 원대형을 띠며 매장시설은 옹관(3B형식)이 중심으로 목관이 주변에서 확인된다. 이후 일본식 묘제인 장고형이 추가로 확인되며, 매장시설은 영산강식 석실(규슈계 석실)이 사용된다. 취락은 (비)사주식에서 벽주식으로 변화하고, 점토로 된 부뚜막과 구들은 점차 판석으로 만들어지는 등 마한 → 백제 취락으로 변화하는 과도기적인 모습을 보인다. 취락은 대규모화 되고 전문 분야를 담당하는 거점취락과 각 수계에 생산 활동에 종사하는 하위집단으로 구성된다[5]. 부장품 중 토기류는 영산강유역 양식이 성행한 시기이며, 금속류는 장식성이 높은 위세품, 마구류와

**표 35 | 영산강유역의 발전단계 설정[6]**

| 시기 | | I기 | | II기 | | III기 | | IV기 | |
|---|---|---|---|---|---|---|---|---|---|
| | | 1 | 2 | 1 | 2 | 1 | 2 | 1 | 2 |
| 특징 | | 3세기 중엽~4세기 전반 | | 4세기 후반~5세기 2/4 | | 5세기 3/4~5세기 후엽 | 5세기 말~6세기 전엽 | 6세기 중엽~6세기 후엽 | 6세기 말~7세기 전반 |
| | | 제형분 | | | | 고총고분 | | 백제석실분 | |
| 고분 | 단계 | 제형분1 | | 제형분2 | | 옹관분 | 영산강식석실분 | 백제식 석실분 | |
| | | 방형 마제형 | 단제형 타원형 | 장제형(원형·방형화) | | 원(대)형 방(대)형 | 원(대)형, 방(대)형 장고형 | 원형(반구형) | |
| | 매장 | 목관단독 | 목관중심+옹관 | 목관(곽)·옹관 병행 | | 옹관(석실)중심+목관 | 영산강식석실(+옹관) | 백제계 석실 | |
| | | 옹관 1·2형식 | | 옹관 3A형식(U자형), 왜계 수혈식석곽 | | 옹관 3B형식 횡구식석실 | 옹관 3B형식 규슈계석실 | 복합형석실(복암리유형) 사비기 석실 | |
| | 분구 | 低 | | 中(수평확장) | | 高(수직확장) | | 高→中 | |
| 취락 | 유형 | 마한 취락 | | | | 마한 취락→백제 취락 | | 백제 취락 | |
| | 구조 | (비)사주식 점토 부뚜막·구들 | | | | 사주식→벽주식 부뚜막·구들 점토→판석 | | 벽주식·벽주건물 판석 부뚜막·구들 | |
| | 유물 | 이중구연토기, 양이부호, 발, 호, 시루, 완, 장란형토기(격자문), 거치문토기) | | | | 개배, 유공광구소호, 고배, 호, 발, 시루, 완, 장란형토기(격자→승문) | | 개배, 고배, 기대, 삼족기, 직구호, 발, 장란형토기, 호(승문계)) | |
| 부장품 | 토기류 | 범마한양식 유행 | | 영산강유역양식의 성립 | | 영산강유역 양식의 성행 | 영산강유역 양식의 절정기 | 백제양식으로 전환 | 백제양식으로 일원화 |
| | 금속기류 | 소형농공구, 환두도 등 소량의 무기류 | | | | 장식성 위세품, 마구류, 무기류 증가, 관 부속구류 | 장식성 위세품, 장식마구류 등장, 부장품 종류 급증 | 부장량 감소 은화관식, 무구류·마구류 소멸 | 은화관식, 장식대도, 장식구류(관모장식) |
| | | | | 왜계 자료 | | | | | |
| 규슈자료 | 유구 | | | 왜계고분 | | 횡혈식석실, 장고분 | | | |
| | 유물 | 하지키(계) | | 왜계 무구류, 무기류 | | 스에키(계), 하니와계, 장신구류, 무구류, 석제모조품, 모자곡옥, 고호우라 조개팔찌 | | 스에키(계), 장식대도, 석침 | |

---

5  이영철, 2011a, 「영산강 상류지역의 취락 변동과 백제화 과정」, 『百濟學報』 6, 136·137쪽.

6  최영주, 2018c, 「고고자료로 본 영산강유역 마한세력의 성장과 변동과정-백제와의 관계를 중심으로」, 『東아시아古代學』 52, 393쪽.

무기류 등이 급증하는 시기이다. 또한 왜계 자료가 급증하는 시기이며, 이외에 석제모조품, 모자곡옥, 고호우라 조개팔찌 등도 확인된다[7].

백제석실분 단계로 분형은 반구형의 원형을 띠며 분구는 점차 낮아진다. 매장시설은 기본적으로 사비기 석실이 사용되지만 재지적인 복암리유형 석실도 확인된다. 취락은 벽주식과 벽주건물, 부뚜막과 구들은 판석으로 만들어지는 등 백제계 취락이 주류를 이룬다. 부장품 중 토기류는 백제양식으로 전환되고, 일원화된다. 금속류는 백제의 관등제와 관련된 은화관식과 관모테가 등장하고 장식구류 등이 확인된다. 이외에 장식대도(규두대도·귀면문 환두대도 등), 석침 등 왜계 관련자료가 확인된다.


## 2. 제형분 단계

### 1) 영산강유역에서 확인된 규슈계 자료〈그림 40〉

5세기 이전 제형분 단계에는 영산강유역에서 확인된 규슈계 자료는 매우 희박한 편이다. 오히려 낙동강 하류지역인 김해와 부산지역의 금관가야권 내의 유적에서 집중된다. 생활유적에서는 토기류, 매장유적에서는 토기류·금속기류·석제품류·패류 등이 확인된다[8]. 영산강유역에서는 분묘와 생활유구는 전혀 확인되지 않지만, 마한계 취락 일부에서 하지키(계)가 확인되는 양상을 보인다. 고창 장두리유적과 함평 소명동 17호 주거지와 군산 남전패총유적 등의 출토품은 그 형태와 소성 상태가 일본열도 후루식布留式의 하지키계로 추정되며 4세기대로 편년된다.

5세기대 들어서면서 서남부 연안지역에 왜계고분이 확인되고 있다. 분형은

---

7   최영주, 2018c, 앞의 논문, 391-397쪽.
8   朴天秀, 2002, 앞의 논문, 57-65쪽 ; 홍보식, 2006, 앞의 논문, 22-24쪽.

대체로 원형분이나 일부 방형분도 있으며, 주 매장시설은 수혈식석곽으로 상자식 형태를 보인다. 대표적인 고분으로는 무안 신기고분, 신안 배널리 3호분, 해남 외도 1호분, 해남 신월리고분, 고흥 야막고분, 길두리 안동고분, 마산 대평리 M1호분 등이 확인된다[9]. 추가로 목포 옥암동 초당산고분[10]과 완도 청산도 당락고분[11] 등도 왜계고분으로 알려져 있다. 이 고분의 피장자는 왜계 도래인으로 보면서 백제와 깊은 정치적인 관계를 가진 자로, 왜와 백제의 정치·경제적인 연결을 맺고 있던 '복속성'을 갖춘 인물[12]로 추정된다.

하지만 고분 피장자로 추정되는 왜인들의 생활 주거유적은 서남부 연안(영산강유역)에서 확인되지 않고 있다. 서남부 연안지역에서 거주했을 왜인들은 한반도의 추운 겨울을 나야했기 때문에 부뚜막 시설이 없는 왜식 주거에서 생활하기는 힘들었을 것으로 보인다. 따라서 그들은 부뚜막 시설이 있는 마한계 주거에서 살았던 것으로 보인다. 현재도 일본인은 여름을 나는 생활 주거 환경을 보이고 있어 추운 겨울을 나야하는 한반도에서 왜식 주거 구조를 만들어 생활하기 힘들었을 것으로 생각된다.

대부분 왜계고분에서 왜계의 대금식갑주가 부장되어 있다. 고흥 야막고분에서는 삼각판혁철판갑三角板革綴板甲, 충각부주(삼각판혁철), 경갑, 견갑, 판철, 볼가리개 등이 확인되며, 신안 배널리 3호분에서는 삼각판혁철판갑, 충각부주 등이 확인되며, 해남 외도 1호분과 영암 옥야리 방대형고분에서도 삼각판혁철판갑이 출토된다. 고흥 길두리 안동고분에서는 장방판혁철판갑長方板革綴板甲,

9  김낙중, 2013,「5~6세기 남해안지역 倭系古墳의 특성과 의미」,『호남고고학보』45, 160-184쪽.
10  高田貫太, 2014b,「5·6세기 백제, 영산강유역과 왜의 교섭-'왜계고분'·전방후원분의 조영배경을 중심으로-」,『전남 서남해지역의 해상교류와 고대문화』(전남문화재연구소 연구총서1), 혜안, 223쪽.
11  임영진, 2017,「전남 해안도서지역의 倭系 고분과 倭 5王의 중국 견사」,『百濟文化』56, 304쪽.
12  高田貫太, 2014a,「5·6세기 한반도 서남부 '왜계고분'의 조영 배경」,『영산강유역 고분 토목기술의 여정과 시간을 찾아서』(2014 하반기 국제학술대회), 대한문화재연구원, 18쪽.

차양주, 경갑, 견갑 등이 출토되고 있다[13].

일본의 갑주 연구를 참고하면 이른바 '병유기법 도입기'로 대략 고분시대 중기 중엽인 5세기 전엽경으로 편년된다. 또한 고흥 야막고분, 신안 배널리 3호분 등에서 출토된 규두·유엽형(조설촉)과 역자유엽형 철촉 등도 앞의 대금식 갑주와 비슷한 시기로 보이며, 두 고분에서 출토된 무구류와 무기류는 왜에서 도입된 것으로 보인다. 이외에도 야막고분에서 빗과 곡옥, 야막고분·안동고분·배널리 3호분에서 갑주와 동경의 공반 양상, 석곽 내부에 토기를 부장하지 않은 점도 왜와 공통성이 높다[14]고 생각된다.

### 2) 규슈지역에서 확인된 영산강유역(마한)계 자료〈그림 40〉

규슈지역에서 영산강유역계 자료는 생활유구를 중심으로 주거 관련 생활유물이 확인된다. 마한계 취락은 사주식이면서 방형의 형태로 모서리 부분에 배수구가 있으며, 내부에 부뚜막과 구들이 있는 것으로 특정된다[15]. 마한계 유물로는 양이부호·이중구연토기·조족문토기·거치문토기·시루, 방추차 등이 해당된다[16].

대표적인 취락유적으로는 후쿠오카현 니시진마치西新町유적으로 사구상의 고지에 입지한다. 기원전 2세기부터 기원후 1세기까지 취락·옹관묘, 3세기 전엽에서 4세기 중엽의 취락으로 구성되어 있다. 특히 3세기 전엽에서 4세기 중엽까지의 수혈주거지가 많이 확인되며, 마한계 토기, 부뚜막시설이 확인되

---

13  최영주, 2017a, 앞의 논문, 154-157쪽.

14  高田貫太, 2014b, 앞의 논문, 222쪽.

15  重藤輝行, 2013, 「고분시대의 사주식 수혈주거지와 도래인-북부규슈의 사례를 중심으로-」, 『주거의 고고학』(제37회 한국고고학 전국대회), 313쪽 ; 重藤輝行, 2018b, 「취락유적」, 『일본 속의 百濟-규슈지역』, 충청남도·충청남도역사문화연구원, 88-97쪽 ; 亀田修一, 2017, 「일본열도 고분시대의 마한계 취락」, 『마한의 마을과 생활』(2017년 마한연구원 국제학술회의), 138-140쪽.

16  亀田修一, 1993, 「考古学から見た渡来人」, 『古文化談叢』30(中), 九州古文化研究会, 1993 ; 亀田修一, 2017, 앞의 논문, 141·142쪽.

었다. 유적 내에서 부뚜막[17]이 설치된 주거지 106기로 전체 수혈주거지의 20%에 해당한다. 니시진마치유적의 부뚜막 시설의 구조 변화는 한반도 영산강유역의 I자형→L자형→T자형의 변화양상과 같다. 하지만 T자형 부뚜막 시설은 아직 보이지 않고 있는데 이것은 니시진마치유적이 4세기 중엽 이후에 폐기되었기 때문이다. 유적에서는 마한계의 양이부호·이중구연토기·원저단경호·시루·주구토기 등이 확인된다. 유적의 동쪽에는 가야계 토기 등이 다량으로 확인되는데 가야계 도래인들과 공존한 것으로 생각된다. 이외에도 나가사키현의 하루노츠지原の辻유적에서는 가야계 경질토기와 함께 마한계 토기, 부뚜막 있는 주거지가 확인되고 있어 야요이시대 이래로의 교역거점을 유지한 것으로 이해된다.

4세기 중엽 이후 후쿠오카현 미쿠모三雲·이하라井原유적군에서는 가야계 도질토기와 함께 조족문토기·주구토기 등 마한계 토기가 산발적으로 확인된다. 후쿠오카현 오츠카大塚유적과 이키노마츠바라生の松原유적에서도 시루와 연질 천발 등 취사구가 출토되어 도래인의 정착이 예상된다[18]. 이렇듯 북부규슈지역에서 3세기대 이후 4세기대까지는 마한계 취락은 대부분 이토시마糸島 반도에서 하카타博多만 연안에 집중된 양상을 보인다.

한편으로 후쿠오카현 스키자키鋤崎고분과 로지老司고분은 가장 오래된 초기 횡혈식석실의 매장시설이 확인된다. 이 고분에서는 마한계 양이부호와 유사한 토기가 확인된다. 이외에도 고흥 야막고분과 유사한 석관계 수혈식석곽이

---

17  한반도에서 확인된 부뚜막과 연도가 결합한 형태의 유구를 일본에서는 「온돌상 유구」라고 한다. 주로 평면형태는 방형계로 부뚜막의 위치와 연도의 형태에 따라 두 가지 형태로 나누어지는데 I자형과 L자형이다. I자형에는 부뚜막이 주거지 모서리와 중앙에 위치하고 있는데 이 형태는 연도가 거의 없는 것과 주거지 외부에 똑바로 연결된 짧은 연도인 것이 특징이다. L자형은 부뚜막이 주거지와 직교하고 있으며, 연도가 벽을 따라 설치된 형태이다(崔榮柱, 2012, 앞의 논문, 162·163쪽).

18  重藤輝行, 2018b, 「취락유적」, 『일본 속의 百濟-규슈지역』, 충청남도·충청남도역사문화연구원, 90·91쪽.

1. 고흥 야막고분

2. 신안 배널리 3호분

3. 고흥 길두리 안동고분

영산강유역에서 확인된 큐슈계 자료

4. 니시진마치(西新町)유적

14차 26호 주거지

20차 4호 주거지

12차 63호 주거지

12차 93호 주거지

12차 22호 주거지

5. 스키자키(鋤崎)고분

로지(老司)고분

6. 다나바타이케(七夕池)고분

큐슈지역에서 확인된 영산강유역계 자료

**그림 40 |** 제형분 단계 양 지역간의 교류관계

매장시설인 다나바타이케七夕池고분에서도 마한계 호가 확인된다. 이는 마한·백제와 교섭에 관계했던 수장의 장송의례에 마한계 토기가 상징적인 의미[19]로 사용된 것으로 보인다.

대표적인 마한계 토기는 양이부호·이중구연토기·거치문토기·시루 등이 있으며 일부에서는 토제연통도 확인된다. 양이부호는 이른 시기인 3세기대에는 쓰시마의 도노쿠塔ノ首 3호 석곽, 우라시浦志 A유적의 구에서 확인되며, 4세기대의 니시진마치西新町유적, 신마치新町패총, 하카다博多유적군, 후나사코차우스야마船迫茶臼山 동쪽 1호 가마 등이 있다. 특히 니시진마치유적의 출토품은 대체로 충청지역과 전라지역의 특징적인 것으로 한반도에서 반입된 것으로 보인다.

이중구연토기는 니시진마치유적에서 주로 확인된다. 유적 가운데 12차 조사 93호 주거지 출토품은 평저이면서 이중구연의 형태와 동체의 전체적인 양상은 고창과 영광지역의 출토품과 매우 유사하다. 기타 기종의 타날문호·양이부호·고배·발·시루 등이 출토되며, 충청지역과 전라지역에서 그 계보를 구할 수 있다. 거치문토기는 신마치패총, 니시진마치유적, 하카다유적군 등에서 확인된다. 그 중에서도 니시진마치 29호 주거지 출토품은 이중구연토기로 함평 순촌유적 출토품과 유사하다. 시루도 니시진마치유적에서 주로 확인되는데 평저에 증기공의 형태, 파수의 형태 등이 해남지역의 출토품과 매우 유사하다.

조족문토기[20]는 후쿠오카현 미쿠모·이하라유적군, 미쿠모유적 토갱 등의 출토품은 하지키의 영향을 받거나 공반되어 출토되는 등 이른 시기(5세기 초)의 해당하며 기형은 마한계 토기와 유사하다. 이후 이하라즈카마와리井原塚廻유적

---

19  重藤輝行, 2018b, 앞의 논문, 91쪽.

20  조족문토기는 대부분 5세기 전반경으로 편년되며, 호·장동옹·시루·파수부발 등 적갈색 연질의 조리용 토기로 구성되어 있다(최영주, 2006, 「鳥足文土器의 變遷樣相」,『韓國上古史學報』 55, 102쪽).

2호 주거지, 이하라죠가쿠井原上學유적 3호 도랑의 출토품은 기형이 하지키와 유사하다. 이는 도래인이 정착하는 과정에서 재지의 하지키로 기형을 바꾼 것으로 보인다. 인근의 유우스夜臼·미시로드代유적군에서도 앞에서 언급된 유적들의 출토품처럼 현지에서 제작·소성된 것으로 이해된다. 5세기 전반 경 조족문토기는 반입품보다는 현지에서 하지키의 영향을 받아서 제작된 것으로 보이는데 이러한 것이야말로 마한계 도래인의 정착과정을 보여준 것으로 생각된다.

이외에도 후쿠오카현 나카那珂 4호 주거지에서는 토제연통이 확인되는데 5세기 전·중엽 경으로 편년된다. 산인형 토제연통은 한반도에서 전해져 산인지역에서 재지화되어 고분시대 전기와 중기에 유행하였고 그 일부가 규슈지역에서도 확인되고 있다[21]. 하지만 부뚜막 시설과 관련된 아궁이테는 확인되지 않고 있다.


## 2. 고총고분 단계

### 1) 영산강유역에서 확인된 규슈계 자료〈그림 41〉

5세기 후엽이 되면 왜계 횡혈식석실(영산강식)과 장고분이 등장하게 되고, 다양한 왜계 자료가 확인된다. 이러한 자료가 본격적으로 등장하기 직전 5세기 중엽 경에 고총고분이 등장한다. 대부분 고총고분은 제형분이 수직으로 확장하면서 나타나며, 매장시설은 옹관 3형식이 유행하였다. 하지만 고총고분이 완성형으로 나타나기도 하는데 영암 옥야리 방대형고분과 나주 가흥리 신흥고분이 해당한다. 양 고분은 방대형으로 매장시설은 횡구식석실(석곽)을 사용

---

21   최영주, 2009,「三國時代 土製煙筒 硏究-韓半島와 日本列島를 中心으로-」,『湖南考古學報』31, 68·69쪽.

하고 있다. 이러한 분구의 고대화는 5세기 전반 경 왜계고분과 백제 토목기술의 영향으로 이루어진 것으로 보인다. 이 시기 영산강유역의 마한세력들은 정치·사회적인 변화의 요구를 충족하기 위해 분구의 고대화를 추진했을 것[22]으로 생각된다.

왜계 횡혈식석실은 크게 북부규슈형과 히고형으로 분류된다.[23] 왜계 석실들은 확인된 수에 비해 다양한 형태를 보인다. 이것은 왜계 석실이 한반도 서남해안 연안으로 전파되는 과정에서 나타난 현상이다. 왜계 석실의 전파 계기와 방법, 규슈지역과 영산강유역 집단의 정치·사회적 관계 등 여러 가지 요인에 의해 지역별로 다양한 양상을 보인다[24]. 다시 말해 영산강유역에서 다양한 형태의 석실이 보이는 것은 백제의 강력한 규제에 의한 규격화가 이루어지지 않았기 때문이기도 하다.

고분의 매장 주체는 재지세력이 주도적으로 왜계와 백제계의 석실을 수용

22   영산강유역 방대형 및 원대형 분구묘의 등장 배경에는 방대형 및 원대형 분구묘가 제형 분구묘의 전통(매장시설·주구·분정면 경사도)속에서 분구가 수평·수직 확장 현상을 보이고 있으며, 5세기 전반경 영산강유역에 등장하는 왜계고분(원분·횡구식석실·부장품)의 영향과 백제 토목기술의 영향도 상정된다(최영주, 2015, 「마한방대형·원대형 분구묘의 등장배경」, 『百濟學報』14, 97-102쪽).

23   북부규슈형은 조산식, 월계동식, 장고봉식으로, 히고형 석실은 영천리식으로 분류된다. 조산식은 벽석 하부에 장대석(요석)+할석을 이용하고, 평면이 역제형(장방형)이 기본적인 특징이며, 세부적으로 연도와 묘도 등에서 차이를 보인다. 월계동식은 벽석 석재를 판상할석을 이용하고, 평면이 장방형으로 긴 연도를 갖추는 것이 기본적인 특징이다. 장고봉식은 벽석 기단부에 장대석+할석을 이용하고, 평면이 역제형(세장방형)으로 긴 연도가 있는 것이 기본적인 특징이다. 히고형 석실인 영천리식은 현실의 평면형태가 방형으로 벽 모서리가 호선형이거나 제형에 가까운 형태이며 2중의 문주석을 설치하는 것이 특징이다. (柳沢一男, 2006, 「5~6世紀の韓半島西南部と九州」『伽耶, 洛東江에서 榮山江으로』(제12회 가야사국제학술회의), 48-52쪽 ; 김낙중, 2009b, 『영산강유역 고분 연구』, 학연문화사, 165-174쪽 ; 최영주, 2013, 「百濟 橫穴式石室의 型式變遷과 系統關係」『百濟文化』48, 245쪽 ; 최영주, 2017b, 「韓半島 南西部地域 倭系 橫穴式石室의 特徵과 出現背景」『湖西考古學』38, 68-74쪽).

24   杉井健 編, 2009, 『九州系橫穴式石室の伝播と拡散』 北九州中國書店 ; 김낙중, 2012b, 「한반도 남부와 일본열도에서 횡혈식석실묘의 수용 양상과 배경」『한국고고학보』85, 68-74쪽 ; 김낙중, 2013, 「5~6세기 남해안지역 倭系古墳의 특성과 의미」『호남고고학보』45, 192-197쪽.

하면서도 재지의 특성에 따라 다양한 형태로 변이가 이루어진 것으로 생각된다. 「재지계」는 석실 구조가 왜계와 백제계이지만 목관·옹관을 사용한 것은 모두 '가두는 관'의 전통을 보이고 있으며, 부장품의 계통도 다원적이어서 피장자는 재지인일 가능성이 높다. 「왜계」는 왜계 석실과 규슈지역의 '열린 관'의 영향을 받은 석옥형석관과 상식석관(개석 없음)을 통해 왜인으로 추정된다. 「백제계」는 백제계 석실에 목관을 사용하는 점에서 백제인으로 추정된다. 이 시기에 영산강유역에 새로운 매장시설인 횡혈식석실이 도입되지만, 구조적 다양성과 왜계의 매장방법(열린 관)을 수용하면서도 전통적인 매장방법(가두는 관, 연도 제사, 다장 풍습)이 지속되고 있다[25]. 이렇듯 왜계 횡혈식석실은 영산강유역에서 재지세력의 내부 경쟁력 확보와 주요 교역루트 상의 표식물로서 우호적인 관계를 위해 적극적으로 수용된 것으로 생각된다.

장고분[26]의 매장시설은 대부분 왜계 횡혈식석실을 사용하고 있다. 따라서 앞에서 서술한 왜계 횡혈식석실의 매장 주체에 해당되리라 생각된다. 광주 월계동고분군을 제외한 나머지 장고분은 재지세력에 의해서 축조된 것으로 이해된다. 장고분의 출현에는 왜와의 교섭 속에서 왜계 집단에 의해 장고분과 관련된 물자·기술·정보가 들어왔던[27] 것으로 보인다. 장고분도 영산강유역 마한세력과 왜의 지역 세력인 규슈지역과의 정치적인 유대의 상징물로 또는 백제 왕권과의 정치적 거리 유지의 표상으로 축조되었을 것[28]으로 생각된다.

이러한 왜계고분에서 스에키, 분주물, 금동관, 무구류, 마구류, 무기류 등 다양한 유물들이 확인된다. 영산강유역에서 출토된 스에키 기종은 고배·개배·유공광구소호·장군·편병 등이 있다. 영산강유역에서는 스에키(계)는

---

25    최영주, 2017b, 앞의 논문, 87-89쪽.
26    장고분의 현황과 특징에 대해서 다음의 논문을 참고하길 바란다(이영철 외6, 2017, 「특집2-한국 장고분 현황」『계간 한국의 고고학』35, 주류성, 30-71쪽).
27    高田貫太, 2014a, 앞의 논문, 241쪽.
28    최영주, 2017a, 앞의 논문, 164쪽.

TK208~MT15형식에 해당하는 자료로 시기적으로는 5세기 중엽에서 6세기 전엽에 해당한다[29]. 5세기 중·후엽에는 주로 주거지에서 출토되는 경향이 강하고, 6세기 전엽에는 고분에서 출토되는 경우가 많다[30]. 특히 영산강유역에서 스에키는 왜에서 직접 가져온 반입품과 현지에서 제작한 모방품이 같이 존재하는 것이 특징이다[31]. 스에키 모방토기는 왜인의 이주, 정착과 관계가 있는 것으로 보인다. 특히 광주 동림동유적에서는 소가야 토기와 왜의 스에키를 모방하거나 절충한 것이 다량으로 확인된다. 동림동유적에서 소가야인들과 왜인들이 공동으로 거주했을 것으로 추정되며, 그들은 교역에 종사했을 것으로 추측된다[32]. 또한 인근의 하남동유적과 산정동유적에서도 스에키와 소가야계 토기가 출토되는 것으로 보아 광주천일대 동림동유적에 교역의 거점 취락이 형성되었을 가능성이 높다.

분주물은 고분의 분구 정상이나 가장자리에 열을 이루고 배치되었던 특수한 기물들로 분주토기와 분주목기가 있다[33]. 분주토기는 3세기 말에서 6세기 전엽까지 성행하였고, 고분·주거지·취락제사 등의 유적에서 다양한 형식들이 확인되어 고분의 분구 수립과 장식, 공헌의 기능을 포함한 의미로써 사용된

---

29   木下亘, 2003,「韓半島 出土 須惠器(系) 土器에 대하여」,『百濟研究』37, 21-36쪽 ; 徐賢珠, 2006,『榮山江流域 古墳 土器 研究』, 學研文化社 ; 酒井淸治, 2008,「韓國出土의 須惠器」,『生産の考古學Ⅱ』(倉田芳郎先生追慕論文集), 同成社, 149-167쪽 ; 하승철, 2012,「土器와 墓制로 본 古代 韓日交流」,『아시아의 고대 문물교류』, 서경문화사, 91-100쪽 ; 土田純子, 2014,『百濟토기 東아시아 交叉編年 研究』, 서경문화사, 109-133쪽.

30   최영주, 2017a, 앞의 논문, 147·148쪽.

31   참고로 가야지역의 스에키는 반입품이 많은 반면에 마한·백제지역은 스에키의 반입품과 모방품이 존재하는 것이 큰 차이점이다(하승철, 2012, 앞의 논문, 91-100쪽 ; 최영주, 2017a, 앞의 논문, 147쪽).

32   하승철, 2014,「전남 서남해지역과 가야지역의 교류양상」,『전남 서남해지역의 해상교류와 고대문화』(전남문화재연구소 학술총서1), 혜안, 272·273쪽.

33   林永珍, 2002,「韓国の墳周土器」,『東アジアと日本の考古学―第Ⅱ券墓制②』, 同成社, 3-6쪽 ; 임영진, 2003,「한국 분주토기의 기원과 변천」,『湖南考古學報』17, 84-86쪽 ; 임영진, 2015,「한국 분주토기의 발생과정과 확산배경」,『湖南考古學報』49, 175-177쪽.

다. 분주토기는 금강 하류에서 중서부지역의 원통형 특수토기를 변용·발전시켜 3세기 말경에 완성된 형태로 확인된다. 이 시기 장경호형 분주토기는 고분의 장식물로서 의례과정의 일부분이 되었고, 고분 축조 마지막에 분구 가장자리에 세워진 것으로 보인다. 5세기 전반 이후 왜계의 고분문화를 수용하는 과정에서 왜계 하니와와 결합한 복합형(옥야리형)이 출현하였으며, 또는 재해석하여 반남형으로 재지화되었다. 5세기 후엽 이후에는 왜계 묘제인 장고분과 규슈계석실의 도입으로 왜계고분문화가 성행하였고, 원통하니와계 분주토기가 고분 장식물로, 분구 가장자리에 일정한 간격을 두고 세워졌다. 영산강유역 재지세력이 왜계고분문화를 도입하는 과정에서 분주토기는 다양한 형태로 변화하면서 발달하였다[34].

이외에도 함평 금산리 방대형고분에서 원통하니와계 분주토기와 인물형 하니와 1개체, 동물형 하니와(鷄形 1·馬形 3개체) 등이 확인되고 있으며 분구 전면에 즙석이 깔려 있는 점이 특징이다[35]. 형상하니와는 제작기법과 소성 상태, 태토 등이 일본열도의 출토품과 매우 비슷하여 일본열도에서 건너온 하니와 제작 공인에 의해 현지에서 제작되었을 것으로 보인다[36]. 이러한 특징은 일본열도의 고분 문화를 도입하는 과정에서 단순한 유물만 반입한 것이 아니라 그들의 고분의례도 받아들인 것으로 생각된다.

분주목기는 장승형과 개형이 확인된다[37]. 광주 월계동 1호분의 장승형은 일

---

34  최영주, 2018a,「韓國 墳周土器 硏究-분포 양상과 변천과정, 고분의례과정을 통해-」,『湖西考古學』40, 72-81쪽.
35  전남문화예술재단 전남문화재연구소, 2015,『함평 금산리 방대형고분』; 전남문화관광재단 전남문화재연구소, 2018,「함평 금산리 방대형고분 1차 학술자문회의 자료집」.
36  井上裕一 외2, 2018,「함평 금산리 방대형고분 출토 하니와에 대해서」,『일한 하니와의 비교·검토와 왜계고분 출현의 역사적 배경』(제3회 고대한일고분연구교류회·제34회 고분문화연구회), 84-88쪽.
37  분주목기는 일본열도에서 목제하니와(木製埴輪)로 알려져 있으며, 장승형은 이와미형(石見型)으로 개형은 가사형(笠形)으로 분류된다.

본 후쿠오카현 가마츠카釜塚고분 출토품과 유사하며 두 고분은 석실 구조도 유사한다[38]. 또한 구마모토현 히메노죠姬ノ城고분 출토 석제하니와도 비슷한 형태를 보인다. 따라서 월계동 1호분의 장승형 분주목기는 장고분의 석실 구조 등에서 상통하는 중·북부규슈지역과 관련된 것으로 생각된다. 개형 분주목기는 광주 월계동 1호분과 영암 자라봉고분에서 확인된다. 개형 분주목기 역시 후쿠오카현 가마츠카고분의 출토품과 유사하다. 양 고분에서 출토된 분주목기는 일본 긴키지역 출토품보다는 규슈지역의 고분 출토품과 그 유사성이 높은 것으로 보인다. 분주목기도 분주토기처럼 일본 고분의례를 적극적으로 도입하는 과정에서 나타난 것으로 이해된다.

금동관은 입식과 대륜편이 함평 신덕 1호분에서 확인되었다. 입식은 초화형이나 수지형이고, 대륜은 광대이산식廣帶二山式으로 일본 구마모토현 에다후나야마江田船山고분과 시가현 가모이나리야마鴨稲荷山고분 출토품과 유사하다. 이외에 꼰환두대도(녹각제 병두) 1점이 출토된다. 꼰환두대도는 5세기 말에서 6세기 초에 기나이畿內지역, 후쿠오카지역, 군마群馬지역에 집중되어 나타난다. 이렇듯 광대이산식관과 꼰환두대도가 같이 부장되는 사례가 일본열도에서 많이 보인다. 이러한 부장 양상과 같은 함평 신덕 1호분은 장고분이면서 규슈계 석실을 매장시설로 하고 있어 규슈지역과의 교류 속에서 나타난 것으로 보인다.

무구류는 장성 만무리고분의 횡장판정결판갑을 제외하고 함평 신덕고분과 광주 쌍암동고분, 해남 장고봉고분에서는 찰갑이 확인된다. 6세기대의 일본에서도 판갑에서 찰갑으로 변화하고 유력수장분에 찰갑이 1벌만 부장[39]되는 양상을 보인다. 따라서 영산강유역에서 찰갑이 부장된 고분의 성격상 규슈계석실과 함께 부장품을 통해서도 왜와의 관련성이 높다고 생각된다.

---

38  분주목기 중 장승형은 일본 나라현 시죠(四條) 1호분과 시가현 하야시노코시(林ノ腰)고분의 출토품과 유사한 것으로 보는 의견도 있다(서현주, 2004, 앞의 논문, 44-46쪽).
39  田中晋作, 2003, 「鐵製甲冑の變遷」, 『考古資料大觀』7(彌生·古墳時代 鐵·金屬製品), 小學館.

마구류는 해남 월송리 조산고분과 나주 복암리 정촌 1호분에서 f자형 경판부 재갈과 검릉형 행엽이 세트로 확인된다. 이러한 조합은 대가야 마구에서 성행했던 것으로 알려져 있다. 대가야 마구가 일본열도에 영향을 주었고, 다시 왜계고분문화의 도입과 함께 영산강유역에 유입된 것[40]으로 생각된다.

무기류 중 철모는 직기형이 대부분이며, 공부가 팔각형인 것은 해남 월송리 조산고분, 함평 신덕고분, 장성 만무리고분에서 확인된다. 이러한 철모는 대가야(연미형 유행)에서 직접적으로 유입된 것이 아니라 백제와 왜의 교류과정에서 유입된 것으로 보인다. 특히 함평 신덕 1호분의 은장철모는 위세품적인 성격[41]이 강한 것으로 보인다. 철촉은 도자형, 사두형 장경촉이 대부분으로 왜계 철촉인 V자형이 해남 용두리고분, 역자형이 광주 월계동 1호분에서 출토된다.

동경은 담양 제월리고분에서 주문경珠文鏡 · 변형육수경変形六獸鏡, 광주 쌍암동고분에서 주문경, 해남 조산고분에서 변형주문경이 출토된다. 동경 문양은 거치문과 절파문으로 문양 배열도 불규칙한 것으로 보아 6세기 전엽에 해당한다. 이러한 소형의 방제경은 일본열도에서 5세기 전반 이후에 나타나며 문양이나 특징으로 보아 왜계 유물로 보인다[42].

이외에도 부안 죽막동의 제사유적에서 왜의 석제모조품이 확인되었다. 부안 죽막동은 연안항로 상에 중요한 위치하는데 왜의 해상세력에 의해 정기적인 제사가 행해진 것으로 보인다. 모자곡옥도 제사와 관련된 유물로 주거유적에서 주로 출토된다. 고호우라 조개팔찌는 해남 월송리 조산고분과 해남 만의

---

40  김낙중, 2010a, 「부장품으로 살펴본 영산강유역 전방후원형고분의 성격」, 『집중해부 한국의 전방후원분』(창립 2주년기념 학술세미나), 대한문화유산연구센터, 147 · 148쪽 ; 류창환, 2018, 「영산강유역 출토 마구의 성격과 의미」, 『중앙고고연구』 29, 중앙문화재연구원, 58-61쪽.

41  김길식, 2004, 「백제의 무기」, 『백제문화의 특성 연구』, 서경.

42  일본열도의 주문경은 4세기~6세기대로 편년되며, 주문은 2조 및 3조로 둘러진 것이 주류이며, 외구(外区)의 문양은 거치문(鋸波文), 절파문(櫛波文), 절절문(櫛櫛文)이 주류로 5세기 후엽 경에 해당한다. 육수경에서도 주문경과 같은 변화를 보이며 6세기 전반까지 지속된다(서현주, 2004, 앞의 논문, 38 · 39쪽).

총고분에서 출토되는데 일본열도 중·북부규슈지역과의 교류관계에서 출현한 것[43]으로 이해된다.

### 2) 규슈지역에서 확인된 영산강유역계 자료〈그림 41〉

5세기 후반이 되면 후쿠오카현 하카다만 연안을 넘어 동쪽과 남쪽으로 분포가 확대된다. 후쿠오카 남쪽 평야지대의 요시다케吉武유적군과 주변의 츠카도塚堂유적, 아리타有田유적 등이 있다. 무나가타지역 중 츠야자키津屋崎 해안지역의 누야마후지바루奴山伏原유적, 아라지在自유적군이 있으며, 무나가타 내륙지역의 미츠오카로쿠스케光岡六助유적, 노사가잇쬬마野坂一町間유적, 후지와라富地原유적군 등이 확인된다. 동쪽으로 오이타현과 경계인 부젠豊前지역의 이케노구치池ノ口유적과 도우다비와다塔田琵琶田유적 등이 확인된다.

후쿠오카의 남쪽의 평야지대의 요시다케유적군에서는 많은 고분군과 함께 취락유적이 확인된다. 취락유적에서는 배수구가 있는 주거지, 고상창고 터가 다수가 확인되며, 발·완·시루 등이 다량으로 확인된다. 이러한 마한계 토기는 반입품보다는 마한계 도래인이 정착하는 과정에서 왜인과의 교류하면서 하지키의 영향을 받아 만든 정착형 연질토기 등이 다량으로 확인되는 것이 특징이다[44]. 인근의 츠카도유적과 아리타유적에서는 사주식이며 부뚜막(L자형)이 있는 주거지가 확인되며, 경질의 호가 확인된다.

무나가타의 해안지역의 누야마후지바루유적에서는 부뚜막(L자형)과 배수구가 있는 주거지와 단순 방형의 사주식 주거지 등이 확인된다. 배수구가 있는 주거지에서는 연질의 옹, 승석문 경질토기편이 출토되며, 배수구가 없는 방형의 사주식 주거지에서는 승석문 경질토기편 등이 확인된다. 이 유적은 6세기 전반 무렵을 중심으로 한반도와의 관계가 깊은데 그 중 마한지역으로부터 도

---

43  최영주, 2017a, 앞의 논문, 158쪽.
44  重藤輝行, 2018b, 앞의 논문, 91쪽.

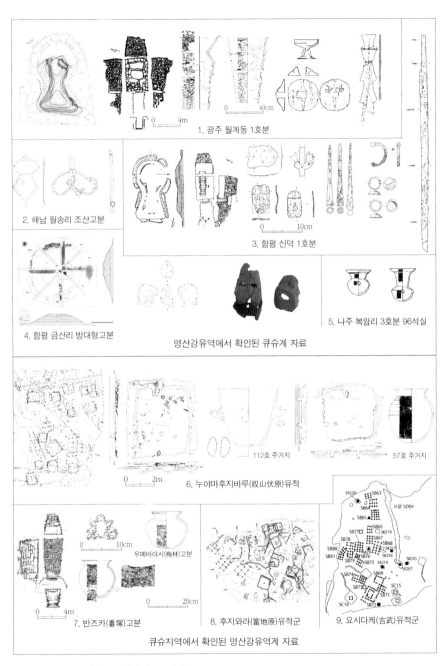

1. 광주 월계동 1호분

2. 해남 월송리 조산고분

3. 함평 신덕 1호분

4. 함평 금산리 방대형고분

5. 나주 복암리 3호분 96석실

영산강유역에서 확인된 큐슈계 자료

112호 주거지

57호 주거지

6. 누야마후지바루(奴山伏原)유적

우메바야시(梅林)고분

7. 반즈카(番塚)고분

8. 후지와라(富地原)유적군

9. 요시다케(吉武)유적군

큐슈지역에서 확인된 영산강유역계 자료

**그림 41** | 고총고분 단계 양 지역간의 교류관계

래한 사람들이 거주한 것으로 보인다. 인근 남쪽에 위치한 유쿠에쿠기가우라生家釘ヶ裏유적에서는 6세기 전엽의 조족문이 시문된 이동식 부뚜막과 함께 경질토기, 연질의 평저발·시루 등이 출토된다[45].

아라지유적군에서는 아라지시모노하루在自下ノ原유적, 아라지오다在自小田유적 등이 해당한다. 아라지유적에서는 배수구가 있는 주거지, 아라지시모노하루유적에서는 부뚜막(L자형)이 있는 주거지가 확인된다. 아라지시모노하루유적에서는 경질토기·조족문토기 등이 출토되는데 마한지역을 포함한 한반도와의 교류가 확인된다. 아라지오다유적에서는 승석문토기·조족문토기·고령계 경질토기 등이 출토된다. 아라지유적군 범위에서는 부뚜막이 있는 주거지, 시루·조족문토기 등 도래인의 존재를 상정 할 수 있는 유구와 유물이 많은 편이다[46].

무나카타의 내륙부지역의 미츠오카로쿠스케유적에서 부뚜막(L자형)이 있는 주거지, 노사가잇죠마유적에서는 주거지 내부에 Y자형 배수구와 단야로, 배수구가 있는 방형의 주거지가 확인된다. 주변의 후지와라코야자키富地原神屋崎유적에서는 배수구가 있는 주거지가 발견되고, 후지와라가와하라다富地原川原田유적의 주거지에서는 옹·승석문 경질토기·천발·심발·시루 등이 출토된다[47]. 이렇듯 무나카타지역에서는 조족문토기·천발·시루 등의 마한·백제지역의 자료가 많이 확인된다. 특히 조족문토기와 함께 배수구 있는 주거지는 마한지역에서 도래인의 존재를 확인할 수 있는 자료에 해당한다.

부젠지역 남쪽의 이케노구치유적에서는 4주식 방형의 주거지가 다수 확인된다. 내부에는 L자형 부뚜막과 마한계 토기 등이 확인된다. 도우다비와다유

45  亀田修一, 2017, 「일본열도 고분시대의 마한계 취락」, 『마한의 마을과 생활』(2017년 마한연구원 국제학술회의), 144·145쪽.
46  亀田修一, 2017, 앞의 논문, 145·146쪽.
47  亀田修一, 2017, 앞의 논문, 146쪽.

적에는 L자형 부뚜막과 양이부호의 뚜껑 등 마한계 토기가 확인되며, 7세기대까지 취락이 운영된 것으로 보인다. 이 부젠지역의 마한계 취락유적의 양상은 무나가타지역의 도래계 취락 양상과 매우 유사한 면을 보인다. 이 시기 마한·백제 관련 취락은 북부규슈지역을 벗어나 전 지역으로 확산되지만 그 수는 점차 감소하는 추세이며, 벽주(대벽)건물이나 고상 창고군 등으로 전환되어 간다.

한편 이 시기에 후쿠오카현 우메바야시梅林고분, 세스도노セスドノ고분, 반즈카番塚고분 등 수장층의 무덤에서 마한계 토기가 석실 내에 부장된다. 우메바야시고분에서 조족문토기(단경호)와 함께 주변에 벽주건물이 확인되며, 반즈카고분에서는 조족문토기(단경호), 두꺼비 형태의 장신구 등이 확인된다[48]. 5세기후엽 이후부터는 마한계 토기가 취락유적보다는 분묘유적에 집중되어 출토되는 양상을 보인다. 이를 통해 고분 피장자가 마한·백제지역과의 교섭에 관여한 것으로 이해된다. 이외에도 사가현 니타하니와仁田埴輪가마유적에서는 하니와 동체 일부에 사격자 타날이 확인되어 마한계 분주토기의 제작기법을 받아들였을 가능성도 있다고 생각된다[49].

이 시기 마한계 토기는 취락유적에서 시루·주구토기·발·완·조족문토기가 주로 확인되며, 고분에서는 조족문토기(단경호) 등이 부장되기 시작한다. 이전 시기에 보이지 않던 백제계 토기인 개배·고배·삼족배·직구단경호·병 등이 확인되기 시작한다[50]. 특히 후쿠오카현 요시다케유적군에서는 시루·주구토기·발·완·병 등이 확인되는데, 시루와 주구토기는 백제계로 전환되고 있으며[51], 백제계 기종인 병 등이 추가되고 있다.

48  重藤輝行, 2018a, 「규슈 마한관련 자료의 성격」, 『영산강유역 마한문화 재조명』(2018년 국제학술대회), 전라남도·전남문화관광재단, 176·177쪽.
49  重藤輝行, 2018b, 앞의 논문, 91쪽.
50  崔榮柱, 2012, 앞의 논문, 179-183쪽.
51  이 시기 백제계 자료는 규슈지역에서 급격하게 증가한다. 토기류 이외에도 금속기류 등이 확인되는데 금동제 관과 식리, 금제이식, 장식대도, 관 부속구류 등이 해당한다. 대표적으로 구마모토현의 에다후나야마(江田船山)고분에서 다양한 금속제 장신구류가 확인된다(서현주,

마한계 토기 가운데 이 시기 대표적인 것은 조족문토기라 할 수 있다. 5세기 후엽 이후에는 주로 고분 내에서 부장되어 확인되며, 기종은 대부분 단경호로 확인된다. 주로 북부규슈지역의 이노우라#ノ浦고분, 우메바야시고분, 요시다케유적군, 오우카相賀고분, 반즈카고분 등에서 출토된다. 조족문토기는 반즈카고분 출토품처럼 반입품도 있지만, 대부분은 하지키의 영향으로 점차 재지화되는 양상을 보인다.

한편 앞 시기에 보였던 산인형 토제연통은 규슈지역에서 확인되지 않는 반면에 긴키지역에서는 한반도에서 새로 유입된 토제연통이 확인되는 점은 다른 양상으로 이는 지역별 교류의 주체가 다른 면을 단적으로 보여주는 것으로 생각된다.


## 3. 백제석실분 단계

### 1) 영산강유역에서 확인된 규슈계 자료〈그림 42〉

이 시기에는 왜계 관련 자료가 적은 편으로, 고분 등의 자료는 확인되지 않는다. 하지만 나주 복암리일대의 고분군에서 백제 중앙에서는 확인되지 않는 복합형의 복암리유형 석실이 확인된다. 이 석실은 사비기 이후 백제 후기형 석실의 영향으로 규격화, 소형화되었지만 앞 시기 왜계 석실의 구조적인 특징이 잔존하고 있다[52]. 이러한 복암리유형 석실에서 왜계 장식대도와 석침 등이 주로 확인된다.

나주 복암리 3호분 5호와 7호 석실에서 규두대도가 확인된다. 5호 석실 출토

---

2004, 앞의 논문, 47-50쪽 ; 이한상, 2018, 「일본 규슈지역 출토 백제계 금공품」, 『일본 속의 百濟-규슈지역』, 충청남도 · 충청남도역사문화연구원, 172-190쪽).

[52]  최영주, 2018b, 「전남지역 사비기 석실의 전개양상과 분포의미」, 『호남고고학보』 60, 62-72쪽.

품은 오사카부 밋카이치三日市 10호분의 출토품과 7호 석실의 금은장식 규두대
도는 사이타마현 오미신칸지小見真観寺고분 출토품과 각각 유사하다. 복암리 3
호분 7호 석실의 귀면문 환두대도는 아오모리현 단고타이丹後平 15호분의 출토
품과 유사하다. 이러한 규두대도와 귀면문 환두대도는 일반적으로 일본과의
교류 관계에서 나타난 것으로 이해되지만[53] 제작기법 상의 전통은 백제계로 보
는 견해[54]도 있다. 특히 왜계 장식대도가 출토된 5호와 7호 석실에서는 백제 사
비기 은화관식과 관모장식, 대금구 등이 확인되어 고분 피장자가 백제 관료화
된 재지세력으로 왜와의 교류관계에서도 중요한 역할을 한 것으로 보인다.

석침은 나주 복암리 1호분 1호, 3호분 6호 · 7호 · 12호 석실, 복암리 정촌 3
호 석실 등에서 출토된다. 석침은 고분의 매장방법 중 '열린 관'[55]에 해당한다.
동아시아에서 '열린 관'의 전통은 중국 북조에서 시작해서 고구려 집안 일대와
경주지역, 일본열도 중북부 규슈지역에서 성행한다[56]. 하지만 영산강유역의
옹관과 목관은 모두 '가두는 관'[57]의 속성을 가지고 있다. 따라서 영산강유역에
서 '열린 관'의 전통은 6세기 중엽 이후 일본열도의 중북부 규슈지역에서 유입
된 것으로 보인다.

스에키(계) 자료는 앞 시기에 비해 매우 적은 편이다. 해남 용일리 용운 3호
분의 편병, 나주 복암리 3호분 96석실 4호 옹관(3차 추가장)의 유공광구소호 등
이 6세기 중엽(TK10형식)까지 보는 경우가 있다. 최근 함평 금산리 방대형고분

---

53　김낙중, 2009b, 앞의 책, 284 · 285쪽 ; 이범기, 2016,『榮山江流域 古墳 鐵器 硏究』학연문화사,
　　118-129쪽 ; 최영주, 2017a, 앞의 논문, 153 · 154쪽.

54　김낙중, 2007,「6세기 영산강유역의 장식대도와 왜」,『영산강유역 고대문화의 성립과 발전』(국
　　립나주문화재연구소), 학연문화사, 169-184 · 191-195쪽 ; 金宇大, 2017,『金工品から読む古代
　　朝鮮と倭-新しい地域關係史へ』(京都大學學術出版會), 246 · 251쪽.

55　和田晴吾, 2003,「棺と古墳祭祀(2) -『閉ざされた棺』と『開かれた棺』- 」,『立命館大学考古学論
　　集』Ⅲ, 719-723쪽.

56　와다 세이고(이기성 · 천선행 · 최영주 옮김),『거대한 고분에 새겨진 고대인들의 죽음에 관한
　　관념(古墳時代の葬制と他界觀)』(생각과 종이, 2019), 137-171쪽.

57　和田晴吾, 2003, 앞의 논문, 713-719쪽.

에서는 6세기 중엽 경의 장식대부장경호 편[58]이 확인되었다. 이를 통해 영산강 유역의 왜와 관련된 고분에서 6세기 중엽까지도 제사가 이루어진 것으로 그들의 정체성을 드러내고자 하는 행위[59]라고 생각된다.

### 2) 규슈지역에서 확인된 영산강유역계 자료〈그림 42〉

이 시기에 마한 관련 취락은 많지 않다. 후쿠오카현 야쿠시노모리藥師の森유적에서는 재지화된 연질토기·시루, 방추차 등이 출토되었다. 부뚜막과 배수구가 있는 사주식 방형의 수혈주거지가 확인되었지만 6세기 후반의 스에키만 출토되고 있어 마한지역과의 관계는 불분명하다[60]. 유적의 인근에는 신라토기 등이 출토된 고분군 등이 확인된다.

이렇듯 6세기 후반에는 후쿠오카현의 내륙지역에도 부뚜막(L자형)과 배수구가 있는 주거지가 출현한다. 하지만 후쿠오카현 평야지역 및 현해탄연안 무나카타지역의 해안지역에서는 마한 관련 취락유적을 매우 드문 편이다. 부뚜막이 있는 주거지는 7세기대에서 8세기 전반에는 치쿠시筑紫평야 서부지역에 집중되고, 스오나다周防灘 해안지역의 일부에서만 확인된다. 이 시기의 유적은 고대 미하라군御原郡과 사원의 유적 부근에 분포하고 있다. 부뚜막 관련 시설은 북부규슈지역에서 7세기 이후에는 관청·사원 등의 공공시설에서 사용되기 시작한다.

취락유적 가운데 백제와 관련된 벽주건물은 6세기 중엽 이후 북부규슈지역을 중심으로 집중적으로 분포하고 있다. 그 중 후쿠오카의 우메바야시유적에서는 벽주건물이 집중되어 확인되는데 마한·백제계 토기와 함께 부뚜막(L자

---

58   전남문화관광재단 전남문화재연구소, 2018, 앞의 자료집.
59   고분을 축조한 후손들은 조상의 무덤에서 제사를 지냄으로서 그들의 출처와 세력을 과시하기 위함이다(김대환 선생의 교시).
60   龜田修一, 2017, 앞의 논문, 144쪽.

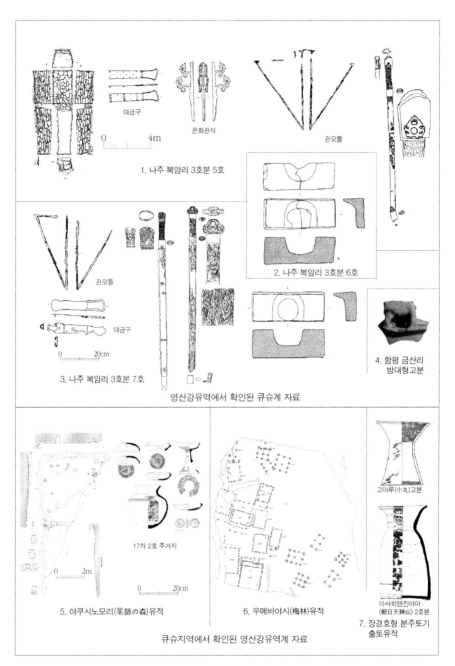

대금구

은화관식

관모틀

1. 나주 복암리 3호분 5호

2. 나주 복암리 3호분 6호

관모틀

대금구

3. 나주 복암리 3호분 7호

4. 함평 금산리 방대형고분

영산강유역에서 확인된 큐슈계 자료

17차 2호 주거지

5. 야쿠시노모리(藥師の森)유적

6. 우메바야시(梅林)유적

고마루(小丸)고분

아사히텐진야마 (朝日天神山) 2호분

7. 장경호형 분주토기 출토유적

큐슈지역에서 확인된 영산강유역계 자료

**그림 42** | 백제석실분 단계 양 지역간의 교류관계(유물 s=1/20)

형)과 배수가 있는 수혈주거지의 분포와 비슷한 양상을 보이고 있어 도래인의 집단 거주를 상정 할 수 있다[61]. 벽주건물 주변으로는 관청시설과 사원 관련된 시설이 집중적으로 분포하고 있다.

6세기 후엽 이후 영산강유역의 장경호형 분주토기의 영향을 받은 하니와가 고분에 세워진다. 후쿠오카현 고마루小丸고분, 지로타로次太郎고분군, 오츠우에키乙植木고분군, 오이타현 아사히텐진야마朝日天神山 2호분의 출토품[62]이 해당한다. 특히 고분 분구와 석실 내에서 백제계 병형토기가 출토되는 경우가 많아지는 등 수장층 이외의 고분에서도 교류의 흔적이 확인된다.

마한계 토기는 6세기 중엽 이후 수장급의 대형고분이 아닌 군집분 중 소형 고분에서 많이 확인된다. 후쿠오카현 하사코노미야ハサコの宮 2호분, 이시가모토石ヶ元고분군에서 조족문토기(단경호)가 확인된다. 모두 경질로 재지화된 모습을 보인다. 후쿠오카현 관논야마観音山고분군 Ⅰ군 15호분에서는 경질의 양이부호가 확인되는데 현지에서 제작된 것[63]으로 보인다. 앞의 몇몇 기종을 제외한 대다수는 백제계 토기로 확인된다. 또한 금속기도 앞 시기처럼 백제계 이식, 관못 등이 확인되는 정도이다.

또한 구마모토현 우토宇土반도 일대에는 6세기 중엽 이후 중소형 고분의 석실 내에 배 관련 그림이 다수 확인되는데[64] 이 또한 영산강유역에 확인된 히고형 석실의 매장주체자의 출신 배경을 이해하는 데 중요한 자료라 생각된다.

---

61   重藤輝行, 2018b, 앞의 논문, 97쪽.

62   大竹弘之, 2002,「韓国全羅南道の円筒形土器-いわゆる埴輪形土製品をめぐって-」『前方後円墳と古代日朝関係』, 同成社, 106-113쪽.

63   重藤輝行, 2012,「九州에 형성된 馬韓・百濟人의 集落-福岡県 福岡市 西新町遺蹟을 中心으로-」『마한・백제인들의 일본열도 이주와 교류』(중앙문화재연구원 학술총서4), 서경문화사, 183쪽.

64   九州前方後円墳研究会, 1999,『九州における横穴式石室の導入と展開』(第2回九州前方後円墳研究会), 245-315쪽.

# Ⅲ. 교류배경

영산강유역 마한세력은 3단계의 발전과정 중에 일본열도 규슈지역과의 교류를 통한 성장과 변동과정이 확인된다. 제형분 단계는 3세기 중엽에서 5세기 전반(2/4) 경으로 1단계와 2단계로 세분된다. 제형분 1단계는 4세기 전반 경까지로 단제형(목관 중심+옹관 1·2형식 대상부)의 분구와 마한 취락(점토로 부뚜막·구들, (비)사주식) 등의 특색을 보인다. 이 시기에는 일부 마한 취락에서 하지키(계) 소호편이 확인되는 정도로 왜의 흔적은 미미한 수준이다. 이 시기 일본열도는 고분시대 전기에 해당하며, 지역별 수장연합체제[65]가 자리잡아가는 단계이다. 규슈지역에서는 하카다만 연안지역을 중심으로 마한계 취락이 집중적으로 확인되며, 양이부호·이중구연토기·시루 등 마한계 토기가 다량으로 확인되는 양상을 보인다.

이 시기에는 양 지역간 상호 교류가 이루어졌지만, 그 대상지역은 한반도에서는 가야지역권에 집중된 모습을 보인다. 반면에 규슈지역에서는 마한계 취락이 대규모로 형성된 것으로 보아 마한인들이 직접 건너와서 생활했을 것으로 보인다. 그들은 한반도와의 교류에서 당사자로서 활동했을 것으로 추정된다.

제형분 2단계는 4세기 후반에서 5세기 전반(2/4) 경으로 장제형(목관(곽)+옹관 3A형식 병행)의 분구와 마한 취락(상하 위계관계) 등의 특색을 보이는데 이 단계부터 영산강유역 마한의 성장된 모습을 확인할 수 있다. 서남해 연안지역에 원형의 왜계고분이 5세기 전반경을 중심으로 확인된다. 수혈식석곽을 매장시설로 한 고분에서는 왜계 무구류와 무기류 등이 다량으로 확인된다. 이 시기 일본열도는 고분시대 중기로 수장연합체제의 성열기로 대왕을 정점으로 한

---

65  和田晴吾(최영주 역), 2012, 「古墳文化論」, 『湖南文化財研究』12, 湖南文化財研究院, 97-105쪽 (『日本史講座』第1券(歴史学研究会・日本史研究会編), 東京大学出版会, 2004).

위계 질서가 확립된 단계[66]이다. 규슈지역에서는 여전히 하카다만 연안지역을 중심으로 마한계 취락이 분포하고 있다. 취락 등 생활유적에서 조족문토기가 5세기 전반 경에 집중되는데 기형과 제작기법으로 보아 현지화 되어가는 모습이 확인된다. 한편으로는 4세기 후엽 이후에 초기 횡혈식석실을 도입한 고분에서 양이부호 등 마한계 토기가 부장되고 있다.

5세기 전반 경 서남해 연안지역의 왜계고분은 당시 국제 정세의 변화(고구려의 압박) 속에서 백제-왜 사이에 새로운 관계(백제→왜 : 선진문물, 왜→백제 : 군사적인 지원과 교섭활동)가 성립된다. 이러한 관계를 통해 백제—왜에 이르는 새로운 교역 루트가 개척된 것으로 보인다. 영산강유역 마한세력들은 왜인들을 서남해안 연안항로를 안전하게 안내하고, 그에 상응하는 대가로 백제로부터 위세품과 왜로부터는 무구류 등을 받은 것으로 보인다. 다시 말해 그들은 백제와 왜의 교류과정 중에 중개교역자로서 정치적·경제적 실리를 추구하면서 성장한 것으로 파악된다[67].

이 시기 일본열도의 규슈세력은 4세기 후엽에서 5세기 전반 경에 일본열도 동쪽인 카와치, 키비, 이세, 와카사 등 지역으로 확산된다. 왜 왕권의 동요기에 아리아케카이有明海의 수장연합을 중심으로 세력을 강화하였고 각 방면으로 세력을 확대한 것으로 추측된다[68]. 이 와중에 한반도에 왜계고분이 등장한 것으로 이해[69]하기도 하였다. 한편 규슈지역의 초기 횡혈식석실이 도입되는 과정에서 마한계 양이부호 등이 출토되며, 석관계 수혈식석곽에서 마한계 호 등이 출토되는 양상을 통해 마한·백제인들이 장송의례에 일정부분 관여한 것으로

---

66  和田晴吾, 2012, 앞의 논문, 106-108쪽.
67  왜인들은 준구조선을 이용하여 서부경남 해안-남서부 해안-중서부 해안지역을 따라 올라갔을 것이다. 그 중 다도해 지역은 위험한 곳이 많기 때문에 왜인들은 현지 집단과의 우호적인 관계를 통해 물자의 보급과 휴식처를 지원받았을 것으로 생각된다(최영주, 2017a, 앞의 논문, 162·163쪽).
68  和田晴吾, 2012, 앞의 논문, 109·110쪽.
69  최영주, 2015, 앞의 논문, 100쪽.

생각된다. 또한 이전 시기부터 규슈지역에 정착한 사람들은 점차 현지화 되는 모습들을 보여주기도 한다.

**표 36 | 단계별 영산강유역과 규슈지역의 교류양상([ ]안의 것은 직접적인 자료가 아님)**

| 지역<br>시기 | | 영산강유역에서 확인된 규슈계 자료 | | 규슈지역에서 확인된 영산강유역(마한)계 자료 | |
|---|---|---|---|---|---|
| | | 유구 | 유물 | 유구 | 유물 |
| 제형분<br>단계 | 생활 | [마한 주거지] | 토기류-하지키(계) | 주거지(사주식·부뚜막(구들 포함)) | 토제연통(산인형)<br>토기류-이중구연토기, 양이부호, 조족문토기, 타날문토기, 시루, 방추차 |
| | 분묘 | 수혈식석곽<br>(상자식) | 금속류-무구류(대금식판갑·충각부주·차양주), 무기류(철촉) | [초기 횡혈식석실] | 양이부호 |
| 고총<br>고분<br>단계 | 생활 | [마한 주거지] | 토기류-스에키(계)<br>모자곡옥 | 주거지(사주식·부뚜막(구들)·배수구), 하니와가마 | 조족문토기, 시루, 발, 승석문토기, 방추차<br>백제계 기종 증가 |
| | 분묘 | 횡혈식석실<br>(규슈계)<br>장고분 | 토기류-스에키(계), 하니와계 분주토기, 형상하니와<br>금속류-장신구류(광대이산식관), 마구류(찰갑), 무기류(꼰환두대도·철모·철촉), 마구류(f자형재갈·검릉형 행엽)<br>고호우라 조개팔찌, 석제모조품 | [수장층 대형 고분] | 조족문토기(단경호) |
| 백제<br>석실분<br>단계 | 생활 | - | - | 주거지(사주식·부뚜막(구들)·배수구) | 재지화<br>백제계 기종 일색 |
| | 분묘 | [복암리유형<br>석실] | 토기류-스에키(계)<br>금속류-무구류(규두대도·귀면문환두대도), 석침 | [군집분-중소형 고분] | 장경호형 분주토기 |

고총고분 단계는 5세기 후반(3/4)에서 6세기 전엽에 해당한다. 이 단계에는 원대형·방대형·장고형(옹관 3B형식+왜계 석실)의 분구와 취락은 마한(사주식·점토) → 백제(벽주식·판석)로 변화하는 과도기적인 모습으로 영산강유역 마한 문화의 독자성이 극대화된 시기이다. 이 시기에는 5세기 중엽 경 고분이 고대 화되면서 왜의 고분 축조기술의 영향을 받았으며, 5세기 후엽부터는 왜계 횡혈식석실과 장고분이 등장하고 많은 왜계 부장품(스에키·하니와·금동관·무구류·무기류·마구류 등)이 확인된다. 일부 마한 취락에서 스에키와 모자곡옥이 확인되기도 한다.

이 시기 일본열도는 고분시대 후기로 수장연합체제가 변질되기 시작하며,

점차 율령제 고대국가로 성장하는 모습[70]을 보인다. 규슈지역에서는 마한계 취락이 하카다만 연안을 넘어 남쪽 평야지대와 동쪽의 오이타현 경계지역으로 확산된다. 마한계 주거지는 사주식이며 방형으로 모서리부분에 배수구가 연결되었고 내부에 부뚜막(L자형)이 있는 형태를 보인다. 요시다케유적군처럼 마한계 취락과 함께 많은 고상창고터가 확인되어 이후 둔창(미야케)과 연결되는 양상[71]을 보이기도 한다. 마한계 취락에서는 조족문토기·시루·발, 방추차 등 마한계 토기가 주로 확인되지만 점차 개배·병 등 백제계 기종이 증가하고 있다. 한편 수장층의 대형고분(횡혈식석실)에서 마한계 토기가 확인되고 있다.

5세기 후엽 이후 웅진기 백제는 국제 정세가 급격히 변화하자 이런 상황을 타개하기 위해 왜와의 관계를 더욱 진전시키고자 했다. 이 와중에 남서부지역은 백제와 왜의 중개자적인 입장에서 벗어나 독자적인 입지를 구축하고자 하였다. 왜계 묘제인 횡혈식석실과 장고분은 5세기 전반 경 왜계고분의 수용처럼 자연스럽게 고총화가 되는 과정에서 도입되었다. 이러한 왜계 횡혈식석실과 장고분은 현지 집단의 내부 경쟁력 확보와 교역루트 상의 표식물로 수용된 것으로 생각된다. 이렇듯 영산강유역 마한세력은 규슈세력과의 적극적인 교섭을 통해서 독자적인 입지를 구축했으며, 협력적 파트너였던 중북부규슈지역의 묘제를 도입했을 것으로 보인다. 그들은 새롭게 개척된 연안항로인 백제—영산강유역 마한세력(복암리세력)—서부경남지역(소가야세력)—중북부규슈지역(이와이세력)—야마토 왕권(계체왕)으로 이어지는 교섭관계를 통하여 적극적으로 새로운 문물과 묘제를 도입하면서 내부적인 성장과 독자성을 추구하고자 하였다[72].

일본열도 규슈지역에서는 왜 왕권의 동요기 이후 아리아케카이의 수장연합을 중심으로 세력을 강화하고 여러 방면으로 세력을 확대한 모습이 6세기 전

---

70  和田晴吾, 2012, 앞의 논문, 108-110쪽.
71  重藤輝行, 2018b, 앞의 논문, 95쪽.
72  최영주, 2015, 앞의 논문, 163-166쪽.

엽까지 지속된 것으로 보인다. 이러한 세력 확장 과정에서 영산강유역에 '전방후원형 고분(장고분)'이 등장한 것으로 이해되며, 규슈세력이 야마토정권의 의지와 관계없이 독자적으로 영산강유역 마한세력과 연합관계를 맺은 결과의 산물로 보인다. 그 피장자는 규슈계 석실을 사용하지만 목관을 이용하고 재지의 경질토기 등이 부장된 것으로 보아 재지의 수장층으로 생각된다[73]. 한편 규슈지역에 대對마한·백제에 대한 당사자인 일부 수장층의 무덤에서 마한계 토기와 백제 금공품 등이 확인되는 것은 이러한 교류·교섭관계 과정의 흔적으로 생각된다. 또한 마한계 취락과 함께 고상창고, 벽주건물, 백제계 토기가 지속적으로 증가하는 양상은 대對왜 교섭의 주도권이 점차 백제로 전환되어가는 모습을 확인할 수 있다.

백제석실분 단계에는 6세기 중엽에서 7세기 전반 경으로 원형(백제후기형 석실)의 분구와 백제 취락의 특징을 보인다. 영산강유역에서는 왜계 석실의 영향을 받은 복암리유형 석실 등에서 왜계 장식대도와 석침이 확인된다. 대체로 중핵지역인 나주 복암리일대 고분군을 중심으로 확인된다. 또한 일부 고분에서 스에키가 확인되기도 한다. 이 시기 일본열도는 고분시대 말기에서 아스카시대 초기에 해당하는데 율령에 의한 인신지배 및 공납체제 등이 확립되어 고대국가 기틀이 완성된다[74]. 규슈지역의 일부지역을 중심으로 마한계 취락이 확인되지만 대부분 현지화되어 스에키와 하지키 등이 출토된다. 북부규슈지역의 관청과 사원을 중심으로 벽주건물 등 공공시설이 집중되며 대부분 백제계 자료가 확인된다. 군집분 가운데 소형고분에서 장경호형 분주토기가 확인되며 경질의 조족문토기 등 마한계 토기도 확인된다.

6세기 중엽이후 영산강유역은 백제에게 완전히 복속된 모습을 보인다. 당시 중핵지역인 나주 복암리일대 고분군에서 백제후기형 석실의 영향으로 소형화·

73    和田晴吾, 2012, 앞의 논문, 110쪽.
74    和田晴吾, 2012, 앞의 논문, 111·112쪽.

정형화된 석실들이 등장한다. 하지만 전형적인 능산리형 석실이 보이지 않고 왜계 석실의 영향을 받은 복암리유형 석실들이 확인된다. 이러한 고분에서는 왜계 장식대도와 석침(열린 관)이 확인되어 백제화가 된 이후에도 왜의 고분 장송의례 등을 도입하는 등 대對왜 교섭관계에서 주요한 역할을 한 것으로 보인다. 또한 고분에서는 백제의 신분표상품인 은화관식과 관모틀, 대금구 등이 확인되어 백제의 중앙집권체제에 편입된 이후에도 기존 재지세력의 지위를 인정받은 것으로 이해된다. 이처럼 영산강유역 중핵지역인 복암리세력은 백제화된 이후에도 백제 중앙과의 친밀성을 유지하고, 대對왜 교섭관계에서 우선적 파트너로 활동한 것[75]으로 보인다.

이 시기 규슈지역도 율령제 고대국가체제로 완전히 편입되어가는 시기로 지역 거점지에는 관청과 둔창, 사원 등 공공시설로 집중되며 관련 자료는 대부분 백제계가 확인된다. 하지만 일부 소형고분에서는 영산강유역의 장경호형 분주토기와 조족문토기가 확인되어 여전히 영산강유역 마한세력과의 교류(교섭) 관계가 이루어지고 있는 모습을 보이기도 한다.

이상으로 영산강유역과 규슈지역 간 교류·교섭관계에서 분묘·생활유구와 여기서 출토된 많은 유물을 통해 당시 사람과 물자의 이동이 확인된다. 제형분 단계 초반에는 규슈지역의 마한계 취락을 통한 사람의 이주와 물자의 이동이 감지되다가 후반에 왜계고분(영산강유역)과 마한계 취락(규슈지역)을 통해 양방향의 인적·물적 교류가 활발해지는 양상을 보인다. 고총고분 단계에는 왜계 횡혈식석실과 장고분의 출현을 통해 고분 축조와 관련된 공인의 이동, 아리아케카이의 수장연합을 중심으로 한 정치세력의 확산과 물적 교류가 활발해지면서 영산강유역 마한세력의 문화적 독자성이 강조된다. 백제석실분 단계에는 교류 주체가 백제로 전환되었지만 왜계 석침과 영산강유역 장경호형

---

75  최영주, 2015, 앞의 논문, 166쪽.

분주토기를 통해 양 지역간 고분 장송의례의 도입을 통해 인적 · 물적 교류가
여전히 진행되고 있음을 알 수 있다.

# IV. 맺음말

본고에서는 한반도 백제와 일본열도 야마토정권의 교류(교섭)에서 직접적 당사자인 영산강유역과 규슈지역을 중심으로 살펴보았다. 영산강유역 마한세력은 단계별 성장 과정에서 규슈지역의 고고문화에서 많은 영향을 받았고, 그것을 발전시켜 고유한 마한문화를 꽃피운 것으로 이해된다.

제형분 단계에는 고분과 취락을 통한 양방향의 인적·물적 교류가 이루어졌으며 이후 고분의 고총화에 영향을 주었다. 고총고분 단계에는 왜계 석실과 장고분을 통해 단순한 인적 교류를 넘어 정치세력의 확산이 이루어지면서 물적 교류가 폭발적으로 증가하게 되었고, 이것을 영산강유역 마한세력은 정치·사회적으로 이용하여 마한 문화의 독자성을 돋보이게 하였다. 백제석실분 단계는 영산강유역 마한이 백제에게 복속되어 교류 주체도 백제로 전환되었지만 대對왜 교섭에 여전히 관여한 것으로 보인다.

이렇듯 영산강유역 마한세력은 대對왜 교류(교섭)을 통해 정치적·문화적으로 성장하게 되었고, 특히 왜계 묘제와 매장방식을 도입한 것은 작은 지역집단의 수준에서 문화적 정체성에 대한 변화를 모색하기 위한 사회적 전략이라고 이해된다.

(「고고자료로 본 고대 영산강유역과 규슈지역과의 교류관계」, 『역사학연구』 74, 2019)

# 참고문헌

## 논문

### 국문

강은주, 2009, 「영산강유역 단경호의 변천과 배경」, 『호남고고학보』 31.

高田貫太, 2014a, 「5·6세기 한반도 서남부 '왜계고분'의 조영 배경」, 『영산강유역 고분 토목 기술의 여정과 시간을 찾아서』(2014 하반기 국제학술대회), 대한문화재연구원.

高田貫太, 2014b, 「5·6세기 백제, 영산강유역과 왜의 교섭-'왜계고분'·전방후원분의 조영 배경을 중심으로」, 『전남 서남해지역의 해상교류와 고대문화』(전남문화재연구소 연구총서1), 혜안.

亀田修一, 2017, 「일본열도 고분시대의 마한계 취락」, 『마한의 마을과 생활』(2017년 마한 연구원 국제학술회의).

국립나주문화재연구소, 2015, 『국립나주문화재연구소연보 마한 문화 탐구』.

국립나주문화재연구소·전남대학교박물관, 2014, 『한국 원통형토기(분주토기)의 연구 현황과 과제』, 영산강유역 원통형토기 기획연구학술심포지움.

국립나주문화재연구소·전남대학교박물관, 2015, 『한국 원통형토기(분주토기) Ⅰ·Ⅱ』.

권오영, 2011, 「고대 성토구조물의 성토방식과 재료에 대한 시론」, 『한강고고』 5, 한강문화재 연구원.

권오영, 2012, 「고대 성토구조물의 재료에 대한 재인식」, 『백제와 주변세계』, 성주탁교수 추모논총 간행위원회.

권오영, 2017, 「긴키지역의 백제관련 고고자료」, 『일본 속의 백제-긴키지역 Ⅰ(유적·유물 개관편)』(해외백제문화재자료집2).

권택장, 2014, 「고흥 야막고분의 연대와 등장배경에 대한 검토」, 『고분을 통해 본 호남지역 대외교류와 연대관』(제1회 고대고분 국제학술대회), 국립나주문화재연구소.

吉井秀夫, 1996, 「橫穴式石室墳의 收用樣相으로 본 百濟의 中央과 地方」, 『百濟의 中央과

地方(백제연구논총 5집)』, 충남대학교 백제연구소.

吉井秀夫, 2003, 「토기자료를 통해 본 3-5세기 백제와 왜의 교류관계」, 『한성기 백제의 물류 시스템과 대외교류』(한신대학교 학술원), 학연문화사.

金京七, 2009, 『湖南地方의 原三國時代 對外交流』, 학연문화사.

金勤英, 2016, 「羅州 伏岩里 출토 목간으로 본 사비시대 豆肹」, 『百濟學報』18.

김길식, 2004, 「백제의 무기」, 『백제문화의 특성 연구』, 서경.

김낙중, 2000, 「5~6世紀 榮山江流域 政治体의 性格—羅州 伏岩里 3호분 출토 威勢品 分析—」, 『百濟研究』32, 충남대학교 백제연구소.

김낙중, 2005, 「榮山江流域 甕棺古墳의 發生과 그 背景」, 『文化財』37, 국립문화재연구소.

김낙중, 2006, 「墳丘墓 傳統과 榮山江流域型 周溝」, 『羅州 伏岩里 三號墳』, 국립나주문화재 연구소.

김낙중, 2007, 「6세기 영산강유역의 장식대도와 왜」, 『영산강유역 고대문화의 성립과 발전』, 학연문화사.

김낙중, 2008, 「榮山江流域 初期橫穴式石室의 登場과 意味」, 『湖南考古學報』29.

김낙중, 2009a, 「백제 사비기 횡혈식석실의 확산 및 지역성의 유지-영산강유역을 중심으로」, 『한국고고학보』71.

김낙중, 2009b, 『영산강유역 고분 연구』, 학연문화사,

김낙중, 2010a, 「부장품으로 살펴본 영산강유역 전방후원형고분의 성격」, 『집중해부 한국의 전방후원분』(창립 2주년기념 학술세미나), 대한문화유산연구센터.

김낙중, 2010b, 「榮山江流域 古墳 出土 馬具 硏究」, 『韓國上古史學報』69.

김낙중, 2011a, 「분구묘와 옹관분」, 『동아시아의 고분문화』(중앙문화재연구원 학술총서1), 서경문화사.

김낙중, 2011b, 「榮山江流域 政治體의 成長과 變動 過程」, 『百濟學報』6.

김낙중, 2012a, 「토기를 통해 본 고대 영산강유역 사회와 백제의 관계」, 『호남고고학보』42.

김낙중, 2012b, 「한반도 남부와 일본열도에서 횡혈식석실묘의 수용 양상과 배경」, 『한국고 고학보』85.

김낙중, 2013, 「5~6세기 남해안지역 倭系古墳의 특성과 의미」, 『호남고고학보』 45.

김낙중, 2014, 「방형·원형 고분의 축조기술」, 『영산강유역 고분 토목기술의 여정과 시간을 찾아서』(2014 하반기 국제학술대회), 대한문화재연구원).

김낙중, 2016, 「석실로 본 나주 복암리 세력과 주변 지역의 동향」, 『文化財』 49-1, 국립문화재 연구소.

김낙중, 2017, 「고대 고창 지역 정치체의 성장과 변동」, 『호남고고학보』, 56.

김승옥, 2014, 「취락으로 본 전남지역 마한 사회의 구조와 성격」, 『전남지역 마한제국의 사회 성격과 백제』, 학연문화사.

김재훈, 2019, 「광양만권 1~6세기 주거지에 관한 연구」, 순천대학교대학원 석사학위논문.

김창석, 2011, 「羅州 伏岩里 木簡을 통해 본 영산강유역의 戶口와 農作」, 『百濟學報』 6.

노중국, 1988, 『백제 정치사 연구』, 일조각.

노중국, 2011, 「문헌 기록을 통해 본 영산강유역-4~5세기를 중심으로」, 『百濟學報』 6.

大竹弘之, 2017, 「취락 유적」, 『일본 속의 백제-긴키지역 Ⅱ(유적·유물 상세편)』(해외백제 문화재자료집2).

류창환, 2018, 「영산강유역 출토 마구의 성격과 의미」, 『중앙고고연구』 29, 중앙문화재연구원.

柳沢一男, 2006, 「5~6世紀の韓半島西南部と九州」, 『伽耶, 洛東江에서 榮山江으로』(제12회 가야사 국제학술회의).

木下亘, 2003, 「韓半島 出土 須惠器(系) 土器에 대하여」, 『百濟研究』 37.

木下 亘, 2018, 「일본열도의 초기 스에키 생산」, 『가야고분군Ⅳ』(가야고분군연구총서5).

문안식, 2014, 「백제의 해상활동과 신의도 상서고분군의 축조 배경」, 『전남 서남해지역의 해상교류와 고대문화』(전남문화재연구소 연구총서1), 혜안.

박성배, 2016, 「湖南東部地域 伽倻土器의 流入과 變遷」, 경상대학교대학원 석사학위논문.

박수현, 2019, 「담양의 발굴이야기-마한·백제시대 고고학적 성과를 중심으로-」, 『영산강유역 마한사회와 백제의 유입』, 전남문화관광재단.

박순발, 1998, 「4~6世紀 榮山江流域의 動向」, 『百済史上의 戰爭』, 충남대학교 백제연구소.

박순발, 2001, 「영산강유역 전방후원분과 식륜」, 『한·일 고대인의 흙과 삶』, 국립전주박물관.

朴天秀, 2002, 「考古資料를 통해 본 古代 韓半島와 日本列島의 相互作用」, 『한국고대사연구』 27.

박천수, 2007, 『새로 쓰는 고대 한일교섭사』, 사회평론.

박천수, 2010, 『가야토기-가야의 역사와 문화-』, 진인진.

박형열, 2014, 「호남지역 분주토기의 제작방법 변화로 본 편년과 계통성」, 『영남고고학』 69.

山本孝文, 2005, 「百濟 臺附碗의 收容과 變遷의 劃期」, 『國立公州博物館紀要』 제4집, 국립공주박물관.

山本孝文, 2006, 『三國時代 律令의 考古學的 研究』, 서경.

서정석, 1997, 「全南地域 橫穴式石室墳의 構造와 性格에 대한 試論」, 『韓國古代의 考古와 歷史』, 학연문화사.

서현주, 2004, 「4~6세기 百濟地域과 日本列島의 関係」, 『湖西考古学』 11.

徐賢珠, 2006, 『榮山江流域 古墳 土器 研究』, 學研文化社.

서현주, 2007, 「영산강유역권 장고분의 특징과 출현배경」, 『한국고대사연구』 47.

서현주, 2008, 「영산강유역권 3~5세기 고분 출토유물의 변천 양상」, 『호남고고학보』 28.

서현주, 2011, 「영산강유역 토기문화의 변천 양상과 백제화과정」, 『百濟學報』 6.

서현주, 2012, 「영산강유역권의 가야계 토기와 교류 문제」, 『호남고고학보』 42.

서현주, 2014, 「출토유물로 본 전남지역 마한 제국의 사회 성격」, 『전남지역 마한 제국의 사회 성격과 백제』, 학연문화사.

서현주, 2017, 「백제 사비기 왕릉 발굴의 새로운 성과와 역사적 해석」, 『한국고대사연구』 88.

서현주, 2018, 「墳周土器로 본 古代 榮山江流域」, 『湖西考古學』 39.

성낙준, 1997, 「甕棺古墳의 墳形」, 『호남고고학보』 5.

성정용, 2000, 「백제 한성기 저분구분과 석실묘에 대한 일고찰」, 『호서고고학』 3.

小栗明彦, 2000, 「全南地方出土埴輪의 意義」, 『百濟研究』 32.

손재현, 2015, 「삼국시대 고분의 축조에서 토괴의 사용과 그 의미」, 『제26회 고분문화연구회 발표자료집』, 고분문화연구회.

신민철, 2014, 「곡교천유역 원삼국시대 원통형토기의 성격과 의미」, 『호남고고학보』 46.

신흥남, 2014, 「영산강유역 백제~고려시대 석실묘 연구」, 『韓國上古史學報』 83.

신흥남, 2016, 「탐진강유역 석실묘의 도입과 전개」, 『호남고고학보』52.

안재호, 2005, 「한반도에서 출토된 왜 관련 문물-3~6세기를 중심으로」, 『왜5왕 문제와 한일 관계』, 경인문화사.

오동선, 2009, 「羅州 新村里 9號墳의 築造過程과 年代 再考-羅州 伏岩里 3號墳과의 비교 검토-」, 『한국고고학보』73.

오동선, 2016a, 「榮山江流域圈 蓋杯의 登場과 變遷過程」, 『한국고고학보』98.

오동선, 2016b, 「삼국시대 전남 서부지역 왜계고분의 확산 과정과 의미」, 『백제의 해양교류와 거점』(제24회 백제학회 정기학술회의).

오동선, 2017, 「삼국시대 전남 서남부지역 왜계고분의 확산 과정과 의미」, 『百濟學報』20.

오재진, 2019, 「고분 부장유물 비교분석을 통한 마한·백제 그리고 가야-순천지역을 중심으로-」, 『마한·백제 그리고 가야』(제27회 호남고고학회 정기학술대회).

和田晴吾(최영주 역), 2012, 「古墳文化論」, 『湖南文化財研究』12, 湖南文化財研究院, (2004, 『日本史講座』第1券(歷史學研究會·日本史研究會編), 東京大學出版會.

와다 세이고(이기성·천선행·최영주 옮김), 2019, 『거대한 고분에 새겨진 고대인들의 죽음에 관한 관념(古墳時代の葬制と他界觀)』, 생각과 종이.

우재병, 2000, 「영산강유역 전방후원분 출토 원통형토기에 관한 시론」, 『백제연구』31, 충남대학교 백제연구소.

우재병, 2013, 「5~6세기 백제의 중층적 묘제교류와 그 정치적 상호작용」, 『한국사학보』53, 고려사학회.

윤효남, 2003, 「전남지방 3~4세기 분구묘에 대한 연구」, 전북대학교대학원 석사학위논문.

이건용, 2013, 「마한·백제권 통형기대 고찰」, 전남대학교 석사학위논문.

이동희, 2004, 「전남 동부지역의 가야계 토기와 역사적 성격」, 『한국상고사학보』46.

이동희, 2005, 『全南東部地域 複合社會 形成過程의 考古學的 研究』, 성균관대학교대학원 박사학위논문.

이동희, 2008, 「全南東部地域의 伽倻文化-순천 운평리 유적을 중심으로-」, 『전남동부지역의 가야문화』(제36회 한국상고사학회 학술발표대회).

이동희, 2010, 「全南東部地域 加耶文化의 起源과 變遷」, 『호남동부지역의 가야와 백제』
(제18회 호남고고학회 학술대회).

이동희, 2011, 「全南 東部地域 加耶文化의 起源과 變遷」, 『百濟文化』 45.

이동희, 2013, 「아라가야와 마한 · 백제」, 『고고학을 통해 본 아라가야와 주변제국』(경남발전
연구원 역사문화센터), 학연문화사.

이문형, 2014, 「고창 봉덕리 1호분의 대외교류와 연대관」, 『고분을 통해 본 호남지역 대외
교류와 연대관』(제1회 고대고분 국제학술대회), 국립나주문화재연구소.

이범기, 2016, 『榮山江流域 古墳 鐵器 硏究』, 학연문화사.

이상엽, 2009, 「중서부지역 출토 원통형토기의 성격 검토」, 『선사와 고대』 31.

이영문, 1991, 「전남지방 횡혈식석실분에 대한 고찰」, 『향토문화』 11, 향토문화개발협의회.

이영철 외 6, 2017, 「특집2-한국 장고분 현황」, 『계간 한국의 고고학』 35, 주류성.

이영철, 2001, 「영산강유역 옹관고분사회의 구조 연구」, 경북대학교대학원 석사학위논문.

이영철, 2007, 「호형분주토기 등장과 시점」, 『호남고고학보』 25.

이영철, 2011, 「高興 掌德里 獐洞에서 확인된 多葬 墳丘墓의 전통의 梯形 古墳 築造 背景과
課題」, 『高興 掌德里 獐洞遺蹟』, 대한문화유산연구센터.

이영철, 2011, 「영산강 상류지역의 취락 변동과 백제화 과정」, 『百濟學報』 6.

이영철, 2014a, 「백제의 지방지배-영산강유역 취락자료를 중심으로-」, 『2014 백제사 연구
쟁점 대해부』(제17회 백제학회 정기발표회).

이영철, 2014b, 「나주 가흥리 신흥고분의 대외교류상과 연대관」, 『고분을 통해 본 호남지역
대외교류와 연대관』(제1회 고대고분 국제학술대회), 국립나주문화재연구소.

이정호, 2007, 「신라토기가 출토된 영산강유역 고대 고분군」, 『한국고고학저널 2006』, 국립
문화재연구소.

이정호, 2010, 「출토유물로 본 영동리고분세력의 대외관계」, 『6~7세기 영산강유역과 백제』
(개소5주년기념 국제학술대회), 국립나주문화재연구소 · 동신대학교문화박물관.

이한상, 2018, 「일본 규슈지역 출토 백제계 금공품」, 『일본 속의 百濟-규슈지역』, 충청남도 ·
충청남도역사문화연구원.

이현혜, 2000, 「4~5세기 영산강유역 토착세력의 성격」, 『역사학보』 166.

임영진, 1990, 「영산강유역 석실분의 수용과정」, 『전남문화재』 3, 전라남도.

임영진, 1997a, 「호남지역 석실분과 백제의 관계」, 『湖南考古學의 諸問題』(21회 한국고고학
　　　전국대회).

임영진, 1997b, 「전남지역 석실봉토분의 백제계통론의 재고」, 『호남고고학보』 7.

임영진, 1997c, 「榮山江流域의 異形墳丘 古墳 小考」, 『호남고고학보』 5.

임영진, 2002, 「榮山江流域圈의 墳丘墓와 그 展開」, 『호남고고학보』 16.

임영진, 2003, 「韓國 墳周土器의 起源과 變遷」, 『湖南考古學報』 17.

임영진, 2006a, 「5~6世紀代 榮山江流域圈의 情勢 變化」, 『加耶, 洛東江에서 榮山江으로』, 金海市.

임영진, 2006b, 「고흥 길두리 안동고분 출토 금동관의 의의」, 『충청학과 충청문화』 5-2, 충남
　　　역사문화원.

임영진, 2007, 「장고분(전방후원형고분)」, 『백제의 건축과 토목』, 충남역사문화연구원.

임영진, 2010, 「묘제를 통해 본 마한의 지역성과 변천과정」, 『百濟學報』 3.

임영진, 2011, 「나주 복암리 일대의 고대 경관」, 『호남문화재연구』 10, 호남문화재연구원.

임영진, 2012a, 「3~5세기 영산강유역권 마한세력의 성장 배경과 한계」, 『백제와 영산강』,
　　　학연문화사.

임영진, 2012b, 「中國 六朝磁器의 百濟 導入背景」, 『한국고고학보』 83.

임영진, 2013, 「전남지역 마한제국의 사회 성격과 백제」, 『전남지역 마한제국의 사회 성격과
　　　백제』(2013년 백제학회 국제학술회의).

임영진, 2014a, 「영산강유역권 왜계고분의 피장자와 '임나일본부'」, 『지역과 역사』 35, 부경
　　　역사연구소.

임영진, 2014b, 「전남지역 마한 제국의 사회 성격과 백제」, 『전남지역 마한 제국의 사회 성격과
　　　백제』, 학연문화사.

임영진, 2014c, 「마한 분구묘의 조사·연구 성과와 과제」, 『한국고고학의 신지평』(제38회
　　　한국고고학대회).

임영진, 2015, 「한국 분주토기의 발생과정과 확산배경」, 『湖南考古學報』 49.

임영진, 2017, 「전남 해안도서지역의 倭系 고분과 倭 5王의 중국 견사」, 『百濟文化』 56.

전용호·이진우, 2013, 「영암 옥야리 방대형고분의 조사 방법과 축조 기술」, 『삼국시대 고총고분 축조 기술』(대한문화재연구원 학술총서 4책), 진인진.

전용호·이진우, 2014, 「영암 옥야리 방대형고분의 대외교류상과 연대관-토괴 활용 분구 축조 기술을 중심으로-」, 『고분을 통해 본 호남지역 대외교류와 연대관』(제1회 고대고분 국제학술대회), 국립나주문화재연구소.

井上裕一 외2, 2018, 「함평 금산리 방대형고분 출토 하니와에 대해서」, 『일한 하니와의 비교·검토와 왜계고분 출현의 역사적 배경』(제3회 고대한일고분연구교류회·제34회 고분문화연구회).

조근우, 1996, 「전남지방의 석실분 연구」, 『한국상고사학보』 21.

조근우, 2019, 「섬진강유역 가야문화의 형성과 발전-호남 동부지역을 중심으로-」, 『호남과 영남 경계의 가야』(2019년 가야사 기획학술심포지엄), 국립나주문화재연구소·국립가야문화재연구소.

조영현, 1993, 「封土墳의 盛土方式에 관하여」, 『영남고고학보』 13.

酒井清治, 2004, 「5·6세기 토기에서 본 羅州勢力」, 『百濟研究』 39.

重藤輝行, 2012, 「九州에 형성된 馬韓·百濟人의 集落-福岡県 福岡市 西新町遺蹟을 中心으로-」, 『마한·백제인들의 일본열도 이주와 교류』(중앙문화재연구원 학술총서4), 서경문화사.

重藤輝行, 2013, 「고분시대의 사주식 수혈주거지와 도래인-북부규슈의 사례를 중심으로-」, 『주거의 고고학』(제37회 한국고고학 전국대회).

重藤輝行, 2018a, 「규슈 마한관련 자료의 성격」, 『영산강유역 마한문화 재조명』(2018년 국제학술대회), 전라남도·전남문화관광재단.

重藤輝行, 2018b, 「취락유적」, 『일본 속의 百濟-규슈지역』, 충청남도·충청남도역사문화연구원.

青木 敬, 2013, 「日本古墳の墳丘築造技術とその系統」, 『連山洞古墳 意義·評價』(국제학술심포지움 자료집), 부산대학교박물관.

최성락·김성미, 2012, 「원통형토기의 연구현황과 과제」, 『호남고고학보』 42.

최영주, 2006, 「鳥足文土器의 變遷樣相」, 『韓國上古史學報』 55.

최영주, 2009, 「三國時代 土製煙筒 研究-韓半島와 日本列島를 中心으로-」, 『湖南考古學報』 31.

최영주, 2013, 「百濟 橫穴式石室의 型式變遷과 系統關係」, 『百濟文化』 48.

최영주, 2014, 「百濟 橫穴式石室의 埋葬方式과 位階關係」, 『韓國上古史學報』 84.

최영주, 2015, 「마한 방대형·원대형 분구묘의 등장배경」, 『百濟學報』 14.

최영주, 2017a, 「고분 부장품을 통해 본 영산강유역 마한세력의 대외교류」, 『百濟學報』 20.

최영주, 2017b, 「韓半島 南西部地域 倭系 橫穴式石室의 特徵과 出現背景」, 『湖西考古學』 38.

최영주, 2017c, 「생산 유적」, 『일본 속의 百濟 I-긴키지역(유적·유물편)』(해외 백제문화재
    자료집2), 충청남도·충남역사문화연구원.

최영주, 2018a, 「韓國 墳周土器 研究-분포 양상과 변천과정, 고분의례과정을 통해-」, 『湖西
    考古學』 40.

최영주, 2018b, 「전남지역 사비기 석실의 전개양상과 분포의미」, 『호남고고학보』 60.

최영주, 2018c, 「고고자료로 본 영산강유역 마한세력의 성장과 변동과정-백제와의 관계를
    중심으로」, 『東아시아古代學』 52.

최영주, 2019a, 「고고자료로 본 고대 영산강유역과 규슈지역과의 교류관계」, 『歷史學研究』 74.

최영주, 2019b, 「전남지역 마한과 가야 세력과의 관계변화와 의미」, 『歷史學研究』 76.

최영주, 2020, 「일본 긴키지역의 생산유적으로 본 백제계 도래인의 정착양상」, 『歷史學研究』 77.

土田純子, 2014, 『百濟土기 東아시아 交叉編年 研究』, 서경문화사.

坂 靖, 2015, 「긴키지방의 하니와와 한반도 남부의 하니와」, 『한국 원통형토기(분주토기) II』,
    국립나주문화재연구소·전남대학교박물관.

하승철, 2007, 「스에키 출현과정을 통해 본 가야」, 『4~6세기 가야·신라 고분 출토의 외래계
    문물』(第16回 嶺南考古學會 學術發表會).

하승철, 2011, 「외래계문물을 통해 본 고성 소가야의 대외교류」, 『가야의 포구와 해상활동』
    (제17회 가야사 학술회의), 김해시.

하승철, 2012, 「土器와 墓制로 본 古代 韓日交流」, 『아시아의 고대 문물교류』(중앙문화재
    연구원 학술총서5), 서경문화사.

하승철, 2014, 「전남 서남해지역과 가야지역의 교류양상」, 『전남 서남해지역의 해상교류와 고대문화』(전남문화재연구소 연구총서1), 혜안.

하승철, 2018, 「전남지역 마한·백제와 가야의 교류」, 『호남고고학보』 58.

호남고고학회, 2019, 『마한·백제 그리고 가야』(제27회 호남고고학회 정기학술대회).

洪潽植, 1993, 「百濟 橫穴式石室墳의 型式分類와 対外傳播에 관한 研究」, 『博物館研究論集』 2, 釜山直轄市立博物館.

홍보식, 2006, 「한반도 남부지역의 왜계 요소-기원후 3~6세기대를 중심으로」, 『한국고대사연구』 44.

홍보식, 2007, 「신라·가야권역 내의 마한·백제계 문물」, 『4~6세기 가야·신라 고분 출토의 외래계 문물』(제16회 영남고고학회 학술발표회).

홍보식, 2008, 「문물로 본 가야와 백제의 교섭과 교역」, 『호서고고학』 18.

홍보식, 2010, 「한반도 남부지역의 왜계 횡혈식석실」, 『집중해부 한국의 전방후원분』(창립 2주년기념 학술세미나), 대한문화유산연구센터.

홍보식, 2013, 「6세기 전반 남해안지역의 교역과 집단 동향」, 『영남고고학』 65.


일문

高橋克壽, 2007, 「韓国巨済古墳の石室と若狭の初期横穴石室」, 『渡来系遺物からみた古代日韓交流の考古学的研究』.

亀田修一, 1993, 「考古学から見た渡来人」, 『古文化談叢』 30(中), 九州古文化研究会.

亀田修一, 2016, 「4・5世紀の日本列島の鉄器生産集落 - 韓半島との関わりを中心に - 」, 『日韓4~5世紀の土器・鉄器生産と集落』(第3回共同研究会日韓交渉の考古学 - 古墳時代).

亀田修一, 2008, 「播磨出合窯跡の検討」, 『岡山理科大学埋蔵文化財研究論集』, 岡山理科大学埋蔵文化財研究会.

九州前方後円墳研究会, 1999, 『九州における横穴式石室の導入と展開』(第2回九州前方後

円墳研究会).

吉井秀夫, 1997,「百済横穴式石室墳の埋葬方式」『立命館大学考古学論集』Ⅰ.

吉井秀夫, 2010,『古代朝鮮墳墓にみる国家形成』京都大学学術出版会.

金宇大, 2017,『金工品から読む古代朝鮮と倭-新しい地域關係史へ』京都大學學術出版會.

大竹弘之, 2002,「韓国全羅南道の円筒形土器―いわゆる埴輪形土製品をめぐって―」,
　　　　『前方後円墳と古代日朝関係』同成社.

東 潮, 1995,「栄山江流域と慕韓」『展望考古学』考古学研究会.

柳沢一男, 2001,「全南地方の榮山江型横穴式石室の系譜と前方後円墳」,『朝鮮學報』179,
　　　　朝鮮學會.

柳沢一男, 2002,「全南地方の栄山江型横穴式石室の系譜と前方後円墳」,『前方後円墳と
　　　　古代日朝関係』同成社.

安村俊史, 1996,「第7章高井田山古墳をめぐる諸問題」『高井田山古墳』柏原市教育委員会.

林永珍, 2002,「韓国の墳周土器」『東アジアと日本の考古学―第Ⅱ券墓制②』同成社.

朴天秀, 2004,「大加耶と倭」『國立歴史民族博物館研究報告』第110集, 國立歴史民族博物館.

杉井 健 編, 2009,『九州系横穴式石室の伝播と拡散』北九州中國書店.

小栗明彦, 1997,「光州月桂洞1号墳出土埴輪の評価」『古代學研究』137.

小栗明彦, 2003,「古墳時代生駒谷の物流拠点」『古代近畿と物流の考古学』学生社.

植野浩三, 2005,「渡来人と手工業生産の展開 - 陶邑窯を中心として - 」『ヤマト王権と渡來人』
　　　　サンライズ出版.

田辺昭三, 1981,『須恵器大成』角川書店.

田中晋作, 2003,「鐵製甲冑の變遷」『考古資料大觀』7(彌生・古墳時代 鐵・金屬製品), 小學館.

曺永鉉, 1993,「三國時代の横穴式石室墳」『季刊考古学』45.

鐘方正樹, 1999,「2條突帯の圓筒埴輪」『埴輪論叢』1, 埴輪檢討會.

酒井清治, 1993,「韓國出土の須恵器類似品」『古文化談叢』30, 九州古文化研究會.

酒井清治, 2008,「韓國出土の須恵器」『生産の考古學Ⅱ』(倉田芳郎先生追慕論文集), 同成社.

中村 浩, 2006,『泉北旧丘陵に広がる須恵器窯 陶邑遺跡群』新泉社.

村上恭通, 2007, 『古代国家成立過程と鉄器生産』, 青木書店.

崔榮柱, 2012, 『三國・古墳時代における韓日交流の考古學的研究—横穴式石室を中心に—』,
　　　　立命館大學大學院博士學位論文.

太田博之, 1996, 「韓國出土の圓筒形土器と埴輪形土製品」, 『韓國の前方後圓墳』雄山閣.

太田博之, 2001, 「全羅南道の埴輪とその特質」, 『ASIAN LETTER』8.

太田博之, 2006, 「埼玉中の山古墳出土の有孔平底壺系圓筒形土器」, 『考古學雑誌』90-2.

太田博之, 2008, 「古墳時代中期東日本出土の埴輪製作技法と渡來人」, 『日本考古學』25.

土生田純之, 1985, 「古墳出土の須恵器(一)」, 『末永先生米壽記念献呈論文集』.

土生田純之, 1996, 「朝鮮半島の前方後円墳」, 『専修大学人文科学年報』26.

坂 靖・青柳泰介, 2011, 『葛城の王都 南郷遺跡群』, 新泉社.

洪潽植, 2009, 「韓半島南部地域の九州系横穴式石室」, 『九州系横穴式石室の伝播と拡散』,
　　　　北九州中國書店.

花田勝広・大橋信弥編, 2005, 『ヤマト王権と渡來人』, サンライズ出版.

和田晴吾, 1995, 「棺と古墳祭祀 -『据えつける棺』と『持ちはこぶ棺』- 」, 『立命館文学』
　　　　第542号, 立命館大学人文学会.

和田晴吾, 1998, 「古墳時代は国家段階か」, 『古代史の論点4—権力と国家と戦争』, 小学館.

和田晴吾, 2003, 「棺と古墳祭祀(2) -『閉ざされた棺』と『開かれた棺』- 」, 『立命館大学考古学
　　　　論集』III.

和田晴吾, 2004, 「古墳文化論」, 『日本史講座』, 第1券(歴史学研究会・日本史研究会編),
　　　　東京大学出版会.

黄曉芬, 2000, 『中国古代葬制の伝統と変革』, 勉誠出版.

## 도록

복천박물관, 2015, 『가야와 마한・백제 1,500년만의 만남』(특별전도록).

橿原市考古学研究所付属博物館, 2006,『秋季特別展　海を越えたはるかな交流―橿原の
　　　古墳と渡来人』(橿原市制50周年記念).

大阪府立近つ飛鳥博物館, 2006,『平成18年度冬季企画展　年代のものさし―陶邑の須恵器
　　　―』(大阪府立近つ飛鳥博物館図録 40).

大阪府立近つ飛鳥博物館, 2006,『河内湖周辺に定着した渡来人―5世紀の渡来人の足跡―』
　　　(大阪府立近つ飛鳥博物館図録 41).

## 보고서

### 국문

가경고고학연구소, 2016,『곡성 구성리유적』.

경남문화재연구원, 2011,『산청 하촌리유적 II』.

경상대학교박물관, 2003,『하동 우복리유적』.

국립가야문화재연구소, 2018,『가야 발굴조사 자료편 IV』(가야자료총서 06).

국립나주문화재연구소, 2017,『羅州 伏岩里 丁村古墳』.

국립문화재연구소·全南大學校博物館, 2001,『羅州 伏岩里 3號墳』.

대한문화유산연구센터, 2011,『高興 掌德里 獐洞遺蹟』.

대한문화재연구원, 2012,『務安 德巖古墳群』.

대한문화재연구원, 2015,『영암 태간리 자라봉고분』.

동서문물연구원, 2009,『통영 남평리유적』.

동서문물연구원, 2009,『함양 우명리유적』.

마한문화연구원, 2009,『순천 왕지동고분군』.

마한문화연구원, 2011,『여수 죽림리 차동유적 II -분묘-』.

馬韓文化研究院, 2015,『新案 上台西里 上西古墳群』.

마한문화연구원, 2017,「구례 용두리고분 긴급발굴조사 약보고서」.

마한문화연구원, 2018,『순천 덕암동유적 I -분묘-』.

마한백제문화연구소, 2012, 『고창 봉덕리 1호분』.

백제고도문화재단, 2020, 『천안 구도리 백제분묘』.

순천대학교박물관, 2001, 『순천 용당동 망북유적』.

순천대학교박물관, 2008, 『순천 운평리 유적Ⅰ』.

순천대학교박물관, 2010, 『순천 운평리 유적Ⅱ』.

순천대학교박물관, 2014, 『순천 운평리 유적Ⅲ』.

우리문화재연구원, 2008, 『창녕 계성리유적』.

우리문화재연구원, 2010, 「거제 아주동 1485유적 발굴조사 약보고서」.

우리문화재연구원, 2017, 『거제 아주동 1540-1번지유적』.

全南大學校博物館, 1999, 『伏岩里古墳群』.

전남대학교박물관, 2000, 『전남지역 고분 측량보고서』.

전남대학교박물관, 2015, 『고흥 길두리 안동고분』.

전남문화관광재단 전남문화재연구소, 2018, 「함평 금산리 방대형고분 1차 학술자문회의 자료집」

전남문화예술재단 전남문화재연구소, 2015, 『함평 금산리 방대형고분』.

전북문화재연구원, 2012, 「김제 벽골제(사적 제111호) 중심거 학술 발굴조사 자문회의 자료」

전북문화재연구원, 2013, 「김제 벽골제(사적 제111호) 중심거(2차) 학술 발굴조사 자문회의 자료」

전북문화재연구원, 2014, 「김제 벽골제(사적 제111호) 중심거(3차) 학술 발굴조사 자문회의 자료」

전북문화재연구원, 2015, 「김제 벽골제(사적 제111호) 중심거(4차) 학술 발굴조사 자문회의 자료」

조선대학교박물관, 2000, 『순천 죽내리유적』.

한국문화유산연구원, 2014, 「화성 향남2지구 동서간선도로(F·H지점) 문화유적 발굴조사
　　　　전문가검토회의 자료-」

호남문화재연구원, 2007, 『광주 동림동유적』Ⅰ~Ⅳ.

호남문화재연구원, 2014, 『광주 가야·점등유적』.

## 일문

橿原市教育委員会, 2015,「新堂遺跡」,『橿原市埋蔵文化財調査報告』第12冊.

橿原市教育委員会, 2018,「新堂遺跡Ⅱ」,『橿原市埋蔵文化財調査報告』第14冊.

京都府埋蔵文化財調査研究センター, 2001,「森垣外遺跡4・5次發掘調査概要」,『京都府遺跡調査概報』96.

奈良県立橿原考古学研究所, 1989,『曽我遺跡』(奈良県史跡名勝天然記念物調査報告 第55冊).

奈良県立橿原考古学研究所, 1996,「壱部宮ノ前遺跡発掘調査概報」,『奈良県遺跡調査概報 1995年度』.

奈良県立橿原考古学研究所, 1996,「竹内遺跡第13次発掘調査概報」,『奈良県遺跡調査概報 1995年度』.

奈良県立橿原考古学研究所, 1996,『南郷遺跡群Ⅰ』.

奈良県立橿原考古学研究所, 1997,『南郷遺跡群Ⅱ』.

奈良県立橿原考古学研究所, 1998,『南郷遺跡群Ⅲ』.

奈良県立橿原考古学研究所, 1999,『南郷遺跡群Ⅳ』.

奈良県立橿原考古学研究所, 2000,『南郷遺跡群Ⅴ』.

奈良県立橿原考古学研究所, 2004,「巨勢寺」,『奈良県立橿原考古学研究所調査報告』第87冊.

大阪文化財センター, 1973,「陶邑・深田」,『大阪府文化財調査抄報』第2輯.

大阪府教育委員会, 1978,「一須賀古窯跡出土遺物について」,『陶邑Ⅲ大阪府文化財調査報告書』第30.

大阪府教育委員会, 1995,『陶邑窯跡群発掘調査概要大阪こどもの城（仮称）建設にともなう高蔵寺13号窯他の調査』.

大阪府教育委員会, 2009,『蔀屋北遺跡Ⅰ─なわて水みらいセンター建設に伴う発掘調査─』.

大阪府教育委員会, 2010,『蔀屋北遺跡Ⅰ』.

大阪府教育委員会, 2012,『蔀屋北遺跡Ⅱ』.

大阪府教育委員会・大阪府埋蔵文化財協会, 1994,『野々井西・ON231号窯跡』.

大阪府教育委員会・(財)大阪府文化財調査研究センター, 1996,『陶邑・大庭寺遺跡Ⅴ.

大阪府教育委員会・大阪府埋蔵文化財協会, 1995,『陶邑・大庭寺遺跡Ⅳ』.

大阪市文化財協会, 1982,『長原遺跡発掘調査報告』.

大阪朝鮮考古学研究会, 2010,「上町谷1・2号窯」,『地域発表及び初期須恵器窯の諸様相』.

柏原市教育委員会, 1985,「大県遺跡, 太平寺・安堂遺跡」,『柏原市所在遺跡発掘調査概報』.

信太山遺跡調査団, 1999,『濁り池須恵器窯址』.

桜井市教育委員会, 1981,『纒向遺跡』.

吹田市教育委員会, 1986,「吹田32号須恵器窯跡」,『昭和60年度埋蔵文化財緊急発掘調査概報』.

布留遺跡天理教発掘調査団, 1981,『布留遺跡』.

豊中市, 2005,『新修　豊中市史-考古』第4巻.

和泉市教育委員会, 1984,『府中遺蹟群発掘調査概要Ⅳ』.

# 찾아보기